内容更全面　方法更实用　技巧更丰富　讲解更透彻

中国股市
获利实战技法全操练
从入门到精通

江　河◎编著

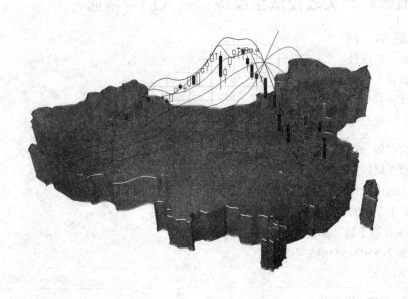

北京联合出版公司
Beijing United Publishing Co.,Ltd.

图书在版编目（CIP）数据

中国股市获利实战技法全操练：从入门到精通 / 江河编著 .
—北京：北京联合出版公司，2015.8（2024.1 重印）

ISBN 978-7-5505-5836-5

Ⅰ . ①中… Ⅱ . ①江… Ⅲ . ①股票投资—基本知识

Ⅳ . ① F830.91

中国版本图书馆 CIP 数据核字（2015）第 175200 号

中国股市获利实战技法全操练：从入门到精通

编　　著：江　河
出 品 人：赵红仕
责任编辑：王　魏
封面设计：韩　立
图文制作：北京东方视点数据技术有限公司

北京联合出版公司出版
（北京市西城区德外大街 83 号楼 9 层　100088）
德富泰（唐山）印务有限公司印刷　新华书店经销
字数 650 千字　720 毫米 × 1020 毫米　1/16　28 印张
2015 年 8 月第 1 版　2024 年 1 月第 3 次印刷
ISBN 978-7-5502-5836-5
定价：68.00 元

前言

　　证券市场风云变幻，股市跌涨无常，如何在市场中把握机会成为赢家，是股民关心的话题。事实上，在股市中，股民最大的风险不是市场风险，而是股民自身的知识和技术风险。许多股民经不住诱惑，在对股票知识一知半解甚至半知不解的情况下，仓促入市，风险从一开始就高悬在他们的头顶。因此，对于股民来说，通过练习掌握必要的股票知识，熟悉必要的操作技巧，是有效规避股市风险的重要前提。有了这个前提，任何时候都有赚钱的机会，既可以在牛市中轻松大笔赚钱，在熊市中同样也能如鱼得水。这就好比海上的惊涛骇浪在一般人看来是不可接近的，但熟习水性的弄潮儿却可以在其中自由嬉戏。股民必须明白，在股市中赚钱有大势的因素，但更重要的是股民本身的素质，这既包括他所掌握的基本理论知识，也包括其在练习中积累的实战经验。这些理论和经验的组合才是股民驰骋股市最根本的保障。总之，股市是一个充满风险的场所，股票操作也是一项非常复杂的工作，股民当务之急是通过练习学会客观冷静地看待股市，认真、细致地分析股市，准确、合理地把握股市。当你用自己辛勤劳动挣来的钱去炒股的时候，千万要对自己的投资行为负责，切不可盲目入市，随意买卖股票。只有深刻地认识股市、认识自己，把交易看作一种修炼，提升自己，适应市场，才能在交易中获得真正的成功。泡沫不可怕，政策的调整不可怕，熊市也不可怕，没有知识、没有理论、没有方法才最可怕。股市中不相信眼泪，只相信能力和技巧。

　　为了帮助广大中国股民通过一套系统、全面的练习切实提高自身的炒股素质，从而尽量避免投资失利，尽快成为股市赢家，我们特精心设计、编写了这本融股市基本理论知识与股市强化训练为一体的《中国股市获利实战技法全操练：从入门到精通》。本书本着循序渐进的原则，从投资者刚接触股市出发，一步步引导投资者真正掌握股市的操盘技巧，达到学以致用的目的，实现从股市门外汉到股市操盘高手的飞跃。书中总结了投资者在股市中遇到的各种问题，从看盘、选股、跟庄到K线图形、技术图形、趋势线、移动平均线，再到成交量知识、买卖点、仓位控制、股民在股市中的疑难问题以及给股民的特殊提醒，还有炒股软件的应用。可以说，不管你是新手还是老股民，无论你是做短线、中线、长线，本书都会结合股市走势图，为你提供最实用的操作指南。

作为用于强化训练类的书，本书最大的特点就是案例多、习题多。本书的图形470多幅，几乎囊括了沪深股市20多年来有代表性的K线走势和技术图形；本书根据当前股市实战要求，设计了440多道新颖、具有挑战性的题目，以判断题、填空题、简答题等形式出现，这些题目均来自股市实战第一线，实用化程度很高，几乎将所有重要的知识点都总结在内。这样，读者在阅读本书后，就能做到一举两得，既能复习、巩固以前所学到的知识，又能通过模拟实战训练进一步提高自己的炒股水平，真正做到记得住、用得上、学有所获。本书资料翔实、图文并茂，语言通俗易懂，方法简单实用，集启发性、操作性、实用性于一体，它既可以帮助新股民学习股市操作技巧，也可以帮助老股民通过强化训练来提高操盘水平，又可作为证券咨询公司培训员工、股民的重要参考资料，是一本不可多得的股票操练实用工具书，是一盏指引股民在茫茫股海中不断取得投资胜利的明灯。机会是无限的，资金却是有限的，做好充分的知识准备是入主股市前的必修功课。希望本书能够抛砖引玉，帮助投资者提高实战水平。

需要说明的是，中国股市正处于高速发展时期，对日新月异的各类情况我们不可能一览无余，本书中所述的知识点也不一定是一成不变的。所以，投资者在学习应用的时候，一定要灵活，提高自己的应变能力，结合这些知识和方法最终总结出适合自己的炒股方法。我们相信练则明，练则通，练则精，练则赢，只要你认真学习、灵活掌握，就一定会在风云变幻的股市中获得理想的收益。如果你因本书而获得股票投资的收益，那将是编者最大的欣慰。

目录

第一章

选股操练

大凡做股票的人都会有这样的一个感觉，在股市中，最使人感到困惑的就是如何选股。何以如此呢？因为选股的标准一直在变，从最初的"选股如选妻"到"选股如选美"，再到后来的"选股如选大众情人"。变来变去，越变越使人感到不可捉摸，越变越使投资者觉得一头雾水。其实，万变不离其宗，不管如何变化，一些选股的基本方法、技巧是不会变的，掌握了这些方法和技巧，投资者就能以不变应万变，选股也不再是难事。

第一节　选股心理与认知

选股应该博爱

真正的股票投资人一定是拥有博爱情怀的。很多时候，股民们纠结于某只或某几只股票不能自拔，导致频频在股市中吃亏碰壁。这种股票"单相思"的情结，往往不能带给股民们任何好运。相反的，那些"处处留情"，或说是心存博爱情怀的投资者，却能无往不利。他们从不计较一城一地的得失，选了就认，出了就不再逗留，有勇有谋，游刃有余，潇洒至极。这不是一种输赢无所谓的态度，而是明白了选股就应该胸怀宽容，爱其美，容其丑。

当然，单纯靠感觉在股市里行走是行不通的，只有投入大量真实的情感才会获得丰厚的回报。美国《管理学会期刊》的一项研究发现，实际上，"感情用事"的炒股人士往往能作出更好的决定。相信任何状况下，迷信、闭门造车的选股态度一定不能成功。下面这则小故事，虽为虚构，却能见其一斑。

王先生为了炒股悉心钻研易经八卦、奇门遁甲。一日晚饭后，一家三口人坐在一张长沙发上看电视。看着看着王先生突然把大腿一拍，惊喜的叫道："好兆头，好兆头！明天股市肯定要涨。"说着便喜滋滋地走进厨房。给自己泡了一杯好茶。当他端着茶杯回到客厅，只见妻子将3岁的独生子抱在怀里，便大惊失色地叫了起来："完了，完了！明天股市非跌不可。"

夫人娇嗔骂道："一会儿说涨，一会儿说跌，发什么神经病呢？"

王先生无奈地解释说："原先我们三人并排坐在沙发上，你坐在我和儿子中间。这种K线组合是典型的'两阳夹一阴'，预示明日大盘必涨无疑。谁知在我出去倒茶的时候，你把儿子抱在了怀里，这是明显的'长阴包阳'的组合，明日股市怎么能不跌呢？"

轻轻一笑之后，须深思，为何我们明知这种冒险投机之术无益于做好股票的投资，却总是在思想上受其束缚？

股票是个有灵性的"家伙"，你对它好，它会回报你更多。以一颗博爱之心，勇敢地在股市中投放热情和爱心，方为取胜之道。

任何股票都有机会

股票通常可分为大盘股、小盘股，高价股、低价股，强庄股、弱庄股，热门股、冷门股，等等。在这些分类中，很多股民通常会选择低价股、强庄股、热门股、小盘股，他们认为只有这些股票才能给自己带来盈利的机会。但事实上，投资者的这种看法是有成见的，因为一些大盘股、高价股、弱庄股、问题股等身上也同样存在着巨大的赚钱机会，关键是投资者有没有眼光和能力捕捉到这些股票。

以宝钢股份（600019）为例，其流通股本超过5亿，是正宗的大盘股，但其盈利能力并没有因为其属于大盘股而下降。如图1—1所示。

再比如说，高价股贵州茅台（600519），2007年5月16日，其股价为93.58元，这种价格的股票在很多股民眼中已经是名副其实的高价股，但其股价却在高价之上开出了另一个高价，2007年12月28日，其股价飞涨至230.00元。如图1—2所示：

所以，股民们一定要明白，在股市中，任何股票都有赚钱的机会，我们对股票的分类，诸如，大盘股、小盘股、高价股、低价股等并不妨碍股票的赚钱能力，关键是股民要锻炼自己的选股能力，将真正能够赚钱的股票选出来。

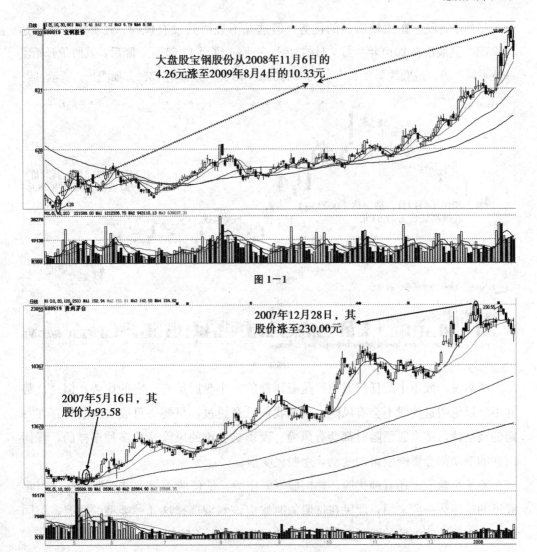

大盘股宝钢股份从2008年11月6日的
4.26元涨至2009年8月4日的10.33元

图 1—1

2007年12月28日，其
股价涨至230.00元

2007年5月16日，其
股价为93.58

图 1—2

任何股票都有风险

我们已经知道，股市中，任何股票都有盈利的机会，同样，任何股票也都会有风险。

股票的风险是由于股价的波动造成的，也就是说，任何一只股票，只要其价格存在波动性，那么风险就不可能避免。

股市中，有些股民偏爱小盘股，就市盈率而言，相同业绩的个股，小盘股的市盈率会比中盘股和大盘股要高，特别在市场疲软时，小盘股机会较多。因此小盘股的独特优势在某个阶段是显而易见的。

虽然小盘股存在比较明显的优势，但这并不表明其没有风险。比如说，浩宁达（002356）其股价在 2010 年 4 月 7 日的时候，一路上涨至 49.51 元。随后，其股价开始了一波下跌走势，最低跌至 2010 年 7 月 5 日的 28.28 元，跌幅达 43%。如图1—3所示：

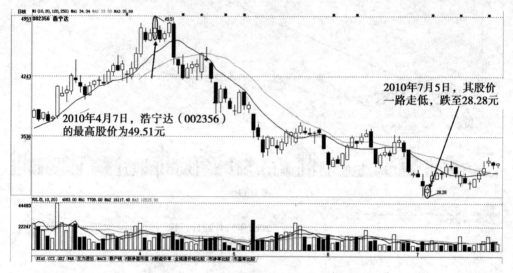

图 1—3

所以说，股市中的任何股票都是有风险的，小盘股虽有一定的优势，但这优势并不足以说明这类股不会有风险。前面我们已经说过，只要一只股票的股价存在一定的波动性，那么股票随时都会有风险。而影响股价的风险又是多种多样的，任何因素的变动都会影响股价的变动，令股民受损。

除了小盘股，还有绩优股、热门股、强庄股、低价股等等，这些股票受到很多股民的欢迎。一般来说，股民在选股的时候应该侧重选择这几种类型的股票，但同时也要注意这些类型的股票也存在一定的风险，不可不防。

股东（持有非流通股）的获利途径

严格来说，股东指的是所有持有公司股票的投资者，不论其持股数量的多少。这里我们主要说的是持有非流通股的股东。

非流通股指中国证券市场上的上市公司中不能在交易市场上自由买卖的股票，包括国家股、国有法人股、内资及外资法人股、发起自然人股，等等。不能自由买卖也就意味着股价的上升和下跌和这些持有非流通股的股东没有关系。所以，持有这类股票的股东一般很少关心股价的波动。

这类股票除了流通权与流通股不一样外，其它权利和义务都是完全一样的。非流通股也不是完全不能买卖，但买卖的前提是通过拍卖或协议转让的方式来进行，同时必须获得证监会的批准，交易才能算生效。

那么，在股票不能流通的前提下，股东怎么获得回报呢？一般来说，主要有以下几种获利的途径：

1. 分红派息。

一般持有非流通股的股东的持股成本是很低的，通过长期的分红派息也可以获取丰厚的收益。

2. 抵押股权。

控股股东可以用手中持有的非流通股抵押给银行，从而筹措到巨额资金。

非流通股东和流通股东在某种程度上是对立的，特别是在控股股东图谋圈钱的时候。控股股东控制着上市公司的价值，所以投资者要密切关注控股股东的一举一动，彻底搞清他们的底细和意图。从这一层面来说，选股也就意味着选控股股东，投资者要选择那些与上市公司同舟共济、实力强大、管理水平高、拥有较高诚信度的控股股东。

股民（持有流通股份）的获利途径

持有流通股的投资者即我们平常所说的股民。股民分为庄家和散户两种，而庄家就是我们通常说的主力。所有股民，无论是主力还是散户都无法对上市公司的决策产生决定性的影响，所以，股民最主要的获利途径为我们平常说的高抛低吸，即从股价的价格差中获得利润。

首先来说主力。主力一般都拥有巨额的资金，他们对股价的走向、升跌具有一定的操纵性，在某种程度上甚至可以说，主力是股价的决定者。

而散户就不同了，散户不管是在资金量上还是信息来源上都不能与主力相提并论，他们是股价波动的被动承受者。

主力的获利途径主要是盯住散户，想方设法来操控股价并诱导散户的观念、情绪和买卖行为。需要建仓时，就会采取诱空的方式，获取散户手中的筹码。需要清仓时，就采取诱多的方式，骗取散户手中的现金，让散户承接他们的出货。

而对散户来说，主要的获利途径也是盯紧主力，看透主力的手法，熟悉主力的手段，最终达到跟庄的目的，这样就能增加自己的获利机会。

股票的强流动性与弱流动性

股票的最大价值就是其流动性，流动就意味着变现，如果股票不能流动，股票不能变成现金，那么，这种股票的吸引力就会急剧下降。

股票的流动性分为强流动性和弱流动性。强流动性的股票成交活跃，不断有大笔成交；而弱流动性的股票成交稀疏，很长时间才有极少的买单，因为承接盘相当虚弱，一旦沽售筹码，股价必然受到重挫。

股票的流动性跟其流通盘的大小成正比。流通盘小，流动性就弱；流通盘大，流动性就会相应增强。一般来说，热门股的流动性强，冷门股的流动性弱；股价泡沫化的股票流动性弱，股价处于安全区的股票流动性强。

流动性的强弱对于主力很重要，流动性越强，对主力越有利，这样他们在建仓的时候，就可以吸纳足够的廉价筹码；而出货时，则可以很方便地将筹码出空。

所以说，投资者在选择股票的时候，一定要选择那些流动性强的股票，避免选择那些流动性弱的股票。

股票因人而异

股市中，投资者常常会有这样的疑问：为什么都是同样的股票，我赔钱了，他却赚钱了呢？其实这个问题很好回答，持股人的心态、知识、素质不一样，即使同样的股票，持有的结果也是不同的。

老王是个急性子，什么事都要求立竿见影。照理说，老王的这种性格非常不适合炒股，但他还有一个"优点"，就是执着，他偏不信邪，他觉得自己怎么就不能炒股？于是，在家人的一片反对声中，老王还是拿出了自己的一部分积蓄，风风火火地进了股市。

老刘是个不急不躁的人，和老王是工友，没事的时候养养花、逗逗鸟，日子过得悠然自得。老刘退休之前就一直在股市中转悠，因为老刘性格不急不躁，所以，很多年以来，他在股市中也小赚了一些，虽说不足以让他大富大贵，但最起码能让他退休以后的日子过得更好一点。由于老刘的股龄长，在股市中颇有斩获，因此得了个"股神"的称号。

老王找到老刘，希望老刘能帮自己推荐只股票。老刘见老王一脸决心，于是就将自己现在持有的一只自己认为还不错的股票推荐给了老王。

老王回家后很得意地向家人炫耀，自己得到了老刘的帮助，一定能够让他们大开眼界。

老王买了这只股票后，就天天盯在电脑前，可一个星期过去了，这只股票还是温温吞吞的，也涨不了多少。老王急匆匆地去找老刘，却发现老刘提着鸟笼子正在遛达呢！老王这下急了，上前一把抓住老刘说："唉呀，你怎么还有心思遛鸟呢，你说的那股票连涨都不涨。"

老刘一听，笑着说："老王啊，别心急啊，你就安心地放在里面吧，有你赚钱的时候。"

老王这个急性子哪里听得进去，回家后左思右想，想不通老刘为什么就不着急。

又一个星期过去了，股票还是没有达到老王的预期，老王这次也不再请教老刘了，他觉得老刘那个慢性子能赚什么钱啊，亏得大家还叫他"股神"。于是，老王就果断地将自己的股票卖出了。

就在老王卖出后的第三个交易日，这只股票就像吃了兴奋剂似的，股价蹭蹭地往上蹿，眼瞅着老刘又一次赚了大钱，而自己却与财富擦肩而过，老王彻底地傻眼了。

投资者的性格不同，会影响炒股的结果，一般来说，急躁、偏执、懦弱、追求完美这几种性格都不适宜炒股。就像股民们常说的，炒股就是炒心态，性格最终决定着人的心态，拥有这几种性格的人，一般都不太懂得心理调适，没有一颗平常心，对挫折的防御、对突变的应付都缺乏应有的认识和分析，更缺乏心理承受能力，最容易造成经常性或突发性的"急性炒股综合症"，轻者怨天尤人、长吁短叹，产生恐惧、幻觉、焦虑、妄想等心理障碍，重者精神完全崩溃，进而引发精神疾病或自寻短见。

同样，一个人对股票知识的掌握也决定着他最终能否盈利。就像你让一个一年级的孩子做初中生的练习题，得到的答案可想而知。

素质，主要指的也是一个人的心态问题，是一个人在遇到失败、挫折之后，还能保持冷静的一种能力。没有这种能力的人最好的办法就是远离股市。

所以说，不同的人即使持有同样的股票，最终的结果也是迥然不同的。

股票因市而异

股票因市而异主要指的是个股的盛衰与大盘的走势有着直接的关系。当大盘处于牛市的时候，几乎所有的个股都会出现比较大的涨幅。比如说 2007 年大盘的走势，在这一年的大牛市中，几乎所有持股的人都赚了个盆满钵满。

图 1—4 是上证综指 2007 年的走势图，从走势图上，我们可以清楚地看到，从 2006 年 10 月份至 2007 年 10 月 16 日，整个上证指数一直呈上涨趋势，指数也从 1672.88 点飙升至 6124.04 点。在这种大盘向好的情况下，个股的涨势也是非常可观的。如图 1—5 所示。

同样，当大盘指数软弱无力的时候，个股的价格也是惨不忍睹的。比如受金融

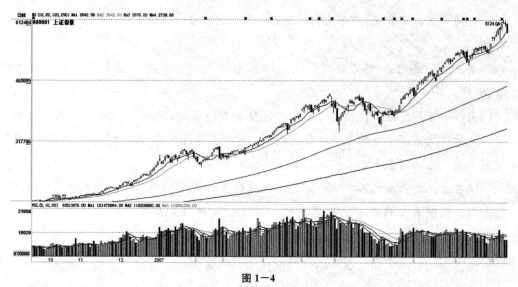

图 1—4

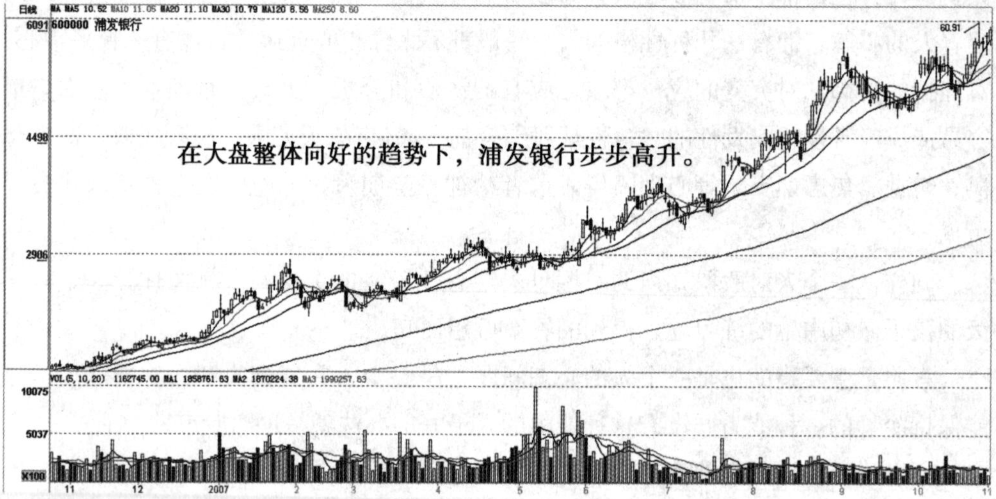

在大盘整体向好的趋势下，浦发银行步步高升。

图 1—5

危机的影响，大盘指数从 2007 年 10 月 16 日的 6124.04 点跌至 2008 年 10 月 28 日最低点 1664.93 点。如图 1—6 所示：

　　同样是浦发银行，在大盘指数疲软的时候，该股的股价也从最高价 61.97 元下跌至 10.77 元，重新跌回 2006 年水平。如图 1—7 所示：

　　这就是大势对个股的影响，所以，投资者在决定炒股之前一定要明白眼前的大势，在对大势充分了解的前提下再选择个股，这样才能更好地把握住盈利的机会。

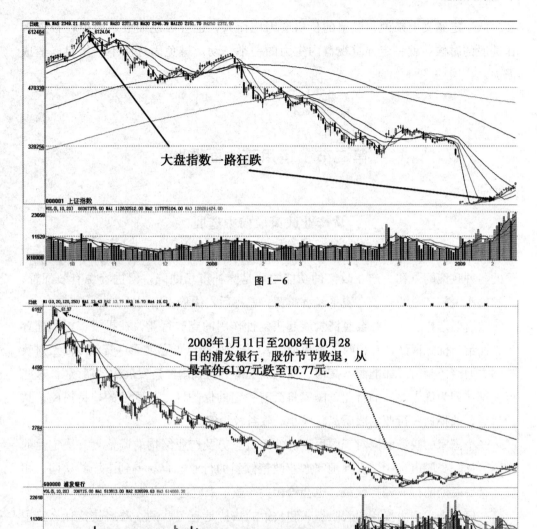

图 1—6

图 1—7

股票因庄而异

中国股市自 1994 年 8 月以来庄股林立，可以说，中国的股市就是主力的股市。于是，选庄也就成为投资的重中之重，能够及时发现一只实力非常强大的庄股，投资者就可以享受一段"搭便车"的乐趣，这是投资者获取成功的一条捷径。

但也有例外的情况，有的投资者好不容易跟上了庄，但收获的却不是利润，而是亏损。究其原因，有可能是因为投资者本身投资经验的缺乏，但另一种可能也不能排除，主力本身实力很弱，以至于在后市中已经无力控制股票的走势。跟上这种弱庄股，迎接投资者的就是亏损。

从一定意义上来说，股票的价格会因庄而兴，也会因庄而衰，所以，投资者在选股的时候，就一定要重视盘内主力的一举一动，避免因选庄不利给自己造成损失。

第二节　运用基本面选股

从产业政策取向中选股

产业政策是政府为了实现一定的经济和社会目标而对产业的形成和发展进行干预的各种政策的总和。产业政策的功能主要是弥补市场缺陷，促进资源有效配置；保护幼小民族产业的成长；熨平经济震荡；发挥后发优势，增强适应能力。

政府会选择一些对社会经济发展起决定性作用的支柱行业，在投资、资源配置等方面给予优先保证，在税收（减免征收）、贷款优惠（低息或无息贷款）以及财政补贴方面给予倾斜。如能源、交通、通讯业的落后为我国经济发展的"瓶颈"，这些行业都被列为优先发展的行业，国家将会有一定的保护性、鼓励性的扶持措施。从长远看，选择这些行业的股票风险较小、收益较稳定。

一个国家的政策取向对于国民经济的运行态势及产业结构的调整具有决定性的作用。反映到股市当中，受到国家产业政策倾斜的行业，容易得到市场的认同。相反，某一时期的行业调控政策，也会给相关产业带来厄运，迫使股价下跌。

一般说来，主力投资的着眼点，和政策的扶持是有关联的，政府扶持什么，主力就做什么股票。产业政策对股市的影响源于对某个行业未来发展机会的激活，主力一定会抓这些机会，因此只要留心政策走向，便不难发现主力的踪迹。

2009 年，国家划拨 4 万亿救市资金直接刺激了基建板块，有力拉升大盘，同时带动了相关板块的活跃，造就了半年涨幅 60％ 的牛市。可见，政策的向好和利空，会毫不掩饰地反映在股市的跌宕起伏之中。这也表明，产业政策是投资者在选股过程中所必须关注的指标之一。

从行业的发展前景选股

股市是动态发展的，"买股票就是买未来的前景"是投资者必须树立起来的正确观念。挑选股票永恒不变的原则就是行业。如果行业不景气，那么上市公司再好的微观背景也难有作为。相反，如果行业发展迅速，上市公司又属行业龙头，那么投资收益自然就是十分可观了。

看行业前景选股，从行业前景中寻找黑马，是投资者在股海大浪中规避风险，获取高额利润的一条重要途径。

行业和人一样，是具有生命周期的。行业的生命周期大致要历经创业期、成长期、稳定期和衰退期四个阶段。

1. 初创期。

随着社会的发展，不断会有新兴行业涌现出来，逐渐取代传统行业在国民经济中的地位。处于初创阶段的行业，缺乏成熟的技术和成功的经验，产品鲜为人知，市场需求量小，生产未形成规模，单位成本较高，行业利润很低甚至出现亏损。在这个阶段，行业中的企业数量很少，所承担的风险较大。

这一时期，由于行业利润低、风险高，人们极少关注这类行业，其股价也偏低。此时，投资者应对行业的性质和社会经济形势进行综合的分析，从而对该行业的未来前景作出正确的预测，一旦发现其具有远大前景就应逐渐加大投资，待发展到成长期、稳定期之后，将会获得股息和价差两部分的高额回报。

2. 成长期。

在初创末期，随着技术趋于成熟，市场需求扩大，产品成本降低，利润不断上升，行业便进入成长期。在成长期，行业中厂商的数量大为增加，竞争日益加剧，优胜略汰。在这一阶段，行业的利润很高，但风险也很大，股价容易大起大落。

3. 稳定期。

随着市场需求趋于饱和，产品的销售增长率减慢，盈利的机会减少，整个行业便开始步入稳定期。这一阶段，少数大企业控制了整个行业，它们经过上一阶段的激烈竞争，已成为资金实力雄厚、财务状况良好、竞争力强的一流企业，行业利润因垄断而达到了很高的水平，而风险也相对降低，公司股票价格稳定上升。

各个行业稳定期的时间长短不一，一般来说，技术含量高的行业稳定阶段历时较短，而公用事业行业稳定阶段持续的时间则较长。

4. 衰退期。

当一个行业发展到最后阶段，随着新产品和大量替代品的出现，原行业市场需求和产品销售开始下降，某些厂商开始向其他行业转移资金，致使原行业出现厂商数目减少、利润下降的情况，此时，便进入衰退期。衰退行业的股票价格平淡或有所下跌，那些因产品过时而遭淘汰的行业，股价会受到非常严重的影响。

投资者在选择股票的时候，最好是在其处于成长后期或稳定期的时候介入，这个时期的企业拥有雄厚的竞争实力和强大的抗风险能力，反映在股市中就是其股票价格具有明显的上涨势头。

总而言之，"发展才是硬道理"，行业的生命周期对于投资者选股来说，具有极为重要的意义。

从上市公司的经营战略中选股

公司经营战略是企业面对激烈的变化与充满严峻挑战的环境，为求得长期生存和不断发展而进行的总体性谋划。它是企业战略思想的集中体现，是企业经营范围的科学规定，同时又是制订规划（计划）的基础。经营战略是在符合和保证实现企业使命的条件下，在充分利用环境中存在的各种机会的基础上，确定企业同环境的关系，规定企业从事的经营范围、成长方向和竞争对策，合理地调整企业结构和分配企业的全部资源。经营战略具有全局性、长远性和纲领性，它从宏观上规定了公司的成长方向、成长速度及其实现方式。由于经营战略决策直接牵涉到企业的未来发展，其决策对象是复杂的，所面对的问题常常是突发性的、难以预料的。因此，对公司经营战略的评价比较困难，难以标准化。一般可以从以下几方面进行：

1. 通过公开传媒资料、调查走访等途径了解公司的经营战略，特别是注意公司是否有明确、统一的经营战略；

2. 考察和评估公司高级管理层的稳定性及其对公司经营战略的可能影响；

3. 公司的投资项目、财力资源、研究创新、人力资源等是否适应公司经营战略的要求；

4. 在公司所处行业市场结构分析的基础上，进一步分析公司的竞争地位，是行业领先者、挑战者，还是追随者，公司与之相对应的经营战略是否适当；

5. 结合公司产品所处的生命周期，分析和评估公司的产品策略是专业化还是多元化；

6. 分析和评估公司的竞争战略是成本领先、别具一格，还是集中一点。

从上市公司的经营业绩选股

从上市公司的经营业绩中寻找投资机会是选股的基本策略。但是，很多投资者持有的各种绩优股，不但没有赚钱，甚至还出现了亏损，究其原因主要有以下四个方面：

1. 绩优股在短时期内未必会有收益。

从长远来看，绩优股肯定是有投资价值的，投资者只要在相对低位买进，日后就一定能获得丰厚的投资回报，但短期而言就不一定了。因为股票市场并不是只有投资力量，还存在着投机力量。当投机力量大于投资力量时，一些符合投机要求的股票就会成为市场追逐的热点，这时，具有投资价值的股票反而会遭受冷落。

2. 绩优股真假难辨。

一些"绩优股"并非真正意义上的绩优股，它们在经营上获得的优异成绩，或是经过包装实现的，或是通过与大股东关联交易实现的。这些股票价格扬升，并非是市场对其投资价值的挖掘，而是市场的误判。因此一旦其"绩优"外衣被市场剥去，股票价格必然回落。

3. 上市公司业绩受到外部环境的影响。

一些绩优上市公司经营状况受外部环境的影响很大，当外界环境向好时，其经营业绩就处于明显上升状态；当外界环境变坏时，其经营业绩就处于明显的下降状态。

4. 上市公司业绩增长趋缓。

一些绩优上市公司经过连年的高速发展，已处于相对稳定的发展阶段，因此，当其业绩不再像以前那样高速增长时，反映到股价上就会出现宽幅震荡和下跌。

当然，凡事只要知道原因就能找到解决问题的办法。投资者可以从以下三个方面着手操作绩优股：

1. 对一些真正具有投资价值的绩优股，长期持有，操作上采用逆向思维，逢低吸纳，越跌越买；

2. 警惕虚假的绩优股以及业绩过分依赖外部环境的绩优股；

3. 对处于稳定阶段的上市公司绩优股票，敬而远之，观望为宜。

从上市公司的人员素质选股

股市中有一句经典谚语："选股要选董事长"，这种说法有一定道理。众所周知，董事长是企业的法人代表和经营决策的掌舵人，选好了董事长就等于选对了具有长期投资价值的股票。当然，决定一个公司经营成败的还包括董事长以外的优秀管理层。公司经营管理者在管理活动中起主导性、实质性的作用，他们是企业的神经中枢，负责企业一切重大经营管理事项的决策。如果他们素质不高，能力不够，导致决策出现严重的错误，将会对企业造成致命的打击。

这样看来，选股离不开对上市公司领导人及管理层的考量。投资者可以从以下几个方面作出评判：

1. 权威部门和同行对上市公司领导人的评价。

在关注权威部门和同行的评价时，投资者要把握两点：一是评价的部门或同行越多，越有参考价值；二是评价的时间越近，可信度就越高。

2. 企业领导人的个人经历及才能。

个人经历包括：年龄、教育背景，在公司的提拔情况、负责范围，在社会和工作上的贡献以及人格品质、人际关系等。工作经历丰富、知名度高、人际关系好、事业心强并曾有良好经营业绩的企业领导人，一般具有洞察市场、胜人一筹的领导才能。

3. 企业领导人是否制定过行之有效的战略方针。

企业领导人高瞻远瞩的战略目光与计划往往决定一个公司的命运。在当今技术更新加速、竞争日益激烈的情况下，公司的战略方针已成为考察公司管理与高层领导能力的一个重要组成部分。

4. 除了董事长外，考察上市公司的管理层队伍也是至关重要的。

公司核心领导层的知识结构、学历水平、管理经验和技术、性格特征等因素都会影响企业的发展。

投资者可以通过财经报刊、互联网查询、阅读财务报表等途径来了解上市公司董事长的相关资料及董事会成员的资格、学历和人员变动情况。特别是新董事长或新领导班子上任后，上市公司的经营思路、经营业绩有何变化。要了解这方面内容，需要把几年的年报、中报集中起来，相互对照、比较。只有这样才能作出准确的判断。

第三节　运用市场面选股

从市场热点中选股

事物总是在不断变化之中，股市也一样在不断地推陈出新。因此，每一轮多头行情都会出现一些新的市场热点。股市中的热点就是一群联袂上行的个股，也叫"热门股"，涨幅榜的前列大多是它们的身影。

捕捉市场热点，需要敏锐的感觉和深邃的洞察力，要在热点形成之初及早抓住，而不要等到人尽皆知时才后知后觉，否则就失去了获利的最佳机会，因为在热点最朦胧的那段时间入市获取的利润才最丰厚。

在实际操作中，热点对于投资者分析市场具有如下意义：

1. 热点会吸引主力资金介入。

热点能够聚集主力的资金，决定市场运行的方向。因此，要把握好市场方向就要找准市场热点。

2. 采用热点选股可以提高获利效率。

稍有经验的人都知道，一般情况下，每一波行情中热点板块和热点龙头股上涨最快，幅度最大。而非热点股要么不涨，要么涨幅明显落后于大盘。

3. 热点容易被发现。

由于每当热点出现时媒体都会集中予以报道，所以该类个股比较容易发现。

热点酝酿的过程就是主力资金介入的过程，一般来说，热点酝酿的时间越长，热点能够持续的时间就越长。市场热点从形成到结束通常有三个阶段：

1. 单一热点发动行情，此阶段，热点一般持续的时间较长；

2. 单一热点扩散到多极热点，其持续的时间较短；

3. 热点转移与消退阶段，这个过程会更短。

一般而言，当所有板块被轮番炒过之后，大盘就会进入休整期，以孕育等待下一个单极热点出现，如此循环往复。有些热点因为所在行业辐射范围广、群众基础好，市场主力会反复加以利用，直到无利用价值时抛弃。一些投资者不懂得其中奥妙，吃这类"热点"的亏最大。

投资者在跟市场热点寻找投资机会时必须明白，市场不会有永远的热点，"盛极而衰"的自然法则，同样适用于股市。

从股本规模中选股

所谓的股本规模就是我们平常说到的大盘股、中盘股和小盘股。流通股本在 1 亿股以上的个股称为大盘股；在 5000 万股至 1 亿股之间的称为中盘股；不到 5000 万股的称为小盘股。

一般来说，大盘股企业成长性和股本扩张能力较差，且盘大不易炒作，因此，股性一般比较呆板；小盘股企业成长性较好，股本扩张能力强，而且易于炒作，股性比较活跃；中盘股的活跃度介于大盘股和小盘股中间，既不特别活跃，也不是特别呆板，属于比较沉稳的类型。如果排除其他因素，单从市盈率方面考虑，小盘股的市盈率要比中盘股高，中盘股要比大盘股高。

但是从炒作的角度来说，大盘股和中盘股适合大资金进出，在大级别多头市场中，实力机构和大资金常偏重于中、大盘股。特别是从选择市场龙头股的角度来说，业绩优秀的大盘股更合适，因为它对指数影响大，控制这些个股就能起到四两拨千斤的作用，而这是小盘股难以达到的效果。因此，在牛市中充当主流热点板块领头羊的，一般都是中、大盘股，而在小级别的反弹行情或盘整市道中，小盘股才有可能在局部范围里短暂的担当起领头羊角色。

当我们明白了这个道理后，作为普通投资者就可以这样选股：在大级别的多头行情中，应倾向于挑选一些在市场已有表现，但还没有大涨过并有市场潜力的大盘股和中盘股；在盘整市道或小级别行情中，应倾向于选择一些市场潜力较大，并已走出底部的小盘股或中小盘股。

从行业板块分析中选股

中国市场经济发展尚不完善，企业创新能力有待提高，这导致同一行业中企业产品同质化严重，在很大程度上可以相互替代，因而同一行业间企业往往联系紧密。

根据各行业中企业的数量、产品的属性、价格控制程度等因素，可将行业分成四种类型：完全竞争、不完全竞争、寡头垄断和完全垄断。投资者应该将注意力放在具有一定垄断性的行业和公司上，这类企业由于其垄断地位，在限定范围内拥有自主定价权，利润水平较高。

任何行业都要经历一个由成长到衰退的发展演变过程，这便是行业的生命周期，即便是垄断行业也不例外。

只有了解行业兴衰、演变的现象及影响因素，寻找投资回报丰厚的行业板块，才能为投资者的决策指明方向。影响行业兴衰的主要因素有技术进步、国家产业政策、产业组织创新、社会习惯的改变以及经济全球化等。

从行业板块分析选股，就是要顺应产业结构演进的趋势，对处于不同产业周期的企业采用不同的投资方式，还要充分理解国家政策，把握投资机会。

同一行业上市公司的股票具有强烈的联动性。当某一行业成为热点之后，该行业的个股大多数会呈现明显的上涨趋势。尤其是行业中的老大，往往具有指标性的作用。通常，在多头行情中的领头股，到大势趋势反转之后，便成为抗跌的好股票。

投资者应当经常去审视各行业板块股票的表现形态，摆脱弱势行业的股票，换入强势行业的股票。

总而言之，掌握行业动向，对行业板块进行合理分析，是投资者不可忽略的选股要诀。

从区域板块分析中选股

我国经济发展不平衡，不同区域经济发达程度不同，各区域有自己的优势行业。同一区域的企业股票价格会表现出某种联动性，所以投资者在选股时应对区域板块进行必要的分析。

区域分析的重点可以放在两个方面：

1. 东、中、西部地区行业差异化。

东部地区经济最为发达，企业管理水平和技术水平较高，市场竞争也最激烈，技术型和资本密集型行业优势大，股价表现好；西部经济较落后，管理与技术水平低，目前的盈利水平可能低于同类型的东部企业，资源型、基础设施型行业有优势；中部地区经济位于两者之间，是两者交流、竞争的地区，区域特色就稍微逊色。区域板块是对以上上市公司所处不同区域进行的划分，并将处于同一区域的上市公司进行归总的板块，比如厦门板块、海南板块、上海浦东板块等。

2. 国家的区域经济干预政策。

出于国民经济持续发展考虑，国家会不定期出台一些区域经济干预政策，这些政策会在很大程度上影响区域板块的走势。2009 年 1 月 7 日国务院召开常务会议，审议并原则通过《珠江三角洲地区改革发展规划纲要（2008—2020）》，赋予珠三角新的战略定位。受益于此，大龙地产、华业地产、粤宏远 A 等多只珠三角概念股逆势上扬，表现活跃，成交量放大，甚至出现大单吃筹的现象，一举突破了均线系统的压制。

由此可见，区域板块已经成为最佳的主题投资机会，投资者可以多加关注。

从股东人数变动中选股

上市公司股东人数多，说明筹码分散、散户多；反之，则说明筹码集中、机构控盘程度高。

筹码由集中开始分散，往往就是主力机构派发出货阶段；反之，筹码由分散逐步集中，则是主力振荡吸筹，大规模建仓的阶段。

很多实战经验表明，上市公司股东人数由集中到极度分散，或者由分散到极度集中，总是会给投资者带来很多机会。比如说，自 2008 年第三季度以来，在整个股市中，凡是股东人数由分散到急剧集中的上市公司，其股价绝大多数涨幅在 200%～350% 之间。作为上市公司业绩披露报告中的一项重要内容，股东人数的变化应该引起投资者的重视。

一般来说，股东户数增减变化与股价中期的涨跌幅呈现负相关。即股东户数增加，股价往往表现低迷或者涨幅远落后于大盘；相反，股东户数减少，股价往往涨幅居前或相对抗跌。

所以，建议投资者，在结合公司基本面变化的基础上仔细分析股东变化情况，这样制定的投资策略才更为稳妥。

从大股东变动中选股

股东的变化在一般情况下意味着公司经营范围和经营方式的改变，特别是在中国现有的市场条件下，股东的变化常常成为市场炒作的导火索，尤其是当主力知道散户投资者会关注股东变化情况来了解市场动向时，更会采用使用多个账户，制造股东人数增加、筹码分散的假象，掩护主力悄悄建仓。

俗话说，魔高一尺，道高一丈，散户投资者必须学会对付主力的办法，据此选股才能使自己获利。

什么办法能达到"魔高一尺，道高一丈"的效果呢？办法就是留心观察上市公司前10名股东的持股情况。一般来说，前10名股东的资料是很难隐蔽的，留心里面的变化，你完全可以从中发现主力的动向。

你可以通过上市公司的年报、中报、配股或增发后的股份变动公告来了解前10大股东的持股情况。

一般来说，前10大股东所占的流通股比率呈显著增加趋势，说明筹码在迅速集中，演变成强庄股的可能性就很大，将来这类股票涨幅就比较可观。

从主力坐庄中选股

在股市这个财富高速流动的场所，有一股巨大的力量，往往会把股市搅得天翻地覆，这就是主力。通俗地讲，主力是指股市中资金实力雄厚的机构、社会团体或个人大户，他们以市场为敌手，通过拥有的大资金，利用各种手段影响和操纵股市和股价的涨跌，以图获取丰厚的利润。

散户投资者对于主力在股市上翻江倒海可以说是爱恨交加，既想依靠主力获得厚利，又怕主力掏空自己口袋里的钱，于是就有了"防火防盗防主力"和"主力就是希望，就是金钱"的矛盾说法。

其实，对主力要客观看待。谁进入股市都有一个非常明确的目的——赚钱。主力更是这样，只要有利可图，他们就无孔不入，无所不为，动辄斥资上亿控盘，然后一路狂拉，最后大举派货。在这里，散户没必要过分谴责主力的控盘行为（当然违规的不法行为除外，对于此种行为不仅要谴责，还应要求管理层对其进行监控和处罚），关键是要与庄共舞，巧妙利用主力赚钱。

散户要想从众多的股票中选择出一只庄股，首先就必须要明白这只股票中到底有没有主力的介入。

一只股票里面到底有没有主力介入，需要根据各方面情况综合分析。有的散户喜欢通过小道消息确定主力是否存在。这是一个办法，但准确率非常低，甚至会上当受骗。除非是主力的亲朋好友，否则恐怕很难了解其动态。因此从市场中听到的关于主力的消息，比如"揭秘"、"据传"之类，多半是不正确的或是"事后的先见之明"。更何况，即便是亲朋好友，主力也不见得会告诉他们自己的"作战计划"。所以，只有从多方面进行综合考察，才能最终确定主力的存在与否，进而选择出适合自己的庄股。

通常而言，如果出现以下迹象，则有主力介入的可能：

1. 交易行为表现异常。

庄股走势经常出现的几种情况是，股价莫名其妙地低开或高开，尾盘拉高收盘价或偶尔出现较大的买单或抛单，人为做盘迹象非常明显。如果，盘中走势时而出现强劲的单边上扬，突然又大幅下跌，起伏剧烈，（这种现象在行情末期尤其明显）说明主力控盘程度已经非常高。

2. 股价容易暴涨暴跌。

坐庄的基本过程就是先拼命将股价推高，或者同上市公司联系，通过送股等手段造成股价偏低的假象；在获得足够的空间后开始出货，并且利用投资者抢反弹或者除权的机会连续不断地抛出以达到获取厚利的目的，其结果就是股价暴涨后长期下跌。

3. 成交量经常忽大忽小。

主力无论是建仓还是出货都需要有成交量配合，有的主力会采取底部放量拉高建仓的方式，而庄股派发时则会造成放量突破的假象借以吸引跟风盘从而达到出货目的。另外，主力也经常采用对敲的方式转移筹码或吸引投资者注意。无论哪一种情况都会导致成交量的急剧放大。同时由于庄股的筹码主要集中在少数人手中，其日常成交量会呈现极度萎缩的状况，从而在很大程度上降低股票的流动性。

如图 1-8 所示，青海华鼎（600243）2010 年 8 月 30 日的成交量为 421.21 万股，9 月 2 日的成交量为 1824.76 万股，在 9 月 8 日的时候，成交量又降到 451.48 万股，成交量极不规则，忽高忽低。

4. 个股的行情往往逆市而动。

一般股票走势都是随大盘同向波动，但庄股的表现却与众不同。在建仓阶段，逆市拉抬便于快速拿到筹码；在洗盘阶段，利用先期收集到的筹码，不理会大盘走势，对敲打压股价，造成技术上破位，引起市场恐慌，进一步增加持筹集中度；在拉升阶段，由于浮筹稀少，逆市上涨不费吹灰之力，其间利用对敲等违规虚抬股价手法，股价操纵易如反掌，而且逆市异军突起，反而容易引起市场关注，培植跟风操作群体，为将来顺利出货埋下伏笔；到了出货阶段，趁大势企稳回暖之机，抓住

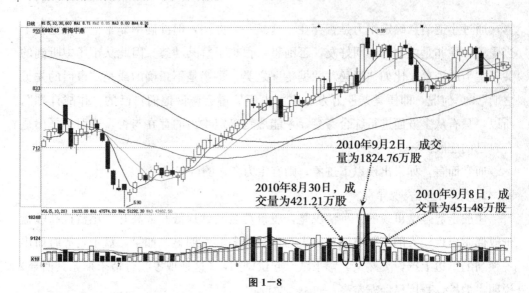

图 1—8

大众不再谨慎的心理，借势大幅震荡出货，待到货出到一定程度，就上演高台跳水反复打压清仓的方式，直至股价从哪里来再到哪里去。

5. 股东人数变化比较大。

通常来说，长庄黑马股都是筹码集中度较高的股票。主力吸筹就是筹码从分散趋向集中的过程，此时股价上涨；主力派发则是筹码从集中转向分散，股价趋于下跌。根据上市公司年报或中报中披露的股东数量可以看出庄股的股价完成一个从低到高，再从高到低的过程，实际也是股东人数从多到少，再从少到多的过程。不过，庄股在股东名单上通常表现为有多个机构或个人股东持有数量相近的社会公众股。因为主力要想在达到控盘目的的同时，又避免出现一个机构或个人持有的流通股超过总股本5％的情况，就必须利用多个非关联账户同时买进，这种做法也给市场的有效监管增添了难度。

6. 利空或利多消息对股价影响反常。

在公正、公开、公平信息披露制度下，市场股价会有效反映消息面的情况，利好消息有利于股价上涨，反之亦然。然而，庄股则不然，主力往往与上市公司联手，因此上市公司有什么样的消息，事前主力都了然于胸。它甚至会私下蓄意制造所谓的利空、利好消息，借此达到不可告人的目的。例如，为了能够尽快完成建仓，它会人为散布不利消息，进而运用含糊其辞的公告动摇投资者的持股信心。又如，待到股价涨幅惊人后，以前一直不予承认的利好传闻却最终兑现，但股价却出现滞涨，最终落得个暴跌。

知道了主力介入的迹象，你就可以比别人更早地知道哪些股票有主力介入，并及时跟进"搭车"，从而获得收益！

第四节 运用心理面选股

从排行榜中选股

排行榜是炒股软件根据涨跌幅、量比、委比等排列出来的，比如说，日涨跌幅排行榜、即时涨跌排行榜、板块分类涨跌排行榜、地区分类涨跌排行榜等。在选股前，投资者可以利用排行榜中涨升情况，更快地找出整个大市中的龙头股。

一般来说，我们主要从涨幅榜、量比榜和委比榜上来选择，具体的研判分析技巧如下：

1. 从涨幅榜来研判。

（1）看涨幅榜上的个股是否属于当前的热点。

方法有以下两种：

首先查看该个股的板块是否属于当前的热点板块，如果是，则表明该股的上涨符合市场热点的潮流，投资者可以积极关注。

其次看涨幅榜上有没有与该股同属于一个板块的个股。有时候，板块之间的联动效应会起到很大的作用，如果在涨幅榜上的前 30 只个股中，有 10 只同属于一个板块，那么，投资者就要相当关注，因为这种现象表明该股属于市场中崛起的热点。

（2）研判个股迅速上涨的原因。

个股上涨的原因对股价能否持续上涨有一定的影响。一般来说，受消息影响而上涨的个股往往持续性不强，缺乏长久获利的空间，所以，投资者一定要谨慎。而对于不同题材引起的股价上涨则需要投资者具体情况具体对待。

2. 从量比榜来研判。

量比是当日成交量与前五日成交均量的比值，量比越大，说明当天放量越明显。股市中资金的运动决定了个股行情的性质，资金的有效介入是推动股价上升的原动力，涨幅榜上的个股在未来能否继续保持强势，在很大程度上与之前的资金介入有紧密的联系。所以，量能的积聚过程非常重要，只有在增量资金充分介入的情况下，个股行情才具有持续性，而量比的有效放大，则在一定程度上反映了量能积聚的程度。

3. 从委比榜来研判。

委比是用以衡量一段时间内买盘与卖盘相对强弱的指标。它的计算公式为：

委比＝（委买手数－委卖手数）÷（委买手数＋委卖手数）×100%

其中，委买（卖）手数是指现在所有个股委托买入（卖出）五档的总数量。委比数值的变化范围在－100%至＋100%之间。委比值越大，说明市场买盘越强劲；委比负值越大，说明市场的抛盘越强劲。

需要提醒投资者注意的是，在利用委比榜进行分析的时候，要结合涨幅榜中的量比，这样得出的结果才会更有参考价值。

用"比价效应"选股

所谓用"比价效应"选股就是指在同类型股票中通过诸如经营业绩、流通股本、募集资金所投入项目等方面的直观比较，选择一只最佳股票的选股方式。

2010年7月15日，全球最大的IPO中国农业银行上市了，农行的发行价格定在2.74元。对于逢新必炒的中国股市来说，农行的上市遭到爆炒。那么理性分析的话，投资者究竟应不应该在此时购进该股呢？现在我们用比价效应来分析一下。

工、农、中、建四大行在业务上有同质性，在财务指标上也都差不多，所以，比价效应的作用使得农行的股价与其他三大行相匹配。从价位上看，建行的股价最高，在5元左右，而工行在4.30元左右，中行最低在3.60元左右，但这三个股票的市盈率都在8倍出头一点。根据农行的盈利水平，如果按8.8倍市盈率发行，那么其发行价为2.30元，显然农行的发行价并不是这样计算的。如果不按市盈率作为基准，就按照市净率来作为比较基准，如果将市净率定为1.8倍至2.2倍，那么农行的发行价就可以达到3.02元至4.07元，显然，如果发行价定在这个区间，作为发行人和承销商是比较满意的。但对于投资者而言，是否要参与农行的申购和上市后的买卖，就要取决于价格。农行在二级市场上的合理定价应该在中国银行股价之下，如果农行在3元左右发行，申购者上市还有差价可赚，但如果发行价靠近了现行的中国银行股价（中国银行的股价2010年7月15日为3.45元），上市后破发的概率就较大。而农行上市的发行价定在了2.74元，投资者此时申购的话，还是有价差可赚的。

通过对该股的分析，我们可以看到比价效应在选股中的重要性。一般来说，具体的比价关系主要有几下几种：

1. 与同一炒作题材之间的个股比价，选择股价较低的个股。

2. 用技术指标作参考标准，选择股价超跌的个股。

3. 与同一地域板块间的个股比价，选择股价较低的个股。

4. 与前期的成交密集区比价，选择股价超跌的个股。

5. 与相同股本规模及类似股本结构间的个股比价，选择股价较低的个股。

6. 与同一行业间的个股比价，选择股价较低的个股。

7. 股本结构中有 B 股和 H 股的，要 B 股和 H 股比较，特别是要进行价格比较。

8. 与前期的历史高位比较，选择股价超跌的个股。

投资者在选股时除要综合考虑以上的比价关系外，还要注意以下要点：

1. 要注意底部成交量的变化，放量收小阳，缩量收小阴的股票，或是连续小阳的股票，后市的投资机会较大。

2. 在突破密集区缩量回调后介入，可使资本的有效回报率更高。

3. 要注意市盈率和市净率这两项指标，其中市盈率低于 25 倍，或市净率低于 3 倍的股票值得投资。

4. 选择仍处于底部的股票。

从死亡板块中选股

在股市中，某些板块的股票由于种种原因，一直没有大资金参与，导致股价长期沉寂，一直无所作为，逐渐从人们的视野中消失，这种类型的股票就被称为"死亡板块"。一般来说，人们对死亡板块都很忌讳，谁都不愿意和这种股票打交道。可古人云："山不转水转，水不转人转。"又说："三十年河东，三十年河西。"一切都是相对的，相对面在一定的条件下会相互转化，这也适用于股市。熊股熊到被市场遗忘，就会成为"死亡板块"。当大家对它彻底失去信心时，它就会绝处逢生，被市场主力相中，一旦"时机成熟"，各种题材不请自来，主力再借题发力，这些被遗忘的股票，由熊转牛也就顺理成章了，因此，死亡板块绝对是一个淘金的好地方。

以福耀玻璃（600660）为例，该股自 2004 年至 2006 年 9 月 26 日，基本上处于沉寂状态，股价在两年内基本上没有什么变化，成为典型的冷门股。但从 2007 年开始，这只压根儿让人看不起的股票却让很多投资者大跌眼镜。得益于汽车行业的高速增长，其股价一路上扬，从 2006 年 9 月 26 日的 7.56 元涨至 2007 年 4 月 24 日的 24.50 元。如图1-9所示：

从福耀玻璃的走强，我们可总结出如下规律：

1. 个股的走强，首先必须以该行业进入快速发展期为基础，业绩的增长是股价上升的前提条件，也就是说，"死亡板块"复苏的标志，是行业的复苏。

2. 一般来说，股价沉寂的时间越长，其反转之后，股价的上升空间就越广阔。投资者可以在死亡板块中给股票排队，看在这些股票中跌了一年的有几个，两年三年甚至五年的有几个，将那些跌的时间最长的个股挑选出来，作为重点关注对象。

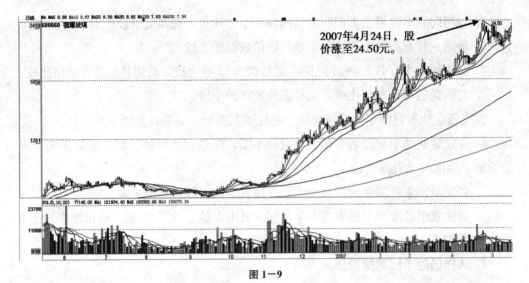

2007年4月24日，股价涨至24.50元。

图1—9

3. 找到这些跌了很久的股票之后，不要立即买进，而要对它们进行研究，此时要掌握两个原则：一确定该股已经有主力在参与了，二当该股在向上突破时买进一些，但量不要太大，因为一般积弱已久的股票在第一次向上突破时以假突破居多，要等到该股形成上升趋势后，方能大胆买进。

4. 在死亡板块中掘金，还要注意该股的流通市值，以及隐藏的热点、题材等等，一般来说，流通市值低的个股会比较容易得到主力的青睐。

第五节　运用技术面选股

从 K 线图形中选股

股市是一个高风险的市场，这主要体现在选股上。一旦选错了股票，投资者将一败涂地。为了把好选股关，我们已经从基本面、市场面、心理面作了多层次的分析，现在再来分析怎样运用技术面来选股。技术分析是一种古老的分析方法，旨在研究价格行为，从而作出关于股价未来走向的判断。

在技术分析中，我们经常用到的有 K 线图形、技术图形、均线图形以及趋势线图形四种。

现在我们首先来分析如何利用 K 线图形来选股。

K 线图又称蜡烛图，起源于日本十八世纪德川幕府时代（1603～1867 年）的米市交易，用来计算米价每天的涨跌。因其标画方法具有独到之处，人们把它引入股票市场价格走势的分析中。经过 300 多年的发展，目前它已经广泛应用于股票、期货、外汇、期权等证券市场。

K 线图能够全面透彻地反映市场的真正变化，从 K 线图中，投资者既可看到股价（或大市）的趋势，也可以了解到每日市况的波动情形。

不同的 K 线图形代表了不同的含义，有些 K 线图形的出现，就是在向投资者发出买进信号，比如说"曙光初现"，它就是强烈的买进信号。如图 1－10 所示：

曙光初现

图 1－10

"曙光初现"的意思就是黑暗的长夜已经过去，股价即将迎来黎明。从技术上来分析，该形态出现以后，暗示着股价已经见底或者已经到了阶段性的底部，回升的可能性很大。如图 1－11 所示，凯乐科技（600260）在 2009 年 12 月 23 日出现曙光初现图形之后，股价走出了一波上涨的行情。

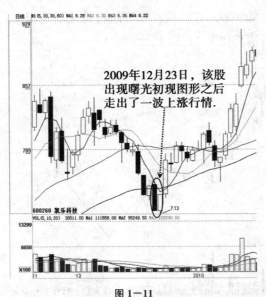

图 1－11

在走势图中，还有很多 K 线图形一旦出现，就表示是强烈的买进时机。投资者通过对这些 K 线图形的把握，可以大大减少选股的失误。具体哪些图形的出现是买进信号，投资者可以参考本书第三章 K 线操练，在该章中，我们为投资者作了详细的解答，本章就不再一一赘述。

从技术图形中选股

技术图形就是我们平常所说的诸如"W形"、"V形"、"头肩形"等等。

在股票走势中，只要股价形成这种图形，就会出现历史重演的局面。如图 1—12 所示"V底"，这种图形如果出现在跌势中，则说明股价即将出现反转，而且涨幅将非常可观。投资者如果发现某只个股出现了这种走势，即可跟进，把握住机会。

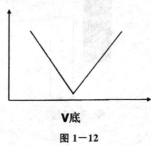

V底

图 1—12

"V形"是炒股过程中比较常见的、力度极强的技术图形，是一种强烈的反转信号。它一般都在股价经过一段较长时间的下跌之后出现较大的利好消息时出现，这时股价拐头向上而且有相当一段的持续性。因此在走势图上形成了一个 V 字。一般来说，这种形态确认后，其潜能是相当惊人的，所达到的上升幅度也不可测算。比如说，歌华有线（600037）在经过一轮下跌行情之后走出了"V底"的图形，股价开始了一波上涨行情。如图 1—13 所示：

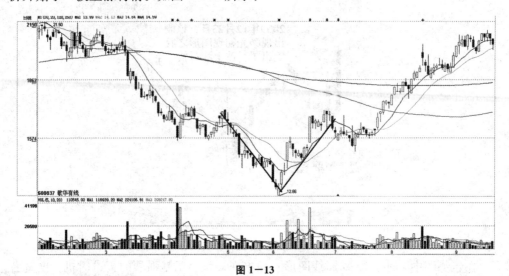

图 1—13

技术图形同样也分为很多种，在此我们只列举"V底"的例子来向投资者说明。关于技术图形的分析，投资者可以参考本书第四章，那里有对技术图形选股的详细分析。

从均线图形中选股

均线是移动平均线的简称，它是将一段时间内的股票成交价格进行算术平均所形成的线，表明了一段时间内购买股票的平均成本。均线给投资者带来了很大的方便，因为如果你已经知道了市场的平均成本，自然也就对市场上的供求关系有了一个基本的了解，这样在选股的时候，就可以以此来判断个股的走势强弱，进而决定采取何种操作策略。

一般来说，均线有分钟均线、小时均线、还有以日、周、月、年等不同时间单位做成的各种均线。它直观、易懂，是除 K 线以外，使用频率最广泛、准确率也较高的一种技术分析方法，对中小投资者来说，是一种绝佳的分析工具。

均线可以分为短期均线、中期均线和长期均线三种。短期均线有 3 日均线、5 日均线和 10 日均线等。其中广泛使用的是 5 日均线和 10 日均线。

中期均线有 20 日均线、30 日均线和 60 日均线等。一般来说，30 日均线是被经常使用的。

长期均线有 100 日均线、120 日均线、150 日均线、200 日均线、250 日均线等等。较常用的是 120 日均线和 250 日均线。

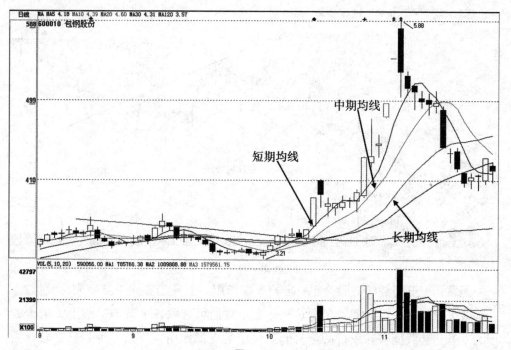

图 1—14

一般来说，均线图形的分析都是结合短期、中期和长期均线来进行的。下面我们通过一个例子来详细了解如何通过均线图形来选股。如图1－14所示，此图形名为多头排列，是一个短期、中期和长期均线排列的组合，这种图形一般多出现在涨势中，最上面的一根是短期均线，中间一根是中期均线，最下面的一根长期均线，这三根均线呈向上的弧状。这种形态是一种看多信号，一旦某只个股出现了这种均线组合，说明后市继续看涨，投资者可以跟进。

关于均线图形的详细分析，投资者可以参考本书第五章。

从趋势线图形中选股

投资者都熟悉这样一句话，做股票一定要"顺势而为"，不能"逆势而动"，这里的"势"指的是大的方向和趋势，也就是股票价格运动的方向。

趋势为何？道氏理论认为，一个价格在运动中，如果其每个波峰和波谷都相应地高于前一个波峰和波谷，称为上涨趋势。相反，如果其包含的波峰和波谷都低于前一个波峰和波谷，就称为下跌趋势。如果后面的波峰与波谷都基本与前面的波峰和波谷持平，就称为震荡趋势，或者横盘趋势。

判断趋势最直观的方式是依靠趋势线。如图1－15所示。在上涨行情中，两个以上低点的连线以及下跌行情中两个以上高点的连线，称为上升或下降趋势线。

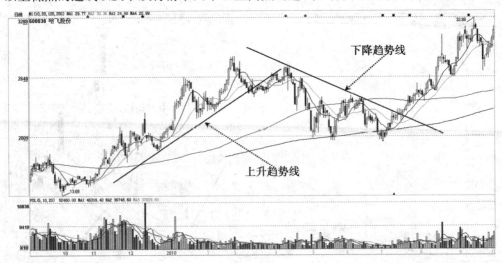

图1－15

通常，上升趋势线对股价起一定的支撑作用，上升趋势线一旦形成，股价将在趋势线上方运行一段时间。根据这一原理，我们可选取在上升趋势线上方的个股。因为上升趋势线能够对股价的上升起到一定的支撑作用，所以股价一旦跌破此线，很可能将不会延续此前的走势，而出现反转，在利用趋势线选股的时候，一定要选择运行在趋势线上方的股票。

一般来说，上升趋势线的买入时机主要有以下几个：

1. 在上升趋势线附近买入。

首先确认自己画出的上升趋势线满足以下条件：

（1）有上升趋势存在，即存在两个依次上升的低点。

（2）画出直线后，落在此线上的点越多越好，因为这表明趋势线更可靠、有效。

（3）该条直线延续的时间越长，越有效。

上升趋势线形成后，股价将沿这条趋势线运行。但在沿这条线往上运行的过程中，股价可能会有短暂的回调，很多时候都会回落至趋势线附近，有些更将股价砸至趋势线下。投资者在选股时，如果能确认趋势线有效，可在上升趋势线附近短、中线介入。

2. 中期上升趋势中，在股价回调不破上升趋势线又止跌回升时买入。

在中期上升趋势中，股价的低点和高点都不断上移，将其不断上移的两个明显低点连成一条向右上方倾斜的直线，便是上升趋势线，它将成为股价回档时的支撑。当股价每次回调至该线不破该线又止跌回升时，便是上升趋势中的短线买入时机。

运用此种方法操作时应注意：

（1）股价回调至上升趋势线时，成交量应呈现缩量，否则上升趋势线难以支撑股价。

（2）实际操作时应根据具体情况变化适时修正上升趋势线。

在下降趋势线中，投资者要选择那些放量向上突破下降趋势线的个股买入。在此要注意：

1. 有时候，在股价突破下降趋势线时，成交量并没有随之放大，这可能是短期的反弹，股价可能又回到下降趋势线以下，原有下降趋势并没有改变。

2. 当股价向上突破下降趋势线后，有时候又会反转向下，但是在向下的过程中，股价并没有跌破下降趋势线，随后股价又反转上涨，此时就是买进时机。

第六节　选股难题分解练习

从新股中选股

"逢新必炒"是中国股市长期以来的习惯，新股炒作是市场的永恒热点。上档无套牢筹码、没有套利盘的巨大抛压、上市第一天没有涨跌幅限制，这些因素决定了新股的涨跌幅度必将远远高于大盘。而当市场不景气或者正从跌势转入升势时，新股也最容易被主力用来调动人气，起到领涨的作用，成为市场的领头羊，带领大盘从一个高峰冲上另一个高峰，其炒作收益远远大于一般老股票。很显然，新股中存在极大的投资机会，因此，如果投资者能够把握好时机，利润将极为惊人。那么如何从新股中选出质地比较好的股票呢？投资者可以参考以下几个方面：

1. 考察介入资金的性质是立足于中线运作，还是短线炒作。

对于中线庄家而言，由于其运作时间较长，建仓手法存在较多变化，是否存在投资机会关键取决于筹码的集中程度；对于短线庄家而言，只要持有该新股的部分筹码就可进行操作了，这类股票往往在短期内就会有较大的升幅。关于介入资金的性质可以从新股的基本面以及该股形态方面进行判断，从目前新股的运作方式来看，以中线资金为多。

2. 新股首日上市主力的介入程度。

是否有主力机构在主动吸筹，以及吸筹的力度如何，是判断新股未来走势的重要标准，这便要求投资者观察盘中成交情况以及股价运行是否具有方向性和持续性。有机构收集的股票，这些特征比较明显。特别是新股前15分钟的走势，一般来说，若开盘成交量换手率达到5%以上，同时前10分钟拉出阳线，并且换手率达到15%以上，那么，该股就有主力介入。此时投资者可以在该股随后回档时介入，当天可能就会有较好的收益。

3. 新股此时所处的市场氛围以及指数的相对位置。

（1）当大盘处于下跌的末端，进入筑底阶段时，市场人气低迷，新股开盘价较低，一般在50%以下，甚至接近发行价，投资者可以选择此类的股票在横盘的时候买进，一旦大盘反弹，这只股票很可能会领涨。

（2）当大盘处在上升阶段，此时新股为平开高走，投资者可以考虑积极建仓进场。

（3）当大盘处在上涨末期，新股开盘价位很高，此时风险最大，一旦大盘从高位下跌，该类股票跌幅最大，这时的新股最好不要涉及，以免深度被套。

（4）当大盘处于下跌阶段时，新股为高开低走，这时的获利机会极小，不宜参与，最好等到大盘进入下跌末期的筑底阶段后，再考虑进场抄底。

短线黑马怎么选

短线黑马指的是只能在一段时间内远远跑赢大盘，而且持续时间不长（一般来说不会超过三个月，甚至有可能是几个星期、几天）的股票。这种短线黑马涨势持续的时间短，因为其涨势凶猛，所以一旦完成了短期内的猛涨，就会见顶回落，跌起来也是异常凶猛。一般来说，短线黑马股具有如下特征：

1. 股票的质地比较差，价位很低。
2. 是典型的冷门股。
3. 虽然是冷门股，但在未来的走势中也有一定的上涨空间。
4. 虽然是冷门股，但因为一些市场因素，出现了让市场看好的新题材。
5. 在新题材的刺激下，其股价会步步走高。
6. 股价很容易出现回落，回落的速度也非常快。
7. 股价回落后，又会重新沦为冷门股。

短线黑马股快起快跌，只有少数极有经验的投资者能够捕捉住，绝大部分的投资者因为不了解短线黑马的特征，又缺乏技术操作的手段，而在追逐短线黑马过程中遭受到不同程度的伤害，有的深度套牢，有的血本无归。但捕捉短线黑马也是有可能的，以下方法能够为投资者提供一些帮助：

1. 从公开信息中寻找短线黑马。

政治局势的好坏不仅会直接影响到经济运行的状况，还会对投资信心产生直接的影响。不但大的政治环境，连国家的各种调控政策、信息也会引起股市的动荡。也就是说，只有掌握了收集和利用信息的本领，才有可能发现黑马。

对于个股来说，黑马的蛛丝马迹隐藏在上市公司所发公告和股本结构的变化中，比如资产置换、收购公告、股权转让公告等等。新股东与上市公司之间进行的资产置换，往往是新股东将优良资产与上市公司的劣质资产进行的置换，这样必然反映在股价上。而近年来的大黑马几乎都是股权转让一手促成的，投资者应该对这类变更信息予以更多的关注。

2. 通过均量线寻找短线黑马。

成交量和股价这两个名词对于投资者来说应该是再熟悉不过的了。如果你有每天看盘的习惯，会发现股价是一只股票发展现状的直接反应，而成交量则体现出投资者对于股价变化的心理承受能力。投资者可能不知道，在大盘中巧用能体现量价关系的均量线和 KDJ 指标，是一种最简单、最有效的捕捉黑马的办法。用此种方法把握个股短期走势，有很高的成功率，能够为投资者快速套利提供绝好的机会。

在股市里流传着这样一句话：量前价后。一只股票成交量上发生的变化能准确地说明它是否有黑马的潜质。总体上讲，一只股票如果当日成交量突破了 5 日均量线，就说明此股日后有上涨的可能性，而如果当日该股出现了日成交量上穿 5 日均量线和 25 日均量线，并且 5 日均量线上穿 25 日均量线的情况，投资者应该立刻建仓跟进，因为这绝对是快速套利的契机。

3. 在排行榜中寻找短线黑马。

沪深二市都有每日涨幅排行榜，从中很容易就可以发现黑马股的踪影。对于投资者来说，通过排行榜寻找黑马是个既简单便捷又有一定准确率的办法。打开大智慧、同花顺等股票分析软件，让我们开始在排行榜上寻找黑马吧。

第一步，从涨幅排行榜开始，筛选标准为：如果现在是牛市，大盘不断上行，那涨幅标准至少定为 5％；而如果大盘是处于震荡调整的过程中，则涨幅标准必须要比大盘幅度大。得出结果后便可以进行下一步。

第二步，看量比排行榜，标准至少是 2，即量比放大超过 2 倍，当然量比越大越值得关注。现在将两个结果相互比对，找出交集，得出新的结果，进入下一步。

第三步，依次看所剩股票的 K 线图，筛选标准是：5 日均线必须带量上扬，前期的 K 线走势要有上升趋势，最近出现了一次放量。将通过这三个条件的股票列出，进入下一步。

第四步，观察剩余股票的 KDJ 指标，如果有形成低位金叉或者正在强势区域运行的股票，那么恭喜，带有短线攻击能力的黑马股有可能已经被你找到了。

中线黑马怎么选

中线黑马股指的是能远远跑赢大势，寿命短则半年至一年，长则三年至五年的一种黑马。由于中线黑马股涨跌具有周期性的特点，所以其上涨和下跌时就像鸭子在水里打圈圈，隔三岔五总要表演一番。

一般来说，中线黑马都具有如下特征：

1. 股票质地比较好。

股票质地好，才能呈现出不断涨升的趋势，比如说，贵州茅台（600519）从 2006 年的 42 元附近涨到了 2008 年的 230 元，翻了将近 6 倍；中国船舶（600150），从 2007 年 1 月份的 30 元附近涨到了 2007 年 10 月的 300 元，涨了 9 倍；山东黄金（600547），从 2006 年 11 月份的 27 元附近涨到了 2008 年 1 月份的 239 元，涨幅达 9 倍等等。诸如此类的中线黑马股，如果质地不是很好，是不会呈现出这种爆发式增长的。股票质地过硬是成为中线黑马股的根本条件。

2. 常会周期性地跑赢大盘，在某一个时期走在大势前头，后来慢慢冷下来，过了一段时间，又会跑在大势前头，周而复始，直到潜在题材用尽。

3. 在未来的走势上有足够的上涨空间。

4. 行业处于上升期。

选中线黑马股的标准非常重要，有淘汰标准、基本标准和参考标准三种。从符合基本标准的里边把含有淘汰标准的去掉，就叫筛选，有选还要有筛，筛就是把有瑕疵的个股筛掉，做到精选个股，宁精勿滥。

1. 淘汰标准。

淘汰标准有：ST 及业绩差的、股价涨幅过大的、股价在高位有放量出货嫌疑的、有问题的。

2. 基本标准。

基本标准有：人均市值要在 200～600 之间，这要灵活，一般在长期熊市之后，人均市值在 70 以上也可，在大牛市中后期人均市值在 600 以上也行；获利盘在 90％以上。

3. 参考标准。

参考标准有：筹码集中度要好，可以有扩散但不要太多；换手率要小于 3％；有主力不断加仓；近两三年没有大幅炒作过。

长线黑马怎么选

股谚云：机会是跌出来的，大跌大买，小跌小买，不跌不买。确实每次大跌都会为投资者提供低吸的良机，大跌之后买入正是获取厚利的最佳时机。一般来说，股市经过大跌，股价都会被拦腰斩断，可以说，很多个股已经跌出了机会。后期如果大盘企稳，它们又会重拾升势，走出一波漂亮的上升行情。那么，哪些个股是需要我们去捕捉的大黑马呢？下面分析一下如何寻找长线的大黑马。

长线黑马指的是在一个较长的时期内能远远跑赢大盘的黑马。尽管从短期看，它有可能表现不佳，但长线黑马能在几年、十几年甚至几十年内为投资者带来丰厚的回报。正因为长线黑马有这样一个特点，所以它涨时就会犹犹豫豫，跌时也不显山露水，但几年累计下来涨幅非常惊人，平时涨跌貌不惊人，但几年下来小树苗却已经长成参天大树了。一般来说，长线黑马股有如下特征：

1. 在行业竞争中处于领先地位，市场占有率逐年增大。

2. 在排行榜上名列上市公司前列。

3. 有鲜明的、过硬的主营产品。

4. 在股市的上涨中能起到领涨的作用。

5. 股价随着公司经营业绩的增长同步增长。

6. 主力炒作是长期作战。

7. 股价不会出现较快及较大的回落，呈现出很好的抗跌性。

在股市行情一路下跌之后，是挑选长线黑马的好时机。那么，怎样才能选到一只长线黑马呢？

1. 选择一个好的行业或板块，该行业一定要有良好的发展前景：比如有政府的支持、受益于科技的发展等等。

2. 在行业或板块里面找出几只龙头股，龙头股往往起着领头的作用，涨幅一般大于同类个股。

3. 看这类个股业绩以后会不会增长，有没有良好的预期，更进一步缩少选股对象。最后，看该类个股股价是不是偏低，是不是走稳了，最终选出你喜欢的股票，然后一路耐心持有，不到设定的目标位，绝不轻易出手。

涨停股票怎么选

投资者在选择涨停股票的时候，可以从以下几方面来考虑：

1. 看股票涨停的时间，一般来说，最先涨停的要比尾盘涨停的好。

在交易日中，第一个封涨停的最好，时间最好限制在 10 点 10 分以前。因为一些短线跟风盘会十分注意当天出现的机会，前几个涨停最容易吸引短线盘的目光，而且股票在一开盘就能涨停，说明有主力在其中活动，这种涨停也是主力有计划地进行拉高。如果这只股票在技术形态上的表现也很理想，那么第二个交易日的获利也就有了保障。

如果上午停牌，下午复牌后在 13：15 分以前封涨停的个股也是相当不错的。一般来说，能在开盘不久就涨停的股票本身的吸引力是很大的，下午涨停要比上午涨停的吸引力相对小一些。其它时间段涨停的股票相对更差一些。

2. 看第一次封涨停时的换手率，通常换手率小的要比大的好。

通常当大盘处于弱市和盘整市时普通股换手率要低于 2％，ST 股要低于 1％；在大盘处于强势时这个换手条件可以适当放宽，对龙头股也可以适当放宽。但无论在何种情形下，换手率都不能超过 5％，包括涨停被打开后又被封住的情况。这些对换手率的限定实际是限定当天已经获利的买盘数量和抛压的大小，这时获利盘越小、抛压越小，第二天的上攻余地也就相应越大。

3. 分析个股的形态，盘整一段时间后突然涨停的比连续上涨后再拉涨停的好；连续大跌后以涨停方式开始反弹的也可以；主力仓位重的比主力仓位轻的好；

4. 看大盘的情况，如果大盘急跌，破位的就更不好，有涨停也不要追。

通常，大盘破位下跌对主力和追涨盘的心理影响巨大，主力的拉高决心相应减弱，追涨盘也停止追涨。主力在没有承接盘的情况下，会在第二天立刻出货，因此在大盘破位急跌时最好不要追涨停。而在大盘处于波段上涨时，涨 10％ 的机会比较多，总体机会多，追涨停可以胆大一点；在大盘波段弱市时，要特别小心；在大盘盘整时，趋势不明，可以以个股形态、涨停时间早晚、分时图表现为依据决定是否追涨停。

5. 看分时图上的涨停气势，涨停时气势强的比气势弱的好。

在看分时图的时候，首先要注意均价线，如果均价线在开盘后保持上涨，股价上涨的希望会很大；第二，看分时图里股价从盘整到冲击涨停的距离，如果盘整区离涨停的距离在5%以内，那么股票就比较好，盘整区离涨停比较远的个股，最好不要选；第三，看分时图里的成交分布，一般来说上涨的时候成交量要放大，但也要适当，如果过分放量的话，则说明主力心态不好，这种个股最好不要选；第四看委托盘，真要涨停的股票，一般显示出来的买进委托盘不会比委托卖出盘大，因为主力的真正买盘是及时成交的，而那种很大的买盘托着股价慢慢上涨的个股，基本可以认定是主力在出货，不能追进。

最佳庄股怎么选

股市中流传着这样一种说法："有量就有庄，量庄不分家"。顾名思义，凡是有较大成交量的股票必然有主力在里面活动，这是因为如果没有主力，单靠散兵游勇的零星买卖，成交量不可能获得有效的放大。个股成交量的变化在没有主力资金的有效介入时，是没有任何意义可言的。而一旦有主力资金介入，个股 K 线的形态组合与成交量的各种变化状态，都会处在控盘主力的全面操控之下。这时从盘口语言到各个阶段量价关系的变化均会残留许多主力做盘的痕迹和破绽，有经验的投资者便能够及时发现主力的动向，准确判断主力的操作意图，踏准主力运作的节奏，轻松地从中获取收益。下面介绍了几种选择最佳庄股的方法，希望能对投资者有所帮助。

1. 从内外盘中寻找庄股。

从内外盘中寻找主力是投资者经常用到的一种寻庄技法。通过外盘、内盘数量的大小和比例，不难发现主动性的买盘多还是抛盘多，并在很多时候可以掌握主力动向，因此可以算作一个较为有效的寻庄指标。

看待内盘和外盘首先需要认清股价处于什么位置，根据股价处于相对高位还是相对低位来作出选择。如果股价经过了较长时间的下跌后处于较低位置，成交量极度萎缩，此后，成交量温和放大，当日外盘数量增加，大于内盘数量，那么股价可能即将触底反弹，投资者应该选择有此类表现的个股。

2. 从市场气氛中选择最佳庄股。

主力在操纵个股时，往往借助市场形势，甚至为了掩护自己的意图而刻意制造有利的氛围。因此，投资者在跟庄时要学会通过市场气氛寻找主力踪迹。

大庄股的消息面特点为：低位全是利空消息，导致散户投资者心情悲观犹豫，对后市不抱希望；高位全是利好，导致散户投资者兴奋乐观，对后市极度看好。而主力操作时与大众心理正好相反，在主力吸筹时，常常会有利空消息传出。如果投资者看到股评家极力唱空，但这只股票的走势分明显示有主力吸货，那么可以积极买进该股，胆子比较大的也可以全仓买进。

任何主力都不会错过活跃的市场氛围，因此，题材股是主力常介入的个股，板块效应也会被主力充分利用。所以，投资者平时要加强对个股的基本分析及炒作题材的分析，借以找出可能被主力介入的个股。除了关注上市公司的各种报道之外，投资者更需注意筹码归向分析，追踪盘面浮码多少。如果发现浮码日益减少，应密切注意，那是主力已经建仓完毕，即将拉升股价的信号，也是投资者选择该股的最佳时机。

3. 从收盘价中寻找庄股。

一些细心的投资者，往往能从收盘价中发现主力的动向。收盘价作为一个历史性数据，是投资者最容易记住的。如果投资者能够在复盘时多注意收盘价的盘面反馈，那么这个数据就变得不再单一，而能够成为投资者寻找最佳庄股的指标。

一般来说，盘面的反馈有以下几种重要的情况。

（1）高空。

高空即上档的卖出价离收盘价较远而买进价接近或等于收盘价。如果尾市大盘明显下跌，那么高空状况的出现是正常的。如果大盘走势平稳而且当天该股的涨跌也基本跟随大盘，那么可以确定该股应该没有主力，或者有主力但它不愿意花大力气护盘，这种股票至少目前一段时间内不会走强于大盘。

（2）低空。

低空指下档的买进价离收盘价较远而卖出价则接近或等于收盘价。高空是一种正常状态，相比之下低空显得相当异常，因为即使大盘尾市明显上涨，投资者也不会一味往上猛追而不在下档挂单，对于此种现象最合理的解释就是盘中有主力在运作。

（3）上下平衡。

所谓上下平衡，就是上下接抛盘大致相等，价位几乎没有空缺。比如收盘价为4元的股票，每高或者低一分钱都有接盘或抛盘，挂出的量也差不多，这是股价走势的真实情况，表明该股没有主力或者主力并没有在收盘价上花工夫。

最佳大盘股怎么选

大盘股指的是市值总额达50亿元以上的大公司所发行的股票，大盘股公司通常为银行、房地产、有色、造船、钢铁、石化类公司。

通常有经验的投资者都会形成这样一种观念：小盘股好炒，大盘股股性呆滞。所以，在选股时，很多投资者往往钟情于小盘股。从企业的基本面来说，投资者作这样的选择似乎有一定的道理，因为一来小盘股的成长空间比较大，扩张性比较强，而且比较容易被收购、重组；二来小盘股只用少量的资金就能达到控盘的目的，这对于那些资金量比较小的主力来说也是一个不小的诱惑，由于小盘股容易被主力控盘，所以跟风的人自然不在少数。

虽然一直以来很多投资者都极力推崇小盘股，但是这并不表明大盘股没有投资价值。一些大盘股的涨幅虽然落后股指，股价一直在底部区域徘徊，但估值的巨大差异也使得大盘股具有了买入的理由，单是大盘股便宜这个优点就足以吸引大资金的注意。就目前我国的现状来看，很多大盘股都属于国家支柱产业，其业绩相对稳定，虽然缺乏炒作题材，但在应对通胀方面却有更大的优势，这些企业完全有理由成为投资者的核心资产，持有 5 年或者 10 年，获取长期而稳定的收益。

总的说来，大盘股能产生令人惊讶的回报，但并不是说在大盘股里遍地是黄金。实际上，在大盘股中还存在不少的劣质品，只有少数的大盘股才能助你在股市中赚大钱，这就需要投资者用自己的慧眼去识别。投资者在选大盘股的时候，一定要注意以下几个方面：

1. 股价是否已经处于底部。

2. 涨跌幅度是否远远小于股指。

3. 成交量是否出现了极度的萎缩。

4. 上市公司所处的行业是否在景气周期内，是否会持续一段时间。

5. 是否已经完成了底部的吸筹。

最佳小盘股怎么选

在沪深二市中，很多老牌机构投资者都对小盘股情有独钟，而许多机构投资者的发家史也是从买进小盘股开始的，他们选择股票的第一条件就是流通盘子是否属于小盘股。小盘股获利能力强，股本扩张性好，适合控盘，对应的机构投资者多。即使业绩不佳，也容易获得外力的利润支持。从国内股市的发展来看，小盘低市值个股历来就是黑马的"摇篮"，每次行情中，都有小盘低市值的个股成为大黑马。

而当前，精选最佳小盘股的技巧是：

1. 选择业绩在 0.60 元以上，而且行业前景明朗的个股。

2. 一般来说，总股本小于 1 亿（或流通盘低于 5000 万）的袖珍股，后市具有更强的股本扩张能力。

3. 中价股（低于 20 元）一旦有高送转或业绩提升，后市就会有上涨的潜力。

4. 技术面符合强势特征，具有通道支持和密集区支持要素。

其实每个人的眼光不一样，对于品种的选择就需要投资者自己衡量。要记住的是：只低买，不追高。在选择优质小盘股的时候，有个风险不得不说，那就是当分红方案低于预期的时候股价会出现震荡，但是一般不会影响其整体趋势。一旦有破坏趋势的迹象出现，则需要止损或回避。

作为中小投资者，不管你是看报纸，还是看电视，都不要盲目信别人说的股票。凡事先思考，起码要寻找出符合自己操作的方式方法，否则吃苦的还是自己。

最佳超跌股怎么选

随着股市的发展，其庞大的起落造就了许多新名词，超跌股就是其中之一。超跌股，顾名思义，指的是连续下跌或价格低廉的个股。

股票超跌有两种类型，一种是个股本身基本因素变化所导致的超跌，如利润完成情况太差、配股方案不佳等；另一种是技术性的超跌，即大市下行时，其跌得更深更快，或新股上市生不逢时，价格定位太低等。

不管是哪种类型的超跌股，在未来的走势中，或早或晚都会出现一个补涨行情。补涨行情的出现可能是因为超跌本身提供了股市中最有上涨潜力的因素——低价位；也可能是因为介入超跌股的实力大户及股票发行公司设法进行自救；还有可能是因为导致超跌的恶劣因素被改善以至转好，等等。

不管是哪种因素导致超跌股情形的好转，都为投资者带来了一定的投资机会，那么投资者应该怎么来选择一些具有短线爆发力，而又具有中长期投资潜力的超跌股呢？我们可以从以下几个方面来考虑。

1. 个股形成超跌的原因。

一只股票出现超跌，一定有原因，或者是该公司基本面出现了问题，或者是行业环境出现了变化，或者是主力资金不足以支撑股价，从而出逃而形成超跌。基本上，由这些原因造成超跌的个股，投资者还是谨慎选择为好。

也有一些超跌股，并不是由业绩转变、行业变化或者主力资金出逃造成的，而是在大盘持续调整期间缩量下跌，形成的股价下探，在这种情况下，一旦主力资金进行托盘，股价将很快回升。而由这类原因造成的超跌股往往是黑马的摇篮，投资者应该加以关注。

2. 股价是否出现新低，成交量有无变化。

寻找有价值超跌股，最起码的一点就是股价的超跌，这里的超跌往往指那些股价已经创出新低的个股，股价越是创新低，后期爆发潜力就越强。这里，投资者要注意，超跌股在爆发前，往往会出现连续性的不明显放量，这是股价爆发前的征兆之一。

综合上面的分析，投资者在寻找把握超跌股时，要看准三点：

风险是否已经释放；

股价是否真的超跌；

是否具有一定成长性。

当投资者真的抓住了超跌黑马的时候，也要注意不要贪心过度，50％的利润空间就必须要考虑了结。

最佳问题股怎么选

在中国的股市中，有一个奇怪的现象：一些质地很好的股票很少被市场炒作，而一些质地很差的股票却常常被市场炒得火热。这引出了一个话题，就是问题股中也能跑出黑马。

哪些股票属于问题股呢？一般来说，问题股会呈现出以下几个特征：

1. 走势处在持续阴跌中，后市不被看好。

2. 成交量很小。

3. 市场口碑很差。

4. 股价明显低于同类股票的价格。

很多投资者看到这类股票往往避之唯恐不及，但细细分析，在这些问题股中也有绝佳的投资机会。那么，投资者该如何从这些问题股中选出未来能够上涨的股票呢？

1. 股票没有退市风险的。

2. 大股东实力很强的。

3. 上市公司所发生的危机并没有影响到公司基本生存的。

4. 利好消息开始出现的。

5. 股价已经作出了过度反应的。比如说，某只个股已经连续很多天跌停，这说明股价已经对利空消息做出了深度消化，即将见底了。

6. 成交量开始放大，显示有资金开始介入的。

最佳热门股怎么选

股市上有句话：新手求稳妥，老手炒热门。所谓热门股就是在特定时间内走红的股票，它们或是成长股，或是供求紧张的个股，或是有潜力的小型股。从成交量上看，热门股每天成交的金额，一般都在当天股票总成交金额排名中的前 30 名以内。

热门股代表了市场的热点和焦点，也是一般所称的"主流股"。因为有较多投资者买进卖出，所以通常会有较大的涨跌幅度，因此不论是短线操作还是中期投资，热门股都不失为一种好的选择。

热门股存在不断更替的情形，这是因为影响股价的因素较多，比如政治、经济、军事、社会等。这些因素影响到社会相应部门、行业或公司，让它们受损或受益，而这些损益反映到股市上，就导致股价的相应波动。

由于热门股具有不断交替的特性，因此没有一只热门股可以永远走红，它在主宰股市一段时间后必然会退化，并被其他热门股代替。因此，投资者选择热门股时，应该关注两个方面：首先要预测哪一类股票在最近一段时间内会走红；其次要尽可能提早判断当前的热门股是否会退化、何时退化。

一般来说，一只股票成为热门股前会有以下先兆：

1. 不利消息甚至利空消息出现时股价并不下跌，利好消息公布时股价大涨。

2. 股价不断攀升，成交也随之趋于活跃。

3. 各种股票轮流上涨，形成向上比价的情势。

那么，应该如何选择热门股呢？投资者可以参照以下几个方面：

1. 根据经济周期的循环来选择。

根据经济周期循环理论，判断当前经济总形势处于周期的哪一阶段，确定在这种经济形势的影响下会产生的热点。举例来说，当经济处于衰退阶段时，各类公司盈利能力普遍减弱，但消费并没有停止，因而消费部门情况相对较好，热门股就有可能在消费领域出现；而在经济复苏阶段，人们竞相扩大生产规模，生产企业的情况相对较好，热门股也就因此可能出现在生产部门。

2. 根据投资者的心态来选择。

个股的走势也是投资者心态的一种反映，比如投资者担心通货紧缩，这一忧虑会很快反映到自己的投资行为上，进而影响到股票价格。若能敏锐把握投资者的想法，了解投资者所关心的事，选择热门股就不是难事了。

3. 经常进行技术分析。

选定热门股后，应进行技术分析以验证判断正确与否。如通过 K 线图、指标等技术分析，看结果是否和自己的判断相符，如果技术分析显示该股走势较好的话，那么投资者就可以选择该股。

应该指出的是，热门股涨得快，跌得也快，其价格往往脱离公司业绩。因此，在选择购买这类股票时应慎重，最好不要买进太多，更不要全仓买入。

最佳冷门股怎么选

在股市打拼，最激动人心、投资者最希望出现的结果，自然是赶上热点，获取短线厚利。然而，并非人人都能把握热点、驾驭热点，对处于相对弱势的普通投资者而言更是这样。

那么，普通投资者，是否就注定要处于弱势、被动地位而成不了赢家呢？回答是否定的。与风靡一时的"热门股"相比，"冷门股"其实也是座难得的"金矿"。只要把握得当，操作"冷门股"的收益不一定比"热门股"差。操作"冷门股"注意事项：

1. 要注意品种选择和总量控制。

2. 一般情况下，要选择那些基本面较好、调整幅度较大、未被市场爆炒过、自己长期跟踪、股性较为熟悉的股票。同时，要采取逢低分批方式买入，一旦出现失误，也能降低自己的损失。

3. 注意选择那些公司经营没有出现重大危机，经营和成长前景没有出现恶化迹象的个股。

4. 选择那些股价没有出现被主力推高现象的个股。

5. 选择那些成交量渐渐放大走出低迷迹象的个股。

牛市怎么选股

牛市中大盘的走势是整体向上的，大部分个股都会上涨，投资者仅要求获利，难度应该不是太大。但如果想有不菲的收益，就要费点心思，精心选股。

1. 选择超强势股。

超强势股在牛市中犹如顺风扬帆、高速前进。超强势股一般有以下几个特点：

（1）公司基本面情况有重大变化或情况良好。

（2）该股在拉升前有一段较长的蓄势过程。

（3）社会公众对该股评价甚高。

（4）介入机构实力强大。

2. 选择龙头股。

龙头股是股市的灵魂和核心，牛市中的龙头股更是起到带领大盘冲锋陷阵的作用，往往会在整个牛市中一直向上不回头，一旦龙头股涨势乏力，牛市也就快到尽头了。投资者只要跟定龙头，一般均可收获不菲，而且风险较小。这一选股思路简单、易行，尤其对散户投资者来说，可操作性极强。

抓龙头股需要良好的看盘能力，敏锐的嗅觉和果断的决策。一般来说，龙头股具有如下三个显著特点：

一是涨势迅猛，二是巨量换手，三是相对低价。

在股市中，龙头股几乎清一色全是中低价位的股票。这是因为每一波行情的龙头股在启动之际，都经过了大幅或中幅的调整，大盘一般都处在相对低位。

大盘的每个波段都有各自的"领头羊"，每个龙头行情的终结，则意味着一个上升波段的结束。于是，就有了"龙头一倒，大家拉倒"的说法。因此密切关注"龙头股"的走势，对研判大盘的运行趋势有着重要的意义。

而且这些龙头个股都具有板块联动效应，能起到以点带面的作用，带动市场人气，促使行情向纵深发展。由于它们涨幅巨大，在对大盘作出短期趋势能够向上的判断之后，即使错过了该股启动之初的最佳介入时间，也不要紧。只要在该股拉升途中，即短期涨幅没有超过 20% 以上时大胆杀入，并且注意及时了结，同样可以获得一定的收益。

熊市怎么选股

每个投资者都希望能天天牛市，好让自己大赚一笔，但事实上，永远的牛市根本不存在，熊市总是会来的。其实，熊市虽然不如牛市赚钱的机会多，但只要你知道如何在弱市中选择最有潜力的股票，也能大赚一笔。

俗话说，强市选股易，弱市选股难，但也并非没有机会。以下三种个股最容易在弱市中有所表现，投资者可以加以关注：

1. 低市值，小盘子的个股。

流通股本在 5000 万，价位在 16 元以下的个股，在弱市中常常被主力青睐。由于流通市值小，大资金持有后股价的可控性强，再加上总股本不大，公司结构简单，具备重组、经营转型等题材可供主力炒作。因此，这类个股往往就是大资金在弱市中最佳的避风港。

2. 弱市中上市的新股。

此类个股在低迷时期上市，由于人气涣散，一级市场投资者急于压低股价进行套现，所以此时正是主力机构大力收集筹码的最佳时机。主力将筹码快速收集完成之后，往往会出现一波快速拉升。

3. 股价跌至 30 日均线未有效击破并有所回升的个股。

强庄驻守的个股一般不会有效击破 30 日均线，因为 30 日均线也叫做主力成本线，所以当股价跌至此位置时，主力大多会选择护盘，促使其股价止跌回升。此类股票企稳上攻时便是最佳买入时机。

虽说有盈利机会，但在熊市中选股，应坚持谨慎原则，总体上调低收入预期。评估某只股票是否有投资价值时，也应根据当时的市场情况和平均市盈率水平来确定。

盘整市怎么选股

盘整市道中，大盘一般在一个箱体中运行，上有顶、下有底，上下振荡，这时可以选择走势与大盘相仿的个股，进行一些短线操作。

这类个股典型的形态是矩形，如果在矩形的早期，能够预计到股价将按矩形进行调整，那么就可以在矩形的下界线附近买入，在矩形的上界线附近抛出，来回作短线的进出，如果矩形的上下振幅较大，则这种短线收益也很可观。

反弹市道中怎么选股

当大盘从谷底反弹时，正是投资者买进的好时机，但哪些股票在反弹中涨得比较快、涨幅比较大，是投资者迫切需要解决的问题。这里有几项原则供参考：

1. 一般来说，当股价滑落时，跌幅最深的反弹较为迅速、也较为凶猛，即压得很、弹得高。

2. 某一板块或个股被冷落或压抑的时间越长，股价低于价值的幅度越大，越可能成为新的热点。

3. 主力深套其中的个股，反弹力度大。

4. 在沉寂的股市中，率先带领大盘反弹的领头股票，反弹力度大。

第七节　如何选到适合自己的好股

你最熟悉哪些股票

黄先生可以说是中国股市发展不折不扣的见证者。金融专业科班出身的他，在大学时代就对股票产生了浓厚的兴趣。与靠小道消息在股海拼杀的大多数投资者不同，黄先生充分利用金融专业的优势开始了对投资市场的潜心研究。大学毕业之后他才正式入市成为股民中的一员。17年来，他凭借自己的独立分析挖掘出多只潜力股，每逢市场大跌也能置身事外，逆市盈利，在股市中实现了自身资产至少一百倍的增长。人们都很好奇黄先生是怎么做到的？"总结起来很简单，只选择自己熟悉的、能把握的股票。"黄先生的答案和"股神"巴菲特的选股原则不谋而合。

从真正踏入股票市场开始，只选择自己熟悉的、能把握的股票就成了黄先生行之有效的选股方法，他说："其实我并不会利用太多技术分析，就是找自己能理解的上市公司，即我能方便地找到它的公开信息、并了解它产业前景的公司"。

"投资就像爬山"，如果你不熟悉山路，就会心里打鼓，前面的未知山路总是让你害怕；但如果你熟悉这条山路，或者"头驴"非常熟悉这条山路，爬山的人心里就会安定得多。这句话在告诉投资者，不管你是老股民还是新股民，在选股的时候，都一定要选择自己熟悉的股票。因为在投资过程中，选好股票是降低风险、增加盈利的重要一步。但是选股是一项非常复杂的技巧，不是一时半会能够学会的，而选择自己最熟悉的股票，则可以降低时间成本和风险成本，无疑是一种好的选择。

那些投资大师，如彼得·林奇、沃伦·巴菲特等都坚持做自己熟悉的股票。林奇认为，购买自己不熟悉甚至一无所知的企业的股票是一件非常危险的事情。自己投资理念是，最好的选股工具是我们的眼睛、耳朵和尝试。他很自豪地表示，他的很多关于股票的绝妙主意都是在逛杂货铺或者和家人朋友闲聊时产生的。由此可见，每个人都具备这样的能力。我们可以通过看电视，阅读报纸杂志，或者收听广播得出第一手分析资料。我们身边存在各种上市公司提供的产品和服务，如果这些产品和服务能够吸引你，那么提供它们的上市公司也会进入你的视野。对于大多数没有行业背景的投资者而言，最容易熟悉的股票就是那些消费类或与之相关的上市公司的股票。

20世纪90年代，美国科技股曾经辉煌一时，有的公司甚至创下了市盈率500倍的惊人纪录，可见其股价的高涨。但是彼得·林奇却对这些创造奇迹的高科技股票退避三舍。他说："一直以来，我都是技术的厌恶者，我个人的经验表明，只有那些不盲目追赶潮流的人才能成为成功的投资者。"事实也正如林奇所说，他成了最成功的投资者。

"股神"巴菲特，和林奇一样，也秉承着"不熟不做"的原则。当网络股疯狂上涨的时候，由于自己不了解，巴菲特始终没有将资金投资在网络科技股上。结果在网络科技泡沫破裂的时候，他躲过了一劫。

其实，因为熟悉，对于公司基本面分析的偏颇几率就会很小，投资者就可以把精力放在技术分析和股性特点上，这样，就能更清楚地知道什么时候处在高位该卖出，什么时候处在低位该买进，避免了盲目性。因此在选股的时候，投资者要尽量选择自己最熟悉的股票。

什么操盘手法你最拿手

俗话说，熟能生巧。在选股的时候，除了根据企业的基本面和技术面来选股以外，你还可以根据自己最熟悉、最擅长的操盘手法来选股。举个例子来说，如果你擅长跟庄，那么在选股的时候，就可以选择那些被主力打压、拉升，主力行为特征比较明显的股票。

一般来说，大部分投资者经常用到的操盘手法无非有以下几种：轻仓操盘手法、追涨操盘手法、抢反弹的操盘手法、顺势操盘手法、逆势操盘手法等。

1. 擅长轻仓操盘手法的投资者，在选股的时候，可以选择以下几种类型的股票：

（1）正在大力上涨的股票。

（2）强庄操纵的股票。

（3）涨幅喜人的股票。

2. 擅长追涨操盘手法的投资者，在选股的时候，可以选择以下几种类型的股票：

（1）有强庄在其中活动的股票。

（2）强势涨升的股票。

（3）在盘整期间但即将向上突破的股票。

3. 擅长抢反弹操盘手法的投资者，在选股的时候，可以选择以下几种类型的股票：

（1）处在上升通道中的股票，但要注意，要在该股跌破 10 日均线的时候才能进入。

（2）已经经过主力洗盘的股票。

（3）急速下跌严重的超跌股。

（4）受到短期利空打击的股票。

4. 擅长顺势操盘手法的投资者，在选股的时候，可以选择以下几种类型的股票：

（1）依然处在上升通道中，上升趋势依然明显的股票。

（2）已经回调到基本位的股票。

（3）底部特征已经相当明显的股票。

5. 擅长逆势操盘手法的投资者，在选股的时候，可以选择以下几种类型的股票：

（1）出现连续暴跌的股票。

（2）遇到重大利空打击，引发抛盘涌出，股价下跌惨不忍睹的股票。

你的风险承受能力如何

股市的风险，就是买入股票后在预定时间内不能以不低于买入价将股票卖出，以致发生套牢，且套牢后的股价收益率达不到同期银行储蓄利率的可能性。

由于股票的价格始终都在变化，股市的风险就处于动态之中。当股价相对较高时，套牢的可能性就大一些，股价收益率要低一些，其风险就大一些；而当股票价格处于较低水平时，套牢的可能性就小一些，股价收益率要高一些，其风险就小得多。所以股票的风险随着股价的上升而增大，随着股价的下降而逐渐释放。

虽然有多种方法来规避股票投资的风险，但由于其价格的不可测性，只要进入股市，无论是老股民还是新股民，是大户或是散户，都必须做好随时承担风险的准备。因此，要想在股市中分得一杯羹，就必须根据自己的风险承受能力来选股，否则等待自己的只能是因风险承受能力不足而遭受损失。

投资者的风险承担能力因各人条件不同而有所差异，它包括年龄、阅历、文化水平、职业、经济收入、心理素质等诸多因素。

1. 年龄。

通常年龄与风险承受能力是成反比的，年龄越大风险承受能力也就越小。如果你是正处在壮年时期的投资者，那么可以选择一些风险较大、收益较高的股票。如果你是五十岁或者五十岁以上的投资者，就要考虑自己老年生活的保障，选择一些风险相对较小的股票。

2. 阅历。

一个人的阅历也能影响他的风险承受能力。通常来说，如果一个人的经历非常丰富，见多识广，他就会有一个广阔的胸襟，凡事看得开，想得比较通透，这样的人风险承受能力会较高。而那些经历不太丰富的人，通常只闭塞在自己的一个小空间内，会养成爱钻牛角尖的性格，这种人的风险承受能力会较弱一些。

3. 文化水平。

文化水平反映了一个人的受教育程度。一般来说，受教育程度较高的人，其心理素质和理解力都会更好一些，对风险的应变能力会比较强；而文化水平较低且对股票的相关知识及操作技巧了解甚少，各方面信息闭塞，消息来源仅局限于股市、股民或正规刊物，参与股票投资时间不长，缺乏实际操作经验，社会关系简单，不熟悉经济、金融及企业管理方面的人，其风险承受能力要弱一些。

4. 职业。

职业也能影响一个人的风险承受能力。如果你的职业能够让人用更广阔的眼光看待整个宏观经济甚至国际经济形势，那么，你的风险承受能力显然要更高一些。

5. 经济收入。

投资，得到的是钱，投进去的当然也是钱。如果你的经济收入不仅能够保证你的基本温饱甚至还有很多的闲钱，那么，你的风险承受能力就比较好。因为即使发生了一些亏损，也不会影响你的正常生活。而那些收入很少，甚至只够温饱的人的风险承受能力显然就要小很多了，因为一旦发生亏损，他的生存就会受到影响。

通常，如果你的资金小于5万元的话，建议只选一只股票；

如果你的资金在5万元至10万元之间的话，可以选择两只股票；

如果你的资金在10万元以上，可以选择三只以上的股票。

遵循这个原则虽然不能保证不亏损，但可以使你在发生亏损之后不影响正常的生活。

6. 心理素质。

一般来说，性格内向，为人处事谨小慎微，平日里比较吝啬，把钱看得很重，对股票投资的风险无心理准备，市场稍有波动便惶惶不可终日，买了怕跌，卖了怕涨，一旦投资套牢，亏了本，心理负担比较重的投资者的风险承受能力要弱一些。而那些性格开朗、豁达，不计较一时得失，情绪乐观，一旦在股票投资中遭受局部损失，也能够"拿得起，放得下"，重整旗鼓，以利再战的人的风险承受能力要好一些。

对于以上的六个问题，如果你的答案大多是肯定的，则表明你的风险承受能力较强，如果否定的答案多于肯定的答案，则意味着你对风险的承受能力比较弱。

风险承受能力较强者，比较适宜于股票投资；风险承受能力较差者，应尽量抑制自己的投资冲动，一般应先熟悉股票市场的基本情况，掌握一些基本的投资知识及技巧。如果一定要入市炒股，可暂时投入少量资金，以避免股票投资风险给自己带来难以承受的打击，影响正常的工作及生活。

你的资金性质如何

从资金的性质上来看，投资者的资金分为短期资金和长期资金。通常短期资金指的是你在一年之内可能会用到的资金，相当于活期存款之类的资金；而长期资金指的是你在一年或者三五年之内都不太可能会用到的资金，相当于定期存款之类的资金。一般来说，如果你的资金性质是短期的，那么就必须遵守稳健的操作策略，可以选择以下几种类型的股票：

1. 比较强势的股票。

2. 在短期内比较活跃的股票。

3. 即将出现大幅上涨的股票。

4. 即将成为市场热点的股票。

5. 那些经过盘整即将向上突破的股票。

如果你的资金性质是长期的，那么，可以选择一些基本面良好，股价正处在低位的股票，最好是选择一些大盘股，因为大盘股的地位也决定了其具有良好的成长性，投资者可以长期持有。当然，这并不是说，投资者要长期持有某只股票的话就一定要买大盘股，小盘股也一样，只要股票的基本面向好，投资者就可以放心地长期持有。

你的投资时间如何

目前股市中，大部分都是兼职投资者，也就是说，大家大部分都是在利用业余时间炒股，并没有非常专业的投资知识以及炒股技能。对于这样的投资者，在选股时可以遵循以下原则：

1. 要非常注重公司的基本面。

2. 要注重股价变化的基本趋势。

3. 要注意，一定不能投资在短线上，选股的着眼点要定位在中长线。因为短线的盈利机会虽大，但风险非常高，非专业类投资者能够承受风险的能力也要保守估计，所以中长线是最佳选择。

当然，如果你是职业投资者，那么选择的余地就很大了，可以说，你可以选择任何类型的股票，只要该股的风险以及价位在自己的承受能力范围之内。

第八节　各种典型的错误选股行为

K线图是万能的

在资本市场中，我们不难发现有很多投资者最拿手的就是分析K线图，其隐含的意思是，他是个聪明人，可以根据现有的K线图来预测股票未来的走势。K线图的确能够在预测股价未来的走势中起到一定的作用，但如果想单纯地只依靠对K线图的分析就预测出股市未来的走向，那就单一、荒唐了点。其实，你很容易就可以发现这种想法的缺点。你随便在盘中翻出一只你所不熟悉的市场或股票过去的走势图，以任何一天为截止日，预测未来 10～30 年股价的走势，你就会惊讶地发现，其实自己一向引以为豪的 K 线分析并不是十分管用。当然，这和投资者本人的分析能力有关，但也和 K 线图的单一性有关。买股票并不像买白菜一样，挑挑拣拣，即使买到了不好的，也不过是赔上几块钱。如果股票挑不好，就会有很大的亏损。一只股票的涨跌同时和无数因素有关，虽然它的走势能反映在 K 线图上，但如果不去深究造成这种现象背后的原因，那么，只知道这个现象是没有多大作用的。只有现象和原因你都明白了，选错股票的几率才会减小。所以，千万不要单纯地以为 K 线分析就能决定一切，而要和其他因素一起结合起来分析，这样结果才能更准确一些。

总在幻想黑马股

黑马股是指价格可能脱离过去的价位而在短期内大幅上涨的股票，它是每一个炒股的人都渴望的。虽然人人都渴望，但黑马股可不是想要就能得到的。股市中有句谚语说"黑马股是可遇而不可求的"，再加上黑马股的数量极少，而且投资者的炒股技能参差不齐，所以从数千只股票中寻找黑马股的难度可想而知。

可是，很多投资者并不死心，他们认为自己是最应该骑上黑马的人。于是就整天盯在盘中反复研究，反复思考，结果一只股票都没买进过。在他们看来，自己并没有等到真正的黑马股，所以一直处在观望、研究阶段。

这种做法是偏颇的，有很多投资者就是因为这种情况错过了黑马股，或者自己手中持有的就是一只黑马股，只是在分析研究的过程中没有察觉到，结果统统过早地放弃了。直至某一天，它脱缰而出，摇身一变成为众多投资者争相追捧的黑马股时，才深感后悔，为先前错失大好机会而跺足叹息。

其实，投资赚钱并不一定非要骑上黑马才能做到，很多股票即使不是黑马也一样能让你赚到"买棵葱蒜"的钱，只是很多投资者看不上这点小钱，他们一心想要赚大钱，殊不知，大钱都是由许多的小钱累积起来的。所以，不要看不起这些小钱，也不要总幻想着骑上黑马，不管是不是黑马，能让你赚到钱不就行了吗？正如人们常说的"不管黑猫白猫，能抓住耗子的就是好猫。"

冒险闯入陌生股

炒股求财，成为大赢家，靠的就是较高的胜算。赚钱把握的大小跟投资者是否熟悉投资对象有着密切的关系，越透彻了解某只股票的底细，就越看得准其股价的未来走势，这样赚钱的把握自然就越高。

可是很多投资者在选股和准备换股的过程中，首先想到的不是自己熟悉的，或曾经买卖过的股票，而是完全陌生的股票。人总是有这样一种猎奇的心态，越是自己不熟悉的就越感兴趣，可这种心态在投资中的危害是相当大的，它很容易让你踩中地雷。

因为陌生，所以摸不透股票中控盘主力的操纵手法，操盘习惯，以及其坐庄思路。这样操盘失误非常容易发生。如此一来，即使该陌生股客观上上涨的机会很大，也不一定能给投资者带来可喜的回报。

当然我们并不是提倡因循守旧的观念，只是说，不要毫无准备地进入自己陌生的领域。要选择新的股票进行投资不是不可，但是在选择前最好充分熟悉这只股票。

频繁更换股票

炒股分为炒短线、中线和长线。很多投资者不喜欢炒中长线，在他们看来，中长线的获利时间太长了，自己没有那么多的耐性。抱有这种想法的投资者完全可以炒短线。但很多投资者误解了短线的概念，在他们眼里，炒作短线就是要经常地进出，频繁地换股。其实，这种想法是有失偏颇的，因为每一只股票都有它独特的个性，上升和下跌的原因也千差万别。要准确了解一只股票的全部特性并不是一件很容易的事情，既费神又费时。有时候，一只股票，至少要有两三年的时间才能摸清其脾性，如果投资者在选了一只股票后，感觉不满意就轻易决定换股，那么就等于是将过去自己所付出的辛勤工作和成果完全作废，重新开始新路。而重新开始的路途并没有经过任何积累，结果只能是在原地踏步，自己的投资观念也不会有很大的进步。同时频繁更换股票会大大降低投资者的成功率，而每一次的失手都会重挫投资信心。所以，投资者一定要摒弃这种频繁换股的心态，把主要精力全部集中在一只或两只股票上，这样才能有效提高自己的炒股水平。

迷信股评推荐

很多投资者十分喜欢根据股评的意见操作股票，因为他们认为这种方法省了自己动脑、费力研究的时间，又能赚到钱，无疑是一条致富的捷径。《经济半小时》曾有一个统计："新入市的投资者在第一年大约有 60％以上听股评推荐买卖股票。"就这一数据，在很多人眼里都显得过于保守，事实上，听从荐股买卖股票的人还要多得多。不管这一数据是否准确，至少说明，在中国的股市中，有一大部分人是被股评牵着鼻子走的。

实际上这一做法是很愚蠢的，我们可以仔细思考一下，如果股评家能够点石成金，为什么不自己悄悄买进，反而告诉素不相识的人，自己却一天到晚辛辛苦苦到处赶场作股评？

事实证明，股评家们的意见往往是毫无意义的。美国的一个咨询公司曾经作过一个统计，股评家们在 1999 年到 2000 年底所推荐的股票，普遍有较大的跌幅，而他们没有推荐的股票却均有不同程度的上涨。所以说有些股评专家并不能够很好地预测后市。

事实上不要说股评家，就连最具专业的基金经理也不行，在基金业非常发达的美国，如果以标准普尔指数作为参照物的话，各共同基金真正最后跑赢大市的，也不超过总额的 2%。

虽然由一个结果来说明股评专家们的建议有时候的确很不准确，但很多投资者却认为三个臭皮匠顶一个诸葛亮，即使股评的水平不高，但如果集思广益的话也能令投资者获益。其实这种想法也是错误的，有句俗话说的好："两杯五十度的水加在一起还是五十度，永远不等于一百度"，所以，投资者在炒股过程中一定不要盲目迷信股评。

没有风险警觉

股市有风险这谁都知道，但在真正炒股的过程中，很多人却将这种风险意识抛诸脑后，忽略了股价极有可能出现忽然的暴跌。

不论是什么资金，最后的目的都是赚钱，股市和生意场上一样，都是以最终实际的现金收入作为实际利润。一仓库的货物，也就是说即使你有 100 万元的股票，没有实现变现，那也不叫利润。在没有拿到真正的利润之前，就一定要当心，风险随时都有可能发生。无论什么时候，都要牢记风险的存在。鲁莽不是勇气，谨慎不是懦弱，任何时候都要保持清醒。一跌就看到 1000 点那不叫风险意识，同样一涨就直奔万点也不是风险意识，设置止损止赢点才是风险意识。设置的好坏要看水平和经验，但不设置就是没有风险意识，是最危险的。

不肯承认选错

俗话说，不怕错就怕不肯认错。任何人做任何事都不可能永远正确，是人都会犯错误的，更何况是在炒股这样一件自己不太在行的事情中。犯错并不可怕，可怕的是明知道自己选错了股票，但就是不承认，太过于相信自己，结果满盘皆输。

还有一种不肯承认自己选错股票的行为就是明知自己选错了，但就是不甘心。

即使错了也不甘心放弃手中的股票，还怀抱着一丝希望，不肯采取补救措施，结果最后不得不承担更大的亏损。

所以，在选股的过程中，一旦发现自己选错了，就一定要及时采取补救措施，如果补救已经来不及，那就要及时离场，只有这样才能减少不必要的亏损。

心存股票偏见

偏见常常使人看不见事实的真相，对股票心存偏见则会错过最好的入市时机，使投资者很难准确判断未来趋势的必然走向。对某只或某类股票心存偏见的投资者绝对称不上一个合格的股票玩家，在股市中自然也不会有可喜的成绩。

一般来说，投资者对股票的偏见常常有以下几种情形：

1. 大盘股、ST股、问题股、冷门股常常被众多投资者打入冷宫，关注和买入的意愿相当淡薄。

2. 特别讨厌某一只或某一类股票，从来都不关注，即使这些股票常常会有可喜的成绩。

3. 投资者在某一只或某一类股票上曾经损失惨重，于是就产生了"一朝被蛇咬，十年怕井绳"的态度，从此以后对这类股票置之不理。

对股票心存偏见只能让自己错失投资良机，要知道任何股票在任何时候都有赚钱的机会，关键不是股票好不好，而是炒股的人会不会买，会不会卖。所以，在炒股的过程中，投资者一定要摒弃这种偏见。

本章习题：选股操练的测试与练习

综合练习

一、判断题。

1. 一般来说，大盘股的盈利机会要低于小盘股，同样大盘股的风险也要低于小盘股。（　）

2. 只有炒作绩优股才有盈利机会，其他股票不需要关注。（　）

3. 流动性的强弱对于投资者来说很重要，流动性越强，对投资者就越有利。所以，投资者在选择股票的时候一定要选择那些流动性强的股票，避免选择那些流动性弱的股票。（　）

4. 所谓的股本规模就是我们平常说到的大盘股、中盘股和小盘股。流通股本在

1 亿股以上的个股称为大盘股；5000 万股至 1 亿股的个股称为中盘股；不到 5000 万股的个股称为小盘股。（　　）

5. 从委比榜上选股，委比数值的变化范围一般在－100％至＋100％之间。委比值越大，说明市场买盘越强劲；委比负值越大，说明市场的抛盘越强劲。（　　）

6. 选股的时候，最好选那些强庄股，超跌股一定要放在禁选范围内。（　　）

7. 如果对股票的基本面分析不是特别擅长的话，就可以潜心研究技术面的分析，尤其是 K 线图的分析，研究到位了，也能帮投资者获利丰厚。（　　）

8. 通常有经验的投资者都会形成这样的一种观念：小盘股好炒，大盘股股性呆滞，所以，在选股时，很多投资者往往钟情于小盘股。（　　）

9. 作为普通投资者在选股时可以作出这样选择：在大级别的多头行情中，应倾向于挑选一些在市场已有表现，但还没有大涨过并有市场潜力的大盘股和中盘股。在盘整市道或小级别行情中，应倾向于选择一些市场潜力较大，并已走出底部的小盘股或中小盘股。（　　）

10. 通常来说，长庄黑马股都是筹码集中度较高的股票。主力吸筹就是筹码从分散趋向集中的过程，此后股价上涨；主力派发则是筹码从集中转向分散的过程，股价趋于下跌。（　　）

二、填空题。

1. 如果要从股东人数的变化中来发现庄股，那么就一定要注意观察（　　）股东的变化情况。

2. 行业的兴衰犹如人的生命一样，是有一定周期的。行业的生命周期一般要历经（　　）、（　　）、（　　）和（　　）四个过程。

3. "选股要选董事长"。在考量上市公司领导人的时候，需要了解其年龄、教育背景，在公司的提拔情况、负责范围，在社会和工作上的贡献以及（　　）、（　　）等个人经历。

4. 选择涨停的股票首先要看股票涨停的时间，一般来说，最先涨停的要比尾盘涨停的好。在交易日中，第一个封涨停的最好，时间最好限制在（　　）以前。

5. 从内外盘中寻找庄股时首先需要认清股价处于什么位置，当股价出现了（　　），投资者应该选择有此类表现的个股。

6. 一般来说，当不利消息甚至利空消息出现时股价并不下跌，利好消息公布时股价大涨的称为（　　）。

7. 通常，投资者经常用到的操盘手法主要有（　　）、（　　）、（　　）、（　　）和（　　）五种。

8. 当大盘从谷底反弹时，股价（　　）的反弹较为迅速，也较为凶猛，即压得很、弹得高。

9. 如果从涨幅排名榜中选择短线黑马，那么其涨幅一定不能小于（　　）；而如果大盘是处于震荡调整的过程中，则涨幅标准必须（　　）。

10. 股票超跌有两种类型，一种类型是（　　），另一种是（　　）。

三、问答题。

1. 请简要回答如何才能识别出一只股票中有主力介入？

2. 请简要回答如何才能从新股中选出质地比较好的股票？

3. 请分别说出短、中、长线黑马股分别有什么特征？

4. 请说出你在炒股过程中最容易犯的几种典型的错误，结合自身的实际情况，说明应根据什么来选择适合自己的股票。

5. 请简要说明如何精选小盘股？

6. 请简要回答如何对一家公司的经营战略进行评价？

7. 请简要回答如何从"比价效应"中选股？

8. 请简要回答从市场热点选股的实战意义以及热点的形成过程？

9. 通常，投资者在选股的时候会选择热门股，殊不知，冷门股如果选对了也是一座难得的金矿，请问，投资者应该如何从冷门股中选出未来会大涨的股票呢？

参考答案

一、判断题。

1. 错误。不一定。大盘股属于长线投资，如果投资者能够坚持数十年的话，总利润不会比小盘股的利润低；同样，大盘股因为盘子比较大，在流通上会有一定的限制，风险也并不一定小于小盘股。所以这种说法是不准确的，要结合每只股票的不同情况来分析，不能单纯地说是小盘股风险大，或者小盘股盈利多。

2. 错误。通常，绩优股从长线来看，会有比较好的收益，但是短期内就未必能够立竿见影。因为股票市场并不是只有投资力量在发挥作用，还存在着投机力量。当投机力量大于投资力量时，一些符合投机要求的股票就会成为市场追逐的热点，这时，具有投资价值的股票反而会遭受冷落。

3. 正确。

4. 正确。

5. 正确。

6. 错误。超跌股也是有盈利机会的，如果投资者能够把握住入市的最佳时机，也一样能够获利。

7. 错误。K线图能帮投资者获利不假，但在分析一只股票的时候，一定要结合基本面等其他因素一起分析，这样得到的结果才更准确。单一的只靠 K 线图的分析是很片面的。

8. 正确。

9. 正确。

10. 正确。

二、填空题。

1. 前 10 名大股东。

2. 初创期、成长期、稳定期、衰退期。

3. 人格品质、人际关系。

4. 10 点 10 分。

5. 较长时间的数轮下跌，股价处于较低位置，成交量极度萎缩。

6. 热门股。

7. 轻仓操盘手法、追涨操盘手法、抢反弹的操盘手法、顺势操盘手法、逆势操盘手法。

8. 跌幅最深。

9. 5%，要比大盘幅度大才行。

10. 个股本身基本因素变化所导致的超跌；技术性的超跌，即大市下行时，其跌得更深更快，或新股上市生不逢时，价格定位太低等。

三、问答题。

1.

通常而言，如果出现以下迹象，则有主力介入的可能：

（1）交易行为表现异常。

（2）股价容易暴涨暴跌。

（3）成交量经常忽大忽小。

（4）个股的行情往往逆市而动。

（5）股东人数变化比较大。

（6）利空或利多消息对股价影响反常。

2.

选择质地较好的新股，投资者应当遵循以下原则：

（1）当大盘处于下跌的末段，进入筑底阶段时，市场人气低迷，新股开盘价较低，一般在 50% 以下，甚至一些股票接近发行价，投资者可以选择此类股票买进，一旦大盘反弹，这类股票将有很大可能会领涨。

（2）当大盘处在上升阶段，新股为平开高走，投资者可以考虑积极进场建仓。

（3）当大盘处在上涨末段，新股开盘价位很高，此时新股风险最大，一旦大盘从高位下跌，该类股票跌幅最大，这时的新股最好不要涉及，以免深度被套。

（4）当大盘处于下跌阶段时，新股为高开低走，这时的获利机会极小，不宜参与，最好等到大盘进入下跌末段的筑底阶段后，再考虑进场抄底。

3.

短线黑马股的特征如下：

（1）股票的质地比较差，价位很低；

（2）是典型的冷门股；

（3）虽然是冷门股，但在未来的走势中也有一定的上涨空间；

（4）虽然是冷门股，但因为一些市场因素，出现了让市场看好的新题材；

（5）在新题材的刺激下，其股价会步步走高；

（6）股价很容易出现回落，回落的速度也非常快；

（7）股价回落后，又会重新沦为冷门股。

中线黑马都具有如下特征：

（1）股票质地比较好。股票质地好，才能呈现出不断增长的趋势。

（2）常会周期性地跑赢大盘，在某一个时期走在大势前头，后来慢慢冷下来，过了一段时间，又会跑在大势前头，周而复始，直到潜在题材用尽；

（3）在未来的走势上有足够的上涨空间；

（4）行业处于上升期；

长线黑马股有如下特征：

（1）在行业竞争中处于领先地位，市场占有率逐年增大；

（2）在排行榜上名列上市公司前列；

（3）有鲜明的、过硬的主营产品；

（4）在股市的上涨中能起到领涨的作用；

（5）股价随着公司经营业绩的增长同步增长；

（6）主力炒作是长期作战；

（7）股价不会出现较快及较大的回落，呈现出很好的抗跌性。

4.

在炒股过程中常见的典型错误有以下几种：很多投资者认为 K 线图是万能的、总是在幻想黑马股、总是冒险选择一些自己陌生的股票、频繁更换股票、迷信股评荐股、没有风险警觉性、不肯承认选错股票、心存对股票的偏见。

投资者在选股的时候一定要结合自身情况来选股，比如说，选择自己最熟悉的股票、根据自己最常用的操盘手法来选股、根据自己的风险承受能力来选股、根据自己的资金性质来选股、根据自己的投资时间来选股等等。

5.

（1）选择业绩均在 0.60 元以上，而且行业前景明朗的个股。

（2）一般来说，总股本小于 1 亿（或流通盘低于 5000 万）的袖珍股，后市具有股本扩张能力。

（3）中价股（低于 20 元）一旦有高送转或业绩提升，后市就会有上涨的潜力。

（4）技术面符合强势特征，具有通道支持和密集区支持要素。

其实每个人的眼光不一样，对于品种的选择就需要投资者自己衡量。要记住的是：只低买，不追高。在选择优质小盘股的时候，有个风险不得不说，那就是当分红方案低于预期的时候股价会出现震荡。但是一般不会影响其整体趋势。一旦有破坏趋势的品种出现，则需要止损或回避。

6.

对公司经营战略的评价比较困难，难以标准化。一般可以从以下几方面进行：

（1）通过公开传媒资料、调查走访等途径了解公司的经营战略，特别是注意公司是否有明确、统一的经营战略；

（2）考察和评估公司高级管理层的稳定性及其对公司经营战略的可能影响；

（3）公司的投资项目、财力资源、研究创新、人力资源等是否适应公司经营战略的要求；

（4）在公司所处行业市场结构分析的基础上，进一步分析公司的竞争地位，是行业领先者、挑战者，还是追随者，公司与之相对应的经营战略是否适当；

（5）结合公司产品所处的生命周期，分析和评估公司的产品策略是专业化还是多元化；

（6）分析和评估公司的竞争战略是成本领先、别具一格，还是集中一点。

7.

一般来说，具体的比价关系主要有几下几种：

（1）与同一炒作题材之间的个股比价，选择股价较低的个股。

（2）用技术指标作参考标准，选择股价超跌的个股。

（3）与同一地域板块间的个股比价，选择股价较低的个股。

（4）与前期的成交密集区比价，选择股价超跌的个股。

（5）与相同股本规模及类似股本结构的个股比价，选择股价较低的个股。

（6）与同一行业间的个股比价，选择股价较低的个股。

（7）股本结构中有 B 股和 H 股的，要和 B 股和 H 股比较，特别是要进行价格比较。

（8）与前期的历史高位比较，选择股价超跌的个股。

8.

在实际操作中，热点对于投资者分析市场具有如下意义：

（1）热点会吸引主力资金介入。

（2）采用热点选股可以提高获利效率。

（3）热点容易被发现。

由于每当热点出现时媒体都会集中予以报道，所以该类股比较容易发现。

热点酝酿的过程就是主力资金介入的过程，一般来说，热点酝酿的时间越长，能够持续的时间就越长。市场热点从形成到结束通常有三个阶段：

（1）单一热点发动行情，此阶段，热点一般持续的时间较长；

（2）单一热点扩散到多级热点，其持续的时间较短；

（3）热点转移与消退阶段，这个过程会更短。

一般而言，当所有板块被轮番炒过之后，大盘就会进入休整期，以孕育等待下一个单极热点出现，如此循环往复。

9.

（1）操作"冷门股"，要注意品种选择、总量控制。一般情况下，要选择那些基本面较好、调整幅度较大、未被市场爆炒过、自己长期跟踪、股性较为熟悉的股票。操作时，采取逢低分批方式买入，一旦出现失误，也能降低自己的损失。

（2）注意选择那些公司经营没有出现重大危机，经营和成长前景没有出现恶化迹象的个股。

（3）选择那些股价没有出现被主力推高现象的个股。

（4）选择那些成交量渐渐放大走出低迷迹象的个股。

第二章

看盘操练

看盘是投资者在炒股过程中必不可少的一个环节。对于任何一个投资者来说，看盘水平的高低都会直接影响其盈利水平，因此，投资者一定要掌握一些关于看盘的技巧，学会解读盘口语言。

第一节 看盘能力高低决定能否赚钱

解读盘口语言，找到核心机密

盘口语言不是简单的买卖盘观察，而是价量配合、分时主攻盘量能、下跌时的量能变化状况等种种现象的综合。

1. 成交密集区的计算。很多投资者在看盘时对一些分析软件中 01 的价位非常关注，其实 01 是在分时中的撮合成交的综合，看不出具体的买卖概况，常常是多笔成交一起体现。真正在实战中我们要观察换手主要堆积在哪些价位，即 02 的价位成交。热门股中应该对一些品种的价位密集区间作统计，这才是实用的支撑位和阻力位。首先要知道主力做盘，不会把自己套住，所以我们算出密集区后，回调时这些曾经密集换手的区间，将是观察股价是否得到支撑的窗口。而一个攻盘品种一旦长时间在一个价位密集区下徘徊，始终无法穿越的时候，采取高抛的策略就没有什么不妥，靠近成交堆积区应该尽快出脱手中的筹码。

2. 挂单。

它的真正含义是"当天布局"，即主流资金当天控制即时股价波动区域的窗口。

如，主流资金在什么价位挂大单，上压下托的位置。关注点是在这个价位上是否有主动性买卖盘的出现。投资者一定要关注此时关键位置的即时买卖盘和重心，它充分体现了主流资金的控制意图：放弃与力争。如大盘不好个股挂单被瞬间击破，要看是大单还是散户投资者的抛单，以及下落的幅度，然后看能否瞬间收回、缩放量能是否真实。分析即时当天主流资金的挂单布局意图，是洗盘吸货还是拉高出货，这需要结合股价日 K 的相对位置高、低来研判。

3. 下影线。

下影线表示下方有主动买盘支持，但在实际操作中，很多下影线是具体品种在尾市拉升造就的。这里需要注意尾市拉高本身就是种较弱的拉抬，下影线太长，可能是主力给你廉价筹码，而更多的时候则是主力不怀好意，设置陷阱，俗话说：便宜没好货，投资者对此应该有清醒的认识。

4. 分笔即时成交。这是主力使用资金量的充分体现，包括一些手法——对敲、打高、拉高、推高等，关注点：主力在关键位置，如当天或近几天的密集成交区的资金放缩情况和一分钟成交笔数的增减。一分钟成交笔数的增减是散户投资者与主力心态的充分体现，也是判断主流资金出货进货的即时窗口。

5. 看热点转换情况。

通过观察当日涨跌幅排行榜第一版个股，判断是长线资金在积极运作还是短线资金在游荡式冲击。通常涨幅第一版多为价值型个股，则表明是中长线性质的资金在入市，可中长线跟随该类个股，此时大盘涨升态势往往也能维持一段时间；而涨幅第一版如果多为小盘壳资源股，则通常是短线热炒资金介入，该类个股的强势表现往往无法扭转大盘的疲态，因此，跟随这些个股宜用短线速战速决战术，且入市之前先设好止损点。

对于任何一个投资者来说，看盘水平的高低都会直接影响其操作效果，因此，投资者一定要关注盘口的各种动向，学会解读盘口语言。

了解盘口常见术语

1. 洗盘。

洗盘是主力操纵股市，故意压低股价的一种手段。具体操作表现为，为了拉高股价获利出货，先有意制造卖压，迫使低价买进者卖出股票，以减轻拉升压力。

2. 跳空高开。

跳空高开指的是开盘价格超过上个交易日最高价格的现象。如：某只股票上一个交易日的最高价格为 15 元，这个交易日一开盘，其价格就超过 15 元，达到了

15.50 元，这就是跳空高升。

3. 跳空低开。

跳空低开指的是开盘价格低于上个交易日最低价格的现象。如：某只股票上一个交易日最低价格为 15 元，这个交易日一开盘，其价格就低于 15 元，低开为 14.50 元，这就是跳空低开。

4. 跳空缺口。

跳空缺口指的是开盘价格低于上个交易日最高价格或开盘价格低于上个交易日最低价格的空间价位。如：某只股票，上个交易日最高价格为 10 元，这个交易日一开盘，价格就达到了 10.50 元，跳空缺口空间价位为 0.50 元，此为向上的跳空缺口。又如某股，上个交易日最低价格为 10 元，这个交易日一开盘，价格就低开为 9.50 元，跳空缺口空间价位为 0.50 元，此为向下的跳空缺口。

5. 高开。

高开指的是开盘价超过上个交易日收盘价但未超过最高价的现象。如：某只股票上个交易日收盘价为 10 元，最高价为 10.82 元。这个交易日一开盘，价格就达到了 10.50 元，超过上个交易日收盘价 0.50 元，但没有超过上个交易日最高价，即：没有发生跳空缺口高开的现象，此为高开。

6. 低开。

低开指的是开盘价低于上个交易日收盘价但未低于最低价的现象。如：某只股票上一个交易日的最低价格为 9.30 元，收盘价为 10.02 元。这个交易日一开盘，价格就低开为 9.50 元，低于上个交易日收盘价 0.52 元，但没有低于上个交易日最低价，此为低开。

7. 平开。

平开指的是某股票的当日开盘价与前一交易日收盘价持平的情况。

8. 均价。

均价指的是现在时刻买卖股票的平均价格。若当前股价在均价之上，说明在此之前买的股票大都处于盈利状态。否则，即为亏损状态。

9. 崩盘。

崩盘即证券市场上由于某种原因，出现了大量抛出，导致证券市场价格无限度下跌，不知跌到什么程度才可以停止。

10. 护盘。

股市低落、人气不足时，机构投资大户大量购进股票，防止股市继续下滑的行为。

11. 揿压。

用大量股票将股价大幅度压低，以便低成本大量买进。

12. 盘档。

一是当天股价波动幅度很小，最高与最低价之间不超过 2%；二是行情进入整理，上下波动幅度也不大，持续时间在半个月以上。

13. 获利盘。

获利盘一般是指股票交易中，能够卖出赚钱的那部分股票。

看盘高手必备的六大兵器

自古以来，大凡有成就的英雄都有与之相匹配的一件兵器，比如说，吕布的方天画戟、关羽的青龙偃月刀、张飞的丈八蛇矛、赵云的青钉剑……可见，赤手空拳是不现实的。闯荡股市也一样，如果你想在其中更胜人一筹，也得准备几件像样的"兵器"。比如说，功能强大的分析软件，全面真实的投资资讯等等。

1. 功能强大的分析软件。

分析软件是每个投资者必备的兵器，没有好的分析软件，你就无法详细地看盘，进而得出准确的分析结果，也就很难把握股市现状和其他投资者以及主力的想法。所以，一款功能强大的看盘软件无论如何也是要必备的。

2. 全面真实的资讯。

炒股的战争实际上就是一场信息战，股市中，谁先掌握了消息谁就赢得了主动权。虽然投资者不必非得强求知道上市公司的内幕消息，但最起码可以通过一些权威的杂志和网上的新闻总结分析出有利的消息。

3. 虚心接受各种经典的投资理财图书的指导。

牛顿说，我能看得远，是因为站在巨人的肩膀上。炒股也一样，一定要学会站在前人的肩膀上，学习前人成功的经验。当然，这并不是要求投资者不加筛选的学习。在学习的过程中，你一定要选择那些真正对自己有利的书籍，而不是眉毛胡子一把抓，只要是关于投资学的书，也不管书里的内容是否值得学习，拿来就用。这种学习的方式是非常不可取的。学习，就要取长补短，根据自己实际缺失的内容来学习，有选择性地看一些投资类的书籍，比如《新股民快速套利 98 招》、《一眼看穿庄家》、《短线套利实战技法》、《新股民十天入门》等等。抱着这种谨慎的学习态度，你才能够学到真正的知识，减少投资过程中的失误。

4. 设置投资禁区。

在投资过程中，一定有某些类型的股票是你所不熟悉、不懂的，对于这样的股票，最好的办法就是列为禁区，不管它是好是孬，都不碰。学学巴菲特那种不动摇的决心，或许就能减少很多不应有的损失。

5. 耐心等待的心态。

只捕捉自己有把握的机会，只买卖自己熟悉的股票，只使用自己最拿手的操盘手法，这些都需要投资者有足够的耐心，等待时机的出现。炒股，千万要记住，宁可错失千万次机会，也不误入一次陷阱。

6. 确保本金不损失。

投资，谁都想赚钱，但并不是人人都能赚得到钱，股市大赢家和大输家之间唯一的区别就是大赢家不管赚多赚少，总能守住自己的本金。而大输家则不然，他们带着赌徒的心态，输了就想要翻本，结果越赔越多，最终无力回天。

所以，不管发生什么，一定要记住，保住本金，才是你最应该注意的。

决定看盘赚钱的八大关键点

1. 选择最优质的股票。

一般来说，优质股票的升势是很强劲的，通常操盘不需要用多大力就可赚到钱。这就要求投资者在选股的时候，一定要认真分析自己熟悉的股票的基本面、技术面、当前是否有能促使股价上升的消息等等，千万不要急躁，粗粗选只股票急于买进，极易买错。若买到绩差股，无论你的操盘水平有多高，都一定会亏钱，只不过高手亏钱少。

2. 选到恰当的入市时机。

选中一只基本面、技术面都很好的优质股之后，还要选择最佳的入市时机，因为时机不对也可能会使投资者错过最佳的赚钱机会，比如说，需要等待很长时间才能获利；虽然是好股票，但选择的入市时机是在股价的高位，股价以后的走势已经很难超越这个价位了……所以，在选定优质的股票后，一定要认真选择入市的时机。

3. 调节入市节奏和最大仓位。

很多炒股者脑海里根本就没有入市节奏的概念。他们往往是在一个价位或在同一天里，急匆匆地用掉全部资金。等发觉买错的时候，却已经无法改正了。

4. 了解上市公司的公开信息。

通常，掌握的信息越全面、越真实，就越有利于投资者准确评估上市公司的投资价值和预测股价的中短期走势。所以，投资者一定要通过各种途径掌握所必需的信息。记住，信息就是金钱和价值，信息越全面对自己就越有利。

5. 果断。

买的时候谨慎，卖的时候一定要果断。通常，股民们都会抱有这样的心态，输了的想赢回来，赢了的想再赢一点，于是就一直犹豫在什么时候卖出，结果赢钱的亏了本，赔钱的被套在了高位，自食犹豫的苦果。

卖出的时机如果选择得很漂亮，就可以在赔钱时减少一些损失，在赢钱时扩大利润，提高资金的使用率，所以，在盈利的时候，一定要果断地卖出。

6. 不贪。

有赚就是福，不要总抱怨赚的少。试想套牢的话，不是更霉气。

7. 不赌。

做任何事情都是为了成功，而不是自找苦吃。没有很大的把握取得成功就不要炒股，用赌的策略和手法肯定会亏大钱。

8. 看透主力的惯用招式。

在某种意义上讲，炒股就是同主力的一场战争。盘内主力永远是散户投资者最直接、最危险的对手。他们躲藏在暗处，没有敏锐的感觉和丰富的实战阅历，很难识破其招术。

培养良好的盘感

投资股票需要良好的盘感。盘感是通过训练获得的，训练盘感，可以从以下几个方面进行：

1. 将复盘与自己的选股方法结合起来找准目标股。复盘后，投资人会从个股的趋同性发现大盘的趋势和板块。

2. 认真分析涨跌幅排名靠前的个股之所以走强或走弱的原因，发现买入（卖出）信号。

3. 明确了解盘中主力上拉、抛售、护盘等动作的实际表现，了解量价关系是否正常。

4. 找出一些经典底部启动个股走势的案例，加强条件反射训练。

5. 快速浏览动态大盘。

复盘的实质是静态回看市场全貌，查漏补缺的过程，主要明确的是主力资金进出情况、行业和板块的联动效应、大盘涨跌原因等。

其步骤是：

1. 看两市涨跌幅榜。

（1）对照大盘走势，与大盘比较强弱，了解主力的参与程度，包括其攻击、护盘、打压、不参与等可能情况，了解个股量价关系是否正常，主力拉抬或打压时的动作、真实性以及目的用意。了解一般投资者的参与程度和热情。

（2）了解当日 K 线在日 K 线图中的位置、含义。再看周 K 线和月 K 线，在时间、空间上了解主力参与程度、用意和状态。

（3）仔细看涨跌幅前两版，了解个股走强、即将出逃等不同状态。

（4）挑出处于底部攻击状态的个股，观察日 K 线、周 K 线、月 K 线所经历的时间和空间、位置等情况良好的，剔除控盘严重的庄股和主力介入不深及游资阻击的个股，再看一下基本面，调看一下最新的调研报告，符合的收入自己的自选股。

2. 看自己的自选股。

观察是否如自己预想的在走，检验选股方法，做好投资规划。

3. 看大盘走势。

主要了解收盘和成交量的情况，与上一交易日比较，量价关系是否正常，在日 K 线的位置，看整个日 K 线整体趋势，判断是否可以参与个股，能否出现中线波段。

经过反复的复盘训练，投资者可以加快速度，翻阅个股时不需要全看，只看涨跌前后几版、权重股、自选股等就可以了。

第二节　看透走势图里的玄机

观其大略——大盘走势图

1. 大盘分时走势图。

大盘当日动态走势图就是大盘的分时走势图。如图 2-1 所示：

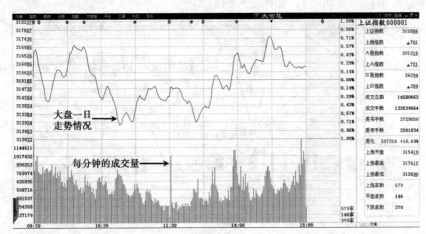

图 2-1

这是一张经过技术处理的图片，所以颜色与一般炒股软件显示图片相比有偏差。下面就此图加以说明：

（1）黑线（软件中表现为白色）表示上证指数，即上海证券交易所综合指数的当日走势情况。

（2）蓝色线柱（软件中表现为黄色）表示每分钟的成交量，单位为手。最左边一根特长的线是集合竞价时的交易量，后面是每分钟出现一根。

（3）成交总额指的是当日交易成功的总金额，以万元为单位。

（4）成交手数指的是当日交易成功的股票总数，以手为单位。

（5）委买手数指的是当前所有个股委托买入前五档的手数总和。

（6）委卖手数指的是当前所有个股委托卖出前五档的手数总和。

（7）委比指的是买、卖手数之差与委买、卖手数之和的比值，它是衡量买、卖力量强弱的一种技术指标，其计算公式是：

委比＝（委买手数－委卖手数）÷（委买手数＋委卖手数）×100%

委比值的变化范围在－100%～＋100%之间。一般来讲，当委比数值正值很大的时候，就说明买方力量比卖方强，股指上涨概率较大；当委比为负值的时候，就说明卖方力量比买方强，股指下跌概率较大。

2. 大盘K线走势图。

当你进入"大盘分时走势"界面以后，双击分时走势界面就可以进入大盘的K线图形。按上下键可以扩大缩小图形，按左右键可以移动查看历史K线。按ESC键就可以退回大盘分时走势。如果在大盘的分时图形和K线之间进行切换，可以按F5键。

股票分析软件所显示的大盘K线走势图一般由三部分画面组成，最上面的画面是日K线走势图，中间的画面是成交量显示图，下面的画面是某个技术指标图形（技术指标可根据需要切换）。如图2—2所示：

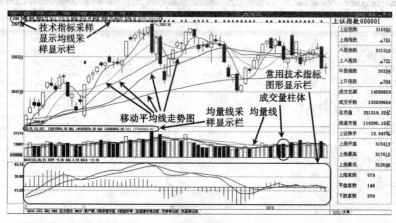

图2—2

以下是此图的具体分析：

（1）技术指标采样显示栏。

技术指标采样显示栏中的时间周期和技术指标，可以根据需要更改参数。如本栏中显示的是"日线"，则表示整幅图的变动是以日为单位的，图中所看到的 K 线走势图就是日 K 线走势图，成交量就是一日成交量，技术指标走势图也就是日走势图。其它情况可以依此类推。一般我们常见和使用最多的是日 K 线图。

（2）移动平均线采样显示栏。

移动平均线线采样显示栏可以显示三个不同时间周期的移动平均线在该日的数值。例如，本栏最前面的"MA5 3203.77"，表示的含义是，最后一个交易日的上证指数 5 日均线收于 3203.77 点。其它均线表示含义与此相同。

（3）移动平均线走势图。

常用的有 6 条移动平均线（简称"均线"），分别采用不同颜色表示。什么颜色表示什么均线，在"移动平均线采样显示栏"有明确提示。例如：MA5 3203.77（字体显示为黄色）、MA10 3208.98（字体显示为紫色）、MA20 3214.89（字体显示为绿色），则表明 5 日均线为黄色，10 日和 20 日均线分别为紫色和绿色。

（4）均量线采样显示栏。

均量线采样显示栏显示几种不同时间周期的均量线在某日内的数值。如该栏中显示"VOL（5，10，20）"，表示图中所取时间周期分别为 5 日、10 日、20 日，后面的 MA1 145452624.00 表示最后一个交易日的 5 日平均量为 145452624 手。

（5）均量线。

均量线是以一定时期成交量的算术平均值连成的曲线，其原理和使用方法同均线。

（6）成交量柱体。

绿色柱体表示大盘指数收阴时的成交量，红色柱体表示大盘指数收阳时的成交量。

（7）常用技术指标显示栏。

本栏可以根据采样需要任意选择技术指标，如 MACD、RSI、KDJ、SAR、BOLL 等。具体选择方法可以参照不同股票分析软件的使用说明。

3. 预测大盘走势。

股票基本知识掌握还不够全面的投资者，一般会觉得大盘如"神龙"，见首不见尾，无法预测其未来走势。实际上，在读懂大盘，即看懂大盘分时走势图和大盘 K 线走势图后，你会发现大盘是可以预测的。以下介绍几种技巧，仅供参考。

（1）从板块的轮动效应预测大盘走势。

大盘的涨跌是有层次和秩序的，其中最直观的便是板块轮动效应。板块有地域、概念和行业三种类型。对于地域板块，只有当国家政策明确表示支持时才可以作为参考，如 2010 年世博会的举办促成了"上海世博板块"；行业板块受业内企业自身效益及成长潜力影响大；概念板块在短期内有一点刺激效应，长期作用不大，而且个股走势没有趋同性，如 2009 年甲流概念股得到市场的大力追捧。

如果你细心观察就会发现大盘的涨跌，是由其中一两个板块带领的，而其他的都是配合这一两个板块的表演。当所有板块轮动一遍后，大盘将进入整理期，酝酿下一轮行情。

（2）从实时的政策消息透视大盘短期走势。

股票市场有个特点，就是对信息的消化能力特别强。重大的利好或利空政策会对整个股票市场造成剧烈的影响，甚至一些虚假消息也能带来股市的巨大震荡。2010 年 1 月 20 日，市场上开始流传关于国家紧缩信贷的消息，这直接导致市场应声而下，很多股票的跌幅超过 5%，大盘指数也直接跳水，拉出长达百点的大阴线。股市消化信息能力强还有一个标志就是提前感知消息并进行消化，等到消息真正公布时，股市反而没有多少反应了。

（3）从分红政策确定大盘的波段走势。

股票的价值决定价格，所有股票的价格就构成了大盘指数。分红是股东最喜欢的事情。上市公司的分红额度越大，对大盘影响越大；反之越小。

（4）从短期市场动向判断大盘短期走势。

比如，新股发行特别是大盘权重股的上市，将给大盘指数造成很大的影响。一般新股都会上涨，而且上市首日不限涨跌幅，如果权重值高的话，将会带动大盘指数上涨。因此，投资者必须要重视市场已经确定的基本短期动向。

（5）从市场人气来判定大盘的短期走势。

这种方法虽不具有科学依据，却异常准确。市场人气可以通过证券营业部大、中户室的人流量，所有人对股票市场前景的乐观程度，营业部的股民开户数量，与股票无关人士对股票的议论等现象来推测。

（6）从大盘权重股的走势惯性来分析大盘的短期走势。

大盘的走势是由个股联合推动的，其中权重股，将在很大程度上影响大盘的走势。比较热门的权重股有"石化双雄"（中国石化和中国石油）、中国神华、大秦铁路、万科A股、工商银行、中信证券、长江电力、中国联通、宝钢股份、中国人寿、华能国际、保利地产等等。

（7）从集合竞价预测大盘当日走势。

集合竞价体现了多空双方的基本意愿，对预测大盘当日走势具有重要的定性作用。当日开盘价高过前一交易日收盘价开盘（简称"高开"），且成交量放大，说明做多意愿较强，尾盘收阳概率较大；当日开盘价低于前一交易日收盘价（简称"低开")开盘，且成交量缩小，则说明做空意愿强烈，当日尾盘收阴概率较大。

各个击破——个股走势图

1. 个股分时走势图。

个股分时走势图（如图 2—3 所示）。

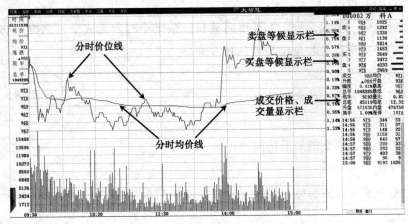

图 2—3

下面对该图作详细说明。

（1）分时价位线。

分时价位线表示该股票的分时成交价格。

（2）分时均价线。

分时均价线表示该股票的当日已交易的平均价格。

（3）卖盘等候显示栏。

该栏中卖 1、2、3、4、5 表示依次等候卖出。按照"价格优先，时间优先"的原则，谁卖出的报价低谁就优先排在前面，如果卖出的报价相同，谁先报价谁就排在前面，而这个过程都由电脑自动计算，绝对保证公平和客观。

1、2、3、4、5 后面的数字为价格，再后面的数字为在该价格上等候卖出的股票总手数。比如该栏显示："1 9.80 2814"表示第一排等候卖出的报价是 9.80 元，共有 2814 手股票，即有 281400 股在这个价位等候卖出。

（4）买盘等候显示栏。

该栏中 1、2、3、4、5 表示依次等候买进，规则是谁买进的报价高谁就优先排在前面，如买进的报价相同，谁先报价谁就排在前面。比如显示："1 9.79 1653"，表示在第一排等候买入的报价为 9.79 元，共有 1653 手，即有 165300 股在这个价位等候买进。

（5）成交价格、成交量显示栏。

①均价。

开盘到现在买卖双方成交的平均价格。

计算公式为：均价＝成交总额÷总成交量。收盘时的均价为当日交易均价。

②开盘。

即当日的开盘价。

开盘价是第一笔成交价。如开市后某只股票半小时内无成交，则按上交所规定以该股上一个交易日的收盘价为当日开盘价。

③最高。

当日买卖双方成交的最高价格。

④最低。

当日买卖双方成交的最低价格。

⑤量比。

衡量相对成交量的指标，代表每分钟平均成交量与过去 5 个交易日每分钟平均成交量之比。

量比是投资者分析行情短期趋势的重要依据之一。量比数值大于 1 表明当前成交量较 5 日均量有所放大；若量比数值小于 1，则表明当前成交量与 5 日均量相比在缩小。投资者在实战中要想运用好量比，最好的办法是把量价结合分析，以提高投资准确率。

⑥成交。

当日的最新一笔成交价。

⑦升跌。

当日该股上涨和下跌的绝对值，以元为单位。图中的表示涨跌，小三角形尖头朝上表示上涨，尖头朝下表示下跌。例如升跌栏显示"升跌 ▲ 0.04"，表示当日该股上涨了 0.04 元。

⑧幅度。

从开盘到现在上涨或下跌的幅度。若幅度为正值，数字显示为红色，表示上涨；若幅度为负值，数字显示为绿色，表示下跌。幅度的大小用百分比表示。收盘时涨跌幅度即为当日的涨跌幅度。如幅度栏显示："幅度 0.41％（红色字体）"，表示该股当日涨幅为 0.41％。

⑨总手。

从开盘到当前的总成交手数。收盘时"总手"表示当日成交的总手数。如显示："总手 85119"表明当日该股一共成交了 85119 手，即 8511900 股。

⑩现手。

最新一笔成交的手数。在盘面的右下方为即时的每笔成交明细，红色向上的箭头表示以卖出价成交的每笔手数，绿色箭头表示以买入价成交的每笔手数。

（6）内、外盘显示栏。

①外盘。

主动性买盘，就是按市价直接买进后成交（在现手栏显示为向上红箭头代表的成交量）的总手数，成交价为卖出价。

②内盘。

主动性卖盘，就是近市价直接卖出后成交（在现手栏显示为向下绿箭头表示的成交量）的总手数，成交价为买入价。

如果外盘比内盘大且股价上涨，说明很多人在购买股票；如果内盘比外盘大，而股价下跌，说明很多人在抛售股票。

外盘比内盘大出很多，而股价处于低位，表明主力正在逢低吸货，股价随时可能暴涨；当股价处于高位，明细中大卖单不多，表明该股人气旺盛，仍有冲高的可能；如果内盘与外盘相比，明显多很多，极有可能是主力在出货，投资者最好避而远之。

2. 个股K线走势图。

个股K线走势图从周期上可以分为5分钟K线图、15分钟K线图、30分钟K线图、60分钟K线图、日K线图、周K线图、月K线图。图2-4是万科A（000002）的日K线走势图，其看法可以参阅"大盘K线走势图"和"个股分时走势图"。

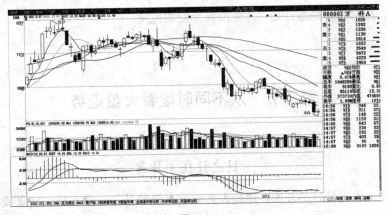

图2-4

海纳百川——大盘与个股的关系

海纳百川，有容乃大。在股市里，大盘就像大海，而个股只是一条条河流。

大盘是个股的参考，也是所有个股整体走势的反映。在大盘崩溃的时候，业绩再好的龙头股票也会受到恐慌盘影响而大幅下挫；而在大盘一片光明的时候，垃圾股都可以点燃激情。所以一直存在"看大盘做个股"的规律，判断好大盘是股市套利的捷径。

个股的走势，也会反作用于大盘。个股，尤其是大盘指标股的涨跌会相应地带动大盘和其所在分类指数的涨跌。当出现个股独立于大盘走势的情况时，投资者应该关注该股与大盘的关联度。这种股票要么是有自己的行业特点和运行规律，要么是庄股。

大盘和个股的关系是互为因果、互为变化的。

资深的投资者都知道，当大盘处于熊市时，个股总体都是向下的，炒作个股能够获利的机会很小；当大盘处于牛市时，个股总体都是向上的，炒作个股能够获利的机会至少有六七分的把握。当大盘处于熊市的相对低位时，将有较大的波段反弹现象发生，此时个股的机会可以提高；当大盘处于牛市的相对高位时，将遭遇大的获利抛压，产生波段回落，个股的盈利机会随之下降。只有大盘在狭小空间震荡盘整时，个股的炒作机会才会短暂的脱离大盘的影响。

牛市中，一波上升浪潮来临，投资者应该把握机遇，轻大盘重个股。因为这种行情下，依然有不少个股会跑不赢大盘，只有重视个股，才会在大势下跌时从容而退。当大趋势不好的时候，投资者只能控制仓位，不可轻率的利用大仓位博弈，以身犯险。

个股的炒作远比大盘要复杂得多。大盘是所有个股的集合体，主要的风险来自于系统的风险，消息面的变化，是有迹可循的。个股则存在较多不确定的因素，其风险的存在要受多方面的影响。在实战中，只有在掌握个股技术操作的同时，顾及市场因素的冲击，随时修订操盘计划，才能降低个股的风险。

第三节　从不同时段看大盘走势

一日之计在于开盘

开盘是一个交易日的开始，也是大盘一天走势的基调，除非特大利多或利空消息刺激，否则当日内一般不会发生高强度的震动和大比例的逆反走向。

集合竞价是每个交易日第一个买卖股票的时机，机构大户借集合竞价跳空高开拉高"出货"，或跳空低开打压"入货"。开盘价一般受前一交易日收盘价影响，若前一交易日股指、股价以最高位报收，第二个交易日开盘往往跳空高开，即开盘股指、股价高于前一交易日收盘股指、股价；反之，若前一交易日股指、股价以最低价收盘，次日开盘价往往跳空低开。跳空高开后，如高开低走，开盘价就会成为当日最高价，股民手中若有前一交易日收于最高价之"热门股"，应参加集合竞价"出货"，卖出价可大于或等于前一交易日收盘价（最高价）。若热门股前一交易日收盘价低于最高价，已出现回落，可以略低于前一交易日收盘价出货。

此外，若投资人准备以最低价抓暴跌之热门股，抢反弹，也可以参加集合竞价，因为前一交易日暴跌的以最低价收盘之股票，今日开盘价可能是今日最低价。

但是，当9：25集合竞价出现时，投资人若发现手中"热门股"缺口很大且伴随成交量巨放，应立即以开盘价之卖出价出货，以免掉入多头陷阱而被套牢。此时，一般不应追涨买入"热门股"。反之，若"热门股"集合竞价跳空缺口不大，成交量较大，经分析仍会上行，又有最新利好消息、传言配合，有可能冲破上档阻力位，可考虑在冲破阻力位后追涨买入或回档至支撑位时买入；若开盘价靠近支撑位，可立即买入。

9：30～10：00为修正开盘。若大幅高开则有一定幅度拉回，大幅低开则会适当上调。之后，大盘得到修正再按照各自的走势运行。由于人为的拉抬和打压，开盘指数与股价都有一定的泡沫性，此时进场风险很大，必须等到修正开盘，消除盘面盲点后，才能看清大盘的真实情况。一旦开盘两极分化且迟迟未见修正迹象，则可立即确认大盘强弱和收盘涨跌走势。

投资者还要注意开盘三线。开盘三线是指开盘后三个阶段的指数线位置。若以10分钟为一计算单位，则盘面涨跌情况是：开盘三线在9：40、9：50和10：00始终在开盘平行线上方游动，且一波比一波高，为涨势盘面；开盘三线一路走低，始终在平行线下方且与平行线的距离越拉越大，必为跌势。

开盘三线还有一些不很明显的态势也要注意。如开盘三线二上一下和一下二上仍趋涨势，而开盘三线一上二下或二下一上则趋跌势。投资者宜密切注视开盘三线变化，灵活掌握，及时做出准确判断。

多空盘中精彩对决

在沪、深两市每个交易日的4小时时间里，除早盘和尾盘外，盘中时间占据了中间的3个小时。它具体还可分为下面几个时段：

1. 9：30～10：00是第二次出入货时机，更是出脱"热门股"、购进"暴跌股"的最好时机。

2. 11：30，收盘前盘是买卖股票的第三次机会，若上午走势随成交量的放大不断上扬，应立即出货。

3. 下午 1：30 开盘后观察上午炒作的热门股走势，若成交量大，而股价却徘徊不上，可能是主力在出货，应小心。

4. 2：00~2：30，沪市"平仓盘"时间，股价往往会出现当日最高价、次高价。因为上午透支买入的机构大户要拉高出货，此时为第四次出货良机。

短短的 3 个小时，盘中却是刀光剑影，杀气冲天。具体说来多空双方在盘中的较量可分为三个阶段：

1. 多空搏斗。

在开盘拉开股市的大幕后，多空双方登台亮相，正式交手。双方搏斗的激烈程度可以从股指、股价波动的频率看出。若股指、股价长时间平行，表明双方无心恋战、退出观望。多空双方的胜败除依赖自身实力（资金、信心、技巧）外，还要考虑消息和人气。

2. 多空决胜。

多空双方激烈的争斗，最终将打破僵局，让大盘走势出现明显倾斜。若多方占优，则步步推高；若空方占优，则每况愈下。占优方将会乘胜追击，继续扩大战果；另一方见大势已去，抵抗力明显减弱。此时往往是进出货的最佳时机。投资者可以从以下三方面的表现来分析双方决胜的态势：

（1）指标股。

指标股历来是多空双方争夺的重点。指标股涨势强劲，大盘无下跌之理；指标股萎靡不振，大盘必然下沉。

（2）涨跌家数。

若大盘普跌、个股疯涨，个股与大盘表现形成极大反差，则表明资金过于集中于个股，会使大盘失血，造成恶性循环。若涨家多于跌家，且分布平均，涨家势众，空方无隙可乘，则收盘指数上涨；反之空方占优，终成跌势。辨别多空力量的最佳时机为收盘前一小时，即多空决胜后期，前期涨跌转换频繁，参考价值不大。

（3）波动次数。

股指波动振幅大、次数多，是涨跌形势转换的契机。一般当日内有 7 次较大波动，则有反转机会。

3. 多空强化。

多空强化是盘中的最后冲刺阶段，此时形势明朗，会出现强者更强、弱者更弱的局面。观察方法就是取 14：30 前盘中出现的最高点和最低点的平均值为标准，若股指高于平均值，则涨势会进一步强化，尾市有望高收；反之，则往往导致"杀尾盘"的出现。

尾盘预测未来走势

尾盘的重要性在于其既可有效地回顾前市，又能起到预测后市的作用。尾盘半小时是多空一日搏斗的总结，历来深受投资者重视。

从尾盘预测后市可以从以下几个方面进行：

1. 尾市收红，且出现长下影线，这是探底获支撑后的反弹，第二个交易日以高开居多，投资者可以考虑跟进，"买在最后一分钟"可以避免当日行情的风险。当然，有时候尾盘拉升却带来第二个交易日股价冲高无力，其原因如下：

(1) 主力实力不够。

由于主力实力有限，无法操纵股价一路高歌猛进，只好利用有限的资金在尾盘迅速拉高，减少抛压盘带来的资金消耗。

(2) 筹码不够集中。

由于盘内筹码过于分散，主力只好通过盘中震荡达到收集筹码和洗盘的目的。

(3) 股价已经跌至主力的成本以下。

股价过低，不仅会增加主力收集筹码的难度，还会让其他主力乘虚而入，这是主力无法容忍的，因此他便会迅速拉高股价回到自己的成本区域。

(4) 打击散户信心。

在市场平均成本附近来回拉锯易挫伤散户的持股信心，达到逐渐收集散盘的目的。如果第二个交易日出现这种情况，投资者应该快速套现离场。

如图2—5所示，该股上午开盘后，经过短暂的多空搏斗开始一路震荡走软。它在下午14：15分之后开始发力，很快就把股价拉起，这时大盘也开始走强，整个盘面大

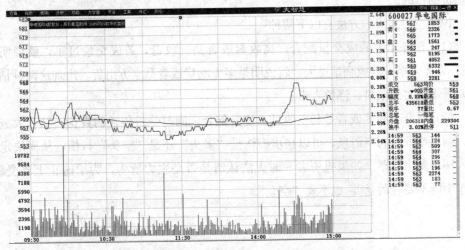

图2—5

部分个股都出现了拉高的现象。最后收盘的时候，股价收于开盘价之上。实际操作过程中，投资者如果遇到这种情况，为了降低当天操作的风险，可以在收盘前的一两分钟买进。出现这种情况的股票，一般第二天开盘就会有一个冲高的过程，可以快速套利。

2. 尾市收黑，出现长上影线，上档压力沉重，第二个交易日低开低走概率较大，投资者可适当减磅。

3. 涨势中尾市放巨量，第二个交易日开盘可能会遭遇抛压，股价上涨的可能性很小。跌势中尾市放巨量，是由恐慌性的抛售造成的，这是大盘即将跳水的信号，此时切不可心急入场。

4. 跌势中尾盘有小幅拉升，涨势中尾盘有小幅回落，此为修正尾盘，并无任何实际意义。

鉴于尾盘的重要性，多空双方一般都会从收盘股指、股价这两方面进行激烈的争夺，其中必须引起投资者特别注意的有以下两点：

1. "星期一效应"与"星期五效应"。

星期一收盘股指、股价收阳线还是阴线，对全周交易的影响较大。多（空）方首战告捷，往往会乘胜追击，投资者应予以关注。

星期五是一个特别的交易日，其后有两天休市，很难预料在此期间会发生什么事件冲击股市，存在较大的系统性风险，投资者应当选择降低仓位，谨慎入市。

2. 主力骗线。

主力经常借助技术指标骗线，在尾盘放大单故意拉高或打压收盘股指、股价，造成第二个交易日跳空高开或者是低开，从而达到第二个交易日拉高出货或者是低开压价吃货的目的。

识别主力骗线的方法有以下两种：

（1）看有无大的成交量配合，高收盘或者是低收盘，若成交量过小，就说明多（空）方无力量；若成交量过大，就说明是多方吃货或者是空方出货。出现这两种情况就要警惕主力的陷阱，谨慎入市。

（2）看有无利多或者是利空消息、传言配合，同时分析传言的真伪。结合大成交量、利多或者是利空消息，可以初步确认是"多头"还是"空头"行情，从而决定是买入还是卖出股票。如果投资者一时无法认清是否是主力所为，为了防止上当受骗，操作中既不要"满仓"，也不要"空仓"。

第四节　从盘面细节看大盘走势

盘面上关键要看六点

1. 趋势。

一般情况下，大盘会顺着某一趋势运行，直到政策面、宏观经济面发生重大变化。趋势的运行存在"惯性"作用，局势骤然改变的可能性不大。

2. 股指走势。

观察和分析股指在开盘后第一个回合走势的特征和本质，可以把握多空力量对比，对于预测大盘后期走势具有重要意义。具体需要观察三个方面：

（1）高低点的相对位置、移动方向和形态。

（2）股指涨落时的量能变化及关键点位的成交量表现。

（3）股指涨落的力度、幅度及流畅性。

分析中还需要注意两点：

（1）判断的依据必须建立在对股指历史"全真"数据和图表的统计、分析基础之上，有一定的概率保证，而不是理论推导和主观臆测。

（2）决定股指走势的因素比较复杂，只有当各要素共振幅度偏大时才会更加可靠。

3. 成交量。

量在价先，说明成交量对股指及其走势具有决定性作用。股指的上扬和下挫一般会有相应的成交量来烘托，尤其是在股指上行过程中，成交量需要有所放大，才能维持上行态势。

4. 均线。

根据均线的走向，或平行，或相交，投资者应该做出相应的操作。股指在长时间的上涨后，应该警惕5日均线下穿10日均线；若10日均线下穿30日均线，就应该卖出股票，至少应该减持；若30日均线掉头下行，则应果断离场；若投资者在第一次均线死叉时没能出逃，那么大盘K线形成双头或双顶时，就是最后的逃命机会了。反之，在股指长时间下跌后，如出现5日均线上穿10日均线的情况，就是较佳的短线买点；10日均线上穿30日均线应是中长线买点；如果股指能沿5日、10日均线上行而不破30日均线，则捂股乃是上策，直至大盘见顶。

5. 阻力位和支撑位。

阻力位是股价在上升时可能遇到压力，从而反转下跌的价位。支撑位是股价在下跌时可能遇到支撑，从而止跌回稳的价位。阻力越大，股价上行越困难；而支撑越强，股价越跌不下去。

确认阻力位与支撑位几种方法：

(1) 心理形成的支撑位和阻力位。

由于投资者的心理作用，一些整数位常会成为上升时的重要阻力和下降时的重要支撑，如1400、1500、1700点等，在个股价位上，像10元、20元大关等。

(2) 移动平均线形成的支撑位和阻力位。

移动平均线是什么？就是 MA 指标。简单地说凡是 5、10、20、30、60、120、250 日均线都是可以作为阻力线和支撑线的，这些线在股价下方，构成的是支撑；在股价上方，将成为阻力。

(3) 趋势线形成的支撑位和阻力位。

趋势线形成的支撑或压力与 MA 平均线的原理基本一致。

(4) 前期的高点位是阻力位，上次到此位下调，说明该价位抛压较重，此次冲击此点还会受到抛压影响，因此还是阻力位。前期的低点则是支撑位。

(5) 密集交易区形成的支撑位与阻力位。

交易密集区的价位，如果在股价上方，将是阻力位，股价反弹时会受到抛压影响；反之，在股价下方，则是支撑位。

(6) 当日开盘价。

高开后走低，因竞价时积累在开盘价处大量卖盘，因而在反弹至开盘价时，会遇到明显阻力；若开盘后走高，则在回落至开盘价处时，因买盘沉淀较多，支撑便较强。

(7) 前一交易日收盘价。

当日低开，表明卖意甚浓，反弹过程中，随时会遭到新抛盘的打击，在接近前一日收盘时，开盘初期积累的卖盘也会发生作用，使得多头轻易越不过这道关；当日高开，价格冲高回落后，在前一交易日收盘处也能得到较强的支撑。

一般来说，阻力位和支撑位在股价运行的时候，也是可以互换的。如果重大的阻力位被有效突破，那么，该阻力位反过来将变成未来重要的支撑位；反之，如果重要的支撑位被有效击穿，则该价位反而变成今后股价上涨的阻力位了。

6. 现手和总手数以及换手率。

现手是指一只股票最近的一笔成交量。股市中最小交易量是1手，即100股。

例如：如果甲下单 6 元买 100 股，乙下单 6.01 元卖 300 股，当然不会成交。6 元就是买入价，6.01 元就是卖出价。

这时，有丙下单 6.01 元买 200 股，于是乙的股票中就有 200 股卖给丙了（还有 100 股没有卖出去），这时候，成交价是 6.01 元，现手就是 2 手即 200 股，显示 2，显示的颜色是红的。

接着，如果有丁下单 6 元卖 200 股，于是甲和丁就成交了，成交价是 6 元，成交了 100 股，现手是 1，颜色是绿的。

在盘面的右下方为即时的每笔成交明细，红色向上的箭头表示以卖出价成交的每笔手数，绿色箭头表示以买入价成交的每笔手数。

总手就是当日开始成交一直到当下为止总成交股数。收盘时"总手"，则表示当日成交的总股数。如："总手 367425"出现在收盘时，就说明当日该股一共成交了 367425 手，即 36742500 股。

有时总手数是比股价更为重要的指标。

总手数与流通股数的比称为换手率，它说明持股人中有多少人是在当天买入的。换手率高，说明该股买卖的人多，容易上涨。但是如果是刚上市的新股，却出现特大换手率（超过 50%），则常常在第二天就会下跌，所以最好不要买入。然而值得注意的是，换手率较高的股票，往往也是短线资金追逐的对象，投机性较强，股价起伏较大，风险也相对较大。

在实战过程中，根据换手率对操作的具体指导作用，可以把换手率分为三类。

（1）逆转换手率。

如果一只股票的日换手率超过了 10%，市场成交异常火爆，人气极度狂热或悲观，表明行情即将逆转。

（2）加速换手率。

如果日换手率在 1%～10% 之间，往往表明该股的交易市场比较活跃、买卖盘积极，原来的趋势将得以加速发展。3% 左右的日换手率往往是短线拉升的必备条件，达不到这一换手率的上涨属于无量反弹，行情难以持续，宜卖不宜买；达到或超过这一换手率的上涨属于行情刚刚启动，短线将继续强势上涨，宜买不宜卖。

（3）观望换手率。

如果日换手率低于 1%，表明某只股票的市场交易情况非常低迷，未来的涨跌情况很不明朗，投资者最好不要轻易介入，出场观望是较好的选择。一般而言，这种情况往往发生在下跌末期或筑底阶段，发生在顶部的情况极为罕见。

对于高换手率，投资者应该关注其出现的相对位置。如果个股长时间低迷后出现放量，且较高的换手率能够维持几个交易日，则一般可以看作是新增资金介入较为明显的迹象，此时高换手率的可信度比较高，此类个股未来的上涨空间相对较大，同时成为强势股的可能性也很大；如果个股是在相对高位出现高换手率而成交量突然放大，一般成为下跌前兆的可能性较大，且多伴随有个股或大盘的利好出台，此时，已经获利的筹码会借机出局，顺利完成派发，"利好出尽是利空"就是在这种情形下出现的。

盘面上不可忽略的五个细节

1. 开盘上冲。

无量平开盘，然后一路上涨，这种走势称为"开盘上冲"。

无量而且平开盘，说明大盘比较平静而且个股也没有基本面方面的变化。正常情况下，股价应该跟随大盘波动，但随后的一路上冲违背了这一规律，说明盘中应该有主力在刻意运作。

常见的一种"开盘上冲"走势过程是，股价开始上冲时上下挂单都很少，成交量也不大；上冲几分钟以后接单开始不断增加；最后会出现大抛单将下档的几档大接单一下子砸掉的情况。

开始上冲过程说明市场依然非常平静，小单不断，而主力并没有刻意挂单，开盘态势一路延续；接单增加说明开盘态势吸引了一些市场的买单，其中也混杂着一些主力"佯买"；最后的大抛单，可能是某张大卖单砸出来的，也可能是主力自己砸出来的。

如果"大抛单"是由市场的大单砸出来的，接单量会减少，股价下挫；有准备的主力会重新挂单，来推测市场大卖单是否持续；当市场大卖单持续出现时，主力会选择放弃，反之有可能继续推高股价。

如果"大抛单"是由主力自己砸出来的，那么可以肯定开始的拉高只是为了减仓。根据一般的市场心理分析，这种可能性较大。面对这种情况，投资者应当持币观望。

2. 放量涨停。

放量涨停就是在股价涨停的情况下成交放出了大量。促成这种现象原因有以下几个：

（1）该股一定有主力在其中运作，它对上市公司本身比较了解，对于公司何时推出预盈公告非常清楚；

（2）该主力愿意让市场在目前价位跟进，这是比较常见的现象。

投资人经常会碰到一些股票，尽管其中也有主力，但还是愿意让市场在一些很低的价位跟进。主力愿意而且很明显的是故意做出成交量来吸引市场的跟进，可能是由于其仓位已经达到预期的要求，无法再增加仓位，但持有的仓位并没有达到控盘的程度；也有可能是因为主力已经被套牢，即使再增加部分仓位也无法把成本有效地降下来。由于股价的涨停并非尾市的偷袭造成，因此主力在历史低价区企图拉高出逃的可能性不大。

3. 主力的痕迹。

庄股的判断有很多，比如观察其走势是否独立于大盘，观察盘中是否有大手笔的接抛盘等。但有时这些判断毫无用处，而像十大流通股东名单等小细节却更为重要。

如果十大股东全部都是筹码不多的个人账户，在满足某种条件时，主力仍然可能隐藏其中。这需要对当期十大股东作出动态的分析。十大股东名单在上市公司公告中每季度都会变化一次，投资者将连续几个季度的名单进行对照，如果有三个以上的账户持股数量频繁变动，则可以判断这家股票有主力。依据就是主力不可能在一季度的交易中一点也不动。一旦大盘拉出阳线，即使是半死的主力也会奋力拉升。这种小规模的拉升一般会选择筹码较多的账号，以便操作，所以前十位的账号持股数量会发生变化。

4. 瞬间跳水。

个股瞬间跳水现象出现的频率并不低，其触发因素有很多，如个股股价、基本面、主力参与度以及大盘的变化等。

大盘指数上涨，说明股价整体上涨。当然大盘指数只是平均数，其中还是会有个股下跌的情况。如果个股出现跳水，投资人可以假定这次跳水是从瞬间砸掉下档的大笔接单开始的，跳水同时会伴有较大的成交量。随着大盘指数的上涨，一方面，买方下档接单会增加，其中既有市场的接单也有主力的单子，股价跳水后至少市场的接单会全部成交；另一方面卖方心理价位提高，因此其中出现的几笔巨大的抛单将多个价位的接单悉数砸掉是非正常的市场卖单。导致股价跳水的大卖单来自两方面：盘中主力和某张大单子（可能属于基金、私募或者大户）。主力如果愿意，就会有源源不断的卖单出来；而某张大单子采取逆势跳水的方式，说明这是其最后的筹码，一次性的卖单。

投资人可以通过跳水后的成交量以及股价的走势分析出跳水背后的黑手。如果跳水后的成交量缩小，股价却瞬间回位甚至继续跟上指数，说明是主力在减仓但仍然运作股价；如果跳水后的成交量依然不小，股价略有回升或者继续下跌，说明是主力在大量出货；如果跳水后成交量恢复原状，股价仍在低点随指数起伏，说明跳水只是某张大单子所为。

5. 强势股尾市弱化。

当大盘大跌的行情出现时，一些强悍的个股能顶住不跌甚至逆势上涨，而其中并没有消息面的变化，很显然，是有主力在运作。但有时候，这些个股却在临近收盘时出现走弱的态势。

有一点可以明确，主力当天增加了不少仓位，其目的在于出货、维护股价或者未来继续拉升股价。为了出货或维护股价而增加仓位，除非上档有巨大的抛压盘，否则主力一定会尽力做高收盘价。一般情况下，主力不会刻意拉高某一天的收盘价，特别是在主力还没有大量出货的阶段。如果收盘价非常容易往上做却没有收高，那么未来继续拉升股价就是主力的目的。而收盘价是否容易被操纵，要看上面的卖盘，卖盘越小，主力容易将收盘价做高。

盘面分析的四个要素

1. 量价匹配。

从成交量柱状线与对应价格的变化可以判断量价匹配是正匹配还是负匹配。具体是，成交量柱状线由短逐步趋长，价格也同步走高，表明推高动能不断加强，是正匹配，可跟进；反之，价格上涨，成交量柱状线却在萎缩，是负匹配，无量空涨，短线还会回调。同样，当成交量柱状线由短逐步趋长，价格不断下滑，表明有大户、机构在沽出，是危险信号，通常大势短期很难再坚挺；成交量柱状线不断萎缩，指数却飞速下滑，是买盘虚脱的恐慌性下跌，在弄清原因的情况下，短线介入，会获利丰厚。另外，成交量柱状线急剧放大，股价却既未上攻又未下滑，可能是主力在洗盘，投资者宜观望；当成交量柱状线放大，股价却逐步下滑，说明主力在减磅；反之当成交量柱状线放大后持续萎缩，期价却不断下滑，有可能是主力在震仓，此时投资者应"抱紧自己的仓位"，不要轻易抛出股票。

2. 股价异动。

如果在盘口分时图中事先没有征兆，却突然出现飙升或跳水走势，就称为异动走势。这时候，投资者应该快速搜寻各大交易所的价格走势，浏览各类新闻，尽快查明原因。例如节假日，由于中国市场的假期与国外并不相同，因此在中国市场放假期间国外市场仍处于交易状态，而这段真空期外盘价格走势会对国内市场的影响，使得节假日附近的走势充满了不确定性；出于风险规避的考虑，谨慎的投资者会选择空仓，这是节假日来临前市场普遍的心态；出于预期考虑，小资金会在假日前对境外市场作出判断，而主力考虑的则是重大战略的部署问题，即在某种情况下采取何种方式更有利于自己，在节后影响明朗的情况下掌握更大的主动。

3. 主力控盘。

外盘走势和国内市场的最新消息都会在开盘阶段有所体现，一般来说，这种信息对国内市场的影响在5分钟之内会表现最为明显，之后会逐步淡化，在大约半小时后，形成一种平衡的格局。但由于趋势惯性的影响，中小资金仍会继续进场参与，并将这种热情保持一段时间。利用外盘走势的影响，并配合国内走势的特点，市场主力会打出一个合理的开盘价格，之后，随着主力行动的逐步淡化，市场转而进入自我消化阶段。续盘阶段的走势完全由市场主力的操作风格和操作思路所决定。单边市中的成交量会比平时大很多，这是由市场价格幅度的扩大引来短线资金的积极参与而造成的。

如果续盘阶段有明显趋势，其价格波动和成交量变化会更加剧烈，并可能形成全天最活跃的交投空间。如果续盘阶段无明显趋势，其行情也会从低迷中苏醒过来，转为逐渐活跃。在预期的影响下，主力资金会发动一波短期行情，这会对第二天的开盘造成冲击。收盘阶段要特别留意对重要消息的整体消化情况，对消息反应迟钝的情形是关注的重中之重。

4. 变盘征兆。

市场发生变盘前，呈现的一些预兆性的特征：

（1）大部分个股的股价波澜不兴，缺乏大幅度盈利的波动空间。

（2）投资热点平淡，既没有强悍的领涨板块，也没有聚拢人气的龙头个股。

（3）增量资金入市犹豫，成交量明显趋于萎缩，并且不时出现地量。

（4）指数在某一狭小区域内保持横盘震荡整理走势，市场处于上下两难境地，涨跌空间均有限。

（5）表现在K线形态上，就是K线实体较小，经常有多个或连续性的小阴小阳线，并且其间经常出现十字星走势。

（6）市场人气涣散，投资者观望气氛浓厚。至于变盘的结局究竟是向上突破还是破位下行，则取决于多种市场因素。

（7）上涨中的多空平衡要观察市场能否聚集新的做多能量来判断向上突破的可能性，而下跌中的多空平衡比较容易形成向上变盘。

（8）触发向上变盘的因素是主流热点板块在盘中是否有大笔买卖单异动，关注板块中的龙头个股是否能够崛起。如果仅仅是冷门股补涨或超跌股强劲反弹，往往不足以引发向上变盘。

（9）通常大盘指标股的异动极有可能意味着市场将出现向上变盘的可能。

从盘面判断大势的心法口诀

1. 换手强大。

要想涨，先有量。由跌转涨量先强，百分之三是标准，盘跌它涨转强量，百分之五不能追，要等回拉靠线莫心慌！十五以上要谨慎，三十以上要提防，三日没有新高现，只买不卖没商量。

2. 转强追涨。

要想涨，先有量。一日长量先看看，二日长量要紧张，三日长量是反转，马上追涨没商量！先放量，后缩量，放量过顶先别慌，MACD跟得上，投资人就是那主升浪，横盘整理不用愁。量缩下影八分一，马上买进就会涨。

3. 震荡上行。

震荡上行不用急，阴阳相间好有趣。阳量长，阴量短。阴量最小三分一，5日上叉40日，震荡上行开始了；5日下叉40日，还有回头望月时；5日反叉40日，绝佳冲高卖出时。

4. 盘中买卖。

集合竞价很重要，盘中更要量跟上，量比超过2.5，主力开始动手了。上来先冲3.5，千万别急乱追涨，回落不缩量，反身再冲上，打横走一走，买它没商量。放量上，再缩量。过不过顶看二样。上冲角度要更陡，单笔买量更要强，不然就算冲顶过，也是卖它没商量。上冲超过7％，不追宁等它涨停。涨停之后若打开，能否封上看开单，单笔开板过万手，就算再封也卖出。盘中买卖关键点，一是量来二是线。

第五节　盘口是买卖双方的真实战场

上压板和下托板

上压板指的是大量的委托卖盘挂单，而下托板则是大量的委托买盘挂单。无论是上压还是下托，其最终目的都是为了让主力更好地操纵股价，诱惑散户投资者去跟风。

股票处于不同的价格区间时，上压板和下托板的作用是不同的。

在股价上涨途中，如果上方出现上压板，个股运行到此处不能放量吃掉这笔卖单，往往就会受挫调整。股价如果再想涨上去，除非放量吃掉大卖单或者这笔卖单主动撤掉。

一般而言，上压板与下托板都是主力为了控制股价而采取的操盘方法。

股价在碰到上压板时往往会停止上涨的步伐，如果主力改变策略，又想让股价涨上去，就会主动撤掉这笔大卖单，没有巨大的压力，股价的上涨就会容易得多。如果股价上涨途中遭遇的上压板被撤掉，或有较大的买盘将它吃掉，那么股价上涨的可能性非常大，投资者可以开始准备建仓。否则就是主力在压制股价，为洗盘或者出货打基础，这时投资者应该谨慎小心，不应轻易入场。

股价下跌时碰到下托板，同样是主力的把戏。主力为了稳住股价，往往会在下面放上数量较大的买盘，买盘的出现顶住了盘中连续出现的抛盘，因此股价往往会停止下跌。如果股价近期下跌幅度较大，而当天股价也有较大的跌幅，这时在低位出现了下托板，投资者可以考虑逢低介入。

当然，精明的主力有时也会利用下托板进行洗盘，让散户投资者认为下托板是为了掩护主力出货，引起散户投资者的恐慌，从而纷纷斩仓。散户离场的同时，主力却悄悄地利用巨量的下托板建仓，然后一举拉升股价。

静态挂单与动态挂单

依据挂单后的成交效果，整个挂单系统可以分为静态挂单和动态挂单。

所谓静态挂单就是高于第一买进价的卖单或者低于第一卖出价的买单，这些单子无法在挂出后的第一时间成交，只能被动等待下家来接单。

所谓动态挂单是指卖出价低于或等于第一买进价的卖单或者是买进价高于或者等于第一卖出价的买单，这些单子一进入交易报价系统立刻就会出现部分或者全部成交。它也称为主动性买单和卖单。

各种买卖盘

1. 买盘与卖盘。

买卖双方的出价与数量构成盘口表现中的买盘和卖盘，投资者能够直接看到的是"买一至买五"和"卖一至卖五"的买卖委托以及"内盘"、"外盘"和"委比"、"量比"等概念。

这几项都是目前盘中多、空力量对比的指标。如果即时的成交价是以"委卖"价成交的，说明买方也即多方愿以卖方的报价成交，"委卖价"成交的量越多，说明市场中的"买气"即多头气氛越浓。如果"委卖价"与"委买价"价格相差很大，说明追高意愿不强，惜售心理较强，多空双方处于僵持状态。

以"委卖价"实现的成交量称为"外盘"，俗称"主动买盘"。反之，以"委买价"实现的成交量称为"内盘"，也称"主动卖盘"。可见，当"外盘"大于"内盘"时，反映了场中买盘承接力量强劲，走势向好；"内盘"大于"外盘"时，则反映场内卖盘汹涌，买盘难以抵挡，走势偏弱。

通过卖盘、买盘数量的大小和比例，投资者通常可以发现主动性的买盘多还是主动性的抛盘多，并发现主力动向，是一个较有效的短线指标。

但有时，外盘大，股价并不一定上涨；内盘大，股价也未必就会下跌。投资者应清醒地看待这一指标，防止被主力欺骗。以下实践经验供投资者参照：

（1）主力用几笔买单将股价拉至一个相对的高位，然后在股价小跌后，在买1、买2挂买单，造成一些投资者误判股价会下跌，纷纷以叫买价卖出股票；主力却分步挂单，将抛单通通接走。这种先拉高后低位挂买单的手法，常会显示内盘大、外盘小，待投资者上当抛盘后，主力接足筹码迅速推高股价。

（2）股价经过了较长时间的数浪上涨，处于较高价位，成交量巨大，不能再继续增加，当日内盘数量大于外盘，股价将可能下跌。

（3）主力用几笔抛单将股价打至较低位置，然后在卖1、卖2挂卖单，自己再吃掉自己的卖单，造成股价暂时横盘或小幅上升；此时外盘将明显大于内盘，使投资者误认为主力在吃货，而纷纷买入，结果第二个交易日股价继续下跌。

（4）股价经过了较长时间的数浪下跌，处于较低价位，成交量极度萎缩。此后，成交量温和放量，当日外盘数量大于内盘，股价将可能上涨，此种情况较可靠。

总而言之，买卖盘、内外盘的大小对判断股票的走势有一定帮助，投资者一定要同时结合股价所处的位置和成交量的大小来进行判断，而且更要注意股票走势的大形态，千万不要因为过分注重细节而忽略了大局。

2. 主动性买盘和卖盘。

投资者可以通过主动性买盘和主动性卖盘来研判主力的真正动向。主动性买盘就是对着卖盘一路买，每次成交时箭头为红色，委卖单不断减少，股价不断往上走。在股价上扬的过程中，抛盘开始增加，如果始终有抛盘对应着买盘，每次成交箭头为绿色，委买单不断减少，使得股价逐渐往下走，就是主动性的卖盘。投资者注意不要逆市操作，否则很容易吃亏。

3. 主力买卖盘与散户买卖盘。

主力的买盘和卖盘多数数量较大、价位比较集中；散户的买盘和卖盘数量较少、价位比较分散。主力盘是行情的主导力量，按照"二八定律"即市场中主力盘占市场总成交的20%，散户占80%，但是这20%的主力盘却能够起到决定性的作用。

4. 隐性买卖盘。

隐性买卖盘是指在买卖成交中，有的价位并未在委买卖挂单中出现，却在成交一栏里出现了。隐性买卖盘经常隐含主力的踪迹。连续出现单向整数隐性买单，而挂盘并无明显变化，一般多为主力拉升初期的试盘动作或派发初期激活追涨跟风盘的启动盘口。

一般来说，上有压板，而出现大量隐性主动性买盘（特别是大手笔），股价不跌，则是大幅上涨的先兆。下有托板，而出现大量隐性主动性卖盘，则往往是主力出货的迹象。

5. 扫盘。

在涨势中常有大单从天而降，将卖盘挂单连续悉数吞噬，即称扫盘。在股价刚刚形成多头排列且涨势初起之际，若发现有大单一下子连续地横扫了多笔卖盘，则预示主力正大举进场建仓，是投资者跟进的绝好时机。

各种大单

1. 下跌后的大手笔买单。

股票在经历了连续的下跌以后，主力会接连挂出巨大买单护盘，但这并不意味着该股后市要止跌了；某些情况下，股价护是护不住的，主力的护盘往往表明其真正实力的欠缺。此时，该股股价有极大的可能会继续下降，但投资者可留意该股，因为一旦市场转强，这种股票往往一鸣惊人。

2. 盘整时的大单。

一直处于平稳运行中的个股，若股价突然被快速拉起，或突然跌停，往往是主力在试盘。向下砸盘，是在试探基础的牢固程度，然后再决定是否拉升。该股如果一段时期总收下影线，则向上拉升可能性大，反之出逃可能性大。

3. 低迷期的大单。

当个股长期低迷，卖盘上连续挂出巨大抛单（每笔经常上百、上千手），买单则比较少时，如果有大笔资金进场，将大量压单吃掉，可视为是主力的建仓动作。注意，此时的压单并不一定是有人在抛空，也有可能是主力在利用自己的筹码在造量吸引注意。

资金流向

资金流向判断准确，对分析大盘走势和个股操作都具有重要的意义。"热点"其实就是资金集中流向的个股和板块。

资金流向的热点是指每天成交额排行榜前 20 至 30 名的个股，观察的重点是这些个股是否具备相似的特征或集中于某些板块，占据成交榜的时间是否够长。

选股时要注意资金流向的波动性，这可以从涨跌幅榜观察出来。大资金的进场与闲散资金的进场有所不同：大资金更善于挖掘有上升空间的投资品种；而游资是否集中进场，更多地取决于当时大盘行情是否向好。大资金进出场的时间一般会早于小资金进出场的平均时间。

资金流向对行情拐点的判断十分重要。相对低点时大资金是否进场、行情是否会转折、个股的选择上究竟是选热点短炒还是打埋伏等大资金抬轿等，都与资金流向的判断分不开。所以投资者在分析股票市场时，应该把资金流向分析摆在第一位。

第六节　制定操盘预案

自己有把握吗

军营里有这样一句耳熟能详的话——"不打无准备之仗"，意思是，要想取得战斗的胜利，就必须做好充分的准备，如果准备不充分，打起仗来十有八九是要吃亏的。投资炒股也不例外，同样需要周密部署，精心准备，只有这样，才能稳操胜券。换句话说，就是投资者对自己此次的炒股计划有没有十足的把握。

1. 对心态的把握。

炒股就是对投资者心态的一个考验，我们知道，无论做任何一件事情，保持良好的心态都是非常重要的。

投资有苦有乐，既会面临股市下跌的煎熬，又能在股市的上涨中享受欢愉。若你的情绪像天气一样易变，股价上涨时心情高昂，下跌时悲观失意，寝食不安，这肯定不是一个好的心态。

所以，投资者一定要对自己的心态有一个把握，明白自己是否能够承受股市的猛涨或者猛跌。如果你的回答是肯定的，那么投资的心态就很不错。

2. 对资金的把握。

有了心理准备还不够，还需资金准备。资金准备是炒股的基础，它就像打仗需要充足的弹药。不过，需要注意的是，投资的资金应当是自己闲置不用的钱。这样不会因为借钱投资而承受支付利息和本金受损的双重压力，即使股票暂时的表现不如人意，也不会过于焦虑，更不会出现急于归还借款而赔钱出局的情况。

3. 对投资目标的把握。

树立了好的投资心态，也有了备用的资金，还需要确定自己的投资目标，即投资者想通过投资实现短期、中期还是长期目标。有了目标，就等于有了行动的计划，奋斗的方向。

目标的制定需要结合家庭情况，包括养老计划、子女教育计划、旅游消费计划等。短期计划制订后，需要短期的操作策略相配合，快的可能3～5天，慢的也就3、5个月，最多半年到1年。但这种投资目标只适合股市出现巨幅震荡时采用，否则很难实现既定目标。

4. 对年龄的把握。

炒股是一项风险很大的投资活动，如果你正处于 30 岁的壮年时期，那么可以选择一些收益比较大的股票来投资。

如果你的年龄在 50 岁以上或者已经退休了，那么，风险承受能力自然变弱，在投资中不防增加点风险小、收益稳定的股票，这样，你对未来能够到手的收益就会更有把握一些。

炒股就一定要有把握，如果你对上面的几个方面都准备好了，决定在股海中游历一番，那么，就可以继续行程了。

搞清楚当前你的整体盈亏情况

在股市中，我们不难见到这种现象：投资者买了很多只股票，某天股票 A 为他盈利 1000 元，他欣喜若狂。第二天，股票 A 继续为他盈利 1000 元，他更加高兴。可是他所买的股票 B 却在一天内让他亏掉了 1500 元。

这种现象相信很多投资者都遇到过，这时，我们就不能单纯地说其盈利是 2000 元或者 500 元，而是要看其整体的盈亏情况。

一般来说，炒股者的整体盈亏主要有以下几种：

1. 盈利大于 20％。

2. 盈利大于 10％且小于 20％。

3. 盈利小于 10％。

4. 亏损大于 20％。

5. 亏损大于 10％且小于 20％。

6. 亏损小于 10％。

如果你的整体盈亏属于上面的几种情况之一，那么可以选择以下的几种操作方案：

1. 如果盈利大于 20％，你可以将仓位控制在 40％左右，如果你对市场的前景看好，可以将仓位调整到 75％左右。

2. 如果盈利大于 10％且小于 20％，那么可以将仓位控制在 65％左右，如果此时的走势依然被看好，那么可以继续加仓操作，这个仓位就由你自身的承受能力来决定。

3. 如果此时盈利小于 10％，那么，你可以全仓买卖。

4. 如果此时亏损大于 20％，不要着急地买进卖出，而是应该认真总结自己失败的原因，制订接下来的操作计划。如果此时亏损大于 10％且小于 20％，那么，你应该立即建仓，仓位最好控制在 30％左右，而且应该认真总结自己失利的原因，以及制定接下来的操作策略。

搞清楚你现在的整体仓位

仓位是指投资者实际投资占实有投资资金的比例。举个例子来说：你有 10 万用于炒股，现在只用了 4 万元，那么，仓位就是 40%；如你全买了股票，就是满仓；如你全部卖出股票，就是空仓。

一般来说，如果市场比较危险，随时可能跌，那么就不应该满仓，而应该半仓或者保持更低的仓位。

一般来说，平时仓位都应该保持在半仓状态，就是说，留有后备军，以防不测。只有在市场非常好的时候，可以短时间的满仓。

能根据市场的变化来控制自己的仓位，是炒股非常重要的一个能力，如果不会控制仓位，就像打仗没有后备部队一样，会很被动。

科学的建仓、出场行为在很大程度上可以规避风险，使资金投入的风险系数最小化。虽然从理论上来讲负面因素也可能带来利润的适度降低，但股票市场是高风险投资市场，确定了资金投入必须考虑安全性问题，保障原始投入资金的安全性才是投资的根本，在原始资金安全的情况下获得必然的投资利润，才是科学、稳健的投资策略。

搞清楚当前大盘基本趋势

大盘的趋势无非是三种：牛市、熊市、盘整。这是从大的方面来看的，如果细分的话，还可以将牛市分为牛市初期，牛市中期和牛市晚期；熊市同样可以分为熊市初期、熊市中期和熊市晚期。

1. 牛市。

如果此时的大盘是在牛市初期的话，投资者可满仓操作；中期的话可重仓；晚期的话一定要减仓。

2. 熊市。

如果此时大盘正处于熊市初期，投资者可以轻仓甚至是空仓；中期的话可轻仓；晚期的话就要重仓或者满仓。

3. 盘整。

若大盘此时正处于盘整时期，那么投资者最好的操作策略就是观望。

搞清楚买入的依据

通常，我们做什么事情都是有一个原因的，选股也一样，投资者买入股票的理由不外乎以下几种：

1. 小盘股。

2. 上升通道完美。

3. 热门股。

4. 上市公司业绩好。

5. 有强庄入驻。

6. 政策利好。

7. 股评的推荐。

8. 技术指标看多。

9. 严重超跌。

10. 重组题材。

11. 蓝筹股。

12. 有配股和送股的题材。

需要提醒投资者的是，无论你是以什么理由买入的，都不要忘记看此时的股价是否已经作出了过度的反应，而且在持股的过程中，一定要谨慎操作，防范风险。

搞清楚继续持股的理由

一般而言，投资者继续持股的理由有以下几种：

1. 股价的涨幅不大。

2. 股价只出现了暂时性的回调。

3. 股价下探的空间不大。

4. 股价即将出现大的底部。

5. 亏损没有超出自己的预期。

6. 重大转折点还没有出现。

7. 主力还没有出局。

8. 还没有出现巨额的成交量。

9. 股价还没有见顶。

在炒股过程中，不管持股的理由是什么，投资者都一定要记住，继续持股并不意味着死守，一定要根据具体行情的升跌，适当地控制持仓的比例，同时要密切留意最新资讯的变化，随时检讨自己持仓的理由是否充分。

可以重仓操盘吗

大家都知道重仓操作是一种"赌博"，惨痛的教训数不胜数，一般来说，重仓造成的亏损至少是其带来收益的 10 倍以上。

是赌博就有其诱人的一面，重仓也一样，假如你现在重仓持有股票，即使涨幅较小，所赚绝对数亦相当可观。假若轻仓，要赚同样数目的利润，则需在很高的涨幅下才能实现。两相比较，显然较小涨幅更容易实现。

由于其带有赌博的特性，所以在究竟要不要重仓操作的问题上，就一定要认真对待。通常，我们认为在以下几种情况下，投资者可以谨慎选择重仓：

1. 牛市即将来临。

2. 大盘仍处于历史性的底部。

3. 个股依然处在安全期内。

4. 个股属于垄断性行业。同时股价尚未被疯狂炒作。

5. 行业或公司正处在景气周期高速成长阶段，但股价还没过分反应。

6. 上市公司业绩稳定，运营健康，目前其股价低迷仅仅是受到大盘走熊的影响。

投资者一定要注意，上述的几种情况我们认为可以重仓，但在具体应用的时候，也要综合自己的操盘能力和承受能力谨慎选择。另外在选股上也要注意，因为大盘向好，也并不代表所有的个股都会向好，如果投资者在大盘向好的情况下却选择了一只与大盘走势相反的个股重仓操作，那么，得到的将是巨大的亏损。

什么情况下应该保持空仓

股市总是在涨涨落落、起起伏伏中前进，而投资者又只能通过低处买入、高处卖出才能实现盈利，所以如果只是一味地持有不动，就犹如坐上了过山车，上去下来，处处被动，终点又回到起点。

上市公司的脸，阴晴不定，变化多端。一旦将钱圈到了手，一年盈利，二年持平，到第三年就亏损了……这样的上市公司屡见不鲜，比比皆是。对于投资者来说，持这类股票就只有血本无归，伤痕累累。

为什么会这样呢？究其原因是因为投资者不懂得空仓为何物。空仓顾名思义就是将你手中所持有的股票全都卖了。

兵法有云："三十六计，走为上策"。当你的账面盈利时，应及时获利了结，空仓等待。但一般投资者往往还抱有很大的期望，希望上涨一点，再上涨一点，结果就在投资者正期盼股价继续上涨的时候行情结束了，股价掉头向下，迎接投资者的就是套牢。

当股票已经出现下跌的时候，投资者应该果断空仓。但很多投资者往往期待股价反弹一点，再反弹一点，结果不仅没有反弹，却越等越跌，越跌越等，投资者的情绪也从期望转为后悔，从后悔直至绝望。

很多时候，投资者要想在股市中盈利，就要学会怎样空仓，怎样离场，将已经即得的利益拿到手，这才叫本事。

什么情况必须轻仓

轻仓指的是资金和股票相比，资金份额占多，股票资金占总资金三分之一以下。一般来说，如果投资者遇到以下几种情形，应该轻仓操作：

1. 大盘走势转弱。
2. 对个股的走势没有把握。
3. 大盘方向不明。
4. 大盘虽接近底部，但尚未确定。
5. 大盘处于下跌中期。
6. 大盘极差，但个股质地很好，且离底部不远。

设立止损位

通常来说，止损对于投资者的操作而言相当重要，因为大多数套牢者都是没有及时止损而造成的。如果能够果断地止损，也就只伤皮毛，不伤筋骨，翻身的机会很大，如果深度套牢折损过半，想翻身就势比登天了，这就是止损的重要性。

但关于止损位的设置，则莫衷一是。有的设为买入价的5％或10％；有的设为跌破某一均线（或5日、或10日、或30日等等）；有的设为某一整数价，譬如说10.65元买的一旦跌破10元就走；还有的设定一个心理价位，一旦股价跌破自己的心理价位立刻抛出。

以上这些止损的方法都是可行的，只不过投资者在选择的时候，一定要根据自身的情况来决定使用哪一种。一般来说，止损位的设置应该根据该股运行的趋势来确定，不能一概而论，这叫具体情况具体分析。放之四海而皆准的具体止损位设置法是不存在的，但有些原则却是通用的，比如某股下跌空间较大时应该止损，下跌空间很小时可不止损，主力虚晃一枪时（指主力未出货）不须止损，主力已走坚决止损。

投资者在设置止损位的时候一定要记住一个原则，那就是要基于你对该股股价运行趋势的大体把握来谈止损。如果心里一点底都没有，那么虽然并不一定会赔钱，但买入本身就是一种错误。

设立止盈位

止盈说白了就是要克制永无止境的贪念，在获利时果断卖出。通常，止盈的方法有两种：

1. 静态止盈。

静态止盈是指设立具体的盈利目标位，一旦到达目标位，坚决止盈，这是克服贪念的重要手段。

许多投资者总是担心，到达目标位后就卖出可能会错过后市行情中更高的卖出价格。这种情况是客观存在的，在实际操作中很多时候会出现卖出后还有更高卖出价的情况。但是，投资者如果贪心到试图赚取每一分利润，不懂得适时放手，风险将是巨大的。

静态止盈位就是所谓的心理目标位，其设置主要依赖于投资者对大势的理解和对个股的长期观察。它确定的止盈位基本上是静止不变的，当股价涨到该价位时，立即获利了结。

这种止盈方法适合于中长线投资者，即投资风格稳健的投资者。进入股市时间不长、对行情研判能力较弱的新手，通常要适当降低止盈位的标准，提高操作的安全性。

2. 动态止盈。

动态止盈是指当投资的股票已经有盈利时，由于股价上升形态完好或题材未尽等原因，投资者认为个股还有继续上涨的动力，因而继续持股，一直等到股价出现回落，当达到某一标准时，再获利卖出的操作。

止盈中最重要的心理要求就是要有卖出的决心。当股价出现滞涨或回落时，处于盈利阶段的投资者不可能无动于衷，也不可能不了解止盈的重要性，所缺少的是止盈的决心。因此，投资者在止盈时不能犹豫不决贻误时机，一定要立即停止继续盈利的操作。如果说，止盈是保证资金市值稳定增长的基础，那么，决心就是有效实施的基础。

第七节　不同情况下的操盘技巧

反弹操盘——如何成功抢到反弹

当市场处于长期下降通道中时，虽然风险较大，个股机会较小，但也不可能是只跌不涨的单边下跌行情，因此期间总有一些短暂的反弹出现，有时候个股还有巨大的涨幅。所以，我们总是可以看到，在一个阶段性的反弹中，会有一批涨幅在50％以上的个股。这对投资者来说，是阶段性介入的好时机，只是对这种机会的把握存在相当大的风险。那么，有哪些方法能够让投资者成功抢到反弹呢？

1. 对大盘的把握。

对于股票投资者而言，最好是在大盘股指反弹期间进行个股机会的把握，这种顺势操作将大大提高个股投资的成功率，同时操作把握难度也较低。一般来说，当市场出现急跌之后往往会有相对幅度的反弹行情，但下跌趋势中横盘的走势则要注意回避。

所以，投资者在抢反弹的时候首先要对大盘有一个准确的判断。当股指出现快速持续性下跌，已经逼近长期下降通道的下轨或者击破下轨的时候，市场往往随时会出现反弹，应准备介入。

2. 对个股的把握。

一般而言，当市场开始反弹的时候，就应参与那些反应最为强烈的品种，在反弹当天参与可以介入领涨的品种。当然，从基本面上也要关注当时市场最为活跃的题材和热点，同时结合技术上股价的表现，因为最先启动的个股往往股价反弹的高度最大。

3. 对买入时机的把握。

抢反弹过早，容易造成套牢；抢反弹过迟，往往会错过稍纵即逝的买入价位，从而失去机遇。抢反弹应坚持不追高的操作原则，因为抢反弹具有一定的风险，盲目追高会使自己陷入被动的境地，相反逢低买入一些暴跌过后的超跌股，可以使自己把握进出自由的主动权。

4. 对卖出时机的把握。

许多投资者常常被反弹急风骤雨式的拉升所迷惑，以为是新一轮牛市启动了，历史上尽管有过反弹最后演化为反转的先例，但出现的几率很小，往往需要市场环境等多方面因素配合才行。绝大多数报复性反弹会在某一重要点位遇阻回落，当反弹接近阻力位时，要提高警惕，踏空的投资者不能随意追涨，获利的投资者要及时获利了结。

同时，牢记下面这些原则对抢反弹也大有裨益。

1. 降低盈利预期。

即使是那些最强势的个股，在扣除进出成本之后，预期的盈利空间也一般都不会超过 20％，至于非强势品种能达到 10％就相当不错了。因此，在弱市行情中抢反弹，盈利的要求是要大大降低的，要特别遵守止盈纪律，否则很有可能被套。

2. 趋势不明时不参与反弹。

当股市下跌趋势已经形成或运行于标准的下跌趋势通道中时，投资者不宜抢反弹，此时抢反弹，无异于火中取栗、得不偿失。

3. 要设置具体的止损价位，做好止损的心理预备。

反弹并非市场已经完全转强，因此在参与反弹时应该坚持安全第一、盈利第二的原则，一定要设置止损位，当股价到达预定价位时马上果断卖出。

4. 不宜满仓操作。

在弱市中抢反弹，要根据市场环境因素，确定适当的资金投入比例，贸然重仓或满仓参与反弹，是不合时宜的，一旦研判失误，将损失巨大。

追涨操盘——如何追涨才最安全，利润最丰厚

但凡炒股的人，都想抓住一只涨停的个股。恐怕再也没有比抓到一只涨停股更激动人心的了。"今天两市只有××只涨停板，我持有的股票就有×只涨停。""××股票，昨天刚买，今就涨停……"喜形于色的投资者，无不流露出抓住涨停板时的激动心情。

同一件商品好不好销，主要取决于供求关系，买的人多，它就会供不应求，还能卖个好价钱；买的人少，价格就会下跌。股票如商品，炒股如经商。当投资者纷纷看好某一股票时，就会导致这只股票供不应求。开始时，大家互相抬价，争相抢购。后来，买的人越来越多，大家就干脆在涨停价的位置上排队等候，行情交易系统显示出来的数据就会只有买家，没有卖家，这就是股票涨停板的由来。

敢追涨停，甚至在股票涨停后仍敢"排队"等待买入的投资者，都希望能顺利买进，并封住涨停，第二天再大涨。如果你期望这样的结果，就一定要注意如下操作方法：

1. 目标要明确。

追逐涨停板，往往充满变数。但不管怎么变，目标不能变。计划"一个板走"，就得"一个板走"，"两个板走"就得"两个板走"，切忌患得患失，否则只能错失良机。在明确盈利目标的同时，还要设立"止损位"。对追逐涨停板后可能出现的风险、能够承受的损失事先要想清楚，给追逐涨停板股票划一道"底线"，只要一冲破这道"底线"，就要坚决离场，把风险限制在可控范围内。

2. 品种要选对。

股谚常说，"功夫在盘前，而非盘中"。对准备追逐的涨停板的投资者来说，原则上要选自己熟悉的品种。如果品种不熟悉，也要在追逐前加以必要的研究，做到心中有数。只有在追逐前了解清楚待买股票的基本面，才能做到镇定自若，轻松操作。

3. 时机要选好。

在时机的选择上，务必要第一时间（第一只涨停板）买入、启动初期（尽量不要在涨停价上买）买入、开盘或急跌时（不要在急冲过程中）买入。

值得注意的是：追涨停要"重势不重价"。很多投资者在追涨停的过程中，会被个股基本面分析影响，有时会认为这不是一个绩优股而放弃买进。这种做法是错误的，

因为追涨停重要的是趋势，这和买白马股重视业绩好坏的特点是不一样的。

另外，任何涨升行情都不可能一帆风顺，都必然要面对各种压力。即使是涨停股的上涨行情，仍然会有出现曲折的时候。因此投资者在积极操作的同时仍然不能忽视风险，要适当注意资金的管理与仓位的控制。

涨停股的快速上涨能给投资者带来丰厚的利润，但是另一方面，因为其涨幅比较大，一旦转弱，下跌的速度也是很快的。因此，如果发现涨停股失去其上涨的"势"时，必须果断止损和止盈。

短线操盘——如何捕捉瞬间出现的机会

每一个投资股市的人目的都很单纯，既非想出名、行善，也不是想为交易所和券商打工，更不是来游戏和赌博，而仅仅是为了赚钱。在股市中要想取得较高的收益有两种途径：一是长期持有较为单一的股票，伴随上市公司的不断发展从中获利，这就是我们所说的长线投资；二是积少成多，短期高频地买进卖出，通过抓住波段里的上升空间来进行滚动操作，提高资金运作的效率，让收益像滚雪球一样越滚越大，虽然每次只赚三五个点，但长年累月下来也可以收获颇丰，这就是我们所说的短线投资。

作为一个投资者，如何才能捕捉到瞬间出现的机会呢？这就需要对短线操作时机有一个非常准确的把握。

那么，如何判断当日是否有短线操作的机会呢？这就需要投资者利用几分钟的时间来判断大盘走势的强弱，掌握进行短线操作时大盘应具备的条件。

1. 当日涨幅排行榜。

（1）当日涨幅排行榜中如果前十名的个股涨幅都小于3％，则表明市场处于极弱势，大盘的短线投资环境不好。此时，投资者最好不要进行短线操作，以免资金被套。

（2）当日涨幅排行榜中如果前十名的个股涨幅都大于4％，则表明市场处于强势，大盘提供的短线操作环境一般。此时，短线操作可以择机介入强势目标个股。

（3）当日涨幅排行榜中，如果有5只以上的股票涨停，表明市场处于超级强势，大盘提供的短线操作环境十分良好。此时，投资者可以选择目标个股坚决展开短线操作。

（4）当日涨幅排行榜中如果没有个股涨停，且涨幅大于5％的股票少于3只，则表明市场处于弱势，大盘没有为个股表现提供条件。此时，短线操作需根据目标个股的情况小心进行。

2. 涨跌个股家数的大小对比。

（1）如果大盘上涨，同时上涨个股家数多于下跌个股家数，说明大盘涨势真实，处于强势，此时投资者可以积极进行短线操作；如果大盘上涨，下跌个股家数反而多于上涨个股家数，说明这种涨势靠不住，有主力机构在故意拉抬指标股，大盘属于虚涨，此时的短线操作要分外小心。

（2）如果大盘下跌，同时下跌个股家数多于上涨个股家数，说明大盘跌势自然真实，大盘处于弱势，在这种形势下，投资者可以停止短线操作，离场观望；如果大盘下跌，但下跌个股家数却少于上涨个股家数，说明有主力机构在故意打压指标股，大盘跌势为虚跌，此时的操作可视目标个股具体情况小心展开。

收益与风险是成正比的，高收益必然伴随着高风险。短线操作具有高风险的特征，因此在短线操作中，必须要有明确的操作原则，制定铁的纪律并且严格遵守，只有这样，才能最大限度地减少短线操作风险，获取丰厚的短线收益。以下是短线操作必须要坚守的几个重要原则：

1. 永不满仓。

短线交易永远不要满仓操作。短线交易最大仓位到底设定为多少才算合适，不同的人有不同的标准，比如有些人仓位达到总资金的85％，即认为达到了最大仓位。不满仓操作的原因，是因为每天都会有好股票出现，每天都有短线买进股票的机会。如果没有资金，即使你看到了好股票也没法买进。好股票留给投资者购入的机会是很短暂的，在你出货筹备资金的同时，可能会眼睁睁地看着股票价格被拉了起来。面对错失的购入机会，你只能懊悔不已。对于想进行短线操作的投资者来说，仓位的安排可以按照三分之一的基本仓，三分之一的短线仓，三分之一的现金这样的仓位和资金布局来安排。

2. 不频繁操作。

许多人认为短线投资者就应该频繁地在股市里进进出出，其实这是对短线操作的误解。事实上，虽然每天都有许多上涨的股票，但在一般情况下，大多数股票的上涨都是随机的，能够通过短线技术分析确认上升趋势的股票并不多。某只股票今天出现在涨幅榜里，明天就有可能出现在跌幅榜中。正如言多必失一样，频繁地进行短线操作，最终肯定有"马失前蹄"的时候，因为好运气不可能永远地陪伴着你。因此投资者要谨慎地对待自己的每一次操作，特别是在对行情不能正确把握的时候，更应该停止操作，离场观望与休息，切忌盲目操作。

3. 重时而不重股。

短线操作的时机选择非常重要。因为投资追求的是参与股票盘整之后的拉升，尽量降低参与后股票回调的可能性，所以要求投资者经得起诱惑，把握住大的形势。总体来讲，短线买入时机要满足以下几个条件：大盘长期或短期的启动上行；有效突破上升阻力位；主动性买盘明显放大，交易额迅速增加；该股处于热点板块或者有重大利好题材。

短线"重时而不重股"的另一个原因是当大行情来临，大市活跃，成交量不断放大，个股涨幅较大并有多只个股涨停时，短线操作起来相对容易。当出现经济热点且其中有龙头股时，适时地抓龙头是降低风险的不错选择。没有买到龙头股而只买了基本面一般的股票时，只要介入时机选择好，仍然可以快速获利。

因此短线操作必须有耐性，能够气定神闲地等待介入时机到来。短线投资的大忌是心浮气躁、瞎猜乱撞，这样会使投资者丧失最起码的判断力，致使短线决策出现重大失误。投资者在等待时机期间，并不是无所事事的，而应该注意行情变动，时时分析思考，"该出手时就出手，不该出手时不要乱出手"。

4. 不追高。

高开 3% 以上的股票不宜追高，因为后面还会有低点，低点一般在 9：40 分以后出现。股市开盘后，要观察其第一个波形，在大盘回调的时候下买单，正好可以成交。

长线操盘——如何在一年内获得 50% 的收益

作为整个国民经济体系中举足轻重的一极，中国股市已步入了长期健康发展的快车道，其国民经济"晴雨表"的功能也将不断得到真正体现。在未来股市不断向上突破的整体趋势中，出现调整甚至大幅调整，都应被看作是正常的技术回档和修正。只要中国整体经济长期向好的趋势不变，支持股市长期上涨的动力就始终存在。当然，随着股指的不断盘升，股市泡沫会难以避免地出现，因此也可以说，未来几年，中国股市必将在对泡沫化的长期争论中不断前行。但有一点可以肯定，那就是，中国股市的长期繁荣才刚刚开始。2007 年到 2008 年的大幅度调整，从股市的整体发展来看只是一段小插曲，如果投资者现在就裹足不前，甚至轻言退出市场，那无疑是极其愚蠢的，这样的举动只会丧失一生中最好的投资机会。

既然中国股市的整体走势良好，那么选择怎样的投资方式便成为投资者应该慎重考虑的问题。股市中有句俗语："长线是金，短线是银"，理论上说，短线投资利润最高，其次为中线投资，再次才是长线投资。但历史经验证明，股市中只有极少一部分人可以准确地把握好短线波段的整体走势，在底部买进，顶部卖出，大多数投资者都是在股价较高时追高买入，在股价刚下跌时捂股不动，股价下跌至相对低点时杀跌退出。由于短线投资风险高，操作起来比较难，而所获利润有很大部分得作为交易成本扣除，所以，就平均获益能力来计算，短线投资利润并不高。而长线投资相对风险较低，只需要投资者买入基本面良好而价值被严重低估的优质股票，长期持有，便可通过复利增长的神奇魔力获得高额利润。资金的复利增长为长期投资者提供了较好的依据，"股神"巴菲特显然了解其中奥妙，他的投资年平均复利增长率为 28.4%，他已经成为全球的超级富豪。

既然长线投资能够带来如此丰厚的回报，那么投资者具体应该如何操作呢？

1. 对大趋势的把握。

投资界有一种较为普遍的说法：股市是宏观经济的风向标。即使是发展尚不完善的中国股市也不例外。股市是整个国民经济的重要组成部分，它在宏观经济的大环境中发展，同时又服务于宏观经济发展的需要。证券市场发展的历史和无数成功者的经验表明，宏观经济的发展趋势，即国民经济的总体走向和结构变化，影响着长线投资的收益。

如果投资者认清了宏观经济的大环境，在操作上就不会犯高位建仓、低位割肉的错误，而能够根据宏观经济形势顺势而为。因此，投资者在进行长线布局之前必须先看清宏观经济形势。如果对宏观经济形势有了一个正确的认识与预测，顺势而为，至少已经取得了一半的成功。

2. 对上市公司基本面的把握。

投资者进入股市，虽然表面上买的是股票，但实质上买的是公司价值，因为价值是真实、理性的，其抗跌性较强，而价格可能是虚化的，它可能是人为吹高或主力做出来的，故其风险很大，投资者不应盲目追随股价去买价格的变化，而应判断上市公司是否有值得购买的价值。判断上市公司是否有购买价值最基本的工具便是基本面分析。基本面分析是指对宏观经济、行业和公司基本情况的分析，包括对公司经营理念策略、报表等的分析。投资者通过对上市公司基本面进行价值分析，便可以从中找出将会引领市场下一波涨势的大牛股。

3. 结合行情调整选股策略。

股市总是潮涨潮落、波动起伏，投资者也应该跟随市场行情的调整，改变自己的长线选股策略。很多投资者在制定长线投资策略时，往往偏爱沿用曾经获得成功的选股经验和投资策略，而不愿意伴随市场的变化而改变，这就让其不能获取稳定持续的长期收益。股市中有这么一种说法，"牛市重势，熊市重质"，说的便是长线选股的基本规律。所谓"牛市重势"，是指当市场行情转好，步入稳定的上升轨道时，投资者应当选择更有盈利机会的强势股，而"熊市重质"则是指当股市处于持续低迷的下跌行情中，长线投资者应转变思维，选择基本面优异、成长性良好的蓝筹绩优股介入。

顺势操盘——如何跟市场风向同向买卖

股民们常挂在口头上的一句话叫"顺势而为"。股市中的顺势而为主要是指在操作上要注重大盘运行的趋势，并以此作为投资选择的方向。因为，市场能载舟，亦能覆舟，它可让投资者满载而归，亦可让投资者一败涂地。许多投资者在一波中级行情宣告结束后，仍然不顾及市场已转势，依然搏杀其中，逆势持仓，结果身陷套牢的困境中。

那么，投资者要顺的是什么势呢？

1. 顺应大盘的趋势。

顺应大盘的趋势就是要在大盘向好或者平稳时才入市。大盘连续破位大跌时什么股都不炒，盘也不看，彻底空仓休息，这个时候硬要入市，那不叫炒股，叫赌博，十赌九输。顺大势还有层意思就是要密切注意政策动向。前段时间政策面发出"微调"信号，大部队都在往回撤，如果你还往前冲，那么套牢就是免不了的。

2. 顺应热点。

每段行情都会有热点板块出现，板块中第一个涨停股通常是龙头，第一时间介入，收益一般相当可观。热点的把握一是多关注媒体信息，二是要结合盘面进行判断。

比如说 2010 年 9 月份，"超级细菌"的出现，使得医药板块再次受到资金的热捧，股价被疯狂推高，9 月 13 日同仁堂（600085）等医药股纷纷涨停，其中白云山 A（000522）跳空高开，疯涨 8.27%，仁和药业（000650）同样跳空高开，上涨 5.84%。

3. 顺应人气。

人气旺盛的地方和市道，资金随人气而聚散离合，入市踊跃，持筹者也愿意锁仓不动，这时投资者应顺势跟进或持仓。所以投资者应选择市场活跃的市道和个股积极进场吃进。当人气消逝，投资者信心逐渐淡薄，甚至完全丧失时，要果断离场。

4. 顺应上市公司的发展趋势。

企业的生命周期与人的生命一样，大致要经历青少年期、中壮年期和老年期三个状态。在选股的时候就一定要顺应上市公司的辉煌和失败。一般来说，应当选择位于青少年期的股票介入，因为其前景比较广阔。

5. 顺个股股性。

正如不同的人，个性不同一样，每只股票的股性也是不同的。投资者不能凭自己的主观意识将之描绘成"千人一面"的形式。比如说，某只股票股性呆滞，虽然大盘走势向好，但如果此时你只注重大盘而忽视该股的股性，那么，到头来可能颗粒无收。当某只股票活跃，呈强走势时，常常逆大市而动，大市跌它启动，大市涨它回调，投资者同样应顺其股性才能踏准其波动节奏。

逆势操盘——如何与市场主流反向买卖

虽然俗话说，顺势者昌，逆势者亡。但在股市中，顺者能昌，逆者有时也能昌。关键是你要"逆"对时机，"逆"对对象。比如说，一直处于下跌通道中的某只股票，某天有了上升的迹象，而且上市公司基本面良好，也处于成长期，这时候就可逆势而为，买进该股。

一般来说，逆势操作要比顺势操作的难度大，但其存在的盈利机会同样更大，投资者只要时机选对，操作方法得当，成功的概率就会比较高。通常，在出现以下三种情况时，投资者可以选择逆势操作：

1. 大盘物极必反时。

通常，当大盘涨势一片大好的情况下，最好不要随意加仓，而要逆势操作，分批减仓。而当大盘跌到一定程度时就不要再盲目离场，而要逆势操作，逢低加仓。

2. 个股否极泰来时。

所谓否极泰来，是指当某只个股并没有利好消息刺激，涨幅突然扩大，与大盘和其它个股的涨幅明显拉开距离时，要逆势操作，及时减仓。同样，如果某只股票并无利空消息的刺激，跌幅突然扩大，就要逆势操作，适量加仓。

在逆势中，投资者还需要掌握以下几点操作技巧，为自己的投资再加上一层保险。

技巧一：随时捕捉强势股。

无论大盘是调整还是大跌，都不是针对所有个股来说的，所谓"熊市有牛股，牛市有熊股"，就是这个道理。一般来说，主力资金被套、个股基本面良好、强庄股特立独行的风范都是孕育大跌中个股行情的主要特点，这些类型的个股都是市场中强势股的重要组成部分。投资者可以在频繁进入两市涨幅榜前50名的个股中寻找，并在相应个股没有放量的时候快速追盘，在主力出货前逃跑。

技巧二：牢记并执行操作纪律。

只要一只股票继续向上的攻击力消失，特别是成交量异常放大，不管它的业绩如何，基本面情况怎么样，都必须离场——这是短线操作钢铁般的纪律，一定要牢记并执行。

技巧三：有涨早追，有跌早杀。

一般来说，任何个股的启动，都会有惯性上冲的潜力，如果某只个股在经过大跌之后，出现了突破的时机，就要果断出击；如果某只个股经过长时间的上涨，最好做好卖出的准备。

陷阱操盘——如何识破陷阱，躲避亏钱大厄运

古谚云：兵不厌诈。投资市场是一个悄然无声、厮杀残酷的战场，它虚虚实实、真亦假、假亦真，投资者需智勇双全、镇定自若，方能战胜主力、战胜市场、识破陷阱。

　　说到底，是谁设下这一个又一个的陷阱诱导投资者呢？毋庸置疑，是主力。主力是制造陷阱的唯一力量，因为只有他们才有实力来制造陷阱，所以，我们常说，股市里处处有陷阱。

　　主力为什么要设置陷阱呢？股民炒股，就是冲着利字去的，主力也不例外。所以，他们在股市中设置陷阱通常有以下几种目的：

　　1. 低价吸筹。

　　2. 消除浮码。

　　3. 顺利出货。

　　4. 以利拉抬。

　　主力在设置陷阱的时候会充分利用散户投资者判市测股的理念和逻辑，引起他们情绪上的大幅波动，让他们产生负面极端情绪：极度恐慌、烦躁不安等等。人在股市，身不由己，投资者往往会在慌乱中一脚踏空，跌入主力预挖的陷阱，一口吞咽了内藏鱼钩的肉饵，导致亏损累累。

　　通常，我们所见到的陷阱可分为以下六种：

　　1. 股评陷阱。

　　股评家非圣人，怎能无错？况且个别缺乏职业操守的股评家与主力串通一气，收受其好处费，鼓吹某股的投资价值值得长线投资。

　　所以，投资者应提高警惕，一般不要跟随股评去买卖，只把股评家的推荐当成参考即可。

　　2. 成交量陷阱。

　　通常意义上，价跌量减、价升量增为技术多头信号；放量下跌、缩量上涨为技术空头信号。

　　陷阱的启示意义恰好相反，放量下挫收阴乃震仓洗盘之举，说明主力彪悍，即将大幅度拉抬涨升，后市理应看高一线；缩量上扬，揭示浮筹减少，筹码集中度高，主力几乎完全控盘，投资者理应坚定持股待涨的信心。

　　3. 假突破陷阱。

　　这种陷阱一般发生在主力准备派货阶段。其特征通常是顺应技术操作，当跟风盘蜂拥而至，形成强大买盘时，主力便暗中迅速逆势派货。投资者如果中招，就要有壮士断腕的勇气，及时纠正错误，否则后果将极其严重。

　　4. 概念、题材陷阱。

　　这类陷阱往往表现为过分渲染概念题材的价值和想象空间，仅靠热情推动股价的涨升。

5. 破位下跌陷阱。

庄股经过一波快速上扬行情后，累积了许多获利筹码，短线客的账面亦有些利润，如果再次强行上攻，势必造成浮筹增加，抛压沉重。此时，主力就会故意在高位展开洗盘，待浮躁的投资者失去耐心迫不及待地获利了结之后再推高股价。

那么，投资者应该如何对待主力的陷阱呢？

1. 保持冷静的头脑，尤其是股价在没有大势和利好消息的支持下忽然加速上涨的时候，最好的办法是冷处理。

2. 在行动上，投资者可以慢一步，而不是要紧随其后，因为陷阱停留时间一般不会很长。

3. 反其道操作。这种策略主要适用于投资者已经识别出了主力的陷阱。此时最好的方法就是反其道行之，将计就计，这样一定能跟上主力的步伐。

4. 注重把握大趋势，忽略短期的波动。

过度关注短暂的小波动、小趋势，很容易为陷阱的假象所干扰，而作出错误的选择。所以，投资者一定要把关注点放在大势上，要有宏观大趋势的意识。

组合操盘——如何掌握史上最赚钱的炒股手法

组合操盘，简单通俗点说，就是不要把鸡蛋放在同一个篮子里。这在投资领域已经被奉为经典。投资炒股，仅买一只股票，如果这只股票大涨，你会赚很多；但如果这只股票大跌，你同样会损失很多。如果你同时买 10 只股票，它们虽然不太可能每只都大涨，但也不太可能每只都大跌。照这样计算，10 只股票涨跌互相抵消之后，结果一般都会是小赚或者小赔。如此一来，分散投资使得结果的不确定性变小，这也就意味着风险降低了。

分散投资的目的是进行风险抵消，享受更安全的平均收益。分散投资可以是投资工具上的分散，也可以是投资区域的分散，还可以是投资时点的分散。

1. 投资工具的分散。

要达到风险抵消的目的，只是多买几种投资工具是不够的，还要尽量同时购买联动性小的资产。实际上，资产间的联动性才是影响投资组合风险的主要因素，而且，随着购买投资工具种类的增加，资产间的联动性对整体投资组合的风险影响将越来越大。

比方说，一些人为了分散投资，用十万元买了十几只股票，但是买的都是金融板块的，这就起不到减小风险的作用。因为同一种板块的股票买十几种，就好比买了很多不同品种的鸡蛋放在同一个篮子里，看似品种不同，但由于太过相似而没有了区分的意义，最终所能达到的分散风险的效果将是有限的。因为所有投资的联动性很大，投资组合中 A 股票下跌时，很可能 B 股票和 C 股票也一起下跌。

但如果我们同时投资的对象包括股票、债券、货币市场工具、房地产等，则分散风险的效果会好很多。也就是说，在分散投资的时候，所选产品之间的联动性越小，分散风险的效果也就越好。

对个人投资者而言，量化地评判资产间联动性是非常困难的，长期来看，资产的联动性还会随时间而变化。在这种情况下，投资者可以利用投资专家的优势，让他们去评判各资产类别及一个资产类别中各投资工具间的联动性，从而进行合理搭配，以减少整体投资组合的风险。

2. 投资区域的分散。

投资区域的分散是指将眼界放开点，最好是适度投资一些另类股票和海外股票。所谓另类股票是指石油、农产品、黄金商品、房地产等类型的股票；海外股票指的是海外市场的股票，比如美国市场、亚太市场、欧洲市场、南美市场等。通常不同市场的运动方向是不一致的，比如新兴市场与已发展多年的成熟市场、美元区市场与欧元区市场等，由于其内在推动因素不同，通常关联度较低。所谓东边不亮西边亮，这至少可以防止一荣俱荣，一损俱损，从而降低风险。

3. 投资时点上的分散。

投资时点上分散是指，如果是大额的投资，且投资对象是高风险的投资工具，最好不要一次性买进或者卖出。

择时是非常困难的，即使对专业投资人士来说也是这样，更不要说一般投资者了。如果恰巧买在高点或者卖在低点就很麻烦，分批买入则可以大幅降低这种风险。

本章习题：看盘操练的测试与练习

综合练习

一、判断题。

1. 10：00～10：30 为修正开盘时间。若大幅高开则有一定幅度拉回，大幅低开则会适当上调。（　）

2. 阻力位是指股价在上升时可能遇到压力，从而反转下跌的价位。支撑位是指股价在下跌时可能遇到支撑，从而止跌回稳的价位。阻力越大，股价上行越困难；而支撑越强，股价越跌不下去。通常，阻力位和支撑位是不能互换的。（　）

3. 下影线表示下方有主动买盘支持，但在实际操作中，很多下影线是具体品种在尾市拉升、造就的。这里需要注意尾市拉高本身就是种较弱的拉抬，下影线太长，可能是主力给你廉价筹码。（　　）

4. 获利盘一般是指股票交易中，能够卖出赚钱的那部分股票。（　　）

5. 委比是委买、卖手数之差与委买、卖手数之和的比值，它是衡量买、卖力量强弱的一种技术指标。（　　）

6. 关注主力在关键位置，如当天或近几天密集成交区的资金放缩情况和五分钟成交笔数的增减。五分钟成交笔数的增减是散户投资者与主力心态的充分体现，也是判断主流资金出货进货的即时窗口。（　　）

7. 平开指的是当天的开盘价和收盘价处在同一个位置。（　　）

8. 洗盘是主力操纵股市的一种手段，当主力想获利了结的时候，就会采取此手段。（　　）

9. 假如某只股票的收盘价是 15 元，在第二个交易日其开盘价为 15.5 元，这种现象被称之为高开。（　　）

10. 均价指的是现在时刻买卖股票的平均价格。若当前股价在均价之上，说明在此之前买的股票大都处于盈利状态。否则，即为亏损状态。（　　）

二、填空题。

1.（　　）是每个交易日第一个买卖股票的时机，机构大户借集合竞价跳空高开拉高"出货"，或跳空低开打压"入货"。

2. 开盘三线是指开盘后三个阶段的指数线位置。若以 10 分钟为一计算单位，则盘面涨跌情况是（　　）。

3. 由于投资者的心理作用，一些整数位置常会成为上升时的重要阻力，如（　　）、（　　）、（　　）点等，在个股价位上，如（　　）元、（　　）元大关。

4. 很多投资者在看盘时对一些分析软件中的（　　）的价位非常关注，其实（　　）是在分时中撮合成交的综合，看不出具体的买卖概况，常常是多笔成交一起体现。真正在实战中我们要观察的是换手主要堆积在哪些价位，即（　　）的价位成交，热门股中应该对一些品种的价位密集区间做统计，这才是实用的支撑位和阻力位。

5. 掼压指的是（　　）。

6. 盘档有两层含义，分别是（　　）和（　　）。

7.（　　）的真正含义是"当天布局"，即主流资金当天控制即时股价波动区域的窗口。

8.（　　）指的是证券市场上由于某种原因，出现了证券大量抛出，导致证券市场价格无限度下跌，不知到什么程度才可以停止。

9. 总手指的是（　　）。

10. 外盘指的是（　　），内盘指的是（　　）。

三、简答题。

1. 请简要回答如何才能成功抢到反弹？抢反弹的时候应该遵循哪些原则？

2. 请简要回答多空双方在盘中较量的三个过程？

3. 开盘是序幕，盘中是过程，盘尾是定论。鉴于尾盘的重要性，多空双方一般都会从收盘股指、股价这两方面进行激烈的争夺，其中必须引起投资者特别注意的有哪两点？

4. 换手率可以简单地分为哪几种？

5. 通常，主力可以利用外盘、内盘的数量来进行欺骗。你能列举几种常见的情况吗？

6. 在沪、深两市每个交易日的 4 小时时间里，盘中时间占据了中间的 3 个小时。请简要回答盘中具体还可分为哪几个时段？

7. 请简要回答在实际操作中如何追涨停板？

8. 风险和收益是相对的，短线操作的风险相对长线来说要大，那么，投资者如果进行短线操作的话，怎么做才能将风险降到最低呢？

9. 投资者应该如何进行长线操作呢？

10. 请简要回答各种大单的含义及意义。

参考答案

一、判断题。

1. 错误。每个交易日的修正开盘时间一般是 9：30～10：00。

2. 错误。一般来说，阻力位和支撑位在股价运行的时候，也是可以互换的。如果重大的阻力位被有效突破，那么，该阻力位反过来将变成未来重要的支撑位；反之，如果重要的支撑位被有效击穿，则该价位反而变成今后股价上涨的阻力位了。

3. 错误。下影线太长更多的时候是主力不怀好意，设置陷阱，这就是人们常说的：便宜没好货，好货不便宜。

4. 正确。

5. 正确。

6. 错误。一分钟。

7. 错误，平开指的是当天的开盘价和前一日的收盘价持平的情况。

8. 错误。洗盘是主力故意压低股价的一种手段。在具体操作的时候，为了拉高股价获利出货，先有意制造卖压，迫使低价买进者卖出股票，以减轻拉升压力。

9. 正确。

10. 正确。

二、填空题。

1. 集合竞价。

2. 开盘三线在 9∶40、9∶50 和 10∶00 始终在开盘平行线上方游动，且一波比一波高，为涨势盘面；开盘三线一路走低，始终在平行线下方且与平行线的距离越拉越大，此为跌势无疑。

3. 1400、1500、1700 点等，在个股价位上，像 10 元、20 元大关等。

4. 01，01，02。

5. 用大量股票将股价大幅度压低，以降低成本大量买进。

6. 当天股价波动幅度很小，最高与最低价之间不超过 2%；行情进入整理，上下波动幅度也不大，持续时间在半个月以上。

7. 挂单。

8. 崩盘。

9. 从开盘到当前的总成交手数。

10. 主动性买盘，就是按市价直接买进后成交（在现手栏是向上红箭头代表的成交量）的总手数，成交价为卖出价；主动性卖盘，就是按市价直接卖出后成交（在现手栏里向下绿箭头表示的总手数）的筹码，成交价为买入价。

三、简答题。

1.

（1）对大盘的把握。

投资者在抢反弹的时候首先要对大盘有一个准确的判断，当股指出现快速持续性下跌，已经逼近长期下降通道的下轨或者击破下轨的时候，市场往往随时会出现反弹，应择机介入。

（2）对个股的把握。

在反弹当天可以介入领涨的品种。从基本面上也要关注当时市场最为活跃的题材和热点，同时结合技术上股价的表现，因为最先启动的个股其股价往往反弹的高度最大。

（3）对买入时机的把握。

坚持不追高的操作原则，逢低买入一些暴跌过后的超跌股，把握进出自由的主动权。

（4）对卖出时机的把握。

当反弹接近阻力位时，要提高警惕。踏空者不要随意追涨，获利者应及时出货了结。

投资者在抢反弹时应遵循以下原则：

（1）降低盈利预期。

强势股预期的盈利空间一般不要超过 20％；非强势品种盈利 10％就应知足。

（2）趋势不明时不参与反弹。

当股市下跌趋势已经形成或运行于标准的下跌趋势通道中时，投资者不宜抢反弹。

（3）要设置具体的止损价位，做好止损的心理预备。

反弹并非市场已经完全转强，因此一定要设置止损位，当股价到达预定价位时应果断卖出。

（4）不宜满仓操作。

在弱市中抢反弹，要根据市场环境因素，选择适当的资金投入比例。

2.

（1）多空搏斗。

双方搏斗的激烈程度可以从股指、股价波动的频率看出。若股指、股价长时间平行，表明双方无心恋战、退出观望。多空双方的胜败除依赖自身的实力（资金、信心、技巧）外，还要考虑消息和人气两个因素。

（2）多空决胜。

经过双方激烈的争斗，最终僵局被打破，大盘走势出现明显倾斜。若多方占优，则步步推高；若空方占优，则每况愈下。占优方将会乘胜追击，继续扩大战果；另一方见大势已去，抵抗力明显减弱。

（3）多空强化。

多空强化是盘中的最后冲刺阶段，此时形势明朗，会出现强者更强、弱者更弱的局面。观察方法就是以 14：30 前盘中出现的最高点和最低点的平均值为标准，若股指高于平均值，则涨势会进一步强化，尾市有望高收；反之，则往往导致"杀尾盘"的出现。

3.

（1）"星期一效应"与"星期五效应"。

星期一收盘股指、股价收阳线还是阴线，对全周交易的影响较大。因为多（空）方首战告捷，往往会乘胜追击，连接出现数根阳线或者是阴线，所以投资者应予以警惕。

星期五之后，紧接着两天休市，这期间所发生的政治、经济事件难免会对市场产生影响，为了回避可能存在的系统性风险，大多的投资者会选择降低仓位。

（2）主力骗线。

主力经常借助技术指标骗线，在尾盘放大单故意拉高或打压收盘股指、股价，造成第二个交易日跳空高开或者是低开，从而达到第二个交易日趁股价拉高出货或者是低开压价吃货的目的。

要想看清尾盘是否存在主力的骗线行为，可以使用下面的方法：

①看有无大的成交量配合，警惕主力的陷阱，谨慎入市。

②看有无利多或者是利空消息、传言配合，同时分析传言的真伪。为了防止上当受骗，操作中既不要"满仓"，也不要"空仓"。

4.

（1）逆转换手率。

如果一只股票的日换手率超过了10％，市场成交异常火爆，人气极度狂热或悲观，表明行情即将逆转。

（2）加速换手率。

如果日换手率在1％～10％之间，往往表明该股的交易市场比较活跃、买卖盘积极，原来的趋势将得以加速发展。3％左右的日换手率往往是短线拉升的必备条件，达不到这一换手率的上涨属于无量反弹，行情难以持续，宜卖不宜买；达到或超过这一换手率的上涨属于行情刚刚启动，短线将继续强势上涨，宜买不宜卖。

（3）观望换手率。

如果日换手率低于1％，表明某只股票的市场交易情况非常低迷，未来的涨跌情况很不明朗，投资者最好不要轻易介入，出场观望是较好的选择。一般而言，这种情况往往发生在下跌末期或筑底阶段，发生在顶部的情况极为罕见。

5.

（1）主力用几笔买单将股价拉至一个相对的高位，然后在股价小跌后，在买1、买2挂买单，造成一些投资者误判股价会下跌，纷纷以叫买价卖出股票；主力却分步挂单，将抛单通通接走。这种先拉高后低位挂买单的手法，常会显示内盘大、外盘小，待投资者上当抛盘后，主力接足筹码迅速推高股价。

（2）股价经过了较长时间的数浪上涨，处于较高价位，成交量巨大，并不能再继续增加，当日内盘数量大于外盘，股价将可能下跌。

（3）主力用几笔抛单将股价打至较低位置，然后在卖1、卖2挂卖单，自己再吃掉自己的卖单，造成股价暂时横盘或小幅上升；此时外盘将明显大于内盘，使投资者误认为主力在吃货，而纷纷买入，结果第二个交易日股价继续下跌。

（4）股价经过了较长时间的数浪下跌，处于较低价位，成交量极度萎缩。此后，成交量温和放量，当日外盘数量大于内盘，股价将可能上涨，此种情况比较可靠。

6.

（1）9：30～10：00是第二次出入货时机，更是出脱"热门股"、购进"暴跌股"

的最好时机。

（2）11：30，收盘前买卖股票的第三次机会，若上午走势随成交量的放大不断上扬，<u>应立即出货</u>。

（3）下午1：30开盘后观察上午炒作的热门股走势，若成交量大，而股价却徘徊不上，可能是主力在出货，应小心。

（4）2：00～2：30，沪市"平仓盘"时间，股价往往会出现当日最高价、次高价。因为上午透支买入的机构大户要拉高出货，此时为第四次出货良机。

7.

（1）目标要明确。

追逐涨停板，应明确盈利目标，及时获利出局；还要设立"止损位"，以控制风险。

（2）品种要选对。

追逐涨停板，要选自己熟悉的品种，进行必要研究，了解其基本面。

（3）时机要选好。

追逐涨停板，应在第一时间介入，买在启动初期、开盘或急跌之时。

8.

（1）永不满仓。

短线交易永远不要满仓操作，可以按照三分之一的基本仓，三分之一的短线仓，三分之一的现金这样的仓位和资金布局来安排。

（2）不频繁操作。

频繁地进行短线操作，最终肯定有"马失前蹄"的时候，因为好运气不可能永远地陪伴着你。因此投资者要谨慎地对待自己的每一次操作，特别是在对行情不能正确把握的时候，应该停止操作，离场观望与休息，切忌盲目操作。

（3）重时而不重股

短线操作的时机选择非常重要，其必要条件有：大盘长期或短期的启动上行；有效突破上升阻力位；主动性买盘明显放大，交易额迅速增加；该股处于热点板块，或者有重大利好题材。

（4）不追高。

高开3％以上的股票不宜追，因为后面还会有低点，低点一般在9：40分以后出现。股市开盘后，要观察其第一个波形，在大盘回调的时候下买单，正好可以成交。

9.

（1）对大趋势的把握。

股市是宏观经济的风向标。宏观经济的发展趋势，即国民经济的总体走向和结构变化，影响着长线投资的收益。这要求投资者认清宏观经济的大环境，顺势而为。

（2）对上市公司基本面的把握。

判断上市公司是否有购买价值最基本的工具便是基本面分析。基本面分析是指对宏观经济、行业和公司基本情况的分析，包括对公司经营理念策略、报表等的分析。投资者通过对上市公司基本面进行价值分析，便可以从中找出将会引领市场下一波涨势的大牛股。

（3）结合行情调整选股策略。

"牛市重势，熊市重质"，说的便是长线选股的基本规律。所谓"牛市重势"，是指当市场行情转好，步入稳定的上升轨道时，长线投资者应当选择更有盈利机会的强势股；而"熊市重质"则是指当股市处于持续低迷的下跌行情中时，长线投资者应转变思维，选择基本面优异、成长性良好的蓝筹绩优股介入。

10.

（1）下跌后的大手笔买单。

如果某只股票在经历了连续的下跌以后，在"买一"、"买二"、"买三"档挂出出现大手笔的买单挂出，这种情况可以判断为主力的护盘动作。主力的护盘往往表明其真正实力的欠缺，此时，该股股价有极大的可能会继续下降。但投资者可留意该股，因为一旦市场转强，这种股票往往一鸣惊人。

（2）盘整时的大单。

某只一直处于平稳运行中的个股，若在某天股价突然被快速拉起，或者突然跌停，往往是主力在试盘，向下砸盘，是在试探基础的牢固程度，然后再决定是否拉升。该股如果一段时期总收下影线，则向上拉升可能性大，反之出逃可能性大。

（3）低迷期的大单。

当某只股票长期低迷，某日股价启动，卖盘上挂出巨大抛单（每笔经常上百、上千手），买单则比较少时，如果有资金进场，将大量压单吃掉，可视为主力的建仓动作。注意，此时的压单并不一定是有人在抛空，可能是主力自己的筹码在造量吸引注意。

第三章
K 线操练

在股市实战和操盘技巧中，K 线分析无疑是最重要的一环。从 K 线图形中，投资者可以捕捉到买卖双方力量对比的变化，还可以分析预测股价的未来走势，把握买进卖出的最佳时机。显然，对 K 线的分析已经成为投资者必须懂得的一门技巧，它已经成为投资者在股市中争取主动，把握胜机的基础。

第一节　K 线概述

K 线图源于日本德川幕府时代，它被当时日本米市的商人用来记录一天、一周或一月中米价涨跌行情，后来因其细腻独到的标画方式而被引入到股市及期货市场。

K 线图有直观、立体感强、携带信息量大的特点，能充分显示股价趋势的强弱、买卖双方力量平衡的变化，较准确地预测后市走向，是现今应用较广泛的技术分析手段。

在股市实战中，K 线分析无疑是最重要的一环。从 K 线图中，投资者可以捕捉到买卖双方力量对比的变化，还可以分析预测股价的未来走势，把握买进卖出的最佳时机。经过海内外投资者长时期的研究，K 线理论已成为一种具有完整形式和相当扎实理论基础的股票分析技术。

K 线又称阴阳线或阴阳烛，它能将每一个交易日开盘与收盘的涨跌以实体的阴阳线表示出来，并将交易中曾出现的最高价及最低价以上、下影线的形式直观地反映出来（见图 3－1），从而使投资者对变化多端的股市行情一目了然。K 线最大的优点是简单易懂而且运用起来十分灵活，最大的特点是忽略了股价在变动过程中各种纷繁复杂的因素，而将其基本特征展现在投资者面前。

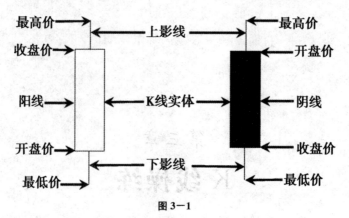

图 3—1

K 线从形态上分可分为阳线、阴线和同价线 3 种类型。

1. 阳线。

阳线是指收盘价高于开盘价的 K 线，阳线按其实体大小可分为大阳线、中阳线和小阳线。如图 3—2 所示。

大　中　小
阳　阳　阳
线　线　线

图 3—2

2. 阴线。

阴线是指收盘价低于开盘价的 K 线，阴线按其实体大小也可分为大阴线、中阴线和小阴线。如图 3—3 所示。

大　中　小
阴　阴　阴
线　线　线

图 3—3

3. 同价线。

同价线是指收盘价等于开盘价，两者处于同一价位的一种特殊形式的 K 线，同价线常以"十"字形和"T"字形表现出来，故又称十字线、T 字线。同价线按上、下影线的长短、有无，又可分为长十字线、十字线和 T 字线、倒 T 字线、一字线等。如图 3—4 所示。

图 3—4

K 线从时间周期上，可分为 5 分钟 K 线、15 分钟 K 线、30 分钟 K 线、60 分钟 K 线、日 K 线、周 K 线、月 K 线、年 K 线。这些 K 线各有不同的作用。例如，5 分钟 K 线、15 分钟 K 线、30 分钟 K 线、60 分钟 K 线反映的是股价超短期走势，日 K 线（即我们经常在证券节目和报刊杂志上看到的一种 K 线），反映的是股价短期走势，周 K 线、月 K 线、年 K 线反映的是股价中长期走势。

K 线的绘制方法基本上是相同的，即取某一时段的开盘价、收盘价、最高价、最低价进行绘制。例如日 K 线，只要找到一日内的开盘价、收盘价，最高价和最低价，就能把它绘制出来。

K 线所包含的信息是极为丰富的。以单根 K 线而言，一般上影线和阴线的实体表示股价的下压力量，下影线和阳线的实体则表示股价的上升力量；上影线和阴线实体比较长说明股价的下跌动量比较大，下影线和阳线实体较长则说明股价的扬升动力比较强。如果将多根 K 线按不同规则组合在一起，又会形成不同的 K 线组合，它们能向投资者传达买进或者卖出的信号。

K 线是一种特殊语言，投资者可以从 K 线阴阳变化中寻找规律，并借此判断股价未来的走势。

第二节　K 线一览表

大阳线

大阳线是股价走势图中常见的 K 线，其基本形态如图 3—5 所示：

大阳线的特征主要有以下三点：

1. 无论股价处于什么位置都有可能出现。

2. 阳线实体越长，则力量越强；反之，则力量越弱。

3. 在涨停板制度下，最大的日阳线实体可达当日开盘价的 20%，即以跌停板开

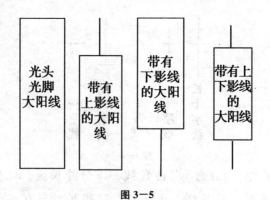

图 3—5

盘，涨停板收盘。

大阳线由于低开高收的格局，本身就有向好的意味，它表示买盘相当强劲，后市看涨，但在不同时期，应区别对待。

1. 在连续下跌的情况下出现大阳线，表示多头力量极为强大，应该买进。

2. 长期盘整之后出现大阳线，表示多头终于战胜空头，可果断跟进。如图 3—6 所示：

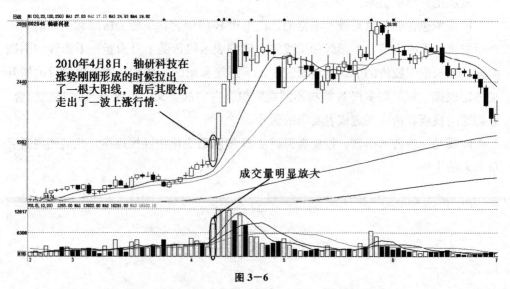

图 3—6

3. 在股价经过连续上扬的情况下拉出大阳线，应谨慎对待，以持币观望为佳。因为此时如果出现放量则多为逃命长阳，获利盘纷纷套现了结，股价即将大跌。如图 3—7 所示：

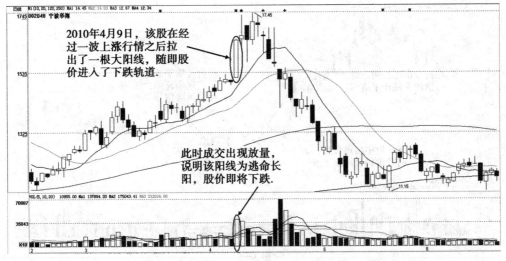

图 3—7

大阴线

大阴线也是股价走势图中常见的 K 线，其基本形态如图 3—8 所示：

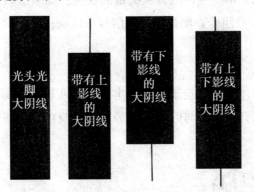

图 3—8

光头光脚大阴线（又称长黑线）上下没有影线（或上下影线很短），是股价走势图中常见的 K 线，它表示最高价与开盘价相同（或略高于开盘价），最低价与收盘价一样（或略低于收盘价）这种图形表明从一开始，卖方就占优势，股市处于低潮，握有股票者不限价疯狂抛出，造成恐慌心理，市场呈一面倒的局势，直到收盘，价格始终下跌，表示强烈的跌势。

大阴线的力度大小，与其实体长短成正比，即阴线实体越长，则力度越大，反之，则力度越小。大阴线的出现对多方来说是一种不祥的预兆。但也不能一概而论，并不是所有的大阴线都是后市看淡的信号，大阴线出现在不同的阶段其含义也是不同的。如图 3—9 所示：

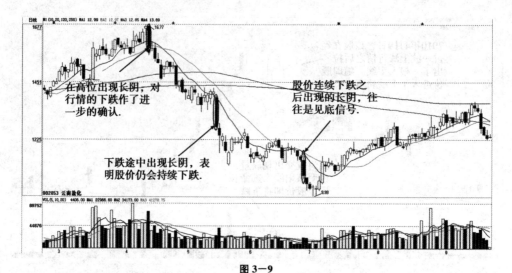

在高位出现长阴，对行情的下跌作了进一步的确认.

股价连续下跌之后出现的长阴，往往是见底信号.

下跌途中出现长阴，表明股价仍会持续下跌.

图 3—9

大阴线分成如下六种：

1. 顶部大阴线。

顶部大阴线通常发生在上升趋势末期，是空头资金在高价位击败多头资金，或多头主力出货的结果，不一定伴随着成交量的放大。如果这根大阴线与其之前的K线构成某种看跌型K线组合，则顶部反转信号可以确认。此时投资者能够做的只有尽快停损离场。

2. 突破大阴线。

突破大阴线往往伴随着跳空现象，基本上就是所说的"标志性阴K线"，会带动均线族反转，从而开始一段与原上升趋势方向相反的新的下降趋势。如图 3—10所示：

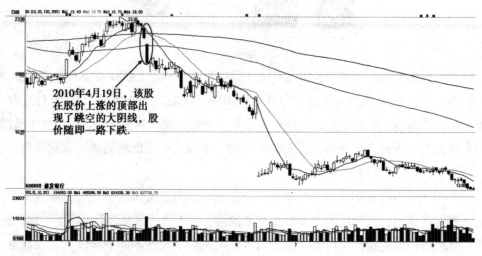

2010年4月19日，该股在股价上涨的顶部出现了跳空的大阴线，股价随即一路下跌.

图 3—10

3. 加速大阴线。

加速大阴线一般发生在下降趋势运行途中，既是对下降趋势的推动，也是对下降趋势的验证。

4. 底部大阴线。

在行情超跌时出现，也叫"最后大阴线"，它往往出现在跌势漫长、跌幅巨大的下降趋势的末尾加速期，实体长度至少为其之前阴线的 3～5 倍，同时相对于均线族存在超出经验极限值的负乖离率。一般它不宜单独作为判断底部的依据，需要得到下一根 K 线的确认。

5. 横盘大阴线。

横盘大阴线指的是行情处于无趋势横向盘整状态，但期间发生的 K 线组合却是大阳大阴交替。如果这种情形发生在相对高位或跌势中途，且阴线的数量和长度占上风，则有继续下跌之可能。

6. 反叛大阴线。

反叛大阴线是指行情正式暴涨前空头的最后反扑，或上升趋势运行中突然出现的反叛型大阴线，通常这样的大阴线会被漫漫涨跌所吞噬，直到价格创出新高。如果该阴线伴随着大得异常的成交量，往往是一种预警，提示头部就在前方不远处。

锤头线

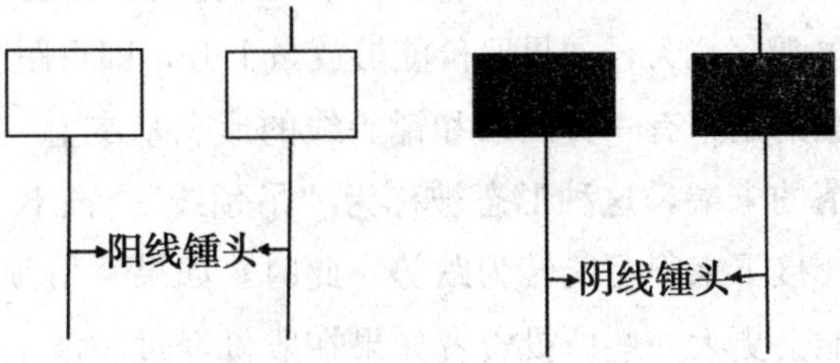

图 3－11

锤头线（如图 3－11 所示）有如下特征：

1. 出现在跌途中。

2. 阳线（亦可以是阴线）实体很小，一般无上影线（即使有也很短），但下影线很长。

3. 见底信号，后市看涨。

锤头实体与下影线比例越悬殊，越有参考价值。如果锤头线与"早晨之星"同时出现，见底信号就更加可靠。通常，在下跌过程中，尤其是在股价大幅下跌后出现锤头线，股价转跌为升的可能性较大。这里要注意的是，"锤头线"止跌回升的效

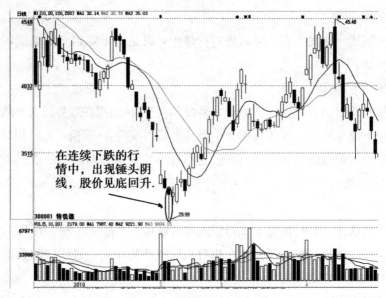

在连续下跌的行情中，出现锤头阴线，股价见底回升。

图 3—12

果如何，与下列因素有密切关系：

1. 锤头实体越小，下影线越长，止跌作用就越明显。

2. 股价下跌时间越长，幅度越大，锤头线见底信号就越明确。

3. 锤头线有阳线锤头与阴线锤头之分，作用意义相同，但一般说来，阳线锤头力度要大于阴线锤头。

在下跌行情中见到锤头线，激进型的投资者可试探性地做多，稳健型的投资者可在锤头线出现后再观察几天，如果股价能够放量上升，即可跟着做多。

值得投资者注意的是，有一种图形和锤头线的形态基本上一致，但区别在于它通常出现在上涨行情的末端，这种形态被称为"吊颈线"。该 K 线的出现意味着股价的涨势已经到头，接下来很可能转为跌势。此时，如果"吊颈线"是以阴线形式出现，则下跌的可能会更大一些。投资者如果在股价经过一波上涨行情之后遇到这种 K 线，一定要提高警惕，不管后市如何，都要先行减仓，一旦股价向下，应立即清仓出局。

倒锤头线

顾名思义，"倒锤头线"就是将"锤头线"倒置过来，如图 3—13 所示：

"倒锤头线"一般出现在下跌途中，其阳线（阴线）实体很小，上影线大于或等于实体的两倍，一般无下影线，少数会略有一点下影线，属于见底信号，说明后市即将上涨，其实体与上影线比例越悬殊，信号越有参考价值。如"倒锤头"与"早晨之星"同时出现，见底信号就更加可靠。投资者在遇到这种 K 线形态的时候，可

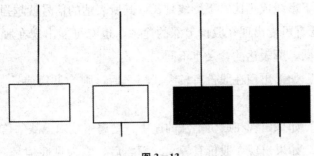

图 3—13

适量逢低吸纳。

这里投资者要将"倒锤头线"和"射击之星"区分开来。"射击之星"与"倒锤头线"则的形态基本相同,区别在于"射击之星"出现在股价的上涨行情中,而"倒锤头线"则出现在股价的下跌行情中。

"射击之星"有如下三个特征:

1. 此前存在一个明显的上升趋势。

2. 在股价上升过程中出现一根带上影线的小实体并向上跳空高开。

3. 上影线的长度至少是实体长度的两倍;下影线短到可以忽略不计。

"射击之星"如果在高位出现,行情下跌的可能性较大。

一根 K 线要成为"射击之星",必须满足以下两个基本条件:

1. K 线实体要很小,阴线、阳线均可,但上影线要很长(是 K 线实体二倍以上)。如若有下影线,则必须很短。

2. 该图形必须出现在上升趋势中,且已有一段较大的涨幅。

一般来说,股价在经过一轮升势之后出现"射击之星",必是后市已经失去了上升的能力,多方抵抗不住空方的打击,股价随时都会见顶回落。所以说,投资者如果在股价经过一波上涨行情之后遇到这种图形,应以退出观望为主。

T 字线

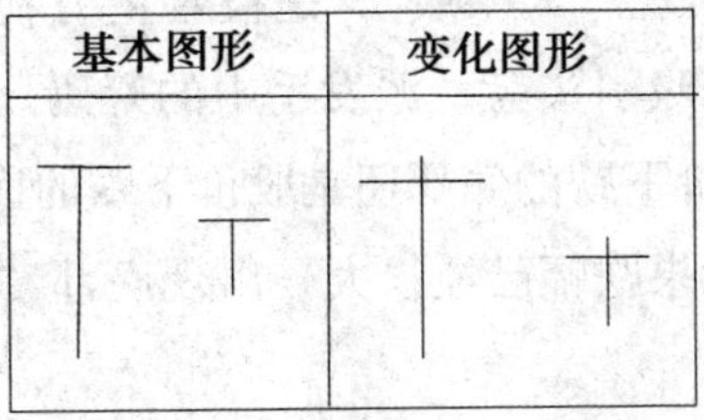

基本图形	变化图形

图 3—14

"T 字线"又叫"蜻蜓线",形状如图 3—14 所示。它表示开盘价、收盘价和全交易日最高价相同,K 线上只有下影线而无上影线,即使有也是很短很短。"T 字线"信号强弱与下影线成正比，下影线越长，其所表达的信号就越强。

"T字线"既有可能出现在股价上涨的途中，也有可能出现在股价下跌的途中，它出现的位置不同，所表达的含义也不同。

1. "T字线"如果出现在股价有较大涨幅之后，则为见顶信号，表明后市即将下跌。

2. "T字线"如果出现在股价上涨的途中，则属于技术上涨的信号。

3. "T字线"如果出现在股价有较大跌幅之后，则为见底信号，表明后市即将反弹。

4. "T字线"如果出现在股价下跌的途中，则有可能是一种继续下跌的信号。

为什么"T字线"表达的含义会有如此大的区别呢？这是因为"T字线"是一种庄家线，它完全是由主力控盘造成的。

1. 股价经过大幅度上涨后，在高位拉出"T字线"，其实就是主力为了掩护高位出货释放的一枚烟雾弹。它会给散户造成一定的错觉，让他们认为这不过是股价拉升过程中主力的一种洗盘行为，于是，在不明真相的情况下追涨买入，结果股价下跌，导致被套其中。

2. 出现在股价上涨途中的的"T字线"，才是真正的主力洗盘动作。那么，投资者如何区别该图形出现的阶段是股价上涨途中还是股价上涨的高位呢？

（1）要看股价上升的幅度，如果股价上升幅度很大，那么，属于高位"T字线"的可能将非常大，反之，则属于上涨途中出现的"T字线"。

（2）要看"T字线"出现之后，股价的重心是上移还是下沉。如果上移，则是主力利用T字线洗盘；如果下沉，则是主力利用"T字线"出货。

3. 股价在连续下跌后出现"T字线"，表明了主力在低位建仓后利用先抑后扬的"T"字线走势来稳定军心的迫切心情。如果这种止跌信号被市场认同，主力就会在"T字线"后面拉出几根阳线，或让盘面演化成阴阳交错的攀升走势。如果股价出现这种走势，大致可以判断出主力拉升的意图，投资者可以适量买进。

4. 股价在下跌过程中出现"T字线"，是被套主力利用"T字线"走势制造一种止跌企稳的假象，以此来吸引买盘，派发手中的筹码。这里，投资者同样要区分"T字线"的位置，是在股价下跌的底部还是股价下跌的途中，方法如下：

（1）要看涨跌幅度，如果跌幅已经很大，出现底部"T字线"可能性较大，反之，则可能性较小。

（2）看"T字线"出现之后股价重心是上移还是下沉。如果上移，很有可能是主力利用"T字线"稳定军心，正策划一轮上攻行情，那么这个"T字线"就是见底回升的信号，投资者可以考虑买进；如果下沉，则有可能是主力为投资者设置的一个多头陷阱，这个"T字线"就是继续下跌的信号，股价在这之后仍会有较大跌幅，投资者一定要耐心观望，绝不可盲目买进。

总之，"T字线"可以真实地反映出主力的意图来，投资者只要能够精确地分析出"T字线"出现的时间、位置，再结合其他技术分析指标，就能识破主力的阴谋，最终达到与庄共舞的目的。

上档倒 T 字线

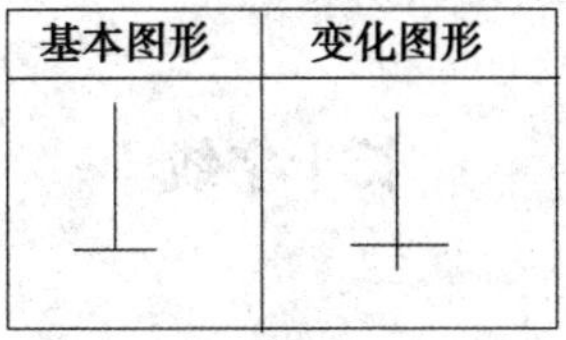

基本图形	变化图形

图 3—15

"倒T字线"又称"下跌转折线"其形态如图3－15所示。它表明在空方打击下，多方已无力将股价推高，股价将要反转下跌，此时投资者以退出观望为宜。"倒T字线"一旦被市场认同，股价下跌势在必行。它对多方打击力度的强弱与其形成的时间长短有很大关系，形成的时间越长，威力就越大。

"倒T字线"在下跌末期出现是买入信号，特别是末期下跌三连阴后出现"倒T字线"或者二黑夹一红后出现"倒T字线"，更是一个非常好的切入点。如果在上涨途中出现，表示后市将继续看涨；如果在下跌途中出现，则继续看跌。一般来说，如果"倒T字线"上影线越长，力度越大，信号越可靠。

一字线

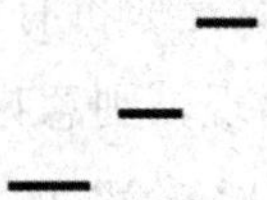

图 3—16

"一字线"，如图3－16所示。因其开盘价、收盘价、最高价以及最低价粘合在一起，形成一字状而得名，它没有上下影线或者上下影线极其短，也就是我们平常说的以涨停板或者跌停板开盘，全天基本都在涨停或者跌停板上成交，直到收市。

对于"一字线"投资者一定要给予充分地关注。

1. 如果"一字线"出现在股价的上涨初期，往往反映该股有重大利好，被一些先知先觉者捷足先登。

通常在涨势中出现"一字线"的话，股价上涨的可能性会很大。因此，在涨势初期如果出现"一字线"，投资者可积极做多，如果当日没有买进。可在第二天积极买进，但也要注意，如果股价已经连续出现了好几个"一字线"，为规避风险，投资者应以谨慎为主。

2. 如果"一字线"出现在股价的下跌初期，往往说明该股有重大利空或者股价被爆炒过了头，主力率先出逃。

跌势中一旦形成"一字线"，继续下跌的可能性会非常大，投资者应果断清仓出局，如果第一天没来得及卖出，第二天一定要及时卖出。但要注意，如果股价已接连出现几个"一字线"，就不宜继续杀跌。

长十字线

图 3—17

"长十字线"的开盘价和收盘价相同，成为一字，但最高价和最低价却拉得很开，因此与"十字线"相比，其上下影线都很长。其形状如图 3—17 所示。

如果在涨势中出现"长十字线"，尤其是股价有了一段较大涨幅之后，则股价见顶回落的可能性极大，投资者应及时出局。如果在股价上涨的途中出现，后市被看好，股价继续上涨的可能性很大。

在跌势中出现"长十字线"，尤其是股价有了一段较大跌幅之后，股价见底回升的可能性极大。如果是在下跌途中出现，则意味着股价继续下跌的可能性很大。

一般来说，"长十字线"和"短十字线"的意义是相同的，但"长十字线"的信号可靠程度要比后者高很多，投资者在遇到这种图形时，一定要特别注意。

螺旋桨

图 3—18

"螺旋桨"，如图 3—18 所示，是指那些在 K 线组合上经常出现的、K 线实体较小，上下影较长的图形，它是一种转势信号。简单来说，如果这种图形出现在上升行情中，并且是在一段较大的涨幅之后，所起的作用是领跌；反之，如果出现在下跌行情中，尤其是一段较大的跌幅之后，所起的作用是领涨。

具有"螺旋桨"特征的个股如果绝对价位不高，基本面还可以，没有股本扩张的历史，就称为"螺旋桨王"。一般情况下，"螺旋桨王"是盘整市中机会较大的个股。

能够形成"螺旋桨"K 线的个股通常大部分筹码都已经集中在主力资金手中。在大势不是特别低迷的情况下，这类个股非常容易出现较大的升幅，沪深两市中出现的涨幅翻倍的黑马绝大多数出自这个行列。这种个股的最大优势是在大盘跌势中比较抗跌，一旦有利好配合反应也较迅速，是中小资金分批投入实战的良好目标。

在实战中，无论是大盘或个股，一旦大幅上涨后出现这样的 K 线，且随后几根 K 线在其下影线部位运行，那么头部就基本形成了，下跌的可能性就非常大，应果断止损。如果随后的 K 线在它的上影线部位运行，它有可能是上升途中的过渡形式，是一种上升中的中继形态，投资者应持股观望。

有一点需要提醒投资者，如果在"螺旋桨"之后以横盘形式出现了几个小阴、小阳线，可结合 5 日均线变化情况再观察 2～3 天再决定是否买卖。

曙光初现

"曙光初现"K 线组合，形状如图 3—19 所示，是由两根走势完全相反的较长 K 线构成，前一天为阴线，后一天为阳线。第二天阳线向下跳空低开，开盘价远低于前一天的收盘价；但后一天的收盘价却高于前一天的收盘价，并且阳线的收盘价深入第一根阴线的实体部分中，几乎达到前一天阴线实体的一半左右。

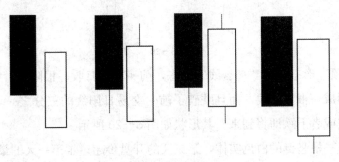

图 3—19

顾名思义，"曙光初现"的意思就是黑暗的长夜已经过去，股价即将迎来黎明。从技术上来分析，该形态出现以后，股价通常已经见底或者已经到了阶段性的底部，回升的可能性很大，投资者此时可以考虑买进一些股票，适量做多。

这里要提醒投资者，"曙光初现"在熊市中应用时，要加上一个附加条件，那就是"曙光初现"中阳线的最低价必须是 13 个交易日以来的最低价，这主要是用于避免投资者在熊市中贸然追高，增大操作风险。但是，如果市场趋势向好，股市运行在牛市行情中时，投资者则不必过于拘泥这条规则。因为，牛市中股价涨多跌少，如果强调买入 13 天以来的最低价，就会错失良机。

在实战中，利用"曙光初现"的时候，要抓住以下两个关键点：

1. 阳线的实体部分愈长表示力度越大。

2. 阳线的实体部分应超越阴线实体部分一半以上才有意义。

在运用"曙光初现"选股时要注意以下几点：

1. 成交量的变化。

伴随 K 线组合形态同时出现缩量，表明股价已经筑底成功。

2. 股价所处的阶段。

如果在个股涨幅很大的时候，出现这种 K 线组合，则骗线的可能性很大。

3. 出现"曙光初现"K 线组合形态后，如果股价立即展开上升行情，则力度往往并不大。相反，出现"曙光初现"后，股价若有一个短暂的蓄势整理过程，往往会爆发强劲的上涨行情。

乌云盖顶

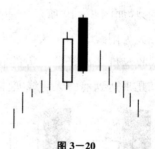

图 3-20

"乌云盖顶"形态又称"乌云线"形态，前一交易日收一根阳线，第二个交易日高开低走，形成一根大阴线，而且跌破了前一交易日阳线的三分之一，且有放量迹象，说明调整或者下跌即将到来。其形状如图 3-20 所示。

第一天是一根坚挺的白色实体，第二天的开盘价超过了第一天的最高价，（也就是说超过第一天的上影线的顶端），但是股价却在收盘时接近当日的最低价，并且收盘价明显地向下扎入到第一天白色实体的内部。第二天的黑色实体向下穿进第一天白色实体的程度越深，该形态构成顶部反转的可能性就越大。

　　"乌云盖顶"属于一种见顶回落的转势形态，遇到这种图形的时候，投资者可以参考以下几点进行操作：

　　1. 在"乌云盖顶"形态中，第二个交易日阴线实体的收盘价向下插入第一个阳线实体的程度越深则该形态构成股价运动顶部的机会越大。如果阴线实体覆盖了第一个交易日整个阳线实体，那就形成了看跌吞没形态，这就好比月亮遮住太阳的全部形成了"日全食"。

　　在"乌云盖顶"形态中，阴线实体仅仅向下覆盖了阳线实体的一部分，这就好比月亮只遮住太阳的一部分形成了"日偏食"。

　　从这一点来说，"日全食"的反转信号比"日偏食"更具有技术意义。但是，如果在第三个交易日出现了一根长长的阳线实体，并且其收盘价超过了前两个交易日的最高价，那么就可能预示着新一轮上攻行情的到来。

　　2. 在"乌云盖顶"形态中，如果第二个交易日阴线实体的开盘价高于某个重要的阻力位，但是最终又未能成功突破该阻力位，那么就有可能是多头乏力，无力控制局面。

　　3. 如果在第二个交易日开盘的时候交易量非常大，那么就可能形成"胀爆"现象。具体来讲，如果当开盘价创出新高的同时出现大量的成交，那么就可能意味着很多新的买家终于下定决心进场了，但是随后的局面是空头的抛售。于是过不了多久，这群为数众多的新多头就会意识到他们登上的这条船原来是"泰坦尼克号"。

旭日东升

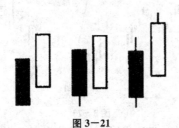

图 3—21

　　"旭日东升"出现在连续下跌的行情中，首先会出现一根大阴线或者是中阴线，然后紧接着出现一根高开高收的大阳线或者中阳线。如图 3—21 所示。阳线的收盘价高于阴线的开盘价，说明股价经过连续下跌，空方已经无力继续打压，多方奋起反抗，并以得胜终结，后市的前景已经变得十分光明。

倾盆大雨

　　"倾盆大雨"的 K 线组合是一阳一阴，与旭日东升相反。如图 3—22 所示。它

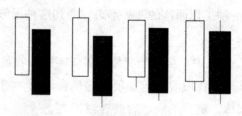

图3—22

一般出现在股价有了一段升幅之后，先出现一根大阳线或者中阳线，接着出现了一个低开低收的大阴线或者中阴线。这种图形的出现意味着股价将会出现下跌的走势，投资者最好退出观望。

当然，这种图形出现以后，并不是说股价就一定会下跌，也有特殊情况存在，比如说，主力利用这种手段进行洗盘。但这种情况比较少见，大多数情况下，这种图形的出现就意味着后市将转为跌势，投资者一定要谨慎。

早晨十字星

"早晨十字星"又名"希望之星"，通常出现在股价连续下跌的过程中，由3根K线组成，第一根K线为阴线，第二根K线为十字线，第三根K线为阳线。第三根K线的收盘价已经深入第一根阴线实体之中。如图3—23所示：

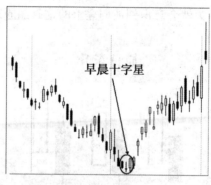

图3—23

"早晨十字星"的出现说明股价经过大幅回落之后，做空能量已经大量释放，股价无力再创新低，这是明显的大势转向信号。投资者如果见到这种图形，可以适量买进。

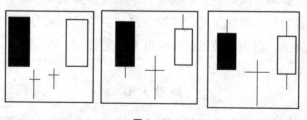

图3—24

"早晨十字星"的标准形态如图 3—23 所示，其还有三种变异形态也要注意，如图 3—24 所示：

黄昏十字星

"黄昏十字星"与"早晨十字星"的含义相反，它一般出现在股价经过一波涨幅之后。第一天股价在上升途中出现一根实体较长的阳线，第二天出现向上跳空开盘，开盘价与收盘价相同或者非常接近，而且留有长长上下影线从而形成十字星，接着第三天股价拉出了一根向下的阴线，这就是"黄昏十字星"，如图3—25 所示：

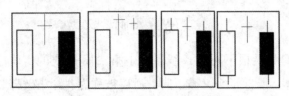

图 3—25

"黄昏十字星"的出现意味着股价已经见顶或者离顶部不远了，此时大势开始由升转跌，一轮下跌行情即将开始，投资者应及时离场。

身怀六甲

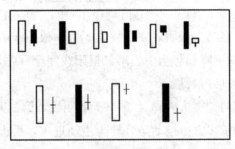

图 3—26

"身怀六甲"图形由一根较长的 K 线和一根较短的 K 线组成，从图形上来看很像一个孕妇，因此得名，也叫孕线。图 3—26 中，最后一幅图中较短的 K 线是十字线，因此也有很多人将这种图形称为"底部十字胎"。

从图形中，我们可以总结出，一个被称为"身怀六甲"的图形，第二根 K 线必须比第一根 K 线短，换言之，第一根 K 线必须能够包容第二根 K 线，这样的图形才能被称为"身怀六甲"。

"身怀六甲"是一种转势信号，它可以出现在股价上升途中，也可以出现在股价下跌途中。如果其出现在上升途中，则表示股价在随后的走势中即将出现下跌；如果其出现在跌势中，则意味着股价在随后的走势中将要展开一波上涨行情。

投资者在运用该形态时应注意以下几方面问题：

1. 成交量。

该K线形态最理想的成交量变化是前一个交易日成交量有效放大，而后一个交易日成交量又迅速萎缩，并且如果行情继续调整，成交量也随之减少，这表示后市行情出现反转的可能性较大。

2. 股价或指数。

出现该K线形态后，股价一般会有一个短期整理的过程，使得原来大幅震荡的走势逐渐平稳，然后再寻求突破方向，投资者在方向确认后介入比较稳妥。

穿头破脚

"穿头破脚"是指两根不同的K线，其中第二根K线的实体部分完全地吞没了第一根K线的实体，既穿了头又破了脚，所以被称为"穿头破脚"。其图形如图3—27所示：

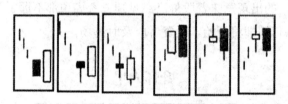

图 3—27

在上升趋势当中，当第二根阴线完全吞吃了第一根阳线的实体，形成顶部"穿头破脚"，后市看跌。在下降趋势当中，第二根阳线完全吞吃了第一根阴线的实体，形成底部"穿头破脚"，后市看涨。

在低位出现阳包阴的"穿头破脚"，第一天收阴线，第二天低开后高走，完全收复了第一天的失地，显示多方由被动防守转为主动进攻，后市多方将强势拉升。高位出现阴包阳"穿头破脚"，寓意刚好相反。

"穿头破脚"一般是这样形成的，大盘或个股经过长时间的下跌之后，突然有一天，股价跳空低开，空方的力量非常凶猛，但是股价在低开后并没有继续下探而是出现了快速的上涨，并一举吞没了前面的K线，形态上好像这根阳线完全包住了前面的阴线，形同一个人抱着一个孩子，是一种典型的见底信号。它经常出现在下跌末端，但有时也出现在整理形态快结束的时候。出现在下跌末端往往预示着空方力量的衰竭，出现在整理形态的末端，则意味着最后一次洗盘。

"穿头破脚"的使用方法很简单：

1. 在股价下跌的低位，如果出现阳包阴"穿头破脚"，同时阳线对应的成交量出现了明显的放大，那么后市上攻的力度要更强一些，特别是股价连续下跌之后，投资者可以放心买入。

2. 在股价运行的高位区域如果出现阴包阳的"穿头破脚"，说明抛压沉重，行情见顶，如果对应着天量，则印证了天量天价，投资者应该果断逃顶，至少应该减仓操作。

无论是底部"穿头破脚"还是顶部"穿头破脚"，在使用过程中投资者都应注意两个原则：

1"穿头破脚"两根K线的长度越悬殊，转势的力度就愈强。如果第二根K线长度远远超出第一根K线，则说明多空双方力量对比发生逆转，转势的可能性更大。

2. 第二根K线包容前面的K线愈多，转势机会就越大。所以，投资者在实践中要养成这样的思维方式，只要看到一阳包数阴或一阴包数阳的K线组合，就要提高注意。

平底

平底，简单点说，就是底部相持平的意思。如图3－28所示：

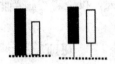

图3－28

平底是股价见底回升的信号，如果它出现在股价一轮大幅度的下跌之后，则后市上涨的可能性非常大，投资者见到这种K线组合的时候，可适量买进。

平顶

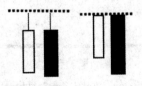

图3－29

平顶与平底正好相反，是指临近几根K线的最高价几乎都在同一位置，其属于转势信号，一般出现股价上涨了一定幅度之后，其后股价回落的可能性很大。如图3－29所示。

平顶如果和其他K线组合，如，"穿头破脚"、"吊颈线"等同时出现，那么股价下跌的可能性会更大。此时，投资者最好是离场出局。

圆底

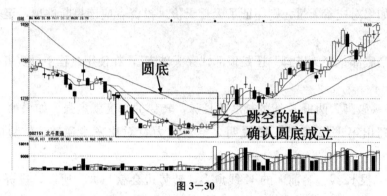

图 3—30

圆底的形状如图 3—30 所示，其特征主要有以下几点：

1. 股价的走势呈现为圆底形状。

2. 在圆弧内的 K 线多为小阴小阳线。

3. 最后要以上升缺口来确认圆底形态的成立。

圆底形态一般多出现在下跌或者横盘整理时，它意味着市场做空力量已是强弩之末，后市转为升势的可能性增大，投资者可适当做多。

圆顶

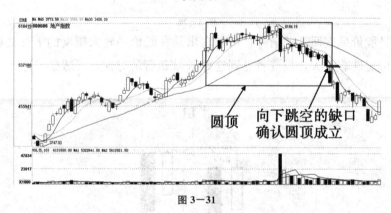

图 3—31

圆顶是与圆底相反的走势形态，如图 3—31 所示。其特征如下：

1. 股价的走势必须构成一个圆弧形状。

2. 圆弧内的 K 线多为小阴小阳线。

3. 要以下跌的缺口来确认圆顶形态的成立。

圆顶一般出现在股价大幅上涨之后，意味着多方已经无力冲高，后市转为跌势的可能性加大，投资者要尽量做离场准备。

塔形底

图 3—32

"塔形底"，因其形状像个倒扣的塔顶而得名，是一种表示股价见底回升信号的 K 线组合，其形状如图 3—32 所示，一般出现在股价下跌趋势中。在下跌行情中，股价先拉出一根长阴线，然后跌势开始减缓，出现一系列的小阳线或小阴线，随着跌势一步步地减慢，最后窜出一根长阳线，阳线的收盘价超过或接近前面的大阴线的最高价。

一般来说，股价在低位形成"塔形底"后，如若有成交量的配合，往往会有一段较大的涨势出现，因此，投资者可在此时抓住机会跟进做多。

塔形顶

"塔形顶"与"塔形底"的形态正好相反，其出现在上涨行情中，股价首先拉出一根长阳线，然后涨势开始变缓，出现了一连串的小阳线或者小阴线，之后出现了一根向下倾斜的大阴线或者中阴线，"塔形顶"的形态完成。如图 3—33 所示：

图 3—33

"塔形顶"的出现意味着行情开始转为下跌趋势，投资者如果遇到这种图形应及时离场，以免股价下跌给自己带来损失。

红三兵

图 3—34

"红三兵"为股价在底部区域，经过较长时间的盘整，连续拉出的三根阳线，如

图 3－34 所示。其主要特征如下：

1. 在股票运行过程中连续出现三根阳线，每天的收盘价高于前一天的收盘价。

2. 每天的开盘价在前一天阳线的实体之内。

3. 每天的收盘价在当天的最高点或接近最高点。

一般来说，这种组合出现在股价经过较长时间的盘整之后，如果此时的成交量也明显放大，则是股价重新启动的前奏，投资者应该密切关注。

黑三兵

图 3－35

"黑三兵" K 线组合也叫"绿三兵"，由 3 根小阴线组成，其最低价一根比一根低。因为这三根小阴线像三个穿着黑色服装的卫兵在列队，故名为"黑三兵"。如图 3－35。

"黑三兵"可出现在涨势中，也可出现在跌势中，其所处的趋势不同及在趋势中的位置不同位置都具有不同的技术含义。在行情上升时，尤其是在股价有了较大升幅之后出现，预示着行情即将转为跌势。如果在下跌行情中，股价已经有了一段较大跌幅或连续急跌后出现，表示探底行情短期内即将结束，并有可能转为一轮升势。因此，投资者见到"黑三兵"后，可根据"黑三兵"出现的位置，决定操作策略，简单点说就是在上涨行情中出现"黑三兵"，要考虑做空；在下跌行情中出现"黑三兵"，要考虑做多。

三个白色武士

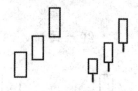

图 3－36

"三个白色武士"是"红三兵"的一种特殊形式。它与"红三兵"的主要区别是，"三个白色武士"图形的第三根阳线要比"红三兵"的第三根阳线的力度大。如图 3－36。

在涨势初期或者股价横盘整理后出现"三个白色武士"，表示股价已经充分换手，积累了一定的上升能量，继续上涨的可能性较大。因此投资者见到"三个白色武士"后可考虑适当买进。

升势停顿

图 3—37

"升势停顿"的形状如图 3—37 所示，其特征是：

1. 出现在涨势中。

3. 由三根阳线组成。

3. 前两根是大阳线或中阳线。

4. 第三个是实体很小的阳线。

在上涨行情中，连续出现两根相对较长的阳线之后，第三根阳线实体忽然缩得很小，预示升势可能停顿。"升势停顿"出现在涨势中，尤其是股价已有了很大升幅之后，表明做多的后续力量已经跟不上，股价随时会出现回落，投资者应考虑适时做空。

升势受阻

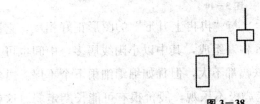

图 3—38

"升势受阻"的形态如图 3—38 所示，其特征是：

1. 出现在涨势中。

2. 由三根阳线组成。

3. 三根阳线的实体越来越小，最后一根阳线的上影线很长。

"升势受阻"三根阳线的实体呈现逐渐缩小的态势，给人一种虎头蛇尾的感觉。最后一根 K 线的上影线很长，表明上档抛压沉重，多方力量明显不足，推高股价已显得力不从心。当"升势受阻"出现在涨势中，尤其是股价已有一段涨幅后，后市行情一般看跌，投资者最好出局观望。

冉冉上升形

图 3—39

"冉冉上升"图形如图 3—39 所示，一般出现在盘整的后期，由若干小 K 线组成，一般不少于八根，其中以小阳线居多，中间也可以夹杂两到三根小阴线或者十字线，整个 K 线的排列呈现出向上倾斜状，属于见底信号，后市看涨。这种信号在初期虽然升幅不大，但它往往是股价大涨的前兆，如果此时的成交量也呈明显放大的趋势，那么股价大涨的可能性会非常大。所以，千万不要小看这种小幅度的上涨，如遇到这种图形，可以适当做多，日后股价如果出现拉升，再继续跟进。

绵绵阴跌形

图 3—40

"绵绵阴跌形"（如图 3—40 所示）与"冉冉上升形"的图形正好相反，它由一组向下倾斜的小 K 线（一般不少于 8 根）组成，其中以小阴线居多，中间也可夹着一些小阳线。这种 K 线走势每天的跌幅都不大，但犹如绵绵细雨下个不停。虽然前期跌势不明显，但它反映出后市的走势极不乐观，股价很有可能长期走弱。这就是股市中那句经典名言：急跌不可怕，最怕就是阴跌。阴跌往往下跌无期，对多方杀伤相当厉害，所以，投资者要对这种"绵绵阴跌"的行情保持高度警惕，空仓者不轻易加入，持仓者应及时停损离场。

徐缓上升形

"徐缓上升形"，形态如图 3—41 所示，一般多出现在涨势初期，连续出现几根小阳线，随后出现一、两根中、大阳线，这表明多方力量正在逐步壮大，后市虽有

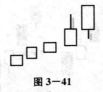

图 3-41

波折，但总趋势是向上的，投资者可适量跟进。

徐缓下降形

图 3-42

"徐缓下降形"，形态如图 3-42 所示。一般出现在下跌行情初期，连续出现了几根小阴线，随后又出现了一到两根中阴或者长阴线，这表明空方的力量正在逐渐壮大，后市虽有反弹，但总的下跌趋势已经形成，只是时间的早晚而已。所以遇到这种图形，投资者最好及时出局。

上升抵抗形

图 3-43

"上升抵抗形"，形态如图 3-43 所示。一般出现在股价上涨的过程中，连续跳空开盘，收出众多阳线，其中夹杂着少量阴线，但这些阴线的收盘价均比前一根 K 线的收盘价高。

股价在上升的过程中出现这种图形，意味着买方力量逐渐增强，日后股价将会继续上涨，投资者可考虑适当买进。

下降抵抗形

"下降抵抗形"，如图 3-44 所示，基本特征有以下几点：

1. 股价在高位区横盘，忽然某一天连续跳空低开，收出众多阴线。

2. 阴线实体一般可大可小，但是以中阴线和大阴线居多。

3. 在下跌的阴线中夹杂着少量阳线，但这些阳线均为低开上行，收盘价均比前

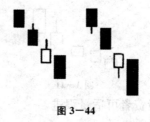

图 3—44

一根 K 线收盘价要低。

需要说明的是，这种 K 线图形中出现的阳线是多方不甘心束手就擒的表现，但此时总的下降趋势已成定局，多方已经无力回天。

这种图形会给投资者一种错觉，认为此时的股价已经反弹，结果买进后被套。所以，投资者遇到这种图形的时候，千万不要抢反弹，而要以观望为主，如果阳线之后，股价第二天收出一根阴线，那么一定要及时卖出。

高位并排阳线

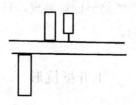

图 3—45

"高位并排阳线"出现在行情上涨的途中，两个有着大约相同开盘价格的阳线跳空升起，与上一日的阳线之间形成了一个缺口，由于向上跳空的两根阳线的开盘价格几乎是相同的，所以它们被称为"并排阳线"，或"升势恋人"。如图 3—45 所示。

"高位并排阳线"的出现，意味着股价将会继续上涨，其上跳的缺口一般会成为股价上涨的一个支撑区。但要注意，如果股价在回落的时候跌破了支撑区，也就是缺口这一区域，投资者就要当心了，因为这有可能会使后市逆转，投资者应该停损离场。

低位并排阳线

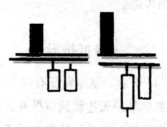

图 3—46

"低位并排阳线"的形态如图 3—46 所示，其特征是：股价经过一段时间的下跌，出现了一根跳空低开的阳线，至收盘时仍留下一个缺口，紧接着又出现一根与之并列的阳线，成交量也随之逐渐放大。"低位并排阳线"一般出现在股价下跌行情中，意味着股价已经见底或者阶段性见底，属于股价即将转势的信号，因此，投资者可适量做多。

上档盘旋形

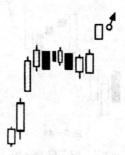

图 3—47

图 3—47 所示为"上档盘旋形"，一般出现在上涨行情中，首先拉出一根或者数根有力度的大阳线，随后股价停滞不前，出现了一系列的小阴小阳线。一般来说上档整理的合理时间为 5～10 天。如果盘整时间过长就说明上升无力，很有可转为跌势；如果整理时间较短，说明多方在消化掉浮筹后，积极做多，股价便会向上继续拉升。

所以当股价上扬后出现"上档盘旋形"时，投资者可以依据上档盘整日子的长短来调整自己的投资策略，见机行事。

低档盘旋形

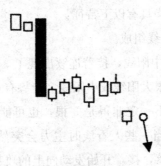

图 3—48

"低档盘旋形"，如图 3—48 所示，一般出现在股价下跌的行情中，其特征是当股价经过一轮下跌进入小阳小阴的横向整理时，突然出现一根跳空下跌的阴线将前面的整理局面打破。

"低档盘旋形"的出现，预示着新一轮跌势的开始，表明前面小阴小阳的整理不过是跌势中的盘整而已。投资者在见到这种图形的时候要及时减仓，避免下跌所带来的损失。

上升三部曲

图 3-49

"上升三部曲"又名"上升三法"，还可以称为"升势三鸦"，如图 3-49 所示。其特征是股价经过一段时期的上涨，在一根大阳线或是中阳线之后，连续出现了三根小阴线，但三根小阴线都没有跌破前面这条大阳线的开盘价，并且成交量也开始减少，随后又出现了一根大阳线。

"上升三部曲"的出现意味着多方在积蓄力量，伺机上攻。这种图形很容易给投资者造成错觉，误以为股市已经开始转为跌势了，于是着急出货，结果股价第二天反弹。所以，当走势图上出现这种三连阴的走势时，投资者一定要谨慎，要注意观察股价下一步的走势，如果发现股价在第二天开始向上运行，就要积极做多。

这里有一个小窍门帮投资者很快地认清"上升三部曲"的形态。一般来说，如果股价走势不出意外的话，在"上升三部曲"出现之后，股价都会形成一轮较大的升势。标准的"上升三部曲"具有以下特征：

1. 由大小不等的 5 根 K 线组成。

2. 先拉出一根大阳线或中阳线，接着连续出现了 3 根小阴线，但都没有跌破前面的开盘价，随后出现了一根大阳线或中阳线，走势有点类似英文字母的"N"字。

具体来说，中间的阴线不一定非得是 3 根，也可能是 4 根、5 根或多根。小阴线是主力清洗浮筹的手段，当一些人看淡时主力会突然发力，再拉出一根大阳线，并宣告震仓洗盘暂告一个段落，接着开始发动向上的攻势。

下降三部曲

"下降三部曲"又被称为"下降三法"或"降势三鹤"，其特征是股价在下跌的

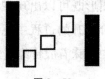

图 3—50

途中出现了一根实体较长的阴线，随后连续拉出三根向上走的实体较小的阳线。但紧接着又出现了一根实体较长的阴线，把前面的三根小阳线全部吃掉了。

"下降三部曲"的出现意味着多方虽然想反抗，但是在空方的打击下节节败退，这预示股价将会进一步向下滑落，投资者应及时减仓。

和"上升三部曲"一样，在走势图上我们很难发现如图 3—50 那样标准的上升三部曲，其中间的阳线实体有可能是 3 根，但也有可能是 4 根或者 5 根，它们都是标准图形的变异，投资者一定要活学活用，不要生搬硬套。

两阳夹一阴

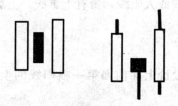

图 3—51

"两阳夹一阴"的特征是，左右两边都是阳线，中间是阴线，三根 K 线所处的中间位置几乎在同一水平面上，通常，两根阳线的实体要比阴线的实体长。如图 3—51 所示。

这种形态既可能出现在上涨行情中，也可能出现在下跌行情中。出现在上涨行情中，尤其是上涨初期，意味着股价将会继续上涨；出现在下跌行情中，意味着股价将暂时止跌，有可能见底回升。

两阴夹一阳

图 3—52

"两阴夹一阳"图形的基本形态是左右两边是阴线，中间是一根阳线，两根阴线的实体要比阳线的实体长。如图 3—52 所示。

和"两阳夹一阴"一样，此图形既可以出现在股价上升的过程中，也可以出现在股价下跌的过程中。出现在股价上升的过程中意味着股价涨势已到尽头，股价有可能见顶回落；出现在下跌过程中意味着股价经过短暂的修整，将会继续下跌。

多方尖兵

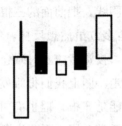

图 3—53

由图 3—53 可知，"多方尖兵"具有以下特征：

1. 在上升途中，特别是在上升初期出现更有实战意义。

2. 第一根 K 线为中阳线或大阳线，带有上影线，上影线一般为阳线实体的 1/3 左右。

3. 随后股价回落整理。

4. 当多方发动进攻，股价上穿前面第一根阳线的上影线时，就形成"多方尖兵"的 K 线组合。

一般说来，"多方尖兵"的出现，表明股价将继续上涨，但是短期均线系统一定要多头排列，同时有成交量的放大。对投资者而言，看到这种图形如果跟着做多，往往会抓住获利的机会。

空方尖兵

图 3—54

"空方尖兵"出现在股价在下跌的过程中，空方遇到多方的反抗，出现了一根下影线，股价随之反弹，但空方很快又发动了一次攻势，股价就穿越了前面的下影线。

由图 3—54 可知，"空方尖兵"的出现意味着股价仍会继续下跌。投资者见此 K 线图形应适时做空，以减少股价继续下行带来的风险。

上涨二颗星

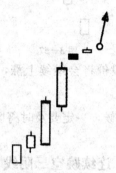

图 3—55

　　"上涨二颗星"一般出现在连续上涨的行情中，在大阳线或者中阳线的上方出现了两根小 K 线。这两根小 K 线可以是两个小阳线，可以是一个小阳线和一个小阴线，也可以是两个小小的十字线。如图 3—55 所示。

　　"上涨二颗星"的出现是可信度极高的买进时机，股价展开新一轮上升行情的可能性会很大，此时如果成交量出现明显放大，那么，投资者可以适量增加仓位，持筹待涨。

下跌三颗星

图 3—56

　　图 3—56 所示为"连续下降三颗星"，一般出现在股价下跌的过程中，K 线图上连续出现了三根小阴小阳线，这种图形的出现表明股价仍处于弱势，仍有下跌的可能，此时投资者最好离场观望。

连续跳空三阳线

　　图 3—57 所示为"连续跳空三阳线"，一般出现在股价上涨的过程中，多头气势高昂，连续跳空高开，拉出了三根阳线。但是由于多方用尽了最后的力气，因此空方趁机组织力量反攻时，多方无力抵抗。如果在上涨途中出现了这种图形，投资者

图 3—57

一定要警惕，因为它并不表明股价将会继续上涨，相反，它往往意味着股价即将下跌。

投资者在见到这种图形的时候，一定要及时离场。

连续跳空三阴线

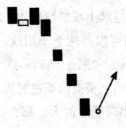

图 3—58

"连续跳空三阴线"（如图 3—58）是在股价下跌途中出现的，它往往表明股价已经见底，是强烈的买进信号，如果股价在之后拉出了一根或者两根阳线，及时回补下跌的第三个缺口，说明多方反攻在即，股价上涨的可能性将大大增加。

投资者在遇到这种信号时可适量买进一些股票，持筹待涨。

跳空上扬形

图 3—59

在股价上涨过程中，出现了一根跳空上扬的阳线，但第二天不涨反跌拉出一根阴线，不过它的收盘价收在前一根 K 线跳空处附近，缺口没有被填补，这种 K 线组合图形叫"跳空上扬形"，又称"升势鹤鸦缺口"，形状如图 3—59 所示。

该形态说明股价在攀升的过程中遇到了一些麻烦，但经过多方努力，克服或战胜了这一挫折，继续把股价往上推高。

该 K 线组合多出现在涨势初期、中期，行情有可能出现两种发展模式：

1. 股价经过一段时期盘整后再度上扬。

2. 股价经过短暂调整就开始发力上攻。

但不管何种模式，在上涨初期、中期出现这种 K 线组合均预示股价会继续往上攀升。

下档五阳线

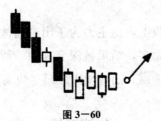

图 3—60

"下档五阳线"的形态特征是：在下跌持续一段时期后，K 线图连续出现了 5 条阳线（有时可能是 6 条、7 条），表示在此价位多方的承接力量较强（见图 3—60）。"下档五阳线"的出现，预示着股价可能已经见底或者到了一个阶段性底部，是一种买入信号。此时，投资者可逢低适量买进，风险不大，短线获利机会较多。

下降覆盖线

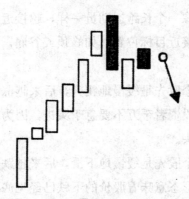

图 3—61

"下降覆盖线"的形状如图 3—61 所示，其特征是，在上升行情中，首先出现了一根"穿头破脚"的阴线，第二天收出了一根阳线，但紧接着又收出了一根低收的阴线，这就构成了"下降覆盖线"。

这种形态属于见顶信号，暗示上涨行情已经到头，股价下挫的可能性非常大，投资者最好停损离场。

倒三阳

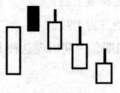

图 3—62

"倒三阳"（如图 3—62）的基本特征是股价连续拉出了三根阳线，但其走势却是连续下跌的。

这种图形一般出现在庄股上，是主力为了出逃而故意放出的烟雾弹。很多投资者见到这种图形之后就积极做多，结果被深套其中。所以投资者在遇到这种图形的时候，一定不要受到阳线的迷惑，而应卖出股票尽快离场。

加速度线

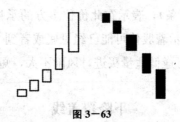

图 3—63

"加速度线"，意即它像一个长跑运动员一样，越接近终点步伐越快。股市走势有时也和长跑一样，越是接近目标位置，如峰顶或谷底，涨幅或跌幅越大。其形态如图 3—63 所示。

在上升行情中，一些个股先是缓慢地爬升，后来越涨越快，接连拉出很有力度的中阳线或大阳线，这时投资者千万不要急于买进，因为这是一种见顶信号，预示着上升行情已经走到了尽头。

在下跌行情中，一些个股先是缓慢地下滑，后来越跌越快，接连拉出很有力度的中阴线或大阴线。这种形态意味着股价的下跌已经见底，即将反弹。此时投资者应该多看少动，待股价回升的时候，再准备买入。

镊子线

"镊子线"（如图 3—64）既可以出现在股价上涨的过程中，也可以出现在股价下跌的过程中。涨势中的"镊子线"，中间那根 K 线几乎位于左右两根 K 线的

图 3-64

顶部，而且三根 K 线的最高价处在差不多同一个价位。跌势中的"镊子线"，中间那根 K 线几乎位于左右两根 K 线的底部，而且三根 K 线的最低价差不多处在同一个价位。

该形态出现在股价上涨的途中，尤其是有了一段较大涨幅之后，往往预示着股价将会见顶回落；反之，出现在跌势中，尤其是有了一段较大跌幅之后，往往预示着股价会见底回升。

这种图形出现在涨势中，投资者就要进行减仓操作，出现在跌势中，可适量买进。

尽头线

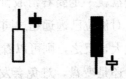

图 3-65

在上升趋势中，原行情进展得相当顺利，一般都认为这个趋势会进行下去，结果在一根长阳线的右方却出现了一根完全涵盖在上影线范围内的短十字或小阴线（小阳线）。反之在下跌行情中，大阴线后第二个交易日收出一根完全涵盖在下影线范围内的短十字或小阳线（小阴线）。这就构成了"尽头线"，其形状如图 3-65 所示。

"尽头线"是转势信号，当它出现在上涨行情中的时候，意味着股价即将下跌，投资者要考虑减仓操作。反之，当其出现在下跌行情中的时候，往往预示着股价即将迎来上涨行情，投资者可适量跟进。

通常来说，标准的"尽头线"出现概率不高，投资者所见大多都是不太标准的"尽头线"。如果第二根 K 线的上下影线较长，但实体较短，且完全被第一根 K 线的影线所包容，那么就可以看作是"尽头线"。"尽头线"的变异图形并不影响它传达的转市信号，对投资者的参考意义非常大。

搓揉线

"搓揉线"是由一根 T 字线和一根倒 T 字线组成，形状如图 3-66 所示。这种

图 3—66

图形一般出现在庄股上，因为能对股价进行搓揉的非主力莫属。主力做出这种动作的目的有两个，一个是洗盘，另一个是变盘。

在上涨行情中，尤其是上涨初期出现"搓揉线"，一般都是主力在清洗浮筹，以减轻上行压力，此时投资者可适量跟进。

在上涨行情的末期，尤其是股价有了很大涨幅之后出现"搓揉线"，一般都是主力在通过上下震荡搅乱投资者的视线，以达到高位出货的目的。换言之，当股价在上涨的高位区出现"搓揉线"的时候，投资者就要警惕主力出货，此时很有可能要变盘。

要区分主力是在洗盘还是变盘就一定要看清股价的涨幅，如果股价在很短的时间内就上涨了好几倍，或是其绝对价位已远远超过同类性质股票的股价，那么，"搓揉线"代表变盘的可能性就非常大，反之，则可以看成洗盘。

但是利用涨幅来判断是洗盘还是变盘，难免会发生错误。比如说，一个超强的个股往往涨势难以预料，这时就很难断定其涨势是否已经过大。此时，你可以用以下几点来判断：

1. 从上下影线来判断。

如果是上涨途中洗盘，T 字线和倒 T 字线的影线一般都较短，为小 K 线形态；而上涨末端的变盘，其影线都很长。

2. 从成交量上来判断。

如果是上涨途中洗盘，成交量较少；而上涨末端的变盘，成交量很大。

本章习题：K 线操练的测试与练习

综合练习

一、判断题。

1. 图 3—67 中的 a 图形和 b 图形所表示的意义是相同的。（　　）

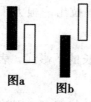

图a　图b

图 3－67

2. 一般来说，长阳线可以出现在任何阶段，长阳线的出现预示着股价即将上涨，投资者可以进行看多操作。（　　）

3. "射击之星"的形态与"倒锤头线"的形态基本相同，区别在于"射击之星"出现在股价的上涨行情中，而"倒锤头线"出现在股价的下跌行情中。（　　）

4. 如图 3－68 所示，图中箭头所指的图形为平顶。（　　）

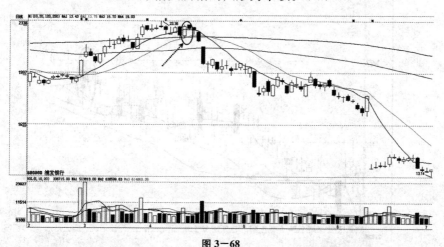

图 3－68

5. "射击之星"的上影线与 K 线实体比例越悬殊，信号就越有参考价值。（　　）

6. 在股价下跌的过程中，尤其是股价经过大幅度的下跌后出现了"连续跳空三阴线"，是股价继续下跌的信号。（　　）

7. 如图 3－69 所示，此图形为"冉冉上升形"。（　　）

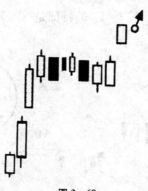

图 3－69

8. 股价在连续大幅上升之后，拉出一根大阳线，成交量急剧放大，是卖出信号。（　）

9. 在高位出现"T 字线"，长长的下影线，表示接盘能力很强，股价还会大幅上扬。（　）

10. "穿头破脚"包容前面的 K 线越多，则转势信号越强。（　）

二、填空题。

1. 如图 3－70 所示，图中圆圈内的 K 线形态为（　），其基本特征是（　），遇到这种 K 线形态，投资者应该（　）。

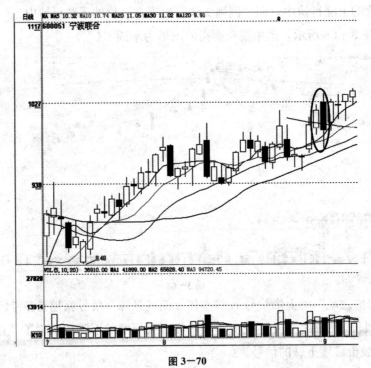

图 3－70

2. 图 3－71 和 3－72 分别是（　）形态和（　）形态，图 3－71 的特征是（　），所表示的含义是（　）；图 3－72 的特征是（　），所表示的含义是（　）。

图 3－71

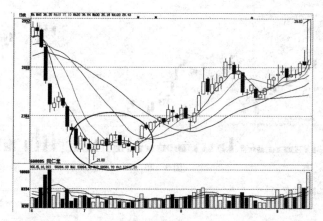

图 3—72

3. 图 3—73 中的图形是（　），投资者遇到这种图形应该（　）。

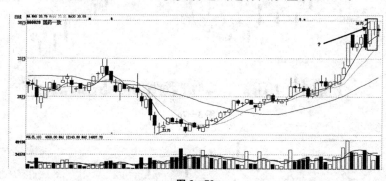

图 3—73

4. 请你写出与下列 K 线相对立的 K 线组合。

倒锤头线（　）高位并排阳线（　）绵绵阴跌形（　）

上档倒 T 字线（　）曙光初现（　）上升三部曲（　）

连续跳空三阴线（　）塔形顶（　）早晨十字星（　）

5. 以下五幅图中，属于多方攻击刚开始的 K 线形态有（　），它们的名称分别是（　）。

图 3—74

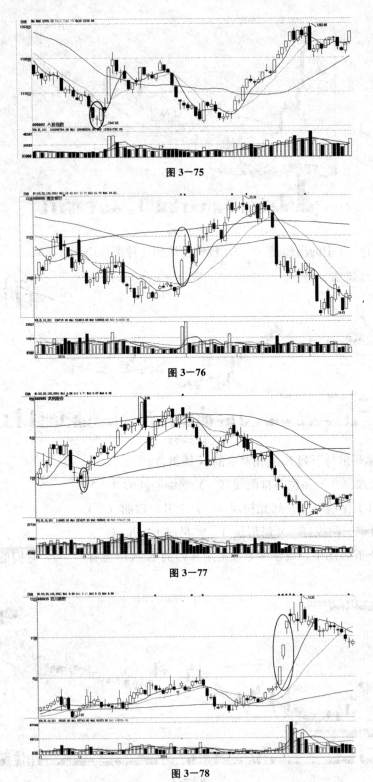

图 3—75

图 3—76

图 3—77

图 3—78

6. 图 3－79 的 K 线形态既是（　　）又是（　　）。

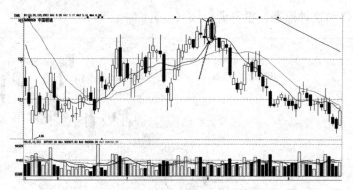

图 3－79

7. 如图 3－80 所示，图中圆圈内的 K 线形态是（　　）。它在跌势中，尤其是在股价大幅下挫的情况下出现，是（　　）的信号。

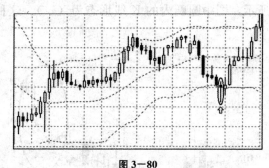

图 3－80

8. 如图 3－81 所示，图中圆圈内的 K 线形态为（　　）。如果该形态出现在涨势中，投资者应该（　　）；如果出现在跌势中，投资者应该（　　）。

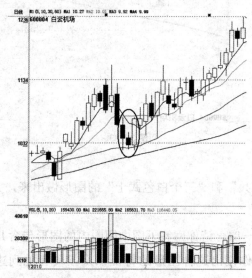

图 3－81

9. 如图 3—82 所示，图中圆圈内的 K 线形态是（ ），这种 K 线形态是典型的（ ）信号，遇到这种形态，投资者应该（ ）。

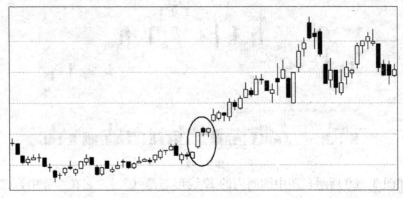

图 3—82

10. 如图 3—83 所示，图中圆圈内的 K 线形态为（ ）。这种 K 线形态出现在涨势中，投资者（ ）。

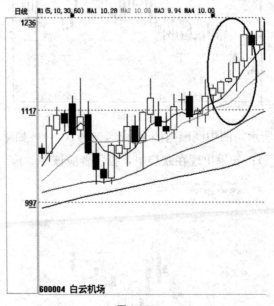

图 3—83

三、简答题。

1. 请你将"红三兵"和"三个白色武士"的图形做出来，并说明两者的特征和区别。

2. 仔细观察图 3—84，请你回答下图中圆圈内的图形包含几组 K 线组合，它们分别被称为什么？请你说出这种图形的特征以及投资者见到这种图形后应该如何操作？

图 3—84

3. 请你说出图 3—85 中的 K 线形态是什么，这种 K 线形态有什么特征，投资者见到这种形态后要如何操作？

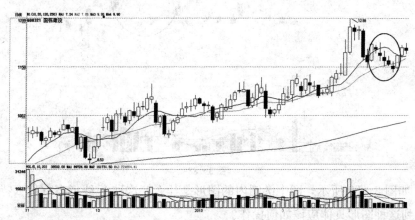

图 3—85

4. 投资者甲说，如果走势图中出现了图 3—86 中的这种形态，应该积极做多，否则就会错失良机。请回答，投资者甲的说法是否正确，如果不正确请说明原因。

图 3—86

5. 图 3—87 中的图形为"连续跳空的阳线"，它意味着多方已经用尽了最后的力气，此时空方趁机组织力量反攻，多方已经无力抵抗。因此，投资者此时应该尽快清仓离场。请判断这种说法的正确性，如果不正确，请说明原因。

图 3—87

6. 如图 3—88 所示，图中圆圈内的 K 线形态是塔形顶还是圆顶？投资者见此图形应该如何操作？

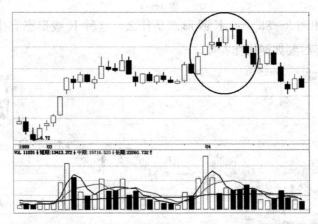

图 3—88

7. 如图 3—89 所示，图中圆圈内的图形是什么？这种 K 线形态有什么特征？投资者遇到这种图形具体应该如何操作？

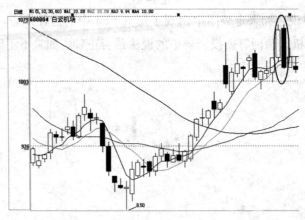

图 3—89

8. 如图 3—90 所示，请你指出图中圆圈内大阴线的名称是什么，这种 K 线形态出现后意味着什么，投资者应该如何操作？

图 3-90

9. 如图 3-91 所示，图中圆圈内的 K 线形态是什么？这种形态的特征是什么？见到此图形后，投资者应该如何操作？

图 3-91

10. 如图 3-92 所示，该股一直处在横盘整理时期，某天忽然出现了一根光头光脚的大阳线。很多投资者据此认为主力即将要拉升，该股日后一定会大涨。也有投资者认为，这种图形的出现，是主力放出的烟雾弹，该股日后不会出现大的涨幅，一定还会处在横盘整理阶段。请问，这两种说法哪种正确，为什么？

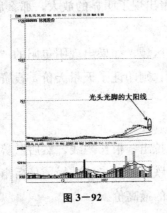

图 3-92

参考答案

一、判断题。

1. 正确。图 a 的形态为"曙光初现"，图 b 的形态为"旭日东升"，它们都属于底部形态，所表达的意义都是一种转势信号，所以此题正确。

2. 错误。长阳线可以出现在走势图中的任何阶段，但并非在所有的阶段出现，投资者都可以做多。长阳线的情况可以分为三种：在连续下跌的情况下出现大阳线，表示多头力量强大，可以买进；长期盘整之后出现大阳线，表示多头终于战胜空头，也可跟进；如果大阳线出现在股价连续上扬的情况下，应谨慎对待，持币观望为佳。

3. 正确。

4. 正确。

5. 正确。

6. 错误。"连续跳空三阴线"的出现往往意味着股价已经见底，是强烈的买进信号，如果股价在此之后拉出了一根或者两根阳线能及时回补下跌的第三个缺口，说明多方反攻在即，股价上涨的可能性将更大。投资者在遇到这种信号的时候可适量买进一些股票，持筹待涨。

7. 错误。此图形为"上档盘旋形"。

8. 正确。

9. 错误。表示主力洗盘痕迹明显，股价有可能转升为跌。

10. 正确。

二、填空题。

1. 图中的 K 线形态为"穿头破脚"，其基本特征为在上升趋势中，第二根阴线完全吞吃了第一根阳线的实体。见到这种形态，投资者的操作策略为：

（1）在股价下跌的低位，特别是股价连续下跌之后，如果出现阳包阴"穿头破脚"，同时阳线对应的成交量出现了明显的放大，那么后市上攻的力度要更强一些，投资者可以放心买入。

（2）在股价运行的高位区域，如果出现阴包阳的"穿头破脚"，说明抛压沉重，行情见顶，如果对应着天量，则印证了天量天价，投资者应该果断逃顶，至少应该减仓操作。

2. "塔形底"和"圆底"。

在下跌行情中，股价先拉出一根长阴线，然后跌势开始减缓，随之又出现一系列的小阳线或小阴线，随着跌势一步步地减慢，最后甩出一根长阳线，阳线的收盘价超过或接近前面的大阴线的最高价。

"塔形底"是一种表示股价见底回升信号的 K 线组合，一般出现在股价下跌趋势中。一般来说，股价在低位形成"塔形底"后，如若有成交量的配合，往往会有一段较大的涨势出现，因此，投资者可抓住机会跟进做多。

"圆底"的特征主要有以下几点：

（1）股价的走势呈现为圆底形状。

（2）在圆弧内的 K 线多为小阴小阳线。

（3）最后要以上升缺口来确认"圆底"形态的成立。

"圆底"形态一般多出现在下跌或者横盘整理时，它意味着市场做空力量已是强弩之末，后市转为升势的可能性增大，投资者可以适当做多。

3. "尽头线"。当它出现在上涨行情中的时候，意味着股价即将下跌，投资者要考虑减仓操作。反之，当其出现在下跌行情中的时候，往往预示着股价即将迎来上涨行情，投资者可适量跟进。

4. "射击之星"，"低位并排阳线"，"冉冉上升形"。

"T 字线"，"乌云盖顶"，"下降三部曲"。

"连续跳空三阳线"，"塔形底"，"黄昏十字星"。

5. 3－74"两阳夹一阴"，3－75"镊子线"，3－76"跳空上扬形"，3－77"穿头破脚"，3－79"连续跳空三阳线"。

6. "平顶"，"穿头破脚"。

7. "倒锤头线"，见底回升。

8. "镊子线"，出现在涨势中，投资者就要进行减仓操作；出现在跌势中，投资者就可适量买进。

9. "上涨两颗星"，买进信号，遇到这种形态，投资者可适量加仓，持筹待涨。

10. "加速度线"，千万不要急于买进，因为这种形态如果出现在涨势中是一种见顶信号，预示着上升行情已经走到了尽头。

三、简答题。

1.

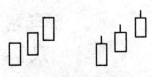

图 3－93　红三兵图形

"红三兵"的特征：

（1）在股票运行过程中连续出现三根阳线，每天的收盘价高于前一天的收盘价。

（2）每天的开盘价在前一天阳线的实体之内。

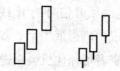

图 3—94　三个白色武士图形

（3）每天的收盘价在当天的最高点或接近最高点。

"三个白色武士"是"红三兵"的一种特殊形式。它与"红三兵"的主要区别是，"三个白色武士"图形的第三根阳线要比"红三兵"第三根阳线的力度大。

2.

圆圈内包含两组 K 线组合，从整体上看，整个圈内的 K 线组合是"平底"，分开来看，后两根一阴一阳的 K 线组合又形成了"穿头破脚"形态。

"平底"是股价见底回升的信号，如果它出现在股价经过一轮大幅度的下跌之后，那么股价随后上涨的可能性会非常大，投资者见到这种 K 线组合的时候，可适量买进。

"穿头破脚"是指两根不同的 K 线，其中第二根 K 线的实体部分完全地吞没了第一根 K 线的实体，既穿了头又破了脚，所以被称为"穿头破脚"。

在股价下跌的低位，特别是股价连续下跌之后，如果出现"阳包阴穿头破脚"，那么后市上攻的力度要更强一些，投资者可以放心买入。

在图中，"平底"组合和"穿头破脚"相叠加，它发出的信号要比单一 K 线组合的见底信号可靠得多，投资者面对这种叠加信号，可放心买进。

3.

图中的 K 线形态为"上升三部曲"。"上升三部曲"的出现意味着多方在积蓄力量，伺机上攻。这种图形很容易给投资者造成错觉，误以为股市已经开始转为跌势了，于是着急出货，结果股价第二天反弹，投资者错失良机。所以，当走势图上出现这种走势时，投资者一定要谨慎，要注意观察股价下一步的走势，如果发现股价在第二天开始向上运行，就要积极做多。附"上升三部曲"出现后股价后市的走势图。见图 3—95。

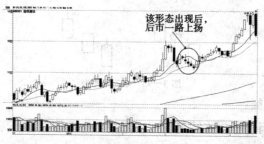

图 3—95

4.

甲的说法不正确，此 K 线形态为"倒三阳"，"倒三阳"的基本特征是股价连续拉出了三根阳线，但其走势却是连续下跌的。这种图形一般出现在庄股上，是主力为了出逃而故意放出的烟雾弹。很多投资者见到这种图形之后就积极做多，结果被深套其中。所以投资者在遇到这种图形的时候，一定不要受阳线的迷惑，而应卖出股票尽快离场。附"倒三阳"出现后该股走势图，见图3－96：

图 3－96

5.

这种说法不正确，因为图中的形态并非跳空的阳线，而是"上升抵抗形"的 K 线形态。它意味着买方力量在不断增强，日后股价仍会继续上涨，有些个股有可能还会加速上涨。投资者见到这种形态之后，应考虑适量买进。附"上升抵抗形"出现以后，该股走势图，见图3－97：

图 3－97

6.

图中的 K 线形态不是"圆顶"，而是"塔形顶"。投资者见此图形，可适时做空，另觅更好的投资机会。

7.

图中的 K 线形态为"倾盆大雨"。一般出现在股价有了一段升幅之后，先出现一根大阳线或者中阳线，接着出现了一个低开低收的大阴线或者中阴线。这种图形的出现意味着股价将会出现下跌的走势，投资者最好退出观望。

当然，这种图形出现以后，也并不是说股价就一定会下跌，也有特殊情况存在，比如说，主力利用这种手段进行洗盘。但这种情况比较少见，大多数情况下，这种图形的出现就意味着后市将转为跌势，投资者一定要谨慎。

8.

图中圆圈内的K线形态为"突破大阴线"，它往往伴随着跳空现象，基本上就是所说的"标志性阴K线"，会带动均线族反转，从而开始一段与原上升趋势方向相反的新的下降趋势。投资者见此图形最好及时出局，以免股价继续下跌带来更大的损失；没有进场的投资者此时最好以观望为主。

9.

图中的K线形态为"搓揉线"。它由一根T字线和一根倒T字线组成，一般出现在庄股上，因为能对股价进行搓揉的非主力莫属。主力做出这种动作的目的有两个，一个是洗盘，另一个是变盘。

在上涨行情中，尤其是上涨初期出现的"搓揉线"，一般都是主力在清洗浮筹，以减轻上行压力，此时投资者可适量跟进。

在上涨行情的末期，尤其是股价有了很大涨幅之后出现"搓揉线"，一般都是主力在通过上下震荡搅乱投资者的视线，以达到高位出货的目的，投资者需要提高警惕。

10.

第一种说法正确。该股横盘之后出现了一根光头光脚的大阳线，成交量随之放大，这是看涨信号，说明主力已经吸足了筹码，拉升的时机已到。附该股出现"光头光脚"大阳线之后的走势图，如图3—98所示：

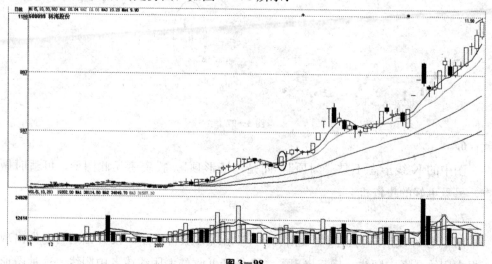

图3—98

投资者如果遇到这种 K 线走势，可按照下面的方法操作：如果你是激进型的投资者，可在拉出大阳线，成交量放大后的第二个交易日就买进一些筹码，一旦股价站稳 10 日均线，即可加码追进；如果你是稳健型的投资者，可以不必着急，等到股价站稳 10 日均线以后再买进，这样风险相对来说会小很多。

第四章
技术图形操练

在股市实战中，技术图形分析是又一种重要的分析手段。股市中的技术图形好比气象台的卫星云图，你能看懂它，就能知道股价日后的运行方向以及是应该买进还是卖出。投资者要想在风险很高的股市中生存和赚钱，就必须对股市中的技术图形有个全面透彻的了解。

第一节　技术图形概述

世界上任何股市中的任何股票，只要其在交易，时间一长就会在走势图上形成各种不同的图形，比如我们所说的"W形"、"V形"、"头肩形"等等，这些图形就属于技术图形。

只要股指或者股价形成这种技术图形，后期走势就几乎可以确定。比如说，如果在跌势中出现了"V形"走势，那么，股价反转上升的可能性将会非常大，而且上涨的幅度也非常可观。投资者在走势图中发现这种形态，一定要把握住机会。

只要炒股的人，无人不知技术图形分析的重要性。几百年来，很多人凭借着技术图形为自己赢得亿万身家，也有很多不懂技术分析的人，最终成为股市的输家。所以掌握好技术图形分析是驰骋股市的重要法宝。

一般来说，技术图形主要分为两种，一种是反转形态，另一种是整理形态。

所谓反转形态就是，只要出现这种走势，后市将会发生反转，股价运行的方向会有所改变，或从上升趋势转为下降趋势，或从下降趋势转为上升趋势。比较熟悉的反转形态主要有头肩型反转、W形反转、V形反转、圆形反转、岛形反转、缺口性反转等。

所谓整理形态指的是股价在出现这种图形以后，会寻求向上或者向下的突破。整理形态可以分为三种情况：

1. 股价经过整理呈上升趋势，这种形态的图形主要有上升三角形、下降楔形、上升旗形，等等。

2. 股价经过整理呈下跌趋势，这种形态的图形主要有下降三角形、上升楔形、下降旗形，等等。

3. 股价经过整理之后多空双方处于势均力敌的状态，这种形态的图形主要有收敛三角形、矩形等。

在股市实战中，技术图形就好像是导航仪，如果你能看懂它，那么就会知道应该朝着哪个方向前进，是该买进还是卖出。我们常说，识大势者赚大钱。所谓的大势也就是技术图形的分析，能看懂股市技术图形的人就是一个识大势的人。

但在学习技术图形的时候，也一定要注意实战，千万不要只停留在理论阶段，理论和实践相结合才能发挥技术图形的巨大威力。

技术图形并不神秘，它的变化是有规律的。只要掌握住它的变化规律，投资者就能让它成为自己手中的投资利器。

总之，当投资者对各种技术分析图形的变化规律都认识、掌握后，判断大势、买卖股票就潇洒自如了。

第二节　技术图形一览表

头肩底

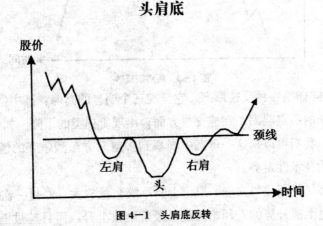

图4—1　头肩底反转

"头肩底"形态是一种典型的反转形态，它又称"倒转头肩式"。形成"左肩"

时，股价下跌，成交量相对增加，接着为一次成交量较小的次级上升。随后股价再次下跌且跌破上次的最低点，成交量再次随着下跌而增加，且较"左肩"反弹阶段时的交投增多——形成"头部"；从"头部"最低点回升时，成交量有可能增加。当股价回升到上次的反弹高点时，出现第三次的回落，这时的成交量很明显少于"左肩"和"头部"，股价跌至"左肩"的水平时，便稳定下来，形成"右肩"。最后，股价正式策动一次升势，且伴随成交量增加，当其冲破颈线阻力时，成交量更显著上升，整个形态便告成立。如图4－1所示。

"头肩底"形态向我们传达出这样的信息：过去的长期性趋势已经扭转过来，股价虽然在一次又一次地下跌，但很快将掉头反弹，此时的股市中，看多的力量正在逐渐增多；一旦两次反弹的高点阻力线（颈线）被打破，则表明看多的一方已完全把空方击倒，买方代替卖方完全控制整个市场。

"头肩底"是极具预测威力的形态之一，一旦获得确认，升幅大多会多于其最少升幅。换句话说，一旦"头肩底"成立，就表示股市最恶劣的阶段已经过去，最低的价位已经出现，即使再跌幅度也不会太大。市场正凝聚一种支持力和买意，一旦价位穿破颈线，就是一个极佳的人货讯号。

头肩顶

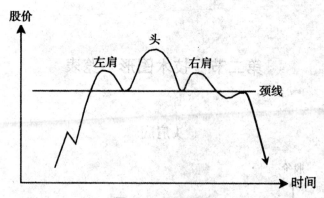

图4－2　头肩顶反转

"头肩顶"同样是一种反转形态，它呈现三个明显的高峰，其中位于中间的一个高峰较其他两个的高点略高，在成交量方面，出现阶梯型的下降。如图4－2所示。

在炒股时，我们可以从这一形态中观察到多空双方激烈争夺的情况，它是观察股市不容忽视的技术性走势。

刚开始，市场投资热情高涨，股价上升，成交量放大，经过一次短期的回落调整后，那些错过上次升势的人开始买进，股价继续上升，而且越过上次的高点，从走势上来看，股市表现乐观。但此时成交量已大不如前，表明买方的力量在减弱中，那些对前景没有信心和获利回吐的人，或是在回落低点买进作短线投机的人纷纷沽出，于是股价再次回落。

股价的第三次上升，为那些后知后觉错过了上次上升机会的投资者提供了机会，但此时的股价已经不可能上升到上次的高点。在这一阶段，成交量下降，而股市的乐观情绪也已经扭转，迎接股市的将是一次大幅度的下跌。

这是一个长期性趋势的转向形态，通常会在牛市的尽头出现。当最近一个高点的成交量较前一个高点降低时，就暗示"头肩顶"可能出现；当第三次回升股价没法升至上次的高点，且成交量继续下降时，有经验的投资者就会把握机会沽出。当"头肩顶"颈线被击破时，就是一个真正的沽出讯号，虽然股价和最高点比较，已回落了相当的幅度，但跌势才刚刚开始，未出货的投资者应尽快沽出。

当颈线被跌破后，我们可根据这一形态的最少跌幅量度方法预测股价会跌至哪一水平。量度的方法是：从"头部"的最高点画一条垂直于颈线的线，然后在"右肩"突破颈线处，向下量出同样的长度，由此量出的价格就是该股将下跌的最小幅度。

双底

一只股票持续下跌到某一平台后出现技术性反弹，但回升幅度不大，时间亦不长，股价再次下跌，当跌至上次低点时获得支撑，再一次回升，这次回升时成交量大于前次反弹时成交量。这就是"双重底"，简称"双底"，因为股价在这段时间的移动轨迹就像字母 W，所以，这种走势又称 W 走势。如图 4—3 所示：

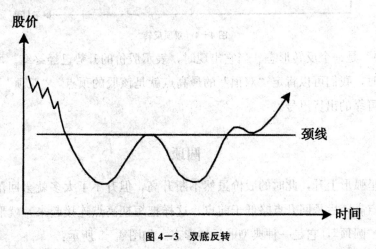

图 4—3　双底反转

"双底"是一个反转形态。当出现"双底"时，即表示跌势告一段落。通常它出现在长期性趋势的底部，所以当"双底"形成的时候，我们就可以断定"双底"的最低点就是该股的底部了。"双底"的颈线被冲破，就是一个入货的讯号。

在使用"双底"形态选股的时候要注意，并非所有的"双底"信号都是反转信号，也不排除有可能是整理形态。如果两个底点出现时间非常近，且它们之间只有一个次级上升，那么这样的形态大部分属于整理形态，股价将继续朝原方向前进。相反地，若两个底点产生时间相距甚远，且中间经过几次次级上升，那么反转形态形成的可能性较大。

双顶

一只股票上升到某一价格水平时，出现大成交量，股价随之下跌，成交量减少。接着股价又升至与前一个价格几乎相等的顶点，成交量也随之增加，但较上一个高峰的成交量少，然后第二次下跌，这就是"双重顶"，简称"双顶"，因为其股价的移动轨迹就像字母 M，所以又称 M 头走势。如图 4—4 所示：

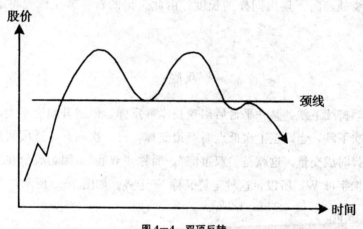

图 4—4 双顶反转

"双顶"是一个反转形态。当它出现时，表示股价的升势已经终结。所以当"双顶"形成时，我们可以肯定"双顶"的最高点就是该股的顶点，"双顶"跌破颈线，就是一个可靠的出货讯号。

圆顶

股价呈弧形上升，此时的股价虽然不断升高，但升不了太多就会回落，先是新高点较前点高，后是回升点略低于前点，这样把短期高点连接起来，就形成一圆弧顶，简称"圆顶"，它是一种典型的反转形态。如图 4—5 所示：

经过一段买方力量强于卖方力量的升势之后，买方趋弱或仅能维持原来的购买力量，使涨势缓和，而卖方力量却不断加强，最后双方力量均衡，股价保持没有上

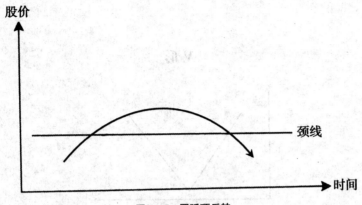

图 4—5　圆弧顶反转

下的静止状态。当卖方力量超过买方，股价就回落，说明一个大跌即将来临，且未来下跌之势会转急转大，那些先知先觉者会在形成"圆顶"前离市。

　　但并非所有"圆顶"形成之后，都会马上伴随着股价的下跌，有时候股价会反复横向发展形成徘徊区域，这徘徊区称作"碗柄"。一般来说，股价突破这个"碗柄"后，就会朝着预期中的跌势发展。

圆底

　　圆形形态在股价的顶部和底部都会出现，在底部时表现为股价呈弧形下跌，初时卖方的压力不断减轻，成交量持续下降，但买入的力量仍畏缩不前，于是股价虽然下跌，但幅度缓慢而细小，趋势曲线渐渐接近水平。在底部时买卖力量达到均衡状态，因此仅有极小的成交量。然后需求开始增加，价格随之上升，最后买方完全控制市场，价格大幅上扬，出现突破性的上升局面。成交量方面，初时缓慢地减少到一个水平，然后又增加，形成一个圆弧底，简称"圆底"。这一形态显示一次巨大的升市即将来临，投资者可以在"圆底"升势转急之初追入。如图4—6所示：

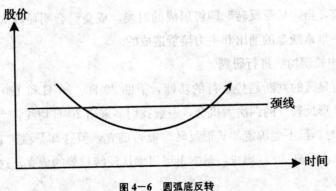

图 4—6　圆弧底反转

V 形

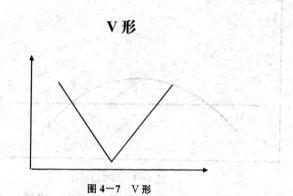

图 4—7　V 形

"V 形"是炒股过程中比较常见的、力度极强的反转形态，往往出现在市场剧烈波动之时，在价格底部区域只出现一次低点，随后股价就改变原来的运行趋势，向相反方向剧烈变动。如图 4—7 所示。

"V 形反转"是一种强烈的上涨信号，它的出现一般都是股价经过一段较长时间的下跌，极度发泄后，随后出现了较大的利好消息，这时股价拐头向上而且有相当一段的持续性。因此在走势图上形成了一个 V 字。

一般来说，"V 形反转"出现的征兆并不明显，其出现的速度会非常快，可以说呈现出的是一种失控的形态。不过形态完成后潜能相当惊人，所达到的上升或下跌幅度不可测算，且转势一经形成，可确认性较高，具有十分重要的实战意义。

那么，投资者要如何准确地把握住"V 形反转"带来的机会呢？在此，我们总结了以下几点：

1. 涨跌幅度。

一般来说，股价在短期内的涨跌幅度越大、动力越强，出现"V 形反转"的可能性也就越大。如果有超过 5％以上的巨阳或巨阴出现，就是很好的配合证据。

2. 价量配合。

通常而言，当"V 形反转"即将形成的时候，成交量会明显放大，尤其转势前后是由最后一批杀跌盘的涌出和主力接货造成的。

3. 结合中长期均线进行研判。

均线具有显著的判断趋势运行的功能，借助 20 日、30 日和 120 日均线，可较准确把握"V 形反转"的两次大机会，一般我们多采用 20 日均线。当股价第一次突破 20 日均线时，虽不能确定"V 形反转"能否确立，但这却是激进者的做多信号，一旦出现第二次突破 20 日均线，基本上可以确认反转趋势的成立，这是稳健型投资者的做多信号。

倒置 V 形

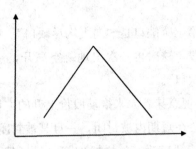

图4-8　倒置 V 形

"倒置 V 形"一般出现在股价上涨过程中，股价上涨的速度越来越快，突然乌云压城，出现了快速的下跌，其形状像一个倒置的 V 形。如图4-8所示。

在股价上涨的过程中如果出现这种形态，则预示着股价即将暴跌，属于典型的卖出信号。

在炒股过程中遇到这种形态，投资者一定要立即止损离场。

向上跳空缺口

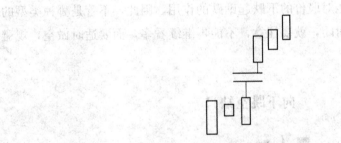

图4-9　向上跳空缺口

在技术分析中，缺口占有非常重要的地位。当股价跳空高开，在前一交易日的最高价上方留下了没有成交的价格区域，且一直到收盘时，这个没有成交的价格区域仍然保留着，或部分保留着，缺口就诞生了。

"向上跳空缺口"（如图4-9）一般出现在涨势中，其发生的阶段不同，技术含义也完全不一样。股价突破阻力开始上升时出现的缺口，对日后股价上升具有决定性的影响，被股民们形象地称为突破性缺口，它会产生势如破竹的气势，这足以说明多方发动的攻势之强大。一般而言，形成突破缺口时都伴有放大的成交量，这时成交量越大，股价日后上升的潜力也就越大。

"向上突破缺口"形成后，如几天内不被封闭，说明多方抢占上升时机，此后股价将会强劲上升。随后出现的第二个缺口是"向上持续缺口"，顾名思义，它表明股价将沿着原来上涨的势头持续下去。

"向上持续缺口"的出现，表明多方力量十分强大，它可以帮助投资者估计未来市势发展的潜力。

在股价上升中出现的第三个缺口是"向上竭尽缺口"。股价在急速上升后，市场多方力量到了最后冲刺阶段，这时再一次出现跳空高开，于是就形成了第三个向上跳空缺口，即"向上竭尽缺口"。

"向上竭尽缺口"的出现意味着原来推动股价上升的力量发挥将尽，大势即将逆转。一般来说，这种缺口会在短期内被封闭，一旦其被封闭，就会引发一轮跌势。

当了解了各种缺口的特征以后，怎样操作就一目了然了。当"向上跳空缺口"出现，并伴有较大成交量时，应毫不犹豫地买进；当"向上持续缺口"出现时，应继续做多，持股待涨；当"向上竭尽缺口"出现时，应谨慎持股，特别是当它的出现伴随有成交量的急剧放大时，更要保持高度警惕，空仓的投资者此时不可追涨，持筹的投资者为安全起见可先派发一些筹码，如发现股价开始掉头向下，应立即将股票抛空离场。

必须提醒投资者的是，虽然"向上跳空缺口"的出现意味着股价将出现一波上涨行情，但要注意此时的缺口不能被封闭，如果缺口被封闭，那么，它对股价的支撑作用就会消失，还有可能对股价的下跌起助跌的作用。因此，不管是哪种类型的"向上跳空缺口"，一旦被封闭，就要注意，不能再继续看多，而要适时做空，规避短期风险。

向下跳空缺口

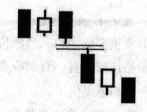

图 4—10　向下跳空缺口

"向下跳空缺口"（图 4—10）出现在跌势中，根据其发生的阶段不同，又可分为"向下突破缺口"、"向下持续缺口"和"向下竭尽缺口"。这三个缺口的技术含义是完全不同的，"向下突破缺口"的出现，说明大势已发生逆转，由原来的升势转为跌势，而这个跌势刚刚开始，下跌的空间还很大。所以，投资者在看到这种缺口的时候，要及时做空，尽量做到退出观望。

"向下持续缺口"的出现，说明市场做空力量仍很强，股价还将继续下跌。这时投资者要保持做空思维，继续持币观望。

"向下竭尽缺口"的出现说明市场已面临最后一跌，空方力量将穷尽，一旦空方不能有效地打击多方，下跌的态势就即将反转。股市是个充满变数的战场，因此，在空方力量不济时，多方肯定会趁机反击，而"向下竭尽缺口"的出现，为多方的反击提供了极佳的机会，如不出意外，这个"向下竭尽缺口"在几天内就会被多方封闭。但是这里需要提醒投资者的是"向下竭尽缺口"被封闭后，并不意味着股价马上就要见底回升，在这期间多方和空方还有一番殊死搏斗，如果多方封闭这个向下竭尽缺口后，后续力量跟不上，那么，股价仍有可能被空方再次打下去。所以，在遇到"向下竭尽缺口"时，投资者可以按以下思路进行操作：有筹码的此时不宜再割肉做空；如果缺口被多方封闭，持币的可试着做多，适量买些筹码，等股价冲破下降压力线，成交量放大，并步入上升通道后再追加筹码跟进。

同"向上跳空缺口"一样，"向下跳空缺口"无论是"向下突破缺口"，还是"向下持续缺口"，如果在短期内被多方封闭，就极易出现有利于多方的上升和盘局走势，这时投资者不能再盲目看空，可采取一种谨慎看多的姿态参与运作。

底部岛形反转

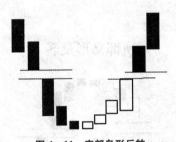

图 4—11　底部岛形反转

"岛形反转"是技术分析图形中的一个重要反转形态，它出现后，股票走势往往会转，也就是说，投资者在看到这种形态后，要及时作出买入（底部）或卖出（顶部）决定。"岛形反转"分为"顶部岛形反转"（如图 4—12）和"底部岛形反转"（如图 4—11）。

股价在经过一段时间的持续下跌后，某日突然跳空低开留下一个下调缺口，随后几天股价继续下沉，但股价自下跌到某低点后又突然峰回路转，向上跳空开始急速回升，这个向上跳空缺口与前期下跌跳空缺口，基本处在同一价格区域的水平位置附近，使低位争持的区域在 K 线图上看来，就像是一个远离海岸的孤岛，这就是"底部岛形反转"形态。

"底部岛形反转"形成时常会伴随着很大的成交量。如果成交量很小，这个"底部岛形反转"图形就很难成立。"底部岛形反转"的形成表明股价已见底回升，市势将从跌势转化为升势。

虽然这种转势并不会一帆风顺，多空双方会有一番激烈的争斗，但总的形势将有利于多方。通常，在底部发生"岛形反转"后，股价会出现激烈的上下震荡，但多数情况下，股价在下探至上升缺口处会戛然止跌，然后再次发力向上。

投资者面对这种"底部岛形反转"的个股，应首先想到形势可能已经开始逆转，不可再看空了。对于激进型的投资者来说，可在"岛形反转"后向上跳空缺口的上方处买进，而稳健的投资者可在股价急速上冲回探向上跳空缺口获得支撑后再买进。

在买进的时候要注意，当股价回探封闭了向上跳空缺口时，不应买进，而应以观望为主。因为向上跳空的缺口一旦被封闭，后市将会转弱。

但也有特殊情况，很多股票在"底部岛形反转"向上跳空缺口被封闭后，股价并没有重现跌势，而是重新发力上攻。这是"底部岛形反转"的向上跳空缺口与一般的向上跳空缺口一个不同之处。

所以说，投资者对那些填补向上跳空缺口之后，再度发力上攻跃上跳空缺口上方的个股要继续加以密切关注，持筹的仍可做多，空仓的可适时跟进。这里要注意的是，对填补向上跳空缺口后，股价继续下沉的个股不可再看多了，而应及时停损离场观望。

顶部岛形反转

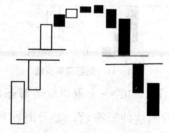

图4—12　顶部岛形反转

股价在持续上升一段时间后，某日出现跳空缺口加速上升，随后股价在高位徘徊，不久却以向下跳空缺口的形式下跌，而这个下跌缺口和向上跳空缺口，基本处在同一价格区域的水平位置附近，使高位争持的区域在K线图上看来，就像是一个远离海岸的孤岛形状，这就是"顶部岛形反转"形态。这种形态常常出现在长期或中期性趋势的顶部，表示趋势的逆转。

"顶部岛形反转"一旦确立，说明近期行情向淡已成定局，此时持筹的投资者只能认输出局，如果继续持股必将遭受更大的损失。而空仓的投资者最好不要再过问该股，即使中途有什么反弹，也尽量不要参与，可关注其他一些有潜力的股票，另觅良机。

上升三角形

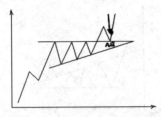

图 4-13 上升三角形

"上升三角形"（见图 4-13）一般在股价的上涨途中出现，股价上涨的高点基本上处于同一位置，但回落的低点却不断上移，如果将上边的高点和下边的低点分别用两条直线连在一起，则形成了一个向上倾斜的三角形。"上升三角形"在形成的过程中成交量会不断减少，上升阶段成交量较大，而下跌时的成交量较小。

"上升三角形"到最后都会选择向上突破，但必须注意的是，"上升三角形"向上突破时，一般都伴随较大的成交量，无量往上突破可能是假突破，投资者此时不可贸然进入。另外需要说明的是，"上升三角形"越早往上突破，则后劲越足，那些迟迟不能突破的三角形很可能是主力为悄悄出货而设置的陷阱。一旦主力完成自己的目标，"上升三角形"非但不会突破，还有可能演变成"双顶"形态，股价下跌就不可避免。

出现"上升三角形"，意味着股价在蓄势上扬，是典型的买进信号。在实际操作中，投资者可在股价突破上档压力线，小幅回落，再次发力创新高之后（图中所标示的 A 点）跟进。

下降三角形

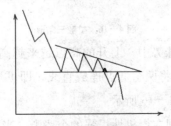

图 4-14 下降三角形

"下降三角形"（见图 4-14）一般出现在股价下跌的过程中，股价反弹的高点在不断下移，但其回落的低点却处于同一水平位置上。如果用两条直线将上边的高点和下边的低点连在一起，则形成了一个向下倾斜的三角形。

出现这种形态，意味着股价盘整下挫，属于典型的卖出信号。股民可以在其跌破支撑线后（图中表示的 A 点）坚决停损离场。

底部三角形

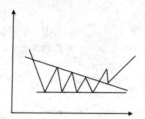

图 4—15　底部三角形

"底部三角形"（见图 4—15）是在股价下跌的过程中形成的，股价在三次探底时，几乎在相同的价位获得支撑，但股价每次探底反弹的高点却不断下移，股价经过第三次探底之后，反弹的力度加强，冲过了压力线，并立于压力线的上方。在向上突破之后，还会有一次小小的回抽。

这种形态的出现意味着股价在筑底回升，属于典型的买进信号。在实际操作中，投资者不能盲目做空，要随时注意观察其成交量的变化。如果成交量放大，股价冲破压力线，就可以买进；如果股价在反抽之后再创新高，就可以加仓。

扩散三角形

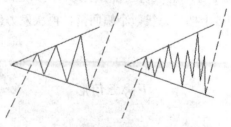

图 4—16　扩散三角形

"扩散三角形"出现在涨势中，上升的高点越来越高，而下跌的低点越来越低，如将两个高点连成直线，再将两个低点连成直线，即可形成一个喇叭状的形态，这就是"扩散三角形"。如图 4—16 所示。

"扩散三角形"一般出现在投机性很强的个股上。当股价上升时，投资者受到市场热烈投机气氛或谣言的感染，疯狂地追涨，成交量急剧放大；而下跌时，则盲目杀跌，因此，股价的涨跌幅度非常大。

"扩散三角形"是大跌的先兆。当投资变得毫无理智时，其蕴含的风险之大也就不言而喻，而"扩散三角形"正是投资者过度投机心理在走势图上的反映，它暗示升势已经穷尽，下跌一触即发。

面对"扩散三角形"，投资者的操作策略只有两个字——退出，因为此时投资盈利机会很小，风险却很大，一旦股价向下击破"扩散三角形"的下边线，将可能引发一轮跌势，逃之不及的人，很可能被深度套牢。

因此，持币者以观望为宣，持股者最好进行减仓操作，一旦发现"扩散三角形"往下突破，应及时把股票全部卖出，停损离场。

这里需要补充一点，虽然"扩散三角形"经常是以下跌告终，但也会有特殊情况出现，尤其是当上边线不是向上倾斜而是水平发展的时候，股价可能向上突破，展开一轮升势。

处于"扩散三角形"形态时，很多投资者认为如果此时把筹码抛掉，不是吃亏了吗？其实这种担心是多余的。因为一般来说，"扩散三角形"以向下突破的居多，在"扩散三角形"即将形成的时候卖出股票，总是对的时候多，错的时候少；另外，"扩散三角形"如果要向上突破，事先也会露出蛛丝马迹。通常的表现是，在形态内的第三次下跌时，成交量会出现迅速萎缩，这说明市场情绪正在发生变化，投资者的持股信心已趋稳定，这与"扩散三角形"最后阶段成交量急剧放大正好相反。随后股价会在这种形态的上边线稍作停留，或者进行一次小幅回调，下跌明显无力。在对这些情况进行确认之后，才可以说，此时的"扩散三角形"有可能发生变异，向上突破。如果投资者发现了这种异向，再决定买进也不迟。

收敛三角形

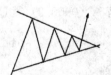

图 4—17　收敛三角形

"收敛三角形"也叫"对称三角形"，是股市中比较常见的整理形态。

"收敛三角形"是由一段时期的价格波动所形成的，其在一定区域的波动幅度逐渐缩小，即每轮波动的最高价都比前次低，而最低价都比前次高，呈现出收敛压缩图形，将这些短期高点和低点分别以直线连接起来，就形成了一个相当对称的三角形，并且这个对称三角形的成交量，随股价波幅的递减而递减，三角形的顶点区域往往是敏感的最后变盘时机。如图 4—17 所示。

"收敛三角形"是因为多空双方的力量在该段价格区域内势均力敌，暂时达到平衡状态而形成。股价从第一个短期性高点回落后，很快便被买方推动回升，但多方的力量对后市没有太大的信心，或是对前景有点犹疑，因此股价未能回升至上次高点便掉头再一次下跌；在下跌的阶段中，那些沽售的投资者不愿以太低价贱售或是对前景仍存有希望，所以回落的主动性卖压不强，股价未跌到上次的低点便告回升，多空双方犹豫性的争执，使得股价的上下波动范围日渐缩窄，所以形成了此形态。

这种形态的最佳买卖点为突破三角形上下边之时，其次为反抽之时。

在判断这种形态的买卖点时，要注意在三角形顶端突破时的成交量。如果成交量能有效放大，说明向上突破是真实可信的，如果是向下突破时放量，则预示着该股可能会出现空头陷阱，往往很快会恢复为上涨行情；如果在三角形顶端突破时的成交量处于萎缩状态，那么证明向下突破是真实可信的，而缩量向上的突破大多是假突破。因此，当大盘产生突破性行情时，投资者可以根据量能的变化研判大盘最终的发展趋势。

另外还要注意大盘突破后的回调。"收敛三角形"突破后通常有回调走势，如果在短时间内能迅速结束回调走势，并且不跌破原来的顶点位置，说明大盘向上突破是有效的。如果"收敛三角形"突破后股指无力上攻，回调时轻易跌破顶点位置，则说明大盘向上突破是无效的。

此外，投资者还要注意这种形态规模的大小。一般情况下"收敛三角形"的形成时间越长，构成规模较大，一旦向上突破，相应的理论上涨空间也较大。但这并不说明"收敛三角形"的规模越大越好，如果出现了长达数年的"收敛三角形"走势，则在实际操作上就没有多少效果了，因为三角形的走势反映了投资者的一种短期投资心态，而投资者是不可能会受到几年前的心态影响的。一般由数月时间构筑的"收敛三角形"的突破力度最强，深赤湾 A（000022）就是个例子。

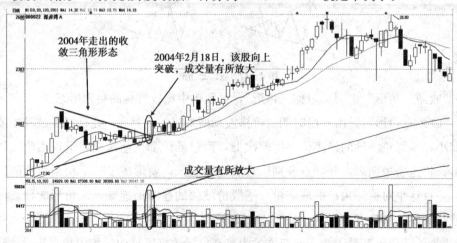

图 4—18

图 4-18 是深赤湾 A（000022）在 2004 年初走出的收敛三角形，该股在 2 月 18 日向上突破时，成交量同步放大，证明这种突破有效，值得跟进，其后该股一路上行，让投资者收益颇丰。

上升楔形

图 4-19　上升楔形

"上升楔形"（如图 4-19）常在跌市的回升阶段出现，表示尚未跌至底部，只是一次技术性反弹，当其下线跌破后，就是沽出讯号。上升楔形，不仅会将新上升的涨幅跌掉，还会跌得更多，因为尚未见底。

"上升楔形"的出现一般是诱多陷阱，属于卖出信号，一旦遇到这种形态，千万不要被股价低点的上移所迷惑，应以持币观望为宜；如果股价向下突破，投资者就要立即卖出，因为股价跌破下线支撑后就会出现急跌。

下降楔形

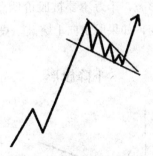

图 4-20　下降楔形

"下降楔形"（如图 4-20 所示）通常在中、长期升市的回落调整阶段中出现，显示升市尚未见顶，这仅是升后的正常调整现象。一般来说，"下降楔形"形态大多会向上突破，当其上线阻力突破时，就是一个买入讯号。

"下降楔形"的出现是诱空陷阱，属于买进信号。此时投资者不要被股价低点的下移所迷惑，要警惕这是市场主力的诱空行为，投资者可以静待股价向上突破时再追加筹码跟进。

上升旗形

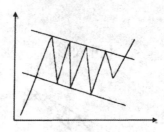

图4—21　上升旗形

股价上升后走出一轮下跌行情，如果将其下跌走势中反弹的高点用直线连起来，再将下跌走势中回落的低点用直线连起来，就可发现其图形像一面挂在旗竿上迎风飘扬的旗子，这种走势因此被称为"上升旗形"。如图4—21所示。

无论中国股市还是海外股市，在上升途中出现"上升旗形"走势都是很正常的。其道理很简单，股价上升到一定阶段，获利筹码太多，作为控盘主力为了减轻股价的上行压力，必然要采取震荡洗盘的动作，而"上升旗形"正适应了主力洗盘的需要，故投资者对此用不着惊慌。

在股市历史中，一些大牛股往往经过"上升旗形"整理后，夯实股价，走出了令人咋舌的攀升行情；而一些中小散户由于不了解"上升旗形"的走势特征，股价一跌，就赶紧将股票卖出，把煮熟的鸭子弄飞了，这是很可惜的。可见，了解"上升旗形"的特征和技术含义对投资者操作而言有多么重要。

所以，投资者遇到这种形态，千万不要被股价低点下移所迷惑，要警惕这是市场主力诱空行为，再静观其变，如果股价向上突破，投资者可追加筹码跟进。

下降旗形

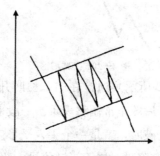

图4—22　下降旗形

"下降旗形"多在跌势中出现，虽然整理期间的指数高低点不断上移，但成交量却无法随之放大，从而形成量价背离时，最容易出现"下降旗形"。如图4—22

所示。

如果遇到这种形态，投资者可以在指数跌破上升趋势线支撑时卖出。

矩形

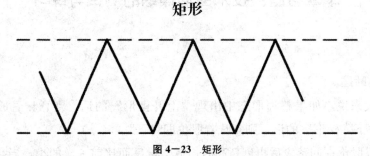

图 4—23　矩形

"矩形"又称"长方形"、"箱形盘整"。矩形的特征是：如果将股价横盘时出现的两个最高点用直线连起来，再把两个最低点也用直线连起来，即可画出一个长方形，即矩形，如图 4—23 所示。

此时，股价就在这个矩形内不断上下波动，当股价上升到矩形的上边线时就往下回落，而回落到矩形的下边线时就往上弹升，直到一方力量耗尽，股价就会选择一个向上或向下的方向突破。

矩形属于整理形态，整理的结果究竟是向上还是向下，要根据当时多空力量对比而定。

它给投资者的信号是：耐心、冷静、观望。当了解矩形的特征之后，就知道该如何操作了。一般来说，只要股价仍在矩形范围内上下运动，就应以观望为主，要做到这一点就要经得起诱惑，严格遵守矩形的操作规范。比如说，股价在向上波动的时候，会拉出许多阳线，出现价升量涨的情况，很多投资者看到这种情况，也不管此时股价有没有突破上边线就一味地买进了。因为在他看来，这是一个很好的赚钱机会。但买进后才发现，股价碰到矩形的上边线之后就冲不上去了，而是转而向下，继续在矩形内上下波动。此时，由于自己的急躁，投资者就陷入了相当被动的局面：想要卖出，但此时的股票已经被套住，虽然套得不深，但要割肉又不甘心；不卖出的话，又怕股价在矩形整理之后往下突破，损失更大，真是左右为难。

所以说，对于矩形这种整理形态而言，投资者最佳的做法就是耐心等待，以观望为主，并抱定一个宗旨：只要股价一天不向上突破矩形的上边线，就一天不买进。另一方面，如果股价在矩形整理后往下突破矩形的下边线，手里持有该股的投资者应该毫不犹豫地清仓离场，这也是投资者面对矩形走势必须要遵守的一个操作要领，必须认真对待。

本章习题：技术图形操练的测试与练习

综合练习

一、判断题。

1. 一般来说，如果整理形态中出现"上升楔形"的话，则意味着股价将会上涨，出现"下降楔形"的话，则意味着股价即将下跌。（　）

2. 如果股价在回落之后再创新高时，成交量反而比前一次的小，当它再次回落后，第三次向上冲击但无力升越第二个高点时，则要警惕形成"头肩顶"的走势。（　）

3. 在"双底"即"W底"形态中，如果其形成的时间少于一个月，则说明这种形态上涨信号的可靠程度差。（　）

4. 对于"底部岛形反转"的个股，一旦其向上跳空的缺口被封闭，投资者可抓住机会跟进。（　）

5. 在走势图中，一旦出现向上跳空的缺口，投资者即可马上跟进。（　）

6. 如图 4－24 所示，图中所标示的形态为"收敛三角形"。（　）

图 4－24

7. "上升三角形"常在跌市的回升阶段出现，表示尚未跌至底部，只是一次技术性反弹而已，当其下限跌破后，就是沽出讯号。（　）

8. 如图 4－25 所示，图中圆圈内的图形已经放量上攻突破矩形的压力线。（　）

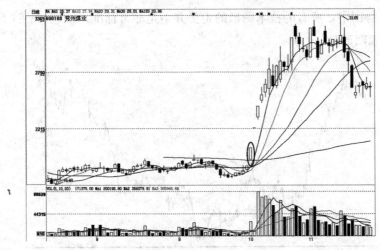

图 4—25

9. 一般来说，"圆底"形成的时间比较长，过早地买入只能将资金压死。因此，必须等连续出现几天小阳线，而成交量不断减少时再买进。（　）

10. "头肩底"形态中有两个最佳买入点，第一个是在刚刚突破颈线时，这属于比较激进的买进点；第二个是在回抽颈线止跌回升处，这属于比较稳健的买入点。（　）

二、填空题。

1. 如图 4—26 所示，图中箭头所指的区域是向下（　）缺口，该缺口的形成表明股价将（　）。

2. 在图 4—26 中，还包含着一个（　）缺口，此缺口对行情有（　）作用，此时投资者应该保持（　）。

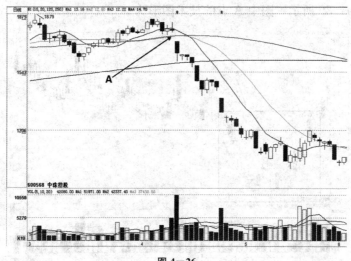

图 4—26

3. 在走势图中，所有的技术图形的走势并不是非常标准，如图 4－27 所示，走势图中的技术图形是（　　）。

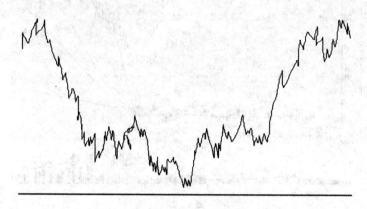

图 4－27

4. 如图 4－28 所示，图中的技术图形为（　　），此种形态的最佳买点为（　　）。

图 4－28

5. 如图 4－29 所示，图中 A 点的技术图形为（　　）。

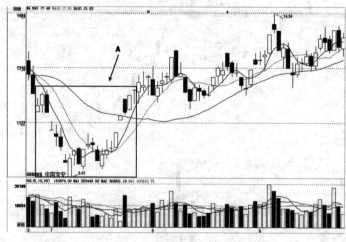

图 4－29

6. 如图 4－30 所示，图中的技术图形为（ ），其最佳的买点有（ ）和
（ ）。在图中用字母标示。

图 4－30

7. 如图 4－31 所示，图中的技术图形为（ ），一般来说，这种图形的构筑时
间比较（ ），但一旦该图形成，常会走出一轮（ ）行情。对投资者来说，抓住入
市时机非常重要，此时如果成交量的变化也是一个（ ），那么股价再次向上突破时
即为最佳买点。

图 4－31

8. 如图 4－32 所示，图中圆圈内出现了一个（ ），多方趁势将股价一路推高。

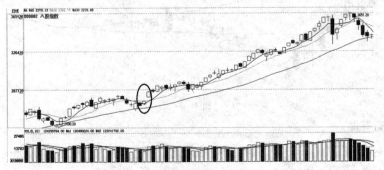

图 4－32

9. 如图 4—33 所示，图中圆圈内的缺口是向下（ ）缺口，此缺口的出现意味着股价还将继续下跌。

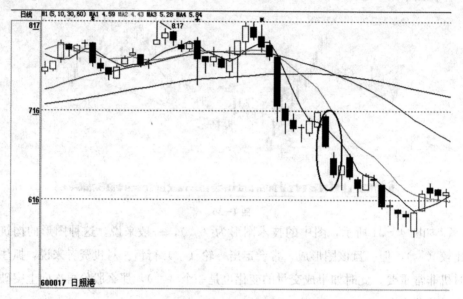

图 4—33

10. 如图 4—34 所示，该股经过下跌后一路上扬，形成了一个（ ）走势。

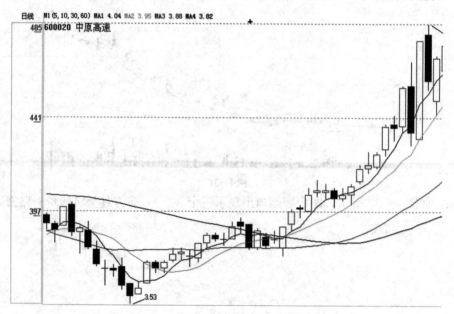

图 4—34

三、简答题。

1. 请仔细观察图 4—35，回答下面的问题：图中的"上升旗形"所在的位置是哪里，请标示出来。说明"上升旗形"有何特征。

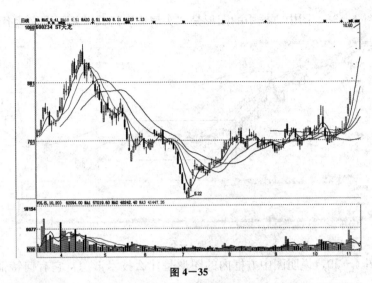

图 4—35

2. 请仔细观察图 4—36，说明 A 点走势转弱的原因？

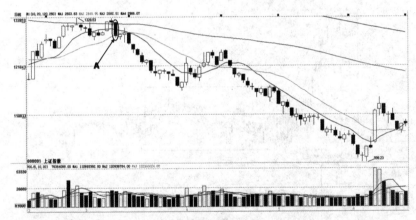

图 4—36

3. 看图 4—37，说明图中方框内的图形是什么？请说明此时的最佳卖点在哪里？

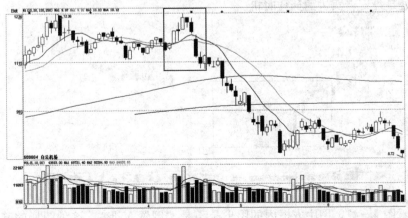

图 4—37

4. 看图 4－38，图中方框中的图形是"头肩底"还是"矩形图"为什么。

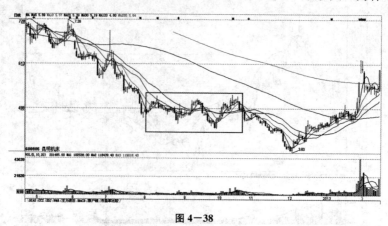

图 4－38

5. 看图 4－39，说明图中方框内的图形是什么技术形态？它有何特征，这种形态出现后，后市一般会朝何方向发展，并从图上指出何处是跌破支撑线的地方。

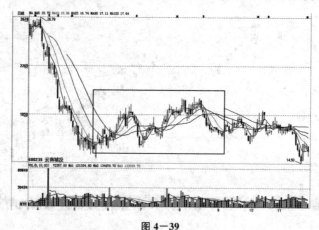

图 4－39

6. 看图 4－40，在图中标出该走势图中的技术图形，并标出其压力线和支撑线，说明何处是投资者买进的最佳时机。

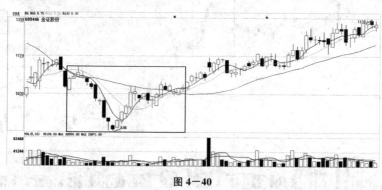

图 4－40

7. 看图 4－41，图中方框内的图形是不是"倒置 V 形"，这种图形的基本特征是什么。

图 4—41

8. 如图 4—42 所示，该股在某一个交易日收出了一根中阴线，很多投资者认为这是股价即将下跌的征兆，于是纷纷出货。但投资者王先生却没有急于卖出股票，他说只要股价第二个交易日向上，他就全仓买进。请问，这两种说法哪种正确？为什么？

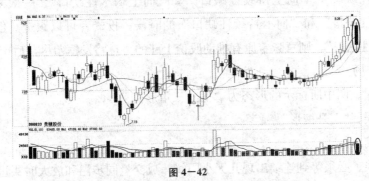

图 4—42

9. 如图 4—43 所示，该股在走势图上出现了向上跳空的缺口。从技术分析中，我们可以看出，此缺口为向上突破性缺口，这个缺口是典型的买进信号，而此时并没有出现所谓的竭尽性缺口，所以，此时可以买进一些股票。请问，这种说法正确吗？为什么？

图 4—43

10. 请你简要回答"矩形"的特征以及投资者见到该图形后具体应该怎样操作？

参考答案

一、判断题。

1. 错误。图形中如果出现"下降楔形"的话，则意味着股价即将上涨，出现"上升楔形"则意味着股价即将下跌。

2. 正确。

3. 正确。一般来说，"双底"的形成时间比较长，两个底部的构筑时间一般不能少于一个月，否则这种"双底"的形态就很不可靠。

4. 错误。对于"底部岛形反转"的个股来说，如果其股价回探封闭了向上跳空缺口时，应不要买进，以密切观望为主。因为如果向上跳空的缺口一旦被封闭，后市将会转弱。

5. 错误。"向上跳空缺口"虽然是买进信号，但因为其出现的阶段不同又分为"向上突破性缺口"、"向上持续性缺口"和"向上竭尽性缺口"。一般来说，出现"向上突破性缺口"和"向上持续性缺口"的时候，投资者可以跟进。但如果出现"向上竭尽性缺口"，则意味着原有推动股价上涨的力量将发挥殆尽，后市即将转弱，此时不宜进场。

6. 错误。图中所标示的形态为"上升三角形"。

7. 错误。"上升楔形"。

8. 正确。

9. 错误。必须等到连续出现几天小阳线，成交量同步温和放大时买进。

10. 正确。

二、填空题。

1. 突破性，下跌。

2. 向下持续性，助跌，谨慎的态度，以观望为主。

3. "头肩底"形态。如图4—44所示：

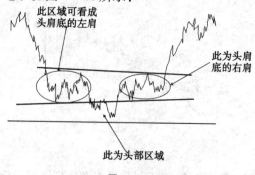

图4—44

4. "V形"，此时的最佳买点为图4—45中的A点。

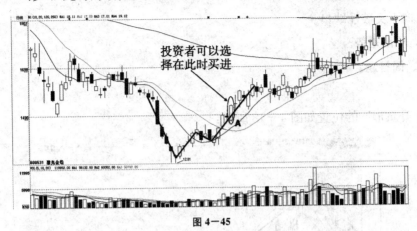

图4—45

5. "底部岛形反转"。

6. "双底"形态。两处买点分别是图4—46中的A点和B点。

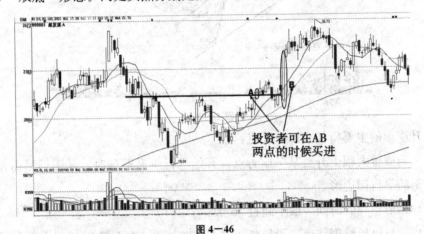

图4—46

7. "圆底"形态，长，上涨，圆弧形。

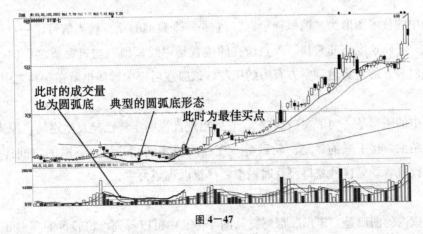

图4—47

8. 向上突破性缺口。

9. 向下突破性缺口。

10. V 形走势。

三、简答题。

1.

"上升旗形"的位置如图 4—48 所示：

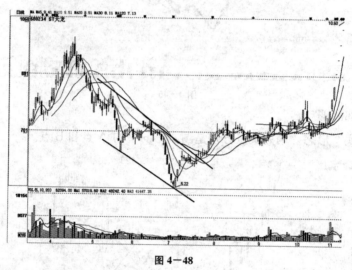

图 4—48

上升旗形的主要特征有以下几点：

（1）当股价大幅上升至某一压力点，开始进行旗形整理时，其图形呈由左向右下方倾斜的平行四边形。

（2）旗形整理的时间一般不超过 15 天。

（3）一旦旗形整理结束，股价就要向上突破，继续向上攀升。

2.

图中的技术图形为"圆弧顶形态"，它是一个典型的顶部转势信号，一旦顶部构筑完成，下跌速度将非常快。A 点所在的位置是"圆弧顶"构筑完成之后的一条阴线，此时多方的气势遭到空方有力的压制，该股在后市中看淡也就在预料之中了。

3.

图中的图形是"向下突破缺口"。它的出现，说明走势已经发生逆转，原来的升势已经结束，接下来的将是一轮跌势，现在跌势才刚刚开始，下跌的空间还很大，因此，投资者看见这种缺口要及时做空，尽量以观望为主。

4.

方框内的图形是"矩形"形态。从图 4—49 中可以看到，将股价的高点 d、e、f

三点连起来，再将低点 a、b、c 三点连起来，即可画出一个长方形，股价就在这个长方形的宽度中不断上下波动，所以其属于矩形整理形态。因为该股在经过一段整理之后，最终选择了向下突破，所以准确地说，该图形属于"矩形"形态。

图 4—49

5.

该图中的技术形态是"上升楔形"。

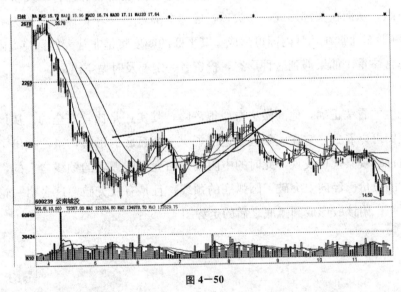

图 4—50

它的形成是股价在经过一段时间大幅下跌之后，出现强烈的技术性反弹，当股价弹升到某个高点的时候，掉头回落。不过这种回落较为轻微缓和，因此股价在没有跌到上次低点之前就得到支撑而上升，并且越过上次高点，形成一浪高于一浪的趋势。把两个高点用直线连接起来，就是"上升楔形"。

"上升楔形"是整理形态，最终以向下突破居多。投资者在见到这种形态的时候要明白，它虽出现了一定的反弹，但并不能改变股价下跌的大趋势，所以，一定要谨慎，持筹的投资者可以适当减少筹码，如果股价跌破了下边线的支撑一定要及时离场。

6.

该图 4－51 中的形态为"收敛三角形"，如图所示：

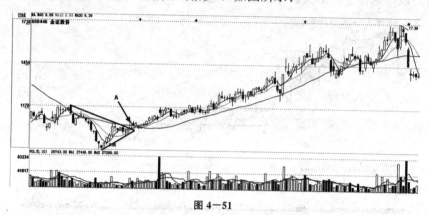

图 4－51

其压力线和支撑线分别为上下两条虚线，A 点是投资者买进的最佳时机。

7.

图中方框区域内的形态是"倒置 V 形"。它的出现是股价经过一波快速上涨后又快速下跌，从而在头部形成一个尖顶，像一个倒写的 V 字，因此被称为"倒置 V 形"。这种形态通常在几日内即可形成，其下跌的幅度将是非常大的，晚卖出一步损失都将非常惨重。如果遇到这种形态，投资者一定要及时抛空出局。

8.

王先生的看法正确，他的做法看似很危险，其实还是比较安全的。从该股的走势图上我们可以看到，它在底部区域走出了一个圆弧底的形态，虽然拉出了一根中阴线，但仔细观察就可发现，此时的中阴线是站立在圆弧底的颈线之上的，也就是说，此时的股价已经向上突破了圆弧底的颈线，且是有效突破，这表明一轮上涨行情即将到来。附该股形成圆弧底之后的走势图 4－52：

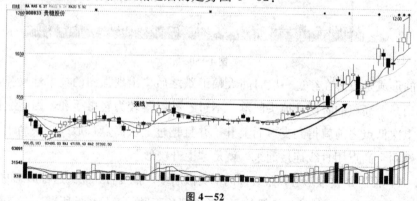

图 4－52

9.

这种说法不正确。从走势图中，我们可以看到的确出现了向上突破性缺口，而它也确实是典型的买进信号。但是，投资者要注意，缺口形成跳空的时候是不能被封闭的，一旦缺口被封闭，助涨就会变成助跌，市势就会发生变化。从该股的走势图中我们可以看到，在出现缺口之后，股价拉出了一根阴线，这跟阴线的下影线补上了缺口，所以，此时的股价不会再继续之前的涨势，反而会下跌。所以，此时买进股票的做法是错误的。附该股缺口被封闭之后的走势图 4—53：

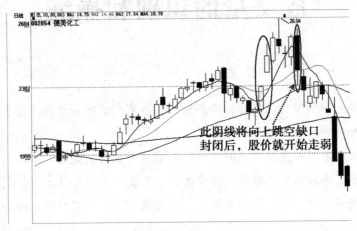

图 4—53

10.

"矩形"又称"长方形"、"箱形盘整"。矩形的特征是：如果将股价横盘时出现的两个最高点用直线连起来，把两个最低点也用直线连起来，即可画出一个长方形。股价就在这个矩形内不断上下波动，当股价上升到矩形的上边线时就往下回落，而回落到矩形的下边线时就往上弹升，直到一方力量耗尽，股价就会选择一个向上或向下的方向突破。

投资者最佳的做法就是耐心等待，以观望为主，并抱定一个宗旨，只要股价一天不向上突破矩形的上边线，就一天不买进。另一方面，如果股价在矩形整理后往下突破矩形的下边线，手里持有该股的投资者应该毫不犹豫地清仓离场。

第五章

成交量的识别和操练

　　成交量是股市行情的温度计、晴雨表；它控制和影响股价的上升和下降；它的技术研究是研判股价变化趋势的根基。

　　本章通过对有关成交量知识的介绍，提示投资者伺机建仓，依成交量的变化操作，避免出现"只赚指数不赚钱"的情况。如果投资者使用技术方法判断股价走势时不考虑成交量的变化，就是舍本逐末，任何技术分析方法预测的准确性都将大打折扣。

第一节　成交量：拉动股市行情的关键杠杆

成交量（VOL）与成交额（AMOUNT）

　　成交量，通俗点讲就是某只股票在一段时间内，买方买进了多少股（或者说是卖方卖出了多少股），它以单边的交易来计算。举个例子来说，某只股票当日成交量显示为7000股＝70手（1手＝100股），就表示买卖双方达成协议共交易了7000股，即买方买进了7000股，同时卖方卖出了7000股。但如果计算交易量，则按双边计算，买方7000股加卖方7000股，当日交易量计为14000股。

　　了解了成交量的含义，那么什么是成交额呢？成交额就是某只股票每笔成交股数乘以成交价格的金额总和。成交量只是单纯地体现了这只股票的交投活跃程度，而成交额则代表了这只股票所涉及的资金力度的大小。同样的成交量，股价越高，操作这只股票所需要的资金便越多。

　　成交金额这一参数常用于大盘分析，它排除了大盘中各种股票因为价格高低不同所形成的干扰，直接地反映出了市场中参与的资金量多少，成交金额这一参数使得对于大盘总体的交投情况（即股票市场的总体交投情况）具有了以时间为坐标的纵向可比性。通常所说的两市大盘数百亿元的成交量就是指成交金额。对于一般个股来讲，如果股价变动幅度很大，用成交的股票数量（即个股成交量）或换手率就难以反映出主力资金的进出情况，而用成交额就能比较准确地反映出这一情况。

成交量代表了什么

　　1. 成交量是市场供求状况的直接体现。

　　成交量能最直接、最简单地反映出市场的供需情况。在某一段时间内，某只股票在某一个价格区间内的成交量，能够最直接地反映出买卖双方在这个点位对股票价格的认可程度。

　　作为一种供需表现，成交量表明了市场中参与者的多寡程度。正如美国著名的投资专家格兰维尔所说，成交量是股市的元气，持续活跃的成交量带来的是持续活跃的资金流，没有一定的成交量保证，股票市场便犹如一潭死水，很难拍打出激动人心的浪花。

　　通常，造成股价涨跌的原因有很多，比如政策的刺激，上市公司内部发生变化，投资者对后市预期发生改变，等等。当由于某些原因股票出现严重的供求失衡时，股价上便产生了涨停板或跌停板，由于封板的形态不同，成交量便会出现放量或缩量。

　　2. 成交量是推动股价涨跌的动力。

　　根据量价分析的一般原理，价位上升，伴随而来的应是成交量的放大，虽然公司的基本面情况、经济、政策因素等均会影响到股票的走势，但归根结底，决定涨跌的还是来自市场本身的买卖活动，重大的利好和利空只有通过买卖盘力量发生转变才能体现出来。

　　3. 成交量是股价走势的先兆。

　　成交量，蕴含了丰富的交易信息。尤其是多日成交量的不同组合，对于预测股票的后期走势有着极为重要的作用。

成交量的功能

　　股市的涨跌，说到底是供求关系变化造成的。当股市的筹码供大于求时，股价或者指数就以下跌的形式来求得多空双方的平衡；反之，当股市的筹码供小于求时，股价或者指数就以上涨形式使多空力量逐渐趋向一致。而最能反映股市供求关系的就是成交量。

一般来说，当股价或者指数处于低位时，成交量增加，就会使供小于求，引起股价或者指数的上涨；当股价或者指数处于高位时，成交量减少，就会使供过于求，引起股价或指数的下跌。可见，成交量最基本的功能就是真实地反映股市供求关系的变化，从而帮助投资者制定正确的买卖策略。

成交量另一个功能是可以观察多空换手是否积极，行情将向什么方向演变。如果成交量放大，说明多空双方的换手量在增加，这样行情就会出现较大的起伏，或是上涨或是下跌；如果成交量减少，或持平，行情波动通常就会趋缓，甚至处于不上不下的状态。

第二节　量价关系分析要诀

这里所说的量价关系分析是对股市成交量与股票价格的相互作用关系进行重点分析。股市成交量与股票价格之间存在着诸多因果关系，成交量是股价的先行指标，分析成交量的变化，可以预测股价的动向。美国投资大师格兰维尔指出："成交量才是股市的元气，而股价只是成交量的反映罢了，成交量的变化是股价变化的前兆。"

一般而言，股价的上涨与下跌，都要有相应的成交量来与之配合。当股价变化和成交量变化出现矛盾时，意味着市场形势即将逆转。

需要注意的是，涨停板状态下，没有成交量，并不意味着涨势难以维持，有可能是持股者等着卖高价，买方买不到股票造成的成交量不明显，下一个交易日买方还会发动攻势，追买会让上涨势头得以持续；相反，放量涨停，卖出的人增加，涨势被打破，形势逆转。出现跌停，买方意愿减弱，成交缩量，跌势会持续；如果中途被打开，成交量放大，说明买方介入，止跌有望。

以下逐一介绍九种不同的量价关系及其市场指导意义。

量增价涨

1. 在涨势初期出现，可判为上涨信号，应该寻机做多。

2. 在上涨趋势中途出现，说明市场做多动能充足，应及时跟进做多。

3. 股价处于高位，或远离均线，成交量增速过快，为反转信号，不可盲目做多。

4. 在下跌趋势中出现，多为反弹，套牢者可止损。如果成交量不能持续放大，反弹行情有可能将告结束。

5. 在跌势末期出现，多头出击，上涨后仍有回调迹象，应持仓观望。

6. 在整理行情末期出现，如果有交易量配合，是向上突破信号，应择机介入。

量增价平

1. 在涨势初期或者中期出现，是主力吸筹建仓，一旦股价迈入上升，均线呈多头排列，就应择机做多。

2. 在涨势末期出现，是主力托盘出货，应做离场准备。

3. 在跌势初期或者中期出现，下跌整理后，后市仍有下跌的空间，应观望。

4. 在下跌末期出现，有主力多头介入的迹象，后市有望企稳回升，做买入准备。

5. 在整理行情出现，买盘增加，后市可能上涨，可逐步进场做多。

量增价跌

1. 在涨势初期、中期出现，是主力打压震仓行为，只要价格回档不破 30 日均线，则中线仍可以继续持仓做多。

2. 在涨势末期出现，是反转信号，应卖出。

3. 下跌趋势中出现，表明做空力量强大，建议空仓。

4. 在底部出现，为反转信号，可配合其他指标适时建仓。

5. 在整理行情出现，是向下突破信号，应卖出。

量平价涨

1. 在股价上升初期出现是上涨信号，后市看好可择机介入。

2. 在股价上升途中，中小成交量维持的量平是行情持续信号，应继续持有，适当加仓。

3. 在涨势后期出现，为停涨信号，投资者应做好沽空离场的准备。

4. 在下跌和盘整行情中出现，属于正常反弹，仍有探底可能，建议观望。

量平价平

量平价平表明多空双方势均力敌，市场将继续盘整行情，投资者应观望，不要急于投资，待趋势明朗时再作决定才是明智之举。

量平价跌

1. 在上涨趋势初中期出现，获利盘的大量出现会给股价上升造成很大的压力，应以观望为主。

2. 在高位出现则说明主力在暗中出货，应沽出离场。

3. 在跌势中出现，行情将会继续下跌，应空仓观望。

量缩价涨

1. 在价格上升初期出现，上升无量配合，可能仍要回调，应注意观察。

2. 量缩价涨一般表明市场人气较差，成交不活跃，是看跌信号，应谨慎做多。

3. 在顶部出现，是转为下跌的信号，应做离场准备，择机逢高沽出。

4. 若主力已深度控盘，也可以少量的成交拉动股价。此时，如果股价能有规则地沿均线运动，可适量介入。

量缩价平

1. 在上涨行情初期出现，市场不振，后市方向和空间不明，应空仓观望。

2. 在上升趋势中途出现，一般为横盘整理，是主力为洗去浮筹和以后拉升扫除障碍，后市看好，应以做多为主。

3. 在下跌中出现，表明反弹无力，后市看淡，空仓。

4. 在跌势末期，成交量缩至最小，市场底部已近，交易者应做好买入的准备。

5. 在整理态势中出现，应继续观望。

量缩价跌

1. 在上升行情中途出现，是正常回档，后市仍然看好，可以积极做多。

2. 在高位出现，如果成交量迅速缩小，则主力还在其中，后市仍可看好，可跟进做多。如果成交量不规则缩小，则很可能主力已出货到尾声，后市看空，应卖出。

3. 在下跌行情中出现，股价将继续下跌，应择机做空。

4. 在跌势后期出现，行情近期有可能反弹。

5. 在盘整态势中出现，将很难突破，应退出观望。

第三节　成交量背后的真实信息

成交量——主力迷惑散户的惯用手法

通常，如果主力坐庄的话，都不会喜欢有太多的跟风盘，因为那样自己的坐庄成本就会增大，获利就会减少。为了能够赶走跟风盘，主力除了使用一些技术图形来骗线外，还经常用成交量来迷惑散户投资者。

通常，散户都很注重成交量的变化，而主力手握大量筹码，又深谙散户的思维习惯，这就给了他们一个通过制造虚假的成交量信息来欺骗大众的机会。

1. 对倒。

"对倒"又可称为"对敲"，是主力常用的手法。它就是主力利用自身的大量交易账号，将自己左手里的筹码倒进右手。主力通过对倒可以制造出有利于自己的价位，吸引散户跟进或卖出。

通常，这种对倒的方式都被主力用在建仓的阶段。当股价经过长时间大幅下跌处于低位时，主力开始建仓，在走势上表现为，股票往往和大盘不同步，股价以小阴小阳沿 10 日均线持续上扬，走势明显好于大盘，这说明主力在拉高建仓，然后出现成交量放大并且股价持续阴线下跌，这时下跌所产生的大成交量就是主力利用"对倒"来打压股价。这是主力在建仓时通过制造虚假成交量以迷惑散户的一个典型事例。

2. 量价齐升。

这种方式常常出现在主力拉升的阶段。一般来说，主力在拉升过程中如果其控盘较轻，为了达到最好的拉升效果，就会通过这种手法制造大成交量以来吸引市场的关注，通过散户的加入，和散户形成"共振"，从而实现拉升的幅度，保证拉升的成功。

有时候主力已经在低位收集了市场中的较多筹码，然而这个价位仍离主力成本较近，为了不让更多散户加入进来一起获利，这时的上涨或称拉升，多是"默默无闻"的。通过观察成交量异动等指标，投资者发觉其股价离底部已经很远，主力这时通过大量对倒拉升、加上散户的力量制造了"量价齐升"的假象，往往能起到边出货边拉升的良好效果，因为主力出货并不是像市场上想象的那样拉到最高点后，筑个"顶"再出货。

3. 对倒震仓。

对倒震仓的方式一般会出现在主力震仓、洗盘的阶段。当股价再上一个新台阶后，为了甩掉跟风客，主力往往会采用对倒震仓的方式使一些短线客下马。

当股价再次携量上涨，主力利用自己手中的最后余筹反复地制造上涨、下跌的震荡效果，筹码开始越来越多地分布在散户手里，而在这个价位介入的散户又无利可图，当主力出货几近完成，股价也就开始了雪崩之路。

通过上面的论述我们可以发现，主力在做一只股票的时候，在不同的阶段会制造不同的成交量假象。所以对于散户投资者而言，最重要的就是要通过成交量的变化、结合股价的位置来分析主力的意图，这样才能做到心中有数，稳中获利。

成交量的变动能够反映市场走势及个股主力动向

不同的股票背后有不同的主导资金，市场的走势就是大资金博弈的结果。这种结果会直接体现在交投结果即成交量上。

主力在介入一只个股后，其意图肯定是获利出局，那么主力的意图在建仓、拉高、洗盘、出货这几个环节是如何通过成交量暴露出来的？

1. 在建仓阶段。

主力要想在建仓阶段完全隐藏踪迹，需要花费很长的一段时间，至少一年或者半年，但时间越长，其所需承受的大盘上涨带来的高位建仓的风险就越大。所以，一般情况下，主力不会花费太长的时间来建仓。但主力的资金巨大，它短时间的介入某只股票肯定会改变其原有的股票供求情况促使股价上涨，而此时成交量也必然会放大。

2. 在拉升阶段。

如果股价仅仅随大势沉浮，而且在成交量上也没有突出的地方，那我们可以忽略主力的存在。然而在大部分个股拉升的过程中我们看到的情况不是这样，因此可以确定，有主力在其中活动。这时可以结合股价原来底部的成交量情况来分析，若发现底部有大量获利盘在股价大幅上涨后仍没有涌出，那表明，主力已经控盘较重了。

3. 在出货和洗盘阶段。

在出货和洗盘阶段，成交量也会反映出主力的意图，比如说某天股价出现滞涨，成交量放大，说明主力出货意图明显。如果股价随后的走势出现下跌并伴随着成交量的萎缩，就说明，主力基本上已经出完货，接下来，股票的走势将会与大盘同步。

放量与缩量背后的真实信息

1. 放量。

放量，顾名思义就是成交量较前一段时间明显放大。比如说，昨天全天的成交量是 2 亿，今天忽然变成了 5 亿，就是放量。而如果今天变成了 2.3 亿，就不算是放量。

股市操作中经常发现有些个股走势出现异动，例如成交量突然成倍增大，短期就实现巨量换手等，此时主力的意图要么是出货，要么是换庄，投资者可根据放量出现的位置、K 线形态等方面来判别：

（1）"放量滞涨"，不祥之兆。若成交量放出大量，股价却在原地踏步，通常为主力对倒作量吸引跟风盘，表明主力去意已决，后市不容乐观。

（2）下跌途中放量连收小阳，需谨防主力构筑假底部，跌穿假底之后往往是新一轮跌势的开始。

（3）高位放量下挫，是股价转弱的一种可靠信号，投资者宜及时止损。

2. 缩量。

通常来讲，成交量缩小是市场交投清淡的结果，它带来的是盘整或对原有趋势的修正，如果原有的趋势已经确立，缩小的成交量将很难改变原有价格趋势。在正常情况下的多头走势可以概括为"价涨量升，价跌量缩"。

缩量多发生在一次上涨或下跌的大趋势之内，它表明趋势将会延续。在个股身上，主力加入后，只能造成放量的假象，而无法做到缩量。所以，通过大盘或个股的缩量，投资者可以更真实地解读市场信息和个股情况。

第四节　真假成交量：不可不知的成交量陷阱

何为真假成交量

所谓的真成交量是指在此股的当日交易中，没有主力或某些大资金持有者通过对倒，制造假交易数量；而假成交量则相反，它含有对倒的"水分"。假成交量往往混迹于真成交量之中，让投资者难辨真假。

股市中有一个格言，成交量是不会骗人的。大多数情况下的确如此，但也有例外，因为这种分析并没有把"主力"这个对股价走势起决定作用的因素考虑进去。

比如：只有量增才能价涨，无量则无价；成交量萎缩则股价就不会大幅下跌，因为成交量的萎缩意味着抛盘的减少，而抛盘的减少正是市场空头行情转弱或结束的标志；长时间盘整的股票放量突破盘整向上涨升时，放量突破意味着上攻行情的出现；股价在高位放巨量后股价一定还会创新高，因为高位的巨量表明股价在高位仍有大量买盘，这些买盘的存在，会让股价再创新高。

如果投资者在实践中把股票成交量的变化作为重要的观察对象，并按照上述分析进行操作，就会发现这些成交量理论不仅会骗人，而且常会成为主力设置陷阱的最佳办法，让一些对量价关系、技术分析似懂非懂的人上当受骗，并深受其害。

所以，投资者在实际操作中，一定要克服上述分析理论带来的局限性，从而更准确地把握主力动向。

成交量陷阱分析1——对倒放量拉升出货

主力常用的手法是在久盘以后，见强行上攻难以见效，长期盘整下去又找不到做多题材，甚至还有潜在的利空消息，于是为了赶快脱身，就采取对倒自己筹码的方式，造成成交量放大的假象，引起投资者关注，诱使投资者盲目跟进。

这时，在股价推高的过程中，许多追涨的人就接下了主力大量的卖单。而那些在追涨时没有买到股票的投资者，就将买单挂在那里，更加强了买盘的力量，为主力出货提供了机会。主力就是这样利用量增价升这一普遍被投资者认可的原则，制造假象，达到了出货的目的。如图5-1所示：浪潮软件（600756）的股价在2009年4月短短12个交易日中就从6元上涨至17.88元，就是主力运用对倒手法造就的。

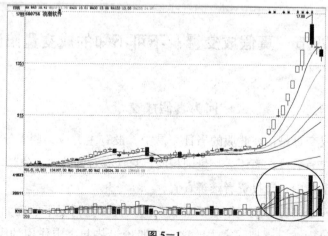

图5-1

成交量陷阱分析 2——对倒放量打压建仓

人们常说散兵坑是非常安全的，这是因为炮弹不太可能再次炸在同一个弹坑内，所以，上次爆炸留下来的弹坑往往成为很多人的藏身之处。

在量价研判中，股价在筑底成功的时候往往也会形成一个散兵坑。股价处于小幅震荡上行的慢牛趋势初期或中期，成交量有所放大、换手率也小幅增加，突然股价出现快速下挫，但在一至两天或一周左右的时间，又重拾升势，再一次回到原有的上升趋势中，在图形上便会形成股价散兵坑，散兵坑出现之际将是十分难得的买入时机。如图 5－2 所示：北辰实业（601588）在 2008 年 12 月 23 日，股价拉出几根阴线，开始下跌，到 2009 年 2 月 6 日，走出了散兵坑的形态，随后，股价便开始一波上涨行情。

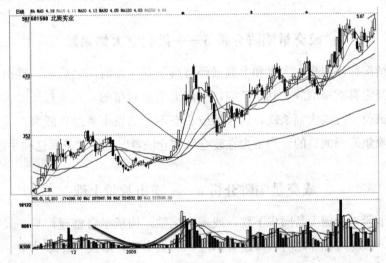

图 5－2

但在实际操作中，很多投资者往往会在这时候空仓出局。在他们的概念里，股价经过一轮上升趋势，猛然出现这种图形，是股价即将下跌的前兆，所以纷纷清仓出局。

事实上，这种形态是主力在拉升之前的洗盘，目的是要将大部分浮动筹码全部清洗出去。所以，投资者在走势图上见到这种形态之后，一定要谨慎，不要盲目看空。

那么，这种图形，最适合投资者的买点在哪里呢？对投资者来说，有两个买点：一是在散兵坑之内；另一个买点是在散兵坑出现并已重返上升趋势之际，这时虽已失去了最低价买入的时机，但却是最有效的，因为股价重返上升趋势时空头陷阱已被确认，这就是人们常说的甘蔗还是中间段的最甜。

成交量陷阱分析 3——缩量阴跌的背后

成交量萎缩往往意味着抛压在减弱，属于正常的价量配合关系。然而许多累计升幅巨大的个股主力机构就借助投资者的这种惯性思维，利用缩量阴跌的方式，缓慢出货，让高位套牢的投资者产生缩量不会深跌的麻痹思想，丧失警惕性，错过及时止损出局的绝佳机会，一步步掉入深套的陷阱。

成交量陷阱分析 4——借利好放量大涨

一般当个股在公布中报、年报业绩优异之时，以及重大利好消息或题材出现之前，主力机构都能提前掌握并提前推升股价，一旦利好消息兑现，散户们纷纷看好买进的时候，个股放量上涨，主力则趁机减仓或出货，诱导散户上当。

成交量陷阱分析 5——借利空大幅杀跌

这种情况往往出现在大盘和个股已经持续下跌一段时间之后，一旦出现利空消息，主力经常喜欢采取放大利空效应，利用大手笔对敲的方式来打压股价，刻意制造恐慌性破位下行或大幅杀跌，诱导持股心态不稳的投资者抛售股票，以达到自己借机快速收集筹码的目的。当主力在建仓后震仓洗盘时也经常采取这种手法。

成交量陷阱分析 6——逆市放量上涨

有些个股本身随大盘同步下跌，或逆市抗跌，构筑平台整理，某一天在大势放量下跌，个股纷纷翻绿之时，却逆势飘红，放量上攻，形成"万绿丛中一点红"的现象，很是吸引众人眼球，这时候，许多投资者会认为，该股敢于逆势上扬，一定是有潜在的利好，或者有大量新资金入驻，于是大胆跟进。不料该股往往只有一两天的短暂行情，随后反而加速下跌，致使许多在放量上攻当日跟进的人被套牢。

第五节　结合成交量进行逆势选股的几种方案

逆市缩量平台选股方案

此类逆市形态，一定要特别强调平台要缩量，这是该形态中最关键的一点。因为在大盘下跌等多重压力之下该股仍能够企稳，并且出现缩量，只有两种可能：一是有主力在场，所以该股的走势不随大盘而动；二是主力已经达到了相对的控盘程度，所以才能在缩量的情况下保持股价不下跌。

此时，对投资者而言，可以首先淘汰主力高度控盘且股价在相对高位的逆市股票，最好介入逆市股中风险不是特别大，还在调整市中的股票，这样对自己比较有利。

此类个股一旦在大盘企稳时开始突破，拉升时往往逐步连续性放量，因为此前的平台缩量其实是成交量的累积阶段。从成交量的转换原理看，后面阶段有个成交量的释放期，这恰好与拉升期需要放量的要求相辅相成。

在操作策略上，投资者可等待出现连续放量突破时及时买入，这时虽然不是介入的最低点，但却是最安全点。

逆市温和放量选股方案

逆市温和放量股的形态特征主要有：逆市小幅拉升，累计升幅不大，一般在10％左右，成交量温和放大，但换手率不大，一般最高在 5％左右。此类逆市股往往是短线品种，在突破时一般放大成交量，连续拉长阳。操作上，投资者可选择以下时机介入：

1. 温和放量拉升一旦出现中阳以上大成交量，并突破盘升轨道时，可大胆介入，其强烈的惯性会为短线带来丰厚的利润。

2. 在结束缩量平台调整后，初步温和放量拉升即碰到大盘打压但又能盘稳者，可介入。此类个股往往是大盘反弹中的龙头板块或个股。特别在短期大盘暴跌当日，经过平台缩量后再放量开始突破拉升的进攻型股票，往往是最佳的短线龙头股。

本章习题：成交量操练的测试与练习

综合练习

一、判断题。

1. 成交量就是买卖双方卖出和买进数量的总和。（   ）

2. 成交量能够最直接地反映出买卖双方在这个点位对股票价格的认可程度。（   ）

3. 一般来说，只要出现量增价涨，后市就一定会被看好。（   ）

4. 底部出现量增价跌，为反转信号，可配合其他指标适时建仓。（　　）

5. 量平价平表明多空双方势均力敌，市场将继续盘整行情，投资者应观望，不要急于投资，待趋势明朗时再作决定才是明智之举。（　　）

6. 价格上涨，成交量反而缩小，表明股价即将展开一波上涨行情，后市看好。（　　）

7. 上升行情中途出现量缩价跌，是正常回档，后市仍然看好，可以积极做多。（　　）

8. "一般来说，成交量是不会骗人的"这句话是有失偏颇的。（　　）

9. 股票的价格持续性下挫，而成交量却没有同步有效放大，就说明市场投资者并没有形成一种"一致看空"的空头效应。这种情况，多是控盘主力开始逐渐退出市场的前兆。（　　）

10. 若成交量放出大量，股价却在原地踏步，通常为主力对倒作量吸引跟风盘，表明主力去意已决，后市不容乐观。（　　）

二、填空题。

1. 成交额的含义是（　　），成交量体现了（　　），而成交额代表了（　　）。

2. 出现逆势缩量只有两种可能，一种是（　　），另一种是（　　）。

3. 逆势温和放量的特征有（　　）。

4. 所谓的真成交量指的是（　　），假成交量指的是（　　）。

5. （　　）多发生在一次上涨或下跌的大趋势之内，它的出现表明趋势将延续。

6. 高位放量下挫，这是股价（　　）的一种可靠信号，投资者宜（　　）。

7. 成交量的基本功能有（　　）和（　　）两种。

8. 主力常常在久盘以后，见强行上攻难以见效，长期盘整下去又找不到做多题材，甚至还有潜在的利空消息，于是为了赶快脱身，就会采取（　　）的方式，造成成交量放大的假象，引起短线客关注，诱使投资者盲目跟进。

9. 一般来说，散兵坑的两个买点分别是（　　）和（　　）。

10. （　　）往往出现在大盘和个股已经持续下跌一段时间之后，主力经常用此来刻意制造恐慌性破位下行或大幅杀跌，诱导持股心态不稳的投资者纷纷抛售股票，以达到主力借机快速收集筹码的目的。

三、简答题。

1. 成交量代表了什么？

2. 一般来说，主力会采取哪几种成交量假象来迷惑投资者？

3. 主力的意图是如何通过成交量暴露出来的？

4. 请简要回答成交量的陷阱大概有哪几种？

5. 请简要回答量缩价涨对实际操作的指导意义？

6. 请简要回答量增价平对实际操作的指导意义？

7. 请简要回答放量与缩量的真实含义？

8. 请简要说明量增价涨对实际操作的指导意义？

9. 请简要回答量缩价跌对实际操作的指导意义？

10. 请简要回答逆势缩量和逆势温和放量的选股方案？

参考答案

一、判断题。

1. 错误。成交量指的是买方买进了多少股票。而题1说的是交易量。

2. 正确。

3. 错误。如果量增价涨出现在高位，就有可能是一个危险的信号。

4. 正确。

5. 正确。

6. 错误。量缩价涨一般表明市场人气较差，成交不活跃，是看跌信号，应谨慎做多。

7. 正确。

8. 正确。

9. 正确。

10. 正确。

二、填空题。

1. 成交额就是某只股票每笔成交股数乘以成交价格的金额总和。成交量只是单纯地体现了这只股票的交投活跃程度，而成交额则代表了这只股票所涉及的资金力度大小。

2. 一是有主力在场，所以该股的走势不随大盘而动；二是主力已经达到了相对的控盘程度，所以能在缩量的情况下保持股价不下跌。

3. 逆市小幅拉升，累计升幅不大，一般在10％左右，成交量温和放大，但换手率不大，一般最高在5％左右。此类逆市股往往是短线品种，在突破时一般放大成交量，连续拉长阳。

4. 所谓的真成交量是指在此股的当日交易中，没有主力或某些大资金持有者通过对倒，制造假交易数量；而假成交量则相反，它含有对倒的"水分"。

5. 缩量。

6. 转弱，及时止损。

7. 成交量最基本的功能就是真实地反映股市供求关系的变化，从而帮助投资者制定正确的买卖策略。成交量另一个功能是观察多空换手是否积极，行从而判断情将向什么方向演变。

8. 对倒放量拉升。

9. 一是在散兵坑之内；另一个是在散兵坑出现并已重返上升趋势之际，这时虽已失去了最低价买入的时机，但却是最有效的，因为此时空头陷阱已被确认。

10. 借利空大幅下跌。

三、简答题。

1.

（1）成交量是市场供求状况的直接体现。

在某一段时间内，某只股票在某一个价格区间内的成交量，能够最直接地反映出买卖双方在这个点位对股票价格的认可程度。

（2）成交量是推动股价涨跌的动力。

归根结底，决定涨跌的因素，还是来自市场本身的买卖活动，重大的利好和利空只有通过买卖盘力量发生的转变才能体现出来。

（3）成交量是股价走势的先兆。

成交量，蕴含了丰富的交易信息。尤其是多日成交量的不同组合，对于预测股票的后期走势有着极为重要的作用。

2.

（1）对倒。

"对倒"又可称为"对敲"，是指主力利用自身的大量交易账号，将自己左手里的筹码倒进右手。主力通过对倒可以制造出有利于自己的价位，吸引散户跟进或卖出。

（2）量价齐升。

这种方式常常出现在主力拉升的阶段。主力通过制造大成交量来吸引市场的关注，通过散户的加入，和散户形成"共振"，从而实现拉升的幅度、保证拉升的成功。

（3）对倒震仓。

对倒震仓的方式一般会出现在主力震仓、洗盘的阶段。当股价再上一个新台阶后，为了甩掉跟风客，主力往往会采用对倒震仓的方式使一些短线客下马。

3.

（1）在建仓阶段。

主力的资金巨大，它短时间的介入某只股票肯定会改变其原有的股票供求情况促使股价上涨，而此时成交量也必然会放大。

（2）在拉升阶段。

若发现底部有大量获利盘在股价大幅上涨后仍没有涌出，可知主力已经控盘较重了。

（3）在出货和洗盘阶段。

在出货和洗盘阶段，成交量也会反映出主力的意图，比如说某天股价出现滞涨，成交量放大，说明主力出货意图明显。如果股价随后的走势出现下跌并伴随着成交量的萎缩，就说明，主力基本上已经出完货，接下来，股票的走势将会与大盘同步。

4.

（1）对倒放量拉升出货。

主力采取滚打自己筹码的方式，造成成交量放大的假象，引起投资者关注而盲目跟进，

（2）对倒放量打压建仓。

股价处于小幅震荡上行的慢牛趋势初期或中期，成交量有所放大、换手率也小幅增加，突然股价出现快速下挫，不久，股价便又重拾升势。

（3）缩量阴跌的背后。

主力机构借助投资者的惯性思维，利用缩量阴跌的方式，缓慢出货，让高位套牢的投资者产生缩量不会深跌的麻痹思想，丧失警惕性，错过及时止损出局的绝佳机会。

（4）借利好放量大涨。

一般当个股在公布中报、年报业绩优异之时，以及重大利好消息或题材出现之前，主力机构都能提前掌握而提前推升股价，一旦利好消息兑现，散户们纷纷看好买进的时候，股价放量上涨，主力则趁机减仓或出货，诱导散户上当。

（5）借利空大幅杀跌。

这种情况往往出现在大盘和个股已经持续下跌一段时间之后，一旦出现利空消息，主力经常喜欢采取放大利空效应，利用大手笔对敲的方式来打压股价，刻意制造恐慌性破位下行或大幅杀跌，诱导持股心态不稳的投资者抛售股票，以达到自己借机快速收集筹码的目的。

（6）逆市放量上涨。

有些个股逆势飘红，放量上攻，形成"万绿丛中一点红"的现象，让投资者会误认为有潜在的利好，或者有大量新资金入驻其中，于是大胆跟进，结果被套牢。

5.

（1）在价格上升初期出现，上升无量配合，可能仍要回调，应注意观察。

（2）量缩价涨一般表明市场人气较差，成交不活跃，是看跌信号，应谨慎做多。

（3）在顶部出现，是转为下跌的信号，应做离场准备，择机逢高沽出。

（4）若主力已深度控盘，也可以少量的成交拉动股价。此时，如果股价能有规则地沿均线运动，可适量介入。

6.

（1）在涨势初期或者中期出现，是主力吸筹建仓，一旦股价迈入上升，均线呈多头排列，就应择机做多。

（2）在涨势末期出现，是主力托盘出货，应做离场准备。

（3）在跌势初期或者中期出现，下跌整理后，后市仍有下跌的空间，应观望。

（4）在下跌末期出现，有主力多头介入的迹象，后市有望企稳回升，做买入准备。

（5）在整理行情出现，买盘增加，后市可能上涨，可逐步进场做多。

7.

（1）放量。

放量，顾名思义就是成交量较前一段时间明显放大。

放量一般具有以下三种意义：

①"放量滞涨"，后市不容乐观。

②下跌途中放量连收小阳，需谨防主力构筑假底部，往往是新一轮跌势的开始。

③高位放量下挫，是股价转弱的一种可靠信号，投资者宜及时止损。

（2）缩量。

通常来讲，成交量缩小是市场交投清淡的结果，它多发生在一次上涨或下跌的大趋势之内，表明趋势将会延续。在个股身上，主力加入后，只能造成放量的假象，而无法做到缩量。通过大盘或个股的缩量，投资者可以更真实地解读市场信息和个股情况。

8.

（1）在涨势初期出现，可判为上涨信号，应该寻机做多。

（2）在上涨趋势中途出现，说明市场做多动能充足，应及时跟进做多。

（3）股价处于高位，或远离均线，成交量增速过快，为反转信号，不可盲目做多。

（4）在下跌趋势中出现，多为反弹，套牢者可止损。如果成交量不能持续放大，反弹行情有可能将告结束。

（5）在跌势末期出现，多头出击，上涨后仍有回调迹象，应持仓观望。

（6）在整理行情末期出现，如果有交易量配合，是向上突破信号，应择机介入。

9.

（1）在上升行情中途出现，是正常回档，后市仍然看好，可以积极做多。

（2）在高位出现，如果成交量迅速缩小，则主力还在其中，后市仍可看好，可跟进做多。如果成交量不规则缩小，则很可能主力已出货到尾声，后市看空，应卖出。

（3）在下跌行情中出现，股价将继续下跌，择机做空。

（4）在跌势后期出现，行情近期有可能反弹。

（5）在盘整态势中出现，将很难突破，应退出观望。

10.

（1）逆市缩量平台选股方案。

投资者可以介入逆市股中风险不是特别大，还在调整市中的股票，等待出现连续放量突破时及时买入，这时虽然不是介入的最低点，但却是最安全点。

（2）逆市温和放量选股方案。

①温和放量拉升一旦出现中阳以上大成交量，并突破盘升轨道时，可大胆介入，其强烈的惯性会为短线带来丰厚的利润。

②在结束缩量平台调整后，初步温和放量拉升即碰到大盘打压但又能盘稳者，可介入。特别在短期大盘暴跌当日，经过平台缩量后再放量开始突破拉升的进攻型股票，往往是最佳的短线龙头股。

第六章

其他技术指标操练

技术指标的掌握不在于多，而在于精。如果使用的技术指标过多，买卖信号就会互相矛盾，同时，也不易学深学透。正是考虑到这些因素，我们在向投资者推荐指标的时候，抱着宁缺毋滥的原则，对众多技术指标做了层层筛选，最后精选出了一些比较管用的技术指标希望能够助投资者一臂之力。

第一节　趋势线图形操练

什么是趋势线

在股市中投资者对趋势线有一种形象说法，叫作"一把直尺闯天下"，意即你只要有一把直尺就能画出趋势线，看清股价运行的趋势，做到在上升趋势中看多、做多，在下降趋势中看空、做空。这样就能在股市中把握住一些大的机会，少犯一些原则性的错误，从而就有可能成为股市中的大赢家。

所谓趋势线就是上涨行情中两个以上的低点的连线以及下跌行情中两个以上的高点的连线，前者被称为上升趋势线，后者被称为下降趋势线。上升趋势线的功能在于能够显示出股价上升的支撑位，一旦股价在波动过程中跌破此线，就意味着行情可能出现反转，由涨转跌；下降趋势线的功能在于能够显示出股价下跌过程中回升的阻力线，一旦股价在波动中向上突破此线，就意味着行情可能会止跌回涨。

在画趋势线的时候，首先要找到两个高低水平不同并有一定间距的高点（或低点），并由此试探性地画出下降（或上升）的直线。如果是画上升支撑线，则价格离第二个低点要有一定的距离，如接近或超过前一阻力位时，趋势线才可认可，画下降阻力线情况则相反。第三个低点（或第三个高点）的出现则是对趋势线有效性的验证。

通常，价格变动的速率可能会加快或放慢，幅度可能会扩大或缩小，所以，在一定的情况下，趋势线也应该随之作出相应的调整，以便使趋势线尽可能适应现期的价格变化。

投资者在画趋势线时应注意以下几点：

1. 趋势线根据股价波动时间的长短分为长期趋势线、中期趋势线和短期趋势线。长期趋势线应选择长期波动点作为画线依据，中期趋势线则是中期波动点的连线，而短期趋势线建议利用 30 分钟或 60 分钟 K 线图的波动点进行连线。

2. 画趋势线时应尽量先画出不同的实验性线，待股价变动一段时间后，保留经过验证能够反映波动趋势、具有分析意义的趋势线。

3. 趋势线的修正。

以上升趋势线的修正为例，当股价跌破上升趋势线后又迅速回到该趋势线上方时，应将原使用的低点之一与新低点相连接，得到修正后的新上升趋势线，能更准确地反映出股价的走势。

4. 趋势线不应过于陡峭，否则很容易被横向整理突破，失去分析意义。

在研判趋势线时，应谨防主力利用趋势线做出的"陷阱"。一般来说，在股价没有突破趋势线以前，上升趋势线是股价每一次下跌的支撑，而下降趋势线则是股价每一次回升的阻力。股价突破趋势线时，收盘价与趋势线应有 3% 以上的差价，并且有成交量的配合。股价在突破趋势线时，如果出现缺口，反转走势极可能出现，并且股价走势有一定的力度。股价突破下降趋势线的阻力而上升时，一般需大成交量的配合，而股价向下突破上升趋势线时，成交量一般不会放大，而是在突破后几天内急剧放大。

趋势线的作用

趋势线简单、易学，它在分析大盘或个股的走势，特别是中长期走势时有非常重要的作用。现在我们通过例子来说明趋势线在分析股价运行中所起的作用：

如图 6-1 所示，该图是上证指数 2007 年和 2008 年的 K 线走势图，从图中可看出上证指数在跌破上升趋势线后就开始走弱，而后大半年的时间就在下降趋势线的压制下一直往下寻底。可见，用趋势线分析股市中长期走势可谓一目了然，这是其他技术分析方法所不及的。

图 6—1

趋势，是不以人的意志为转移的，它是自然界一切事物发展的方向。市场趋势也有其自身的规律，涨势形成不得不涨，同样跌势形成不得不跌。这也就是趋势线分析何以能对股市走势的判断有如此重要作用的道理所在。

美国华尔街证券市场有一句名谚：不要与趋势抗衡。这句话告诉投资者，炒股，一定要顺应潮流，跟着趋势走。所以，在股市中，看清长期趋势，分清中期趋势，不为短期趋势的反向波动所迷惑，是每一个要想在股市中生存、发展的投资者必须认真对待的。

趋势线的分类

趋势线有以下三种分类方法：

1. 按照趋势线的方向来看，可以分为"上升趋势线"和"下降趋势线"。

上升趋势线是将最先形成或最具有代表意义的两低点连接而成的一条向上的斜线，以此揭示股价或指数运行的趋势是向上的；下降趋势线是将最先形成或最具有代表意义的两高点连接而成的一条向下的斜线，以此揭示股价或指数运行的趋势是向下的。

2. 按照趋势线的速度来看，可以分为"快速趋势线"和"慢速趋势线"。

快速趋势线运行速度比慢速趋势线快，维持时间比慢速趋势线短。一般来说，快速趋势线揭示了股价或指数的短期趋势，是激进型投资者做多、做空的一个重要依据。而慢速趋势线，揭示了股价或指数的长期趋势，是稳健型投资者做多、做空的一个重要依据。正因为快速趋势线和慢速趋势线有着各自不同的特点，因此投资者常把它们合在一起组成"快慢趋势线组合"进行对照分析，这样就比单纯的用一根趋势线分析股价走势好得多。

3. 按照趋势线的时间长短可以分为"长期趋势线"、"中期趋势线"和"短期趋势线"三种。

长期趋势线是连接两大浪谷底或峰顶的斜线，时间跨度为几年，它对股市的长期走势将产生很大影响；中期趋势线是连接两中浪谷底或峰顶的斜线，跨度时间为几个月，甚至在一年以上，它对股市的中期走势将产生很大影响；短期趋势线是连接两小浪谷底或峰顶的斜线，时间跨度不超过2个月，通常只有几个星期，甚至几天，它对股市的走势只能起到短暂影响。

为了让投资者对长期、中期和短期趋势线有个形象、直观的了解，我们在此以上海电力（600021）2009年4月8日至2010年1月7日的K线走势图，看看长期、中期和短期趋势线对该股走势各自所起的不同影响。如图6-2所示：

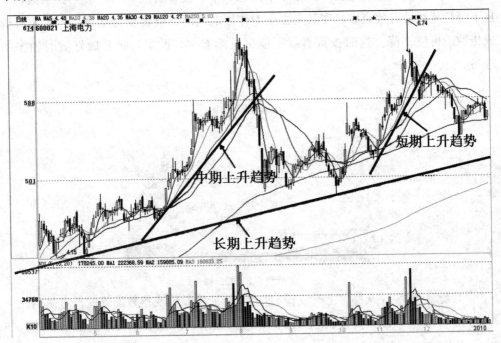

图6-2

从上面图中可清楚地看出，以2009年4月8日的4.15元至2009年9月29日的5.05元画出的长期趋势线，一直在支持着该股向上运行，这就能解释为什么2009年4月份以来该股一直处于上升阶段。另外，从图中我们也可以看到，以2009年6月19日至2009年7月29日低点为连线的中期趋势线，对该股在一个月内的中期走势产生了重大影响。最后，我们来看短期趋势线，该图中的短期趋势线可以画出很多，我们这里只画了一根。从这根短期趋势线可以看出，它对股价的涨跌只起到短暂的影响，作用比较有限。

趋势线的基本操作方法

上升趋势线揭示了股价或指数的运行趋势是向上的，它对股价或指数的上升具有支撑作用，因而它又被称为"上升支撑线"。所以，只要不出现上升趋势线被有效突破的现象，即股价或指数正处于上升趋势中，投资者尽可放心地一路看多。

当然，如果上升趋势线被有效突破，那么，它就失去了支撑作用，反而转变为压力线，压制着股价或者指数的再度上升。这时投资者就不能再继续看多、做多，而要进行减仓操作，寻机退场。

下降趋势线揭示了股价或指数的运行趋势是向下的，它对股价或指数的上升具有压制作用，因而它又被称为"下降压力线"。也就是说，只要不出现下降趋势线被有效突破，股价或指数就会一直处于下降趋势中，投资者应该一路看空。当然，一旦下降趋势线被有效突破，在其失去压力作用的同时，就转变为支撑线，阻止股价或指数的再度下降。这时投资者就不能再继续看空、做空，而要做好随时做多的准备。

上升趋势线

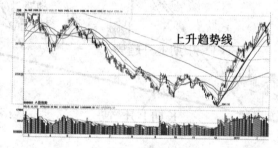

图6—3　上升趋势线

"上升趋势线"，又称"上升支撑线"，其特征是股价或指数回落的低点呈明显上移态势，如果将两个具有代表意义的低点连接起来，就会形成一条向上的斜线。如图6—3所示。

上升趋势线揭示了股价或指数运行的趋势是向上的，它对股价的上升具有积极的支撑作用。这种上升趋势会使越来越多的投资者积极看多，坚定看多的信心。它的出现，表示多方的气势越来越强，空方的气势越来越弱，是一个明显的做多信号。

通常，上升趋势形成后，股价或指数会出现一段较好的涨势。所以，当股价一直在上升趋势线的上方运行时，投资者如果积极看多，一般都能获得较好的收益。当然，积极看多的前提一定是股价没有跌破上升趋势线。

下降趋势线

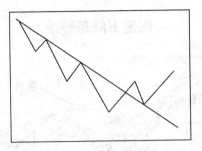

图6-4 下降趋势线

"下降趋势线",又称"下降压力线",其特征是股价或指数回落的低点呈明显的下移态势,如果将最具有代表意义的两个高点连接起来,就会形成一条向下的斜线。如图6-4所示。

下降趋势线揭示了股价或指数运行的方向或趋势是向下的,它对股价或指数的上升具有强烈的压制作用。这会使越来越多的持股投资者转向看空、做空,也会越来越强化持币投资者观望的心理。它的出现,表示空方的气势越来越强,多方的气势越来越弱,是一个明显的做空信号。

一般而言,下降趋势形成后,股价或指数就会出现持续下跌的行情。所以,投资者见到股价或指数在下降趋势线的下方运行时,一定要坚持看空。当然,前提是股价或指数没有向上突破下降趋势线。

慢速上升趋势线

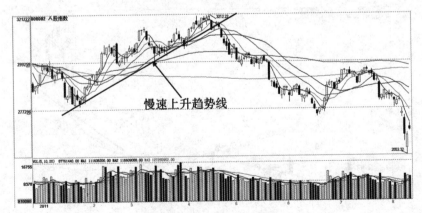

图6-5 慢速上升趋势线

"慢速上升趋势线"(图6-5)的实质是中长期的上升趋势线,它出现在以慢速上升趋势线为主的快慢趋势线组合中,维持时间比快速上升趋势线长。慢速上升趋势线揭示了股价或指数运行的中长期趋势是向上的，其对股价或指数的上升具有长期的支撑作用。

慢速下降趋势线

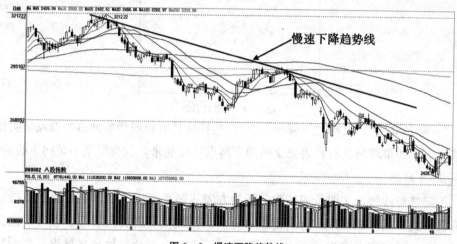

图6—6 慢速下降趋势线

"慢速下降趋势线"（图6—6）的实质是中长期的下降趋势线，它出现在以慢速下降趋势线为主的快慢趋势线组合中，维持时间比快速下降趋势线长。慢速下降趋势线揭示了股价或指数运行的中长期趋势是向下的，其对股价或指数的上升具有一定的压制作用。

快速上升趋势线

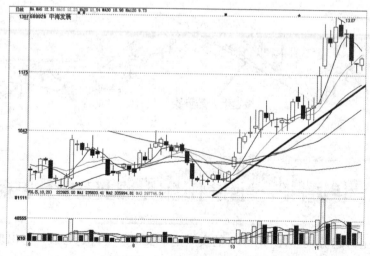

图6—7 快速上升趋势线

"快速上升趋势线"的实质就是短期上升趋势线,它既可出现在以慢速上升趋势线为主的快慢趋势线组合中,又可出现在以慢速下降趋势线为主的快慢趋势线组合中,其维持时间比慢速趋势线短。如图6-7所示。

快速上升趋势线揭示了股价或指数运行的短期趋势是向上的,对股价或指数的短期上升走势具有一定的支撑作用。

但投资者一定要注意,如果想把握住快速上升趋势线,最好以慢速上升趋势线为主,因为这时候股价或指数总体呈现出上升趋势,行情比较容易把握。

如果以慢速下降趋势线为主的话,风险将会很大,稍有不慎,就会被套牢。

所以,我们建议投资者,当快速上升趋势线出现在以慢速下降趋势线为主的快慢趋势线组合中时,不宜看多、做多,最好是持币观望。即使你是激进型投资者,对市场变化又十分敏感,也只可用少量资金买进股票,持股待售。

快速下降趋势线

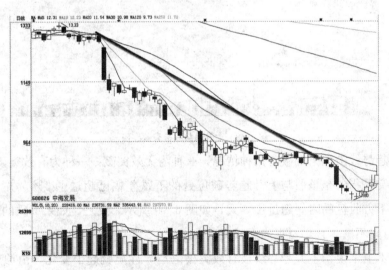

图6-8 快速下降趋势线

快速下降趋势线的实质就是短期下降趋势线,如图6-8所示。它既可出现在以慢速下降趋势线为主的快慢趋势线组合中,又可出现在以慢速上升趋势线为主的快慢趋势线组合中,其维持时向比慢速趋势线短。

快速下降趋势线揭示了股价或指数运行的短期趋势是向下的,对股价或指数的短期走势具有压制作用。

这里投资者一定要注意,并不是所有的短期下降趋势线出现以后都必须看空。如果短期下降趋势线出现在以慢速上升趋势线为主的走势中,投资者可以不必急于看空。

如果快速下降趋势线出现在以慢速下降趋势线为主的走势中，投资者最好及时停损离场。

所以，当快速下降趋势线出现在以慢速上升趋势线为主的快慢趋势线组合中，除非你是激进型投资者，对市场变化又十分敏感，可适时做空。否则，在这种时候不宜看空、做空，应不理会短期波动，持股待涨。

上升趋势线被有效突破

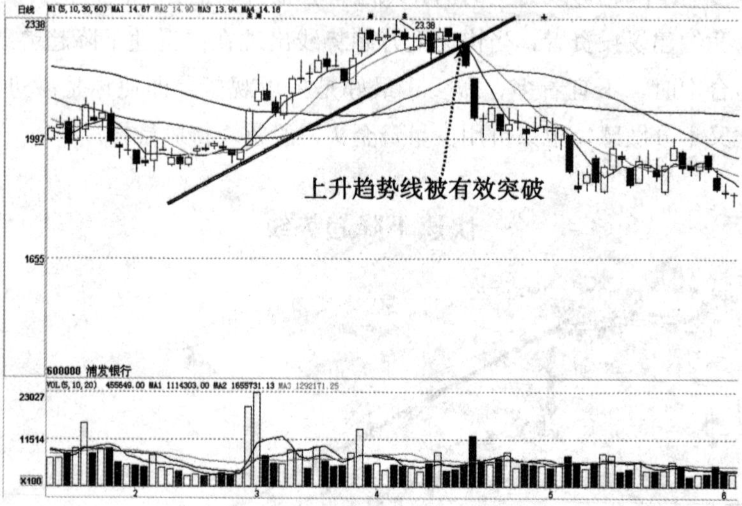

图6—9　上升趋势线被有效突破

上升趋势线被向下突破有两种情况，一种为无效突破，一种为有效突破。

有效突破指的是该股与上升趋势破位处的下跌差幅已超过了3％，并且股价在上升趋势下方收盘的时间超过了3天，如图6—9所示。反之，如果下跌的差幅不及3％，或时间不满3日，可视为无效突破。

从技术上来说，上升趋势线被有效突破之后，性质就起了变化，由原来对股价或指数起支撑作用，转变为起压力作用，压制股价或指数的再度上升。

上升趋势线被有效突破之后，形势对多方非常不利，所以，投资者以退出观望，远离危险之地为佳。当然，上升趋势线没有被有效突破，则另当别论。

下降趋势线被有效突破

根据趋势线理论，当股价或指数往上穿过下降趋势线超过3日，且幅度在3％以上，即可视为下降趋势线被有效突破。如图6—10所示。

一般来说，不管是大盘还是个股，在有效突破下降趋势线之后，都说明做空的

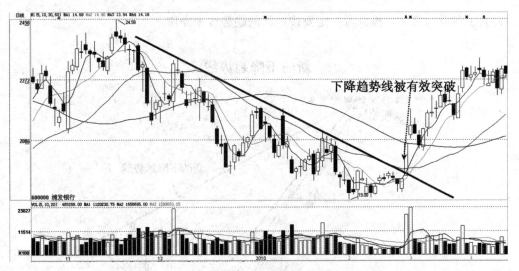

图6-10　下降趋势线被有效突破

能量已经得到充分释放，股价或指数会止跌或者暂时止跌。如果此时再形成一根上升趋势线，那么股价或指数很有可能就此出现止跌扬升的行情。

新的上升趋势线

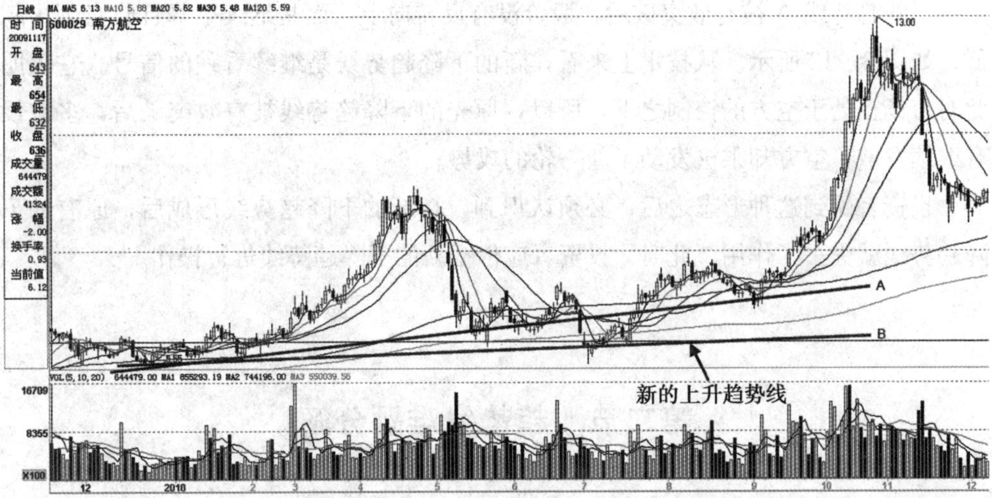

图6-11　新的上升趋势线

原来的上升趋势线 A 被向下突破后，股价没有反转向下，而是继续上升且收盘创出了新高。从技术上来说，新的上升趋势线是做多信号，无论大盘或者个股在新的上升趋势形成后往往都会有一段较好的升势出现。如图6-11所示，在新的上升趋势线形成之后，股价上升的势头是十分明显的。

需要提醒投资者注意的是，在新的上升趋势线形成之后，原来的上升趋势线就失去了参考的意义，投资者一定要按照新的趋势线来操作。

新的下降趋势线

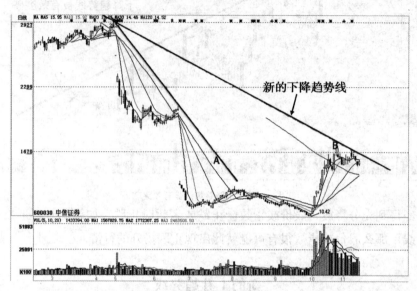

图 6-12　新的下降趋势线

下降趋势线 A 被有效突破后，股价没有反转向上，而是继续下降且收盘创出新低，如图 6-12 所示。从技术上来看，新的下降趋势线是继续看跌的信号。它表明此时市场正处于空方的控制之下，所以，原先的下降趋势线被有效突破后，多方没有继续发威，空方却乘机发动了新一轮的攻势。

投资者见到这种形态之后，必须认识到，在新的下降趋势线形成后，原有的下降趋势线就失去了作用。此时，投资者应依据新的下降趋势线进行操作。

第二节　趋势线难题分解

指数正处于上升趋势中而股价却处于下跌趋势中

很多投资者都有一个这样的疑问：为什么明明处于牛市中，而自己所持有的股票却一直在亏损呢？要回答这个问题，我们就要从指数和个股的趋势线来分析。

如图 6-13 和 7-14 所示，7-13 是上证指数 2007 年的走势图，典型的牛市，7-14 是大盘处于牛市时宁波联合（600051）的走势图。从图中我们可以看到，当

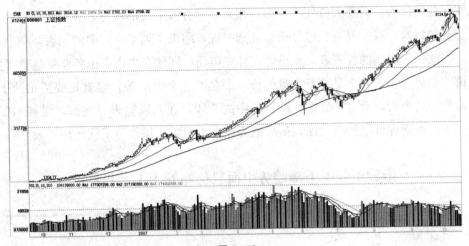

图 6—13

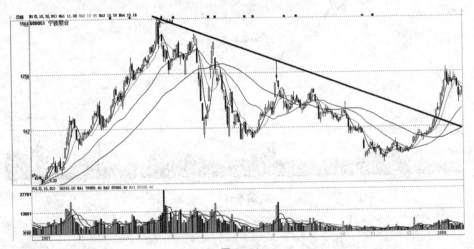

图 6—14

指数处于牛市的时候，个股却正处于下跌的趋势中。为什么会出现这种现象呢？如果我们能解释这种现象，那么，投资者在牛市中却一直处于亏损的状态的问题也就迎刃而解了。

随着规模的扩大，股市中齐涨齐跌的时代已经过去了，也就是说，个股的涨跌已经不完全跟随大盘的走势了，因此牛市熊股和熊市牛股屡见不鲜。

相信很多投资者都了解二八法则。它告诉我们，在任何事物中，起主要作用的都只占 20%，而余下的 80% 占次要地位。股市也不例外，在多达两千只股票的沪深股市中，只有 20% 的股票是涨势凌人的，其余 80% 的股票一般都表现平平，甚至会出现股票逆大势而下跌的情况。

由此，我们可以知道，当大盘处于上涨的趋势中时，并不是所有的个股都会上涨，相反，上涨的个股只占 20%。但很多投资者在实际操作过程中，并未遵循这个原则，他们认为，只要大盘处于牛市，那么，所有的个股都将与之齐头并进，于是，在选股的时候，根本没有经过分析就乱选一气，结果买到了牛市中的熊股。

因此一个成熟的投资者，无论处在什么市场，即使在牛市中也要坚持顺势操作。所谓的顺势操作，并不是顺着大盘的势，而是顺着个股的势，也就是要买正处于上升趋势中的个股，而对于处在下跌趋势中的个股，在其跌势未尽之前，最好不要轻易买入，否则有可能越跌越深，最后沦为在牛市中赚了指数亏了钱的伤心人。

指数正处于下降趋势中而股价却处于上升趋势中

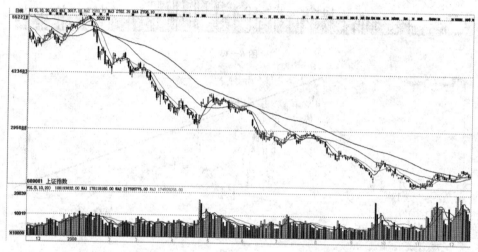

图 6—15

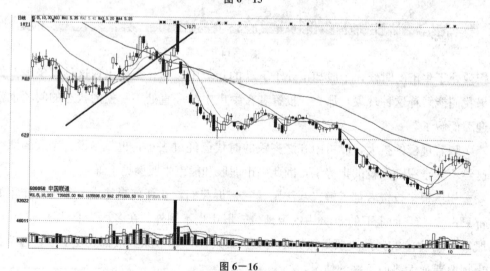

图 6—16

如图 6—15 所示，大盘在 2008 年一路下跌，个股（如图 6—16）中国联通（600050）虽然在 2008 年 4 月份的时候走出了一段上涨的行情，但很快，受大盘整体局势看淡的影响，股价突破上升趋势线之后，开始了进一步的下跌。

投资者首先应该明白，当大盘处于空头市场的时候，做任何股票，包括正在上升通道中的股票都要冒很大的风险。这些在上升通道中的股票说不定什么时候来个补跌，那就惨了。因此，我们主张，持币的投资者要耐得住寂寞，不轻易买进这些股票。但是，我们也必须承认这样一个事实：在大盘不断翻绿的情况下，一些能逆市上涨的强势股，说不定蕴藏着某种潜在的利好题材，日后会有一个出色的表现。

因此，手里持有这种股票的投资者可采取谨慎做多的策略。方法是：只要手中股票的价格能在上升趋势线上方运行，就一路持股；但一旦发现股价跌破上升趋势线，跌幅超过3％，或连续三天都收盘在上升趋势线的下方，就先退出观望。

有的投资者有疑问了，为什么在多头市场和空头市场中操作股票的原则是不一样的呢？这是因为前者整体局势看好，而后者整体局势看淡，如果等个股向下有效突破之后再离场，股价有可能已经跌得很惨了。

还有很重要的一点，那就是炒股者的人气，熊市中，人气十分散淡，一旦确认个股向下有效破位，就可能出现无人接盘的现象。所以，投资者在熊市中选股一定要非常谨慎。

第三节　平滑异同移动平均线（MACD）的识别与练习

"拒绝死叉"的识别与练习

投资者也许经常在股票交易中听到这样一个形象生动的名词："死叉"。往往当一只个股出现这种现象便意味着多头在布置陷阱准备出货。那么什么是"死叉"呢？所谓"死叉"就是一根时间短的均线在上方向下穿越时间长一点的均线，然后这两根均线方向均朝下，反之则为"金叉"。一般来说，"死叉"是卖出信号，而"金叉"是买入信号，但这需要结合均线系统的组合时间周期来判断是短线买卖还是中线波段买卖。特别需要注意的是，均线交叉之后两根均线的方向如果不是一致朝上或者朝下的，那就是普通的均线交叉，而不是"死叉"或者"金叉"。

如图6-17、7-18所示，"死叉"具体到MACD指标中，就是DIFF指标（短期移动平均线）向下交叉DEA指标（长期移动平均线），而"金叉"是DIFF指标向上交叉DEA指标。

一般说来，MACD指标出现"死叉"是典型的卖出信号，而"拒绝死叉"则是

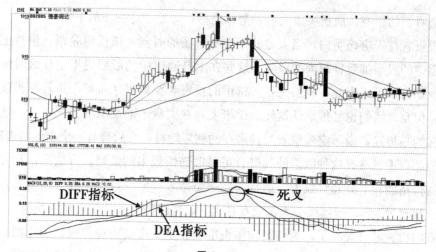

图 6—17

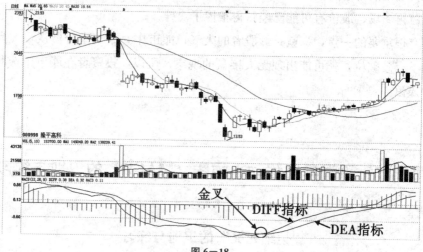

图 6—18

短线套利的黄金买点。如图 6—19 所示，所谓"拒绝死叉"，是指当 DIFF 指标在向上交叉 DEA 指标，并保持向上的势头运行一段时间后，会累积一定的获利盘。在这个时候，主力必将选择把获利的跟风盘"洗"出局，而洗盘的结果就是股价短时间内大幅下跌。股价下跌，导致 DIFF 指标也会缓慢向下，但由于股价向上运行的趋势没有改变，DEA 指标仍然会缓慢向上，当它与 DIFF 指标即将产生"死叉"的时候，往往会出现股价回调结束，主力大力抬升股价，为自己出货做准备的情况，这就导致 DIFF 指标在即将"死叉"DEA 指标的时候反身向上运行，这种现象被形象地称为"拒绝死叉"。随着"拒绝死叉"现象的出现，股价不但必然会向上运行，而且价格一般至少能攀升至前期头部。因此，当 MACD 指标出现"拒绝死叉"时，就是投资者入场的最好时机。

从具体操作上来说，当投资者发现 MACD 指标即将"死叉"的时候，就应该引

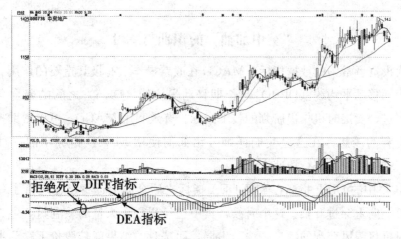

图 6—19

起重视，随时准备介入。一般情况下，敢于冒险的投资者可以提前介入，只要每天关心指标不死叉就可以了，而保守点的投资者可以在 MACD 指标"拒绝死叉"出现并反身向上的一瞬间介入，这样，至少能够保证当天快速套利。事实上，有些股票每次 MACD 指标即将死叉的时候都会反身向上，当投资者掌握了这样的走势以后，完全可以从容介入，直到这一规律不再存在为止。

我们举例来看，如图 6—20 所示，该股在 2008 年 12 月 1 日 DIFF 指标向下逼近 DEA 指标，有"死叉"的危险，结果却在第二个交易日被展开拉起，反身向上，形成了"拒绝死叉"的形态。投资者如果此时入场，便能以 7.65 元的最低价抄底，并在 2008 年 12 月 11 日股价攀升至前期最高点 10.50 元时卖出，从容实现快速套利。无独有偶，在 2009 年 4 月 9 日，该股再次出现"拒绝死叉"的 MACD 形态，股价由最低的 11.12 元暴涨至 4 月 16 日的 15.20 元，涨幅达 36%。

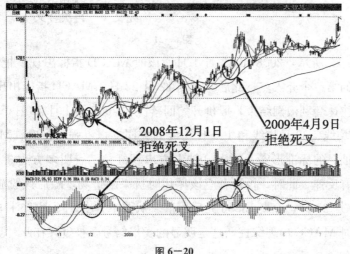

图 6—20

"空中加油"的识别与练习

作为投资者常用的数据指标，MACD 在股票操作上有极其重要的作用。它是一项利用短期移动平均线（DIFF）与长期移动平均线（DEA）之间的聚合与分离状况，对买进、卖出时机作出研判的技术指标。有效利用 MACD，可以帮助投资者实现快速套利的梦想。在这里我们详细介绍如何使用 MACD 指标中的一种特殊情况——"空中加油"进行快速套利。

MACD 中的 DIFF 指标在金叉 DEA 指标之后会向上运行，在运行了一个时间段后有可能向上穿过 0 轴。这个时候，盘中已经累积了大量的获利盘，主力会选择适当的时机将跟风获利的散户"洗"出局，而洗盘的结果就是股价下跌。由于股价下跌，DIFF 指标也会缓慢向下；而主力在洗盘完成后肯定会吸货拉升股价，因此 DEA 指标仍会向上运行。当它与 DIFF 指标交叉便形成死叉，此时如果股价在重要的支撑点获得有力支撑，DIFF 指标便会在 0 轴以上再次金叉 DEA 指标，这就是我们所说的"空中加油"（如图 6—21）。

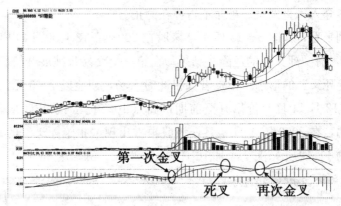

图 6—21

如图 6—22 所示，2008 年 12 月 1 日，该股 MACD 指标出现"拒绝死叉"，这便是投资者的第一个介入点，此后一直到 12 月 22 日，MACD 指标出现"死叉"为止，第一波快速套利浪潮结束，股价开始回落。在 2009 年 1 月 20 日，该股在 10 日均线、20 日均线、30 日均线和 120 日均线的共同支撑下强力拉升，MACD 指标出现"空中加油"的标准形态，同时 0 轴上方出现红柱，表明多方力量开始占上风，股价马上会有反弹。此时，投资者应该抓住时机果断进场，随后该股放量上涨，直到 2009 年 2 月 23 日，摸高 13.56 元后回落。从图中看出，12 月 26 日的阴线下穿 5 日均线，同时 MACD 出现绿柱，这是明显的卖出信号，投资者在此时卖出便可产现快速套利。

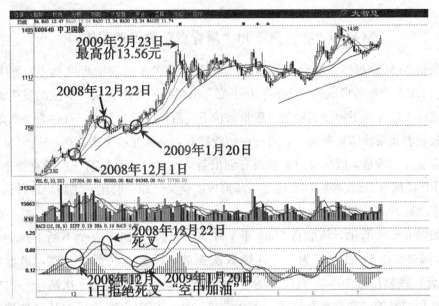

图 6—22

再比如，宏达股份（600331）。它在 2009 年 3 月 19 日第一次金叉，出现第一个短线介入点，于 4 月 8 日回调后至 4 月 13 日出现"空中加油"形态，迅速拉升。不过股价拉升速度过快，而且没有强力支撑点的支撑，已经超越前期头部位置，这样的介入风险性很大，因为股票的上涨是没有规律的，对于谨慎的投资者而言，这样的"空中加油"很难把握，如果已经进入最好在股价跌破 5 日均线的时候选择离场，套现观望（如图 6—23）。

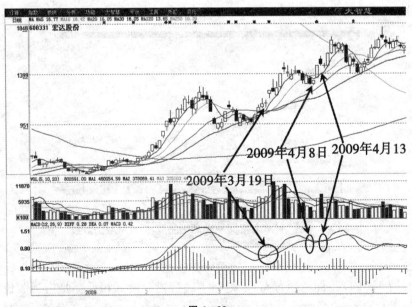

图 6—23

MACD "底背离" 和 "顶背离" 的识别与练习

所谓 MACD 指标 "底背离"，指的是股价出现两个或三个近期低点，而 DIFF 指标与 DEA 指标所形成的 "金叉" 并不配合出现新的低点。这种情况的发生说明，空方实际上已无向下做空的能量，股价破位下行所产生的新低点，往往是空头陷阱，此时投资者如果能够果断买入，进行中短线持有，必然能够快速套利。

需要注意的是，股价有时虽然没有创出新的低点，只是与前一次低点持平，然而 DIFF 指标与 DEA 指标在 0 轴之下所形成的金叉，却一底比一底高，这种情况仍然属于 "底背离" 现象。

如图 6-24 所示，该股自 2008 年 7 月 30 日起，走出了一个不断下探的大跌势，到 2008 年 11 月 6 日为止，连续数次探底，而且一底低于一底，最低收于 4.10 元，跌幅接近 70%，而此时的 MACD 指标却呈现出金叉一次高于一次的态势，这是明显的 "底背离" 现象，预示着该股将有较大力度的反弹甚至加速上涨势头，投资者此时完全可以放心大胆地进入抄底，必能快速套利。随后，该股出现 MACD 指标双线合一，表明该股正在酝酿突破，投资者此时可以耐心等待。2008 年 11 月 7 日，MACD 双线呈现向上开口，该股的向上突破势头显露无疑，这是投资者的黄金买点。此后，该股发力上攻，连拉 7 根阳线，从 11 月 6 日的最低价 4.10 元直飘至 11 月 19 日的最高价 5.95 元，涨幅达 45%。事实证明，MACD 指标的底背离预示着个股的下跌势头终止，上升通道即将打开，是典型的抄底信号。

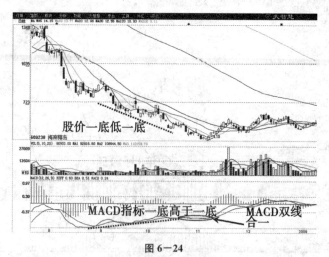

图 6-24

而所谓 MACD 指标 "顶背离"，则与 "底背离" 恰好相反，是指当股价一波比一波高时，相对应的 DIFF 指标和 DEA 指标所形成的交叉点却一点比一点低，这种背离现象的出现，意味着股价运行趋势即将发生反转，同时要进行深幅的下跌，所以当 MACD 指标第一次形成"顶背离"时，投资者就应高度警觉，进行减仓操作或卖出筹码。如遇特殊情况，又发生了第二次"顶背离"，应果断地清仓离场，因为连续的"顶背离"往往意味着个股崩盘。

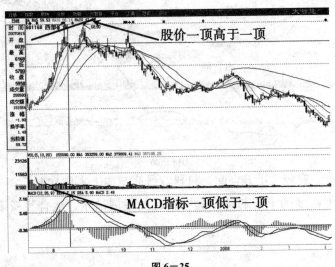

图 6—25

如图 6—25 所示，西部矿业（601168）自 2007 年 7 月开始掀起一波快速拉升狂潮，股价一顶高于一顶，于 2007 年 8 月 28 日再创新高：68.50 元，可是与此格格不入的是 MACD 指标却呈现出明显的"顶背离"态势，一顶低于一顶，这预示着股价即将深幅下跌。该股此后便一路下滑，不断创出新低，直到 2008 年 11 月 4 日方才随着大盘回暖止跌回升，最低价位是 5.30 元，跌幅竟高达 92%。投资者如果在实战中看见类似 MACD 形态，不要犹豫，应迅速在高点将筹码抛出，否则必将被套。

MACD 双线合一的识别与练习

在选股时，选择 MACD 指标中 DIFF 指标和 DEA 指标双线合一的个股，风险相对较低，是一种相对安全的选股方法，因为其技术指标相当容易掌握，所以适合投资者借鉴。

如图 6—26 所示，DIFF 指标和 DEA 指标双线合一所出现的位置一般有三处：山谷底、安全区和半山腰。

1. "山谷底"。

如果 DIFF 指标和 DEA 指标在 0 轴以下较远处双线合一，就好像处于两山之间的山谷深处，我们就其称为"山谷底"MACD 指标双线合一，此时个股的股价位于

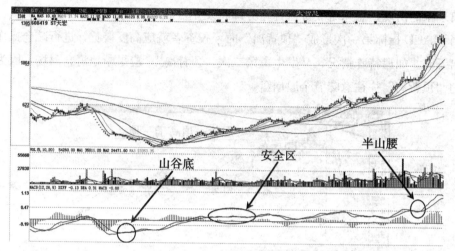

图 6—26

相对的历史低点，有较大上升空间，只要双线张口向上，则在此后相当长一段时间内，会出现较大幅度的上涨趋势，具有较好的发展前景，适合投资者进行中长线投资。

2. "安全区"。

如果 DIFF 指标和 DEA 指标在 0 轴附近不远处双线合一，就好像在爬山过程中出现的一条没有坡度的平坦山路，可以称之为"安全区"MACD 指标双线合一，此时股价已经有所攀升，但远未达到顶峰，在平台之中横盘，没有大幅度的上下波动。只要 MACD 双线张口向上，则会出现较为缓慢的上涨趋势，多空双方力量相差不大，搏斗中多方占优，但优势并不明显。如果个股出现这样的 MACD 走势，则适合投资者进行中短线投资，利润略低但风险也小。

3. "半山腰"。

如果 DIFF 指标和 DEA 指标在 0 轴以上较高处双线合一，从图形上看就好像登山者已经爬上半山腰，稍作休息准备最后的冲刺，则称之为"半山腰"MACD 指标双线合一。此时多头在安全区内已经积蓄了充足的上行能量，一旦双线开口向上则会以摧枯拉朽之势向空头发起猛攻，股价会在极短时间内出现巨大涨幅，这是投资者短线操作的黄金买入点，短期内会给投资者带来巨大收益，只是此种情形风险较大，一旦多头力量衰竭，空头便会发起反攻，而股价也会像雪崩一样急剧下跌。所以投资者在操作时务必快进快出，切莫贪心。

上述现象便是我们所说的 MACD 双线合一的三种不同情况，需要注意的是所谓的双线合一并不要求 DIFF 指标的数值一定要与 DEA 指标的数值完全相等（重叠），只要非常接近就可以了。这种技术指标的构造过程一般说明该股已经面临突破，往上突破和往下突破均有可能，所以此时投资者不宜急于介入，以免判断错误导致资金损失。只有当 DIFF 指标和 DEA 指标明显向上张口，而 DIFF 指标同时又大于 DEA 指标数值时，才是最佳的介入时机。

一般说来，追求资金安全、偏爱长线的投资者应该选择"山谷底"MACD 双线合一型个股；而喜欢冒险、偏爱短线的投资者除了可以选择"山谷底"型和"安全区"型 MACD 双线合一的个股外，还可以用超短线的手法去追击"半山腰"MACD 双线合一的个股，但务必要快进快出。

如图 6—27 所示，2009 年 1 月 12 日至 2 月 3 日，该股出现了 MACD 双线合一现象，说明该股正在酝酿突破，不过突破方向尚不确定。此时切莫心急买入，可能随之而来的不是暴涨而是暴跌。2 月 4 日，该股的 DIFF 指标和 DEA 指标向上张口，该股的向上突破势头显露无疑，这是是黄金买点。此后，该股发力上攻，从 2 月 5 日的最低点 4.44 元直飙至 2 月 26 日的最高点 7.49 元，涨幅达 68%。但是 2 月 26 日当天，收出长上影线，表明多头力量已经是强弩之末，空头开始组织反抗，这是一种明确的短线卖出信号。

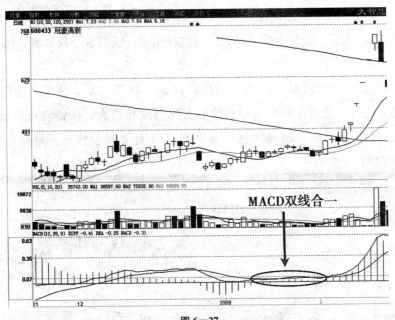

图 6—27

一旦某只个股出现 MACD 双线合一现象，则说明该股正面临突破，主力正加紧运作，这时投资者可以先行观望，等双线明显往上张口时再果断介入。出现这种技术指标的个股爆发力通常强劲，但一旦往下调头也会大跌，所以介入这类个股最好参考 5 日、10 日和 20 日均线等超短线指标。一般来说，如果这类个股的 20 天、30 天和 60 天等均线呈多头排列，投资者便可以大胆介入，否则较为稳妥的方式是以中线心态介入"山谷底"MACD 双线合一的个股。

DIFF 指标上穿 0 轴的识别与练习

当 DIFF 指标由下往上穿越 0 轴的时候，表明一个多头市场的扬升即将开始，市场的性质将由连续下跌的空头市场进入到不断上升的多头市场。DIFF 指标上穿 0 轴的那一天会特别引起主力的重视，它是短线操作快速套利难得的买点。投资者应该在股价回调到 5 日平均线时逢低吸纳，必要时可以追涨（如图 6－28）。

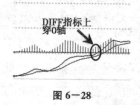

图 6－28

如图 6－29 所示，中国国航（601111）在 2009 年 3 月 13 日，DIFF 指标与 DEA 指标"金叉"，从这一天起，该指标就开始了缓慢上升之路，引起投资者的高度注意。不过此时 DIFF 指标还处于 0 轴之下，谨慎些的投资者可以暂时观望。三个交易日之后，DIFF 指标上穿 0 轴，同时红柱出现，这就告诉投资者，可以大胆介入了。

再来看看 5 日均线，从图上可以看出，自 3 月 11 日之后，该股的股价一直在 5 日均线之上运行，说明 5 日均线对股价的支撑力度相当大，投资者可以放心入场。随后该股一路上扬，而且出现巨量，于 2009 年 4 月 2 日股价升至最高点 7.12 元，涨幅高达 61%。

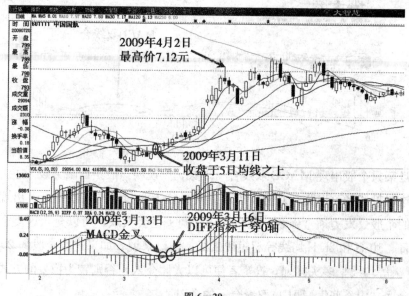

图 6－29

第四节　其他几种常用的技术分析指标的识别与练习

人气指标（AR）和意愿指标（BR）

人气指标（AR）和意愿指标（BR）都是以分析历史股价为手段的技术指标，其中人气指标较重视开盘价格，从而反映市场买卖的人气；意愿指标则较重视收盘价格，反映的是市场买卖意愿的程度，两项指标分别从不同角度对股价波动进行分析，达到追踪股价未来动向的目的。

1. 人气指标（AR）的基本原理。

人气指标（AR）又称买卖气势指标，是反映市场当前情况下多空双方争斗结果的指标之一。市场人气旺则多方占优，买入活跃，股价上涨；反之，人气低落，交易稀少，人心思逃，则股价下跌。AR 选择的市场均衡价位是每个交易日的开盘价，分别比较当天最高价、最低价，来反映市场买卖人气。以最高价到开盘价的距离描述多方向上的力量，以开盘价到最低价的距离描述空方向下的力量。

（1）人气指标的计算公式。

AR＝N 日内（H－O）之和÷N 日内（O－L）之和

其中：H＝当日最高价；L＝当日最低价；O＝当日开市价

N 为公式中的设定参数，一般为 26 日。

（2）人气指标的基本应用法则。

①AR 值以 100 为中轴，即买卖气强弱相等。当 AR 值在±20（即 80～120 区间）波动时，属盘整行情，股价走势比较平稳，不会出现剧烈波动，投资者可相机行事。

②AR 值走高时表示行情活跃，人气旺盛，过高则表示股价进入高价区，应选择时机退出，AR 值的高度没有具体标准，一般来说，当 AR 值上升到 150 以上时，可视为卖出信号，股价可能出现回落。

③AR 值走低时表示人气衰退，过低则暗示股价可能跌入低谷，可考虑伺机介入，一般 AR 值跌至 60 以下时，股价有可能随时反弹上升，若低于 50，则属于严重超卖，反弹力度加大。

④从 AR 曲线可以看出一段时期的买卖气势，并具有先于股价到达峰顶或跌入谷底的功能，观图时主要凭借经验，以及与其他技术指标配合使用。

2. 意愿指标（BR）的基本原理。

意愿指标是以前一交易日收市价为基础，分别与当日最高、最低价相比，通过一定时期收市价在股价中的地位，反映市场买卖意愿的程度。意愿指标的计算公式为：

BR＝N日内（H－CY）之和÷N日内（CY－L）之和

其中：CY＝前一交易日收市价，N为公式中的设定参数，一般设定值同AR一致。

（2）意愿指标的基本应用法则。

①BR值的波动较AR值敏感，当BR值在70—150之间波动时，属盘整行情，应保持观望。

②BR值高于400时，股价随时可能回档下跌，应择机卖出；BR值低于50时，股价随时可能反弹上升，应择机买入。

一般情况下，AR可以单独使用，BR则需与AR并用，才能发挥效用，因此，在同时计算AR、BR时，AR与BR曲线应绘于同一图内，AR与BR合并后，应用及研判的法则如下：

1. AR和BR同时急速上升，意味股价峰位已近，持股者应注意及时获利了结。

2. BR比AR低，且指标低于100时，可考虑逢低买进。

3. BR从高峰回跌，跌幅达1.2时，若AR无警戒讯号出现，应逢低买进。

4. BR急速上升，AR盘整小回时，应逢高卖出，及时了结。

威廉指数（W％R）

威廉指标（W％R），又叫威廉超买超卖指标，由拉瑞·威廉于1973年首创，属于分析市场短期买卖趋势的技术指标，与随机指标的概念类似。其意义是表示某天的收盘价在过去一定天数全部价格范围中的相对位置，其作用是揭示市场超买与超卖的状态。它最早被应用于期货市场，后来在股票市场得到普遍应用。

威廉指数计算公式与强弱指数一样，计算出的指数值在0至100之间波动，不同的是，威廉指数的值越小，市场的买气越重，反之，市场卖气越浓。应用威廉指数时，一般有以下几点基本法则：

1. 当W％R线达到80时，市场处于超卖状态，股价走势随时可能见底。因此，80的横线一般称为买进线，投资者在此可以伺机买入；相反，当W％R线达到20时，市场处于超买状态，走势可能即将见顶，因此20的横线被称为卖出线。

2. 当W％R从超卖区向上爬升时，表示行情趋势可能转向。一般情况下，当

W％R突破50中轴线时，市场由弱市转为强市，是买进的讯号；相反，当W％R从超买区向下跌落，跌破50中轴线后，可确认强市转弱，是卖出的讯号。

3. 由于股市气势的变化，超买后还可再超买，超卖后亦可再超卖，因此，当W％R进入超买或超卖区后，行情并非一定立刻转势。只有确认W％R线明显转向，跌破卖出线或突破买进线，方为正确的买卖讯号。

4. 在使用威廉指标对行情进行研判时，最好能够同时使用强弱指数配合验证。同时，当W％R线突破或跌穿50中轴线时，亦可用以确认强弱指数的讯号是否正确。因此，投资者如能正确应用威廉指标，发挥其与强弱指数在研制强弱市及超买超卖现象时的互补功能，就可得出对大势走向较明确的判断。

动量线指标（MOM）

动量线（MOM）是表示一段时间内股价涨跌变动的比率，它将每日动量值连为曲线形成动量线，该指标属于超买超卖型指标。

动量线研究股价在波动过程中各种加速、减速、惯性作用以及股价由静到动或由动转静的现象，它根据股价波动情况围绕中心线周期性往返运动，反映股价波动的速度，借以判断股价的"峰顶"和"谷底"，其理论基础是价格和供需量的关系。运用动量线时，结合动量线移动平均线使用，通常可以取得更好的效果。

1. MOM指标的计算公式为：

MOM＝C－Cn

其中：C为当日收市价，Cn为N日前收市价，N为设定参数，钱龙系统默认的动量线天数参数为12日，动量线平均线参数为6日。

2. MOM指标的应用法则。

MOM的超买超卖界限随个股不同而不同，使用者须自行界定，一般以0轴为中心线，0轴的上、下方分成六等份的超买超卖区，分别为＋1、＋2、＋3和－1、－2、－3。

（1）极端行情：12日MOM＞＋3时，股价强劲上升，强势特征显著，投资者不必急于沽售，可等待指标出现顶背离时再卖出；12日MOM＜－3时，股价持续回落，弱势特征显著，投资者不可轻易抢反弹，应等待指标出现底背离时再择机买入。

（2）中级行情：12日MOM＞＋2时，波段性上升行情可能结束；12日MOM＜－2时，波段性下跌行情可能结束。

（3）短线行情：12日MOM上升至＋1时，股价面临调整压力；12日MOM下跌至－1时，股价面临反弹要求。

此外，通常用25日MOM来研判中线行情，以0轴为中心线，当25天MOM＞0轴时，表明目前处于中线多头行情；当25天MOM＜0轴时，表明目前处于中线空头行情。同时，投资者也可以利用移动平均线应用规则，通过动量线与动量线平均线的位置关系进行分析。

相对强弱指数（RSI）

RSI（相对强弱指数）指标是判断买卖力强弱程度的一种技术分析指标，可以用来预测股价未来的趋势，通过计算一定时期内股价平均收盘涨数、平均收盘跌数及其变化的关系，来分析市场买卖双方的强弱程度。一般情况下，很多投资者和专家都十分看重个股或大盘的RSI指标。当个股或大盘的RSI指标值出现高位钝化时，他们一般会以此来决定是否抛出手中的股票或看淡后市。反之，若个股或大盘的RSI指标值跌至20以下，许多投资者会把这当作买入信号。

对某种股票的过度买入称之为超买，反之，对于某种股票的过度卖出则称之为超卖。股市上，经常会出现因某种消息的传播而使投资者对大盘或个股作出强烈的反应，以致引起股市或个股过分的上升或下跌，于是便产生了超买超卖现象。当投资者的情绪平静下来以后，超买超卖所造成的影响会逐渐得到适当的调整。因此，超买之后股价会出现一段回落；超卖之后，股价则会出现相当程度的反弹。

一般可以把RSI指标超过70的认为是超买，在30以下的认为是超卖。但对于变化起伏比较剧烈的市场，或有理由认为能够形成趋势行情的市场，可以设定RSI指标在80以上的为超买区，在20以下的为超卖区。

由于RSI指标实用性很强，因而被多数投资者所喜爱。虽然，RSI指标可以领先其他技术指标提前发出买入或卖出信号，但投资者应当注意，它同样也会发出误导的信息。由于多方面的原因，该指标在实际应用中也存在盲区。RSI指标只是从某一个角度观察市场后给出的一个信号，所能提供给投资者的只是一个辅助的参考，并不意味着市场趋势就一定向RSI指标预示的方向发展。尤其在市场剧烈震荡时，投资者更应参考其他指标进行综合分析，不能简单地依赖RSI的信号来作出买卖决定。

在"牛市"和"熊市"的中间阶段，RSI值升至90以上或降到10以下的情况时有发生，此时指标钝化后会出现模糊的误导信息，若依照该指标操作可能会出现失误，错过盈利机会或较早进入市场而被套牢。很多投资者都曾经买到过超级黑马股，它们后来走出了翻番，甚至翻两番的大行情，可惜的是，买过这些大牛股的投资者几乎无人持股到最后，都在中途退场。原因很简单，就是他们太过注重 RSI 指标，一旦发现该指标过高时无不获利了结、离场观望。

一般而言，RSI 值在 40 到 60 之间研判的作用并不大。按照 RSI 的应用原则，当 RSI 从 50 以下向上突破 50 分界线时代表股价已转强；RSI 从 50 以上向下跌破 50 分界线则代表股价已转弱。但实际情况却经常让投资者一头雾水，有时股价由强转弱后却不跌，由弱转强后却不涨。这是因为在常态下，RSI 会在大盘或个股方向不明朗而盘整时，率先整理完毕并出现走强或走弱的现象。

如图 6-30 所示，中水渔业（000798）在 2009 年 2 月结束横盘，多头开始拉升股价。具有戏剧性的是，多头刚开始发力，RSI 指标就出现了大于 80 的预警信号，此时如果投资者过于相信 RSI 指标，不参考别的技术指标，在此抛出手中筹码，就会错过一整个上升段，从而懊悔不已。此后，随着多头的持续发力，该股股价一路扬升，2009 年 2 月 23 日摸高至 7.57 元，此时的 RSI 指标再一次大于 80，这才是真正的出局点。由此例可以看出，投资者在运用 RSI 指标进行交易时，务必要和成交量、量价关系、MACD 等其他指标结合起来使用，单独使用 RSI 指标有时会得到错误的信息。

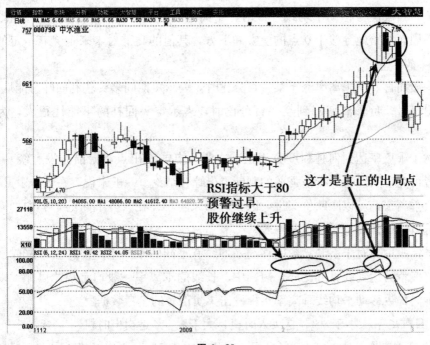

图 6-30

RSI 指标的应用十分广泛，在掌握了该指标的基本应用原则后，还应在市场中多加观察和体会，才能逐渐加深对 RSI 特性的了解和认识，更好地用该指标来指导实际操作。

乖离率（BIAS）

乖离率，简称 Y 值，是移动平均原理派生的一项技术指标，其功能主要是通过测算股价在波动过程中与移动平均线出现偏离的程度，从而得出股价在剧烈波动时因偏离移动平均趋势而可能造成的回档或反弹，以及股价在正常波动范围内移动而形成继续原有趋势的可信度。

乖离度的测市原理建立在如果股价偏离移动平均线太远，不管在其上或其下，都有可能趋向平均线这一原理上。而乖离率则表示股价偏离趋向指标的百分比值。

1. 计算公式。

Y 值＝（当日收市价－N 日内移动平均收市价）÷N 日内移动平均收市价×100%

其中，N 为设定参数，可根据选用的移动平均线日数设立，分别用以研判短、中、长期走向，一般分定为 6 日，10 日和 60 日。

2. 运用原则。

乖离率分正乖离和负乖离。当股价在移动平均线之上时，其乖离率为正，反之则为负，当股价与移动平均线一致时，乖离率为 0。随着股价走势的强弱和升跌，乖离率周而复始地穿梭于 0 点的上方和下方，其值的高低对未来走势有一定的测市功能。

一般而言，正乖离率涨至某一百分比时，表示短期间多头获利回吐可能性很大，为卖出讯号；负乖离率降到某一百分比时，表示空头回补的可能性很大，为买入讯号。

对于乖离率达到何种程度方为正确之买入点或卖出点，目前并没有统一标准，使用者可凭观图经验对行情强弱的判断得出综合结论。一般来说，在大势上升市场，如遇负乖离率，可以顺跌价买进，因为进场风险小；在大势下跌的走势中如遇正乖离，可以待回升高价时，出脱持股。

虽然股价相对于不同日数的移动平均线有不同的乖离率，但除去暴涨或暴跌会使乖离率瞬间达到高百分比外，短、中、长线的乖离率一般均有规律可循。以下是根据不同日数移动平均线乖离率指标发出买卖信号的参考数据：

6 日乖离率：小于－3%是买入时机，大于 3.5%是卖出时机；

10 日乖离率：小于－4.5%是买入时机，大于 5%是卖出时机；

60 日乖离率：小于－10%是买入时机，大于 10%是卖出时机。

动向指数（DMI）

动向指数（DMI）又叫移动方向指数或趋向指数，属于趋势研判的技术性指标，其基本原理是通过分析股票价格在上升及下跌过程中供需关系的均衡点，即供需关系受价格变动之影响而发生由均衡到失衡的循环过程，从而提供对趋势判断的依据。

动向指数在应用时，主要是分析上升指标＋DI（PDI），下降指标－DI（MDI）和平均动向指数 ADX 三条曲线的关系，其中＋DI 和－DI 两条曲线的走势关系是判断出入市的讯号，ADX 则是对行情趋向的判断讯号。

动向指数是一种对股价趋势的分析工具，因此采集一定天数的平均指标更能反映市场趋势。平均指标的采样天数过多，指数摆动会过于平滑，采样天数过少，指数摆动又过于敏感，因此一般以 14 日采样作为运算的基础天数。

14 日的±DM 即±DM14 为 14 天的±DM 之和。计算上升指标和下降指标分别是将其上升的动向值和下降的动向值除于真实波幅值。即：

＋DM14＝＋DM14÷波幅 TR14。

－DM14＝－DM14÷波幅 TR14

1. 上升指标＋DI 和下降指标－DI 的应用法则。

（1）走势在有创新高的价格时，＋DI 上升，－DI 下降。因此，当图形上＋DI14 从下向上递增突破－DI14 时，显示市场内部有新的多头买家进场，愿意以较高的价格买进，因此为买进讯号。

（2）相反，当－DI14 从下向上递增突破＋DI14 时，显示市场内部有新的空头卖家出货，愿意以较低价格沽售，因此为卖出讯号。

（3）当走势维持某种趋势时，＋DI14 和－DI14 的交叉突破讯号相当准确，但走势出现牛皮盘档时，应将＋DI14 和－DI14 发出的买卖讯号视为无效。

2. 平均动向指标 ADX 的应用法则。

（1）趋势判断。

当行情走势朝向单一方向发展时，无论是涨势或跌势，ADX 值都会不断递增。因此，当 ADX 值高于上日时，可以断定当前市场行情仍在维持原有趋势，即股价会继续上涨，或继续下跌。特别是当＋DI14 与 ADX 同向上升，或－DI 与 ADX 同向上升时，表示当前趋势十分强劲。

（2）牛皮市判断。

当走势呈牛皮状态，股价新高及新低频繁出现，＋DI 和－DI 愈走愈近，反复交叉时，ADX 将会出现递减。当 ADX 值降至 20 以下，且出现横向移动时，可以断定市场为牛皮市。此时趋势无一定动向，投资者应持币观望，不可依据±DI14发出的讯号而入市。

（3）转势判断。

当ADX值从上涨高点转跌时，显示原有趋势即将反转，如当前处于涨势，表示跌势临近，如当前处于跌势，则表示涨势临近。此时±DI有逐渐靠拢或交叉之表现。ADX在高点反转数值无一定标准，一般以高度在50以上转跌较为有效。观察时，ADX调头向下，即为大势到顶或到底之讯号。当走势维持某种趋势时，+DI14和－DI14的交叉突破讯号相当准确，但当走势出现牛皮盘档时，应将+DI14和－DI14发出的买卖讯号视为无效。

在使用动向指数DMI的时候，要掌握以下三个基本要领：

1. +DI、－DI和ADX这几个指标，一定要结合起来使用，同时还要配合其他技术指标共同研判。

2. DI上升、下降的幅度均在0至100之间。+DI值逐步放大，－DI值缩小，说明多头开始发力，股指可能会提高，投资者可以建仓。反之，若空方实力强，－DI值逐步放大，+DI值逐步缩小，股指会下落，投资者应该减仓。投资者可根据+DI、－DI的变化趋向，摸清多空双方的实力，择机而动。

3. 如果+DI大于－DI，在图形上则表现为+DI线从下向上穿破－DI线，这反映了股市中多方力量加强，股市开始上升，为买进时机。如果－DI大于+DI，在图形上则表现为－DI线从上向下穿透+DI线，反映股市中空头正在进场，股市有可能低走，是卖出的时机。如果+DI和－ID线交叉且幅度不宽时，表明股市进入盘整行情。投资者可以观察一段，伺机行事，不宜过早操作。

腾落指数（ADL）

腾落指数（ADL）是以股票每天上涨或下跌的家数作为计算与观察的对象，通过了解股市人气状况，探测股市内在的资金动能是强势还是弱势，研判股市未来动向的技术性指标。

腾落指数只反映大势的走向与趋势，不对个股的涨跌提供讯号。由于股价指数在一定情况下受制于权重大的个股，因此当这些个股发生暴涨或暴跌时，股价指数则可能反应失真，从而给投资者提供不确切的信息。腾落指数则可弥补这类缺点，看图时应将二者联系起来共同分析。

一般情况下，股价指数上涨，腾落指数也随之上升，股价指数下跌，腾落指数也随之回落，在二者趋同的情况下，可以对升势或跌势予以确认。但如股价指数异动而腾落指数横行，或两者反方向波动，不能互相印证，则说明大势不稳，不宜贸然入市。

1. 计算公式。

腾落指标（ADL）＝ $\sum$（上涨家数－下跌家数）

2. 应用法则。

（1）股价指数持续上涨，腾落指数随之上升，表明股价可能将继续上升。

（2）股价指数持续下跌，腾落指数随之下降，表明股价可能将继续下跌。

（3）股价指数上涨，腾落指数却下降，表明股价可能回落。

（4）股价指数下跌，腾落指数却上升，表明股价可能回升。

（5）股市处于多头市场时，腾落指数呈上升趋势，其间如突然出现急速下跌现象，接着又立即拐头向上，创下新高，则表明行情有可能再创新高。

（6）股市处于多头市场时，腾落指数呈现下降趋势，其间如突然出现上升现象，接着又掉头下跌，突破原先低点，则表明下跌趋势将延续并创出新低。

一般来说，在多头市场里，要维持上升走势一定要有热点，热门板块大涨小跌，而其余股票则采取轮涨的方式上扬时，上升的趋势是十分稳定的。如果 K 线上升而腾落指数下降，则表明大盘的上升趋势已有所偏离，而涨势不均匀并非是件好事，通常在连续出现这种背离现象时，大势将会逆转。

反之，在空头市场中，K 线下降，但腾落指数掉头向上，则表明多头主力企图以点的攻击增强面的扩张，既然大多数股票已回升，那么大盘的反转也为期不远了。

心理线（PSY）

心理线，简称 PSY，是从股票投资者买卖趋向的心理方面对多空双方的力量对比进行探索。

PSY 心理线通过一段时间内收盘价涨跌天数的多少探究市场交易者的内心趋向，并以此作为买卖股票的参考。通常认为，一段时间内，上涨是多方的力量，下跌是空方的力量，PSY 的取值是上涨天数占该段总天数的比率，以此来描述多空双方的力量对比。

1. PSY 的计算公式及参数。

PSY＝A÷N×100％

其中：N——选取的总天数

A——在这 N 天中股价上涨的天数

判断上涨和下跌均以收盘价为标准。PSY 参数的选择较为灵活，一般选择参数为 10 或大于 10。应该注意的是，参数选得越大，PSY 的取值范围越集中，越平稳，参数选得小，PSY 取值范围上下的波动就大。从多空对比来看，PSY 以 50 为中心，50 以上为多方市场，50 以下是空方市场。

2. PSY 的应用法则。

在盘整局面，PSY 的取值应该在中心 50 的附近，上下限一般定为 25 和 75。PSY 取值在 25 至 75 之间，说明多空双方基本处于平衡状态。如果 PSY 的取值超出了这个平衡状态，就是超买或超卖。

PSY 的取值如果太高或者太低，都是行动的信号。一般说来，如果出现 PSY＜10 或 PSY＞90 这两种极度低和极度高的情况，投资者可以果断地采取买入或卖出的行动。

PSY 的取值在第一次进入采取行动的区域时发出的信号，往往容易出错，第二次出现的行动信号才更为可靠，投资者可等到第二次信号出现时，再行动。

涨跌比率（ADR）

涨跌比率指标的英文全称是 Advance Decline Ratio，故称为 ADR 指标，和 ADL 指标一样，它是专门研究股票指数走势的中长期技术分析工具。

1. ADR 指标原理。

ADR 指标是对一定时期内上市交易的全部股票中上涨家数和下跌家数进行比较，并得出上涨和下跌之间的比值，通过衡量多空双方的变化来判断未来股票市场整体的走势。

2. ADR 指标计算方法。

选择一个适当的日期为基期（通常大多从一段行情的底部或顶部开始计算），其基期数字为零。除了当天股价持平的股票不予计算外，以 10 天为单位（注），将每天上涨的股票家数相加，另外亦将每天下跌的股票家数相加，再将两者相除。即：

10 天 ADR 涨跌比率＝10 天内上涨股票家数之和÷10 天内下跌股票家数之和。

ADR 指标与 ADL 指标不同，它不仅有日 ADR 指标，还有周 ADR 指标、月 ADR 指标和年 ADR 指标，甚至被精细化到分钟 ADR 指标等多种类型。

ADR 指标参数的选择在 ADR 技术指标研判中占有重要的地位，不同的参数选择对行情的研判可能带来不同的结果。

3. ADR 指标研判标准。

ADR 指标的研判标准一般集中在 ADR 数值的取值范围和 ADR 曲线与股价综合指数曲线的配合等方面。投资者需要注意以下两点：

（1）ADR 指标数值的取值范围。

①ADR 指标数值 0.1～1.5，在正常区域内。

②ADR 指标数值小于 0.5 时，为超卖现象，意味着行情有可能止跌上涨，应提高警觉，择机介入。

③ADR 指标数值大于 1.5 时，为超买现象，表示买盘过度热络，行情有可能止涨回跌，持股者应提高警觉，伺机卖出。

（2）ADR 指标曲线与股价综合指数曲线的配合。

①ADR 指标曲线向上攀升，股价综合指数曲线也同步上升，两者趋势一致，短期内股价指数仍将看涨。

②ADR 指标曲线继续下跌，股价综合指数曲线也同步下跌，两者趋势一致，短期内股价指数仍将看跌。

③如果 ADR 涨跌比率下跌，但股价指数却上升，两者出现背离，股价指数可能将止涨回跌，投资者应该考虑卖出。

④如果 ADR 涨跌比率上升，但股价指数却下跌，两者出现背离，股价指数可能将止跌反弹，投资者应适时买进。

能量潮（OBV）

OBV 是美国投资专家格兰维尔创建的，其中文全名为：累积能量线，也可形象地称它为能量潮，它的理论基础是"能量是因，股价是果"，即股价的上升要依靠资金能量源源不断地输入才能完成。它通过统计成交量变动的趋势来推测股价趋势，是将成交量值予以数量化并制成趋势线，配合股价趋势，从价格的变动及成交量的增减关系，推测出市场多空方面的气氛。

OBV 以"N"字型为波动单位，许许多多的"N"型波构成了 OBV 的曲线图，我们称一浪高于一浪的"N"型波为"上升潮"，至于上升潮中的下跌回落则称为"跌潮"。为弥补对股价分析的不足之处，对股票市场未来趋势进行准确研判，掌握 OBV 指标的应用原则是很有必要的。

1. 当 OBV 能量潮指标不断上升，而股价却下跌不止，创下一个新低点时，说明做空的动能已经得到释放，表示有买盘逢低介入，后市反弹有望，为买进信号。

2. 当 OBV 横向走平超过三个月时，需注意随时可能有大行情出现。投资者此时在操作上可以结合其它指标或大盘的走势来研判该股后期的走势。

3. 当股价在不断下跌而 OBV 能量潮指标也同步缓慢下降时，表示该股后市看空，投资者持币观望为上。如果 OBV 能量潮指标在不断地下降，而股价却在不断上升，意味着上升的能量不足，表示市场上买盘无力，为卖出信号，投资者此时要卖出手中持有股票，没有持有股票的投资者应尽量回避，不宜盲目追涨。

4. 当股价不断上涨而 OBV 能量潮指标也同步缓慢上升时，表示该股可以继续看好，投资者手中的股票仍可持有。如果股价和 OBV 都在短时间内暴升，则表示能量即将耗尽，股价可能会反转。

由于运用 OBV 的走势可以看出主力量能变化，从而推导出主力运作的过程及意图变化，显示当期不寻常的筹码在市场中所处的价位，因此，对 OBV 的研判可以帮投资者领先一步掌握大盘或个股在突破后的发展方向。

不过，应当注意的是，OBV 能量潮指标在应用的过程中，也有一定的局限性：

1. OBV 线是短线操作技术的重要判断方法，仅涉及价和量的技术因素面，与基本因素毫不相关，因此适用范围仅限于短线操作，而不适用于长线投资。

2. 如果某日股市总成交值或个股成交量庞大，当日股价波动亦大，但最后加权股价指数或收盘价却与前一日相同，OBV 线的累积数也与前一交易日相同，那么就这种线而言，表示这一日没有什么信号。这是该指标的重大缺陷。

超买超卖指标（OBOS）

超买超卖指标（OBOS）是一种衡量股市涨跌气势的分析工具，是通过计算涨跌家数的相关差异性，来研判大盘指数未来走向的指标。

OBOS 指标的原理主要是对投资者心理面的变化作为假定，认为当股市大势持续上涨时，必然会使部分敏感的主力机构获利了结，从而诱发大势反转向下，而当大势持续下跌时，又会吸引部分先知先觉的机构进场吸纳，触发向上反弹行情。

因此，OBOS 指标逐渐向上并进入甚至超越正常水平时，即代表市场的买气逐渐升温并将最终导致大盘超买现象。

同样，OBOS 指标持续下跌，则导致超卖现象。

对整个股票市场而言，由于 OBOS 指标在某种程度上反应了部分市场主力的行为模式，因此在预测上，当大盘处于由牛市向熊市转变时，OBOS 指标理论上具有领先大盘指数的能力；而当大盘处于由熊市向牛市反转时，OBOS 指标具有理论上稍微落后于大盘指数的缺陷，但从另一个角度看，它可以真正确认大盘的熊转牛是否有效。

1. 计算公式。

N 日 OBOS 值＝N 日内股票上涨累计家数－N 日内股票下跌累计家数

参数设置：计算公式中 N 为待设定参数，通常参数值为 10。

2. 应用原则。

（1）OBOS 指标的买卖信号：大多数情况下，OBOS 指标是在 −80 至 80 之间波动的，这时候，指标没有研判意义。当 OBOS 指标进入超买超卖区以后，甚至进入严重超买超卖区时所发出的反转信号才是有效的。如果这时候 OBOS 指标出现反转，并突破 6 日 OBOS 指标均线和 0 轴线，就是明确的买卖时机。

（2）将指数运行和 OBOS 指标联系起来分析，当指数运行方向与 OBOS 指标的运行方向相同时，表明市场发展趋势将加强，如果两者均向上运行，则意味着后市行情可看多；如果两者同时下降，则意味着后市行情需看淡。

（3）当指数与 OBOS 指标的运行方向相反，出现走势相背离时，投资者要注意大势随时可能反转。假如指数持续往上，而 OBOS 线却朝下走，此种背离现象表明大多数小盘股已经走软，市场可能会趋向弱势。假如 OBOS 线持续向上，而指数却向下滑落，表示市场即将反转向上。

（4）指数严重超卖时，往往是市场中难得出现的历史性底部。指数与个股不同之处在于，它难以被主流资金任意操控，因此它的严重超买超卖信号，往往比个股更加真实可靠。但观察大盘是否严重超买超卖时不能使用普通的常见指标，而要重点参考指数专用指标。其中，计算原理相近，并且各具特色，能够相互补充的 STIX、涨跌比率 ADR、腾落指数 ADL 是三种常用的专用指数指标。当分析大盘是否见历史性的重要顶部和底部位置时，一定要结合这三种指标配合使用，共同研判。

宝塔线（TOW）

宝塔线指标以不同颜色的棒线来区分股价或指数涨跌，它以收盘价或收盘指数作为参照，当股价上涨时，画为红线（或白线），当股价下跌时，画为绿线（或黑线），主要通过棒线翻红或翻绿的变化情况来研判股价未来的涨跌趋势。

1. 宝塔线翻红之后，后市往往有机会延伸一段上升行情，视为买入信号。

2. 宝塔线翻绿之后，后市通常将延伸一段下降行情，视为卖出信号。

3. 当行情处于盘整阶段时，常常出现小幅翻红或翻绿的现象，可不予理会。

4. 当股价处于高位时出现长绿向下突破时应果断了结。

宝塔线指标也可设置参数，通常设为 3 日（或 5 日），当收盘价高于前 3 日（或 5 日）最高价时，视为买入信号。当收盘价低于前 3 日（或 5 日）最低价时，视为卖出信号。在实践过程中，投资者还总结出"三平底（顶）翻红（绿）为买入（卖出）时机"等经验。

由于宝塔线指标应用法则较为简单，且操作指向明确、客观，就是根据股价高低点反转进行判断，因此投资者很容易掌握。

不过，值得注意的是，虽然宝塔线指标能起到一定的"过滤"作用，但和其他指标一样不可能杜绝"骗线"的困扰，如行情在高位出现调整，宝塔线翻绿发出卖出信号，在下跌一段后可能翻红而发出买入信号，但此时很有可能是下跌途中的小幅反弹，后市仍有继续下跌的可能。因此，投资者在使用宝塔线的时候应结合K线、移动平均线及成交量等因素综合研判，以便更好地把握买卖时机。

本章习题：其他技术指标操练的测试与练习

综合练习

一、判断题。

1. 上升趋势线指的是上涨行情中两个或者两个以上高点的连线，下降趋势线指的是下跌行情中两个或者两个以上低点的连线。（　）

2. 一般来说，在画趋势线的时候，不应该过于陡峭，否则就很容易被横向整理突破，失去分析的意义。（　）

3. 一般来说，在股价没有突破趋势线以前，上升趋势线是股价每一次下跌的支撑，下降趋势线则是股价每一次回升的阻力。（　）

4. 股价突破趋势线时，收盘价与趋势线应有5%以上的差价，并且有成交量的配合。（　）

5. 上升趋势线揭示了股价或指数的运行趋势是向上的，它对股价或指数的上升具有支撑作用，因而它又被称为"上升支撑线"。所以，只要不出现上升趋势线被有效突破的现象，即股价或指数正处于上升趋势中，投资者尽可放心地一路看多。（　）

6. 一般来说，出现快速上升趋势线，投资者也可以尽可能地看多。（　）

7. 一般来说，如果出现了有效突破，那么当前的行情就即将反转。（　）

8. 通常，如果指数处于上升趋势中，那么，股价也一定会处于上升趋势中。（　）

9. "死叉"的出现往往是多头正在布置陷阱准备出货。（　）

10. 一般来说，新的上升趋势线形成之后，原来的上升趋势线就失去了参考的意义，投资者一定要按照新的趋势线来操作。（　）

二、填空题。

1. 有效突破指的是该股与上升趋势破位处的下跌差幅已超过了（　），并且股价在上升趋势下方收盘的时间超过了（　）天。反之，如果下跌的差幅不及（　），或时间不满（　　）日，可视为无效突破。

2. MOM（动量线指标）的超买超卖界限随个股不同而不同，使用者须自行界定，一般以（　　）为中心线，（　　）的上、下方分成六等份的超买超卖区，分别为＋1、＋2、＋3和－1、－2、－3。

3. 当行情处于（　　）时，宝塔线常常出现小幅翻红或翻绿的现象，可不予理会。

4. 宝塔线指标可设置参数，通常设为（　　），当收盘价高于前（　　）的最高价时，视为买入信号。当收盘价低于前（　　）的最低价时，视为卖出信号。

5. 当 W％R 线突破或跌穿（　　）时，亦可用以确认强弱指数的讯号是否正确。

6. 一般来说，AR 可以单独使用，BR 则需与 AR 并用，才能发挥效用，当 AR 和 BR（　　）时，意味股价峰位已近，持股时应注意及时获利了结。当 BR 比 AR 低，且指标低于（　　）时，可考虑逢低买进。

7. 一般来说，当 BR 值高于（　　）时，股价随时可能回档下跌，应选择时机卖出；BR 值低于（　　）时，股价随时可能反弹上升，应选择时机买入。

8. 动向指数在应用时，主要是分析上升指标（　　），下降指标（　　）和平均动向指数（　　）三条曲线的关系。

9. 乖离率，是（　　），其功能主要是（　　）。

10. 能量潮的理论基础是（　　）。

三、简答题。

1. 趋势线的分类有哪几种？

2. 请简要回答上升趋势线和下降趋势线的特征，及投资者应该如何操作？

3. 投资者如果在走势图上发现"拒绝死叉"这种图形，应该如何操作呢？

4. 请简要回答什么是"空中加油"形态。

5. 请简要回答什么是 MACD 的"底背离"和"顶背离"。

6. 什么是涨跌比率？涨跌比率的运用方法是什么？

7. 什么是超买超卖指标？其运用原则是什么？

8. 什么是心理线？心理线的应用原则是什么？

9. 什么是宝塔线以及其应用的原则是什么？

10. 什么是动量线指标，其应用原则是什么？

参考答案

一、判断题。

1. 错误。上升趋势线指的是上涨行情中两个或者两个以上低点的连线，下降趋势线指的是下跌行情中两个或者两个以上高点的连线。

2. 正确。

3. 正确。

4. 错误。3％。

5. 正确。

6. 错误。快速上升趋势线要结合慢速趋势线来看，如果是以慢速上升趋势线为主，那么就可以尽可能地看多，如果是以慢速下降趋势线为主，那么最好的办法就是以慢速趋势线为主进行操作。

7. 正确。

8. 错误。

9. 正确。

10. 正确。

二、填空题。

1. 3％，3，3％，3。

2. 0轴，0轴。

3. 盘整阶段。

4. 3日或5日，3日或5日，3日或5日。

5. 50中轴线。

6. 同时急速上升，100。

7. 400，50。

8. ＋DI；－DI；ADX

9. 移动平均原理派生的一项技术指标，通过测算股价在波动过程中与移动平均线出现偏离的程度，从而得出股价在剧烈波动时因偏离移动平均趋势而造成可能的回档或反弹，以及股价在正常波动范围内移动而形成继续原有趋势的可信度。

10. "能量是因，股价是果"，即股价的上升要依靠资金能量源源不断的输入才能完成。它通过统计成交量变动的趋势来推测股价趋势，是将成交量值予以数量化并制成趋势线，配合股价趋势，从价格的变动及成交量的增减关系，推测出市场多空方面的气氛。

三、简答题。

1.

趋势线有以下三种分类方法：

（1）按照趋势线的方向来看，可以分为"上升趋势线"和"下降趋势线"。

（2）按照趋势线的速度来看，可以分为"快速趋势线"和"慢速趋势线"。

（3）按照趋势线的时间长短可以分为"长期趋势线"、"中期趋势线"和"短期趋势线"三种。

2.

（1）上升趋势线。

"上升趋势线"，又称"上升支撑线"，其特征是股价或指数回落的低点呈明显上移态势，如果将两个具有代表意义的低点连接起来，就会形成一条向上的斜线。

通常，当股价一直在上升趋势线的上方运行时，投资者如果积极看多，一般都能获得较好的收益。当然，积极看多的前提一定是股价没有跌破上升趋势线。

（2）下降趋势线。

"下降趋势线"，又称"下降压力线"，其特征是股价或指数回落的低点呈明显的下移态势，如果将最具有代表意义的两个高点连接起来，就会形成一条向下的斜线。

投资者见到股价或指数在下降趋势线的下方运行时，一定要坚持看空。当然，前提是股价或指数没有向上突破下降趋势线。

3.

一般说来，MACD 指标出现"死叉"是典型的卖出信号，而"拒绝死叉"则是短线套利的黄金买点。

从具体操作上来说，当投资者发现 MACD 指标即将"死叉"的时候，就应该引起重视，随时准备介入。一般情况下，敢于冒险的投资者可以提前介入，只要每天关心指标不死叉就可以了，而保守点的投资者可以在 MACD 指标"拒绝死叉"出现并反身向上的一瞬间介入，这样，至少保证当天能够快速套利。

4.

MACD 中的 DIFF 指标在金叉 DEA 指标之后会向上运行，在运行了一个时间段后有可能向上穿过 0 轴。这个时候，盘中已经累积了大量的获利盘，主力会选择适当的时机将跟风获利的散户"洗"出局，而洗盘的结果就是股价下跌。由于股价下跌，DIFF 指标也会缓慢向下；而主力在洗盘完成后肯定会吸货拉升股价，因此 DEA 指标仍会向上运行。当它与 DIFF 指标交叉便形成死叉，此时如果股价在重要的支撑点获得有利支撑，DIFF 指标便会在 0 轴以上再次金叉 DEA 指标，这就是我们所说的"空中加油"。

5.

所谓 MACD 指标"底背离"，指的是股价出现两个或三个近期低点，而 DIFF 指标与 DEA 指标所形成的"金叉"并不配合出现新的低点。这种情况的发生说明，空方实际上已无向下做空的能量，股价破位下行所产生的新低点，往往是空头陷阱，此时投资者如果能够果断买入，进行中短线持有，必然能够快速套利。

需要注意的是，股价有时虽然没有创出新的低点，只是与前一次低点持平，然而 DIFF 指标与 DEA 指标在 0 轴之下所形成的金叉，却一底比一底高，这种情况仍然属于"底背离"现象。

而所谓 MACD 指标"顶背离"，则与"底背离"恰好相反，是指当股价一波比一波高时，相对应的 DIFF 指标和 DEA 指标所形成的交叉点却一点比一点低，这种背离现象的出现，意味着股价运行趋势即将发生反转，同时要进行深幅的下跌，所以当 MACD 指标第一次形成"顶背离"时，投资者就应高度警觉，进行减仓操作或卖出筹码。如遇特殊情况，又发生了第二次"顶背离"，应果断地清仓离场，因为连续的"顶背离"往往意味着个股崩盘。

6.

涨跌比率指标的英文全称是 Advance Decline Ratio，故称为 ADR 指标，该指标是对一定时期内上市交易的全部股票中上涨家数和下跌家数进行比较，并得出上涨和下跌之间的比值，能过衡量多空双方的变化来判断未来股票市场整体的走势。

ADR 指标运用：

ADR 指标的研判标准一般集中在 ADR 数值的取值范围和 ADR 曲线与股价综合指数曲线的配合等方面。投资者需要注意以下两点：

（1）ADR 指标数值的取值范围。

①ADR 指标数值 0.1～1.5，在正常区域内。

②ADR 指标数值小于 0.5 时，为超卖现象，意味着行情有可能止跌上涨，应提高警觉，择机介入。

③ADR 指标数值大于 1.5 时，为超买现象，表示买盘过度热络，行情有可能止涨回跌，持股者应提高警觉，伺机卖出。

（2）ADR 指标曲线与股价综合指数曲线的配合。

①ADR 指标曲线向上攀升，股价综合指数曲线也同步上升，两者趋势一致，短期内股价指数仍将看涨。

②ADR 指标曲线继续下跌，股价综合指数曲线也同步下跌，两者趋势一致，短期内股价指数仍将看跌。

③如果 ADR 涨跌比率下跌，但股价指数却上升，两者出现背离，股价指数可能将止涨回跌，投资者应该考虑卖出。

④如果 ADR 涨跌比率上升，但股价指数却下跌，两者出现背离，股价指数可能将止跌反弹，投资者应适时买进。

7.

超买超卖指标（OBOS）是一种衡量股市涨跌气势的分析工具，是通过计算涨跌家数的相关差异性，来研判大盘指数未来走向的指标。

其应用原则有以下几点：

（1）OBOS 指标的买卖信号：当 OBOS 指标进入超买超卖区以后，甚至进入严重超买超卖区时所发出的反转信号才是有效的。如果这时候 OBOS 指标出现反转，并突破 6 日 OBOS 指标均线和 0 轴线，就是明确的买卖时机。

（2）将指数运行和 OBOS 指标联系起来分析，当指数运行方向与 OBOS 指标的运行方向相同时，表明市场发展趋势将加强，如果两者均向上运行，则意味着后市行情可看多；如果两者同时下降，则意味着后市行情需看淡。

（3）当指数与 OBOS 指标的运行方向相反，出现走势相背离时，投资者要注意大势随时可能反转。假如指数持续往上，而 OBOS 线却朝下走，此种背离现象表明大多数小盘股已经走软，市场可能会趋向弱势。

（4）指数严重超卖时，往往是市场中难得出现的历史性底部。

8.

心理线，简称 PSY，是从股票投资者买卖趋向的心理方面对多空双方的力量对比进行探索。

PSY 心理线通过一段时间内收盘价涨跌天数的多少探究市场交易者的内心趋向，并以此作为买卖股票的参考。通常认为，一段时间内，上涨是多方的力量，下跌是空方的力量，PSY 的取值是上涨天数占该段总天数的比率，以此来描述多空双方的力量对比。

在盘整局面，PSY 的取值应该在中心 50 的附近，上下限一般定为 25 和 75。PSY 取值在 25 至 75 之间，说明多空双方基本处于平衡状态。如果 PSY 的取值超出了这个平衡状态，就是超买或超卖。

PSY 的取值如果太高或者太低，都是行动的信号。一般说来，如果出现 PSY＜10 或 PSY＞90 这两种极度低和极度高的情况，投资者可以果断地采取买入或卖出的行动。

PSY 的取值在第一次进入采取行动的区域时发出的信号，往往容易出错，第二次出现的行动信号才更为可靠，投资者可等到第二次信号出现时，再行动。

9.

宝塔线指标以不同颜色的棒线来区分股价或指数涨跌，它以收盘价或收盘指数作为参照，当股价上涨时，画为红线（或白线），当股价下跌时，画为绿线（或黑线），主要通过棒线翻红或翻绿的变化情况来研判股价未来的涨跌趋势。

（1）宝塔线翻红之后，后市往往有机会延伸一段上升行情，视为买入信号。

（2）宝塔线翻绿之后，后市通常将延伸一段下降行情，视为卖出信号。

（3）当行情处于盘整阶段时，常常出现小幅翻红或翻绿的现象，可不予理会。

（4）当股价处于高位时出现长绿向下突破时应果断了结。

投资者在使用宝塔线的时候应结合 K 线、移动平均线及成交量等因素综合研判，以便更好地把握买卖时机。

10.

动量线（MOM）是表示一段时间内股价涨跌变动的比率，它将每日动量值连为曲线形成动量线，该指标属于超买超卖型指标。

MOM 指标的应用法则。

MOM 的超买超卖界限随个股不同而不同，使用者须自行界定，一般以 0 轴为中心线，0 轴的上、下方分成六等份的超买超卖区，分别为＋1、＋2、＋3 和－1、－2、－3。

（1）极端行情：12 日 MOM＞＋3 时，股价强劲上升，强势特征显著，投资者不必急于沽售，可等待指标出现顶背离时再卖出；12 日 MOM＜－3 时，股价持续回落，弱势特征显著，投资者不可轻易抢反弹，应等待指标出现底背离时再择机买入。

（2）中级行情：12 日 MOM＞＋2 时，波段性上升行情可能结束；12 日 MOM＜－2 时，波段性下跌行情可能结束。

（3）短线行情：12 日 MOM 上升至＋1 时，股价面临调整压力；12 日 MOM 下跌至－1 时，股价面临反弹要求。

此外，通常用 25 日 MOM 来研判中线行情，以 0 轴为中心线，当 25 天 MOM＞0 轴时，表明目前处于中线多头行情：当 25 天 MOM＜0 轴时，表明目前处于中线空头行情。同时，投资者也可以利用移动平均线应用规则，通过动量线与动量线平均线的位置关系进行分析。

第七章
跟庄操练

投资者对于主力在股市上翻江倒海可以说是爱恨交加，既想依靠主力获取利益，又怕主力掏空自己口袋里的钱，于是有了"防火防盗防主力"和"主力就是希望，就是金钱"两种互相矛盾的说法。在这里，投资者没必要过分谴责主力的控盘行为，关键是散户要与庄共舞，巧妙利用主力赚钱。

第一节　跟庄的脚步从建仓开始

主力建仓最钟情的三种股票

一般来说，主力坐庄的第一步就是找到适合自己炒作的目标股票，所以，投资者在跟庄的时候，就要揣测主力的想法，站在主力的立场思考问题，看主力最青睐什么样的股票，而不是从自己的喜好出发选择股票。

通常，主力在选择操作对象的时候，首先考虑的是该股是否有"炒作价值"，而不是该股是否有投资价值。所谓的"炒作价值"，一般来说，具有以下特点：

1. 启动前的价位比较低，一般来说不会高于 10 元。

价格低是主力实现低成本收集的有利条件，有利于今后大幅度拉高，实现翻几倍的目标。这是主力考虑的第一个因素。通常 20 元的股票要翻几倍很难，30 元以上的就只剩下鱼尾巴了，投资者去跟风啃一口还可以，主力要建仓，不拉赚不了钱，拉了没人敢跟，还是赚不了钱，没有人会做这种冤大头。

2. 股权较为分散，第一大股东持股比例低于 30%，便于主力吸筹建仓。

3. 基本面有改观的潜力。

只有基本面差，人人避之唯恐不及，才能给主力人弃我取的机会；若基本面优异，市价自然不菲，且市场都看好其前景，进行"长线投资"，主力难以吸到货，股价自然难以走强。

根据这些特点，主力最有可能选择的股票有以下几种：

1. 价值低估股。

在任何市场状况之下，总有一些股票的价值被低估，有时低估程度还会非常严重。价值低估必然导致价值回归，所以那些价值被低估的股票经常会成为主力吸纳的首选目标。如武汉塑料（000665）从 2008 年 11 月 4 日的 2.19 元启动，到 2010 年 11 月 8 日的 18.64 元，涨幅高达 751%。（见图 7—1）。

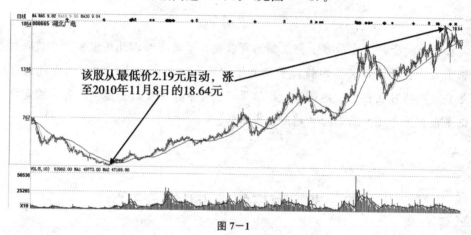

图 7—1

2. 冷门问题股。

有些股票由于存在这样或那样的问题备受市场冷落，主力便人弃我取，在较低价位吸纳大量筹码，成为坐庄对象。如因涉嫌多项违法违规与虚假信息披露而被中国证监会列为 2007 年查处的第一大案的杭萧钢构（600477），却于 2007 年 2 月 14 日连续拉出了十多个涨停，股价翻了两倍多，主力操纵之疯狂与凶猛，令人震惊（见图 7—2）。

3. 题材股。

股票有无炒作题材，是主力选股的一个重要标准。股票只有题材丰富，才会产生主力登高一呼，市场万众响应的局面，主力才能在高位顺利出货。几年以来沪深股市较受市场青睐的题材主要有送配题材、收购题材、资产重组题材以及现在的西部概念题材、生物制药题材、两会题材等。

两会题材主要包括农业、新能源、电子信息、生物科技等政策性扶持行业的股票。2010 年的两会题材股中核科技（000777），在两会后，开始了一段横盘整理，

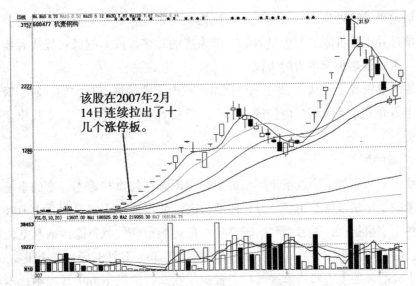

该股在2007年2月14日连续拉出了十几个涨停板。

图 7—2

随后股价一路上涨，从 2010 年 3 月 3 日的 22.43 元涨至 11 月 5 日的 43.80 元，涨幅达 95%。如图7—3 所示：

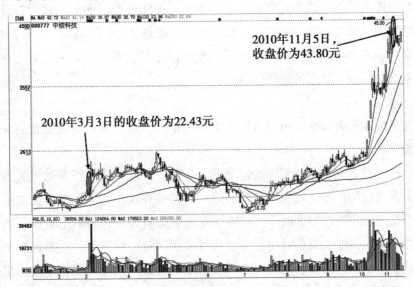

2010年11月5日，收盘价为43.80元

2010年3月3日的收盘价为22.43元

图 7—3

跟庄，当然要跟主力坐的庄，所以，投资者必须要对主力的选股特点和习惯有一个深入的了解，然后，在此基础上，才能谈何时介入，用什么方法介入。

底部悄悄建仓

主力这种悄悄建仓的手段，主要针对的是冷门股。冷门股的成交量一般都很小，主力在建仓时，采用小量多买的手法，蹑手蹑脚地悄悄进入。

悄悄地吸筹这种建仓方式对于大的机构主力来说，需要的时间相对较长。主力绝不会放过处于股价底部的大量筹码，因为捞的越多，成本越低。投资者要有足够的耐心，否则很难跟上主力的步伐。

敏锐的投资者是能从 K 线图和成交量上找出主力的蛛丝马迹的。对于看盘高手来讲，主力介入是无法瞒过他们的。那么，投资者应该从哪些方面来找出主力的蛛丝马迹呢？

1. K 线的形态。

K 线图上带有长上影线或下影线的十字星形态往往意味着不寻常的事情。高价区带巨量的十字星常常是出货信号，而低价区反复出现小十字星则是主力吸货的痕迹。这些十字星往往伴随着温和的成交量、低迷的市场气氛、隐约的利空传闻和散户们失望的心情。小十字星夹杂着小阴小阳不断出现，延续时间达几个星期或更长，这便是十分明确的主力吸货痕迹。投资者应该在这一区域下方勇敢吸纳，不要被市场的悲观气氛吓倒。

吸货区的末段，浮动筹码已非常稀少，主力不得不将股价稍稍推高，以便吸到更多的货。K 线形态表现为逐步向上的小阳线，伴随成交量的温和放大，股价悄悄上升。敏锐的投资者可以判断出，大幅上涨就在眼前了。

吸货型 K 线形态一定是发生在股价长期下跌之后的低价区，主力只会在低价区吸筹，不会去接被人炒热的烫手山芋。

2. 成交量。

成交量的变化可以帮助投资者揪出主力的尾巴。主力吸货时成交量的变化一般有两种情况：

（1）在原本成交量极度萎缩的情况下，从某一天起，成交量突然放大到某个温和但不引人注目的程度，之后连续很多天一直维持在这个水平，每天成交量极为接近，而不是像原先那样时大时小。这种变化是主力有计划地吸货造成的。把这些成交量累加起来，便能大概估计出主力吸货的多少、是否吸够了。一般这样的进货过程要持续两个星期以上，否则无法吸够低价筹码。这一批筹码往往是主力最宝贵的仓底货，不会轻易抛出。

（2）如果某只股票成交量突然温和而有规律地递增，同时股价也小幅走高，那几乎可以肯定，有主力在迫不及待地进货，股价大幅攀升的日子已经很近了。

例如，郑州煤电（600121）在 2006 年中一直没有好的行情，不受投资者重视，但是到年底的时候，就显现出主力介入的迹象，从日 K 线图上可以看出主力在悄悄地吸筹。该股果然在 2007 年大幅飙升（见图 7—4）。

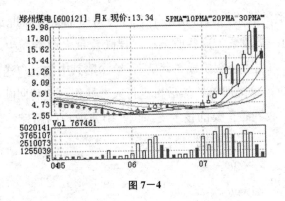

图 7-4

3. 消息面。

当主力在悄悄吸筹的时候，他们往往会借助消息面来做掩护。消息面的沉默或利空都可以引发投资者的悲观情绪，进而急于出货脱险，这样，主力才能顺利建仓，吸到足够的筹码。

逢高打压建仓

逢高打压建仓又称打压式吸筹建仓，是指股价还在下跌的时候，主力就开始介入个股进行操作，整个下跌过程就是其建仓过程。主力在建仓过程中，会运用早期吃进的一部分筹码，不计成本地大幅度向下砸盘，以便打压股价。随着股价的持续下跌，主力可以逐步增加吸筹量，并且到下跌的最后时段，他一见到筹码就会吃进，直到达到目标仓位。

采用打压吸筹方式建仓的主力，资金实力都是非常强大的。因为主力边建仓边打压股价，所以在整个吸筹过程中，股价一直呈现出下跌的状态。主力一般会选择大盘处于弱势下跌的时候，对一些有利空消息发布的个股进行打压吸筹，充分利用大盘弱势和利空消息不断打压股价，实现目标仓位。

主力这种打压式的吸筹方式有点像"趁火打劫"。当大盘或板块人气极度悲观或者个股有利空袭来的时候，市场恐慌气氛正浓，下档又无人承接，此时主力已在下档埋伏了大单子，假意以小单子投出来"抛砖引玉"，吸引关注同时打击持股散户的心理防线，最终迫使散户不得不忍痛割肉。

主力打压个股的目的是将大多数的筹码卖给自己，大多数投资者看到股价下跌而且带着成交量，都会"缴械"出逃，这正中主力下怀！

主力采用打压式吸筹建仓的方式主要有以下几种情况：

1. 利用利空消息打低股价吸筹。

市场或个股的利空消息往往是股价下挫的"重磅炸弹"。主力会充分利用这枚"炸弹"迫使投资者吐出筹码，自己进行低价收购。

比如说，ST 类的股票，通常是由于上市公司内部财务状况或其它状况出现异常而被特别处理的一类股票。这些股票往往伴随着重大利空而生，最终难逃下跌的命运。这种情况下，主力会假扮成"菩萨"，给深陷其中的散户送去"关怀"和"温暖"，以低微成本收购这类股票，然后再进行大肆炒作，获利回吐。

2. 让大盘及个股跌破重要的技术支撑位，引发散户的恐慌性抛售，也是主力打压吸货的惯用招式。这些关键支撑位包括：

（1）技术指标的支撑位。

（2）均线系统的支撑位。

（3）上升或下降趋势线的支撑位。

（4）各种技术形态的颈线位，如"头肩顶"或"圆弧顶"等头部形态的颈线位。

（5）上升通道的下轨线。

（6）大型缺口的下边缘线。

（7）前期密集成交形成的支撑区。

主力资金通过对这些支撑位的瞬间有力击穿，造成股价已经破位，后市下跌空间巨大的假象，让散户们作出错误的投资决策，将手中的股票低价斩仓卖出。

3. 利用大盘调整之际，趁机不断打压股价进行吸筹。

大盘的调整期，也是主力顺势压价吸筹的绝佳时机。对于陷入跌潮中的股票，主力不仅不会出手相救，反而会落井下石，使其跌得更加厉害。当这些个股跌得面目全非时，就是各路主力纷纷出动抢购便宜货的时间。

4. 构筑各种顶部形态。

至于靠分析技术图形在股市中游荡的散户，主力也能对症下药，在个股中刻意操纵股价画图，在形态上构筑头肩顶、圆弧顶、M 形顶、尖顶、多重顶等形态，诱导散户抛出手中筹码，而自己则在低位吸筹。

5. 个股业绩逊于预期，成为打压股价的大棒。

上市公司公布年报、中报期间，有些上市公司业绩难以令人满意，甚至会出现负增长的现象。投资者看到自己精心挑选的金凤凰变成秃头鸡，只得忍痛把金砖以破铜烂铁的价格大甩卖，这往往令主力眉开眼笑。

2009 年，海虹控股（000503）公布半年报，该股业绩出现了"倒着涨"的现象，吓得胆子小的投资者落荒而逃，股价提前大缩水，主力趁机大肆吸货。在 2009 年 9 月 9 日，该股拉出一根长阳线，成交量放大，随后开始了一波上涨行情。如图 7—5 所示：

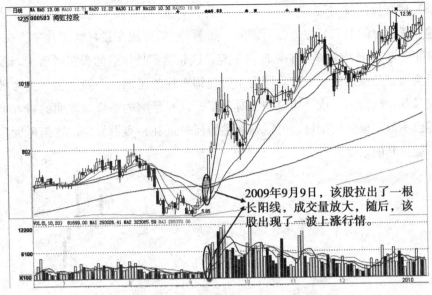

2009年9月9日，该股拉出了一根长阳线，成交量放大，随后，该股出现了一波上涨行情。

图 7—5

震荡洗盘建仓

震荡洗盘建仓又称为长期震荡整理式建仓，通常用在绩优股上。由于绩优股的基本面良好，受关注的程度高，一旦股价出现异动，马上就会吸引一些人跟风，因此主力无法在短时间内囤积足够多的货，只能望"扬"兴叹。如果主力采用打压方式建仓，那么用于打压的筹码很有可能有去无回。在这种情况下，主力就会选择长期震荡整理的方式吸筹：在大盘上涨的时候在上档的阻力位处放上虚张声势的大卖单，适时阻止股价的上涨，吓走多头；在股价下跌的时候，在下档分批埋上小买单，吸纳筹码；在跌到关键位置时，在支撑位上放上大买单，吓跑空头。

这样的操作手法使股价在主力设定的范围内浮动，主力可尽情吸筹；同时，主力还可以利用买卖单的主动权操纵股价回归平台，不给机构和散户留一点获利空间，然后静观他们因耐不住寂寞而纷纷廉价抛售手中的股票。

长期震荡整理式建仓有以下几种表现形式：

1. 横盘型建仓。

这种形式表现为主力在某一价位上横刀立马，把抛单照单全收。此时主力只让这匹马"埋头吃草"，不让其"抬头看路"，股价稍稍冒头主力便一棍打下。若有压价抛售的，主力便趁机大捡便宜货。此时的马儿，全身皆"黑"，一般人是难以发觉的，但仔细观察，也可发现蛛丝马迹：

（1）K线图上阴阳相间，甚至多次出现十字星。

（2）成交量比较均匀。

建发股份（600153）主力吸筹期间（如图7-6），成交量柱状图几乎齐头并进，5日均量线与10日均量线几乎粘连在一起，这显然不是一般的投资者所为。狡猾的狐狸总会留下一些痕迹，成交量即为主力掩饰不住的尾巴。一般来说，主力吸货时的成交量都比较均匀，或呈明显的涨时量增、跌时量缩的态势，聪明的猎人可紧盯住其尾巴不放。根据成交量，可以判断主力何时进驻，实力如何，进而可大致推测出其可能拉升的幅度。

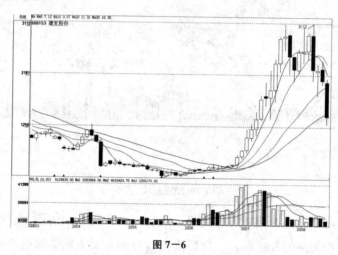

图 7-6

2. 反弹型建仓。

反弹型建仓是主力经常采用的一种节省时间的建仓方法。股价衰落，散户惜筹不肯出货，为了节省时间，主力操纵股价反弹，诱出廉价筹码。这种手法利用了市场散户"反弹出货"的心理。

采用反弹方式建仓，每一次的反弹高点都比前一次的打压点高。从K线走势图上看，股价都经过一波下跌行情并且已经基本没有继续下跌的动力。其表现为先是收出一根或几根大阴线，又很快收出一根大阳线，将前面的一根或几根阴线实体全部覆盖住，或者是连续收出小阳线实体，也有可能是收出止跌的十字形形态。股价的中心呈现出不断向上移动的走势形态。

股价反弹时，成交量就会呈现放大的现象，在主力打压股价让其回落的过程，成交量会呈现缩量的现象。对于采用反弹方式建仓的个股，做短线或者做中长线的散户都是大有可为的。短线采取高抛低吸的策略获取差价利润，一定要把握好每一次的反弹高点和回落时的低点，并且要准确地判断出主力建仓完毕的时间；做中长线的散户，可以在主力每次向下打压股价时，跟随主力慢慢地吃进筹码然后静静地等待主力的拉升行情。

3. 箱体型建仓。

主力建仓是有目的、有计划的行为。主力在介入某只股票后，会在某一个价格高点挂上大量卖单，给股价上行带来很大的压力。同时，主力也会在某一个价格低点挂上大量买单，使股价在一个箱体内做小幅震荡整理，K线图上的走势几乎呈一条横线运行。一些散户由于经不住股价长时间横盘震荡整理的考验，就会抛出手中的筹码，而主力恰好趁机吸入，逐步完成建仓工作。当然，对长期低位震荡的个股有无主力伏兵，也要结合基本面来分析。一般来说，这种建仓方式主力主要用于新股、次新股、盘子较小的个股等。只有充分控盘，主力才能任意操纵股价，做到多高也没有人敢投反对票。

低位抬高建仓

低位抬高建仓又叫拉高式吸筹建仓，就是在股价上涨的过程中建仓，在盘面上表现为股价走出一波上涨行情。大多数冷门股或长期下跌的股票都可成为主力拉高建仓的目标。主力建仓时，股价呈现出略微上升的态势，整个股价上升的过程就是主力建仓的过程。主力迅速从股价低位推高股价，有时以涨停板的逼空式建仓方法，让股价向上冲破上档所有阻力位，成交量这时放出天量，建仓完成。这种建仓方式往往暗示着该只股票背后蕴藏着重大的利好题材，并且后势还将有巨大的升幅。

主力之所以选择拉高式建仓一般是出于以下几种情况：

1. 短线主力的快速获利手段。一般，股价有序攀升阶段，一些散户就会忍不住获利出逃，正好中了主力拉高吸筹的圈套。

2. 主力不得已而为之。对某些质地优良的个股，主力软硬兼施散户还是死揣着不放，不得已提价收购。

3. 制造市场人气，配合大盘和板块炒作。主力故意把股价炒得炙手可热，吸引散户过来抢购。

拉高式建仓的确会导致散户的误判，让他们误以为主力拔高出货，主力却趁势吸筹，"暗渡陈仓"，为自己赢得拉升战机。这样一来，主力会投入较高成本，但由于大盘牛市方兴未艾，个股背后又有重大题材和利好，因此在拉高建仓的背后，个股就会存在更大的涨幅。

拉高建仓又存在两种形式：

1. 短庄快速建仓。

短线游庄，俗称"大鳄"。短庄的目标大都是那些流通盘较小、易于控盘的个股。短庄敞开大门，大肆提价收购，吸引散户"获利为安"，迅速完成建仓过程。主力拉升吸货过程短暂，散户无法分清主力是在吸货还是冲高派发。这种越卖越涨的狂热气氛，会吸引追高买盘的杀入。短庄有以下几个特征：

（1）换手率高，短时间内会接连出现大的买卖盘。

（2）股价起伏大。短庄凭借时间短来控制成本，一般会在短期内进行大幅的洗盘调整。

（3）市场炒作氛围较好，常常形成明显的板块效应。

投资者跟踪短庄时应该用逆向思维，追跌杀涨，暴跌可买，暴涨则卖。

2. 台阶式建仓。

与短庄营造的股市大起大落的情势不同，面对质地优良的个股，持有者会牢牢地握在手里死活不卖，这样主力很难在低位吸到充足的筹码，只得逐步提高收购价，在走势图上看起来就像一个个台阶一样往上走，所以叫做台阶式建仓。

对台阶式上扬的个股，宜耐心一路持有，让平时作威作福的主力当当轿夫。

如果投资者经过判断，得知主力是在采用拉高式建仓，一定要有耐心，别把送上门的财神硬推出门。一般来说，这类股票后市将会有很大的上涨空间。

把握主力建仓的时机

主力在选定自己的操作对象和操作方法之后，还要制定详细的介入时机，因为它直接关系到操作能否取得成功。通常，为了降低持仓成本，主力会耐心等待利空消息或大盘底部的出现。利空消息在任何时候都可能会发生，但在每年年末、两次报表披露之际，或在重要的政策底部、技术关口时出现的更多。而大盘底部出现的机会很小，大底每年可能就出现一两次。

总的来讲，主力的建仓时机有以下几个：

1. 股价超跌有反弹要求时。

对短线庄家来说，这时候入场会事半功倍。价值被严重低估的超跌股，有着强烈的反弹要求，众多股民焦急地等待着反弹出货的良机。这时，主力在下跌接近尾声时主动买套，股价一企稳，短线抄底盘会蜂拥而入，主力很快就能将股价拉高。如果大盘处于盘整市道或上升市道对主力更有利。

2. 年报公布之际。

这个时候主力吸货的方法属于借利空吸货。如果上市公司提前放出业绩下滑、年报出现亏损等朦胧利空传闻，将造成股价一路下跌，市场悲观的局面。在正式公布年报时，股价的下跌加剧，这时，主力全线进场，不但容易吸纳筹码，而且不易被发现，有时甚至会被散户误以为已经止损出局了。

3. 年末。

此时，股市受众多传闻、消息的影响比较大，波动剧烈。如管理部门要进行财务税收大检查，政府部门要相继召开各主导领域的工作会议，以确保年底计划的实现，并安排下一年度的发展计划等等。而且，年内出现低点的机会也较大，建仓相对容易。即使跨年度持仓，胜算仍较高。

4. 宏观经济处于低谷有启动迹象时。

宏观经济运行到低谷时，市场萧条，居民购买力下降，消费意愿及投资意愿不强，股市也受其影响走下坡路。此时，经过漫漫长夜，大多数散户尚未摆脱下跌的阴影，对前景一味看淡，真正能够看到曙光的只有极少数成熟的散户，主力则乘机在底部收集筹码。当散户觉醒过来，指数已高，主力正好借人气旺盛之际顺势拉抬，套现获利。

5. 重要政策底部。

当大盘跌至重要的整数关口，尤其是政策底部时，主力已经做好了建仓的准备，场内外相互配合诱空，使散户恐慌无比，斩仓割肉，叫苦连天。场外主力则在人气最为悲观的时候，"大马路上捡便宜"，将卖单通通吃掉，大摇大摆进场。以沪市为例，1997 年 9 月，大盘下探至 1025 点，1998 年 8 月，大盘下探至 1043 点，1999 年 5 月，大盘下探至 1047 点后，都在 1000 点政策性底部受到强有力支撑，并且引发了中级以上的爆发行情，尤其是"5·19"的井喷式行情更加令人注目，这一切都离不开主力的活动。

6. 公司业绩有大幅改观而未被市场发现时。

主力同上市公司有密切联系，可以近水楼台先得月，虽然消息尚未公布，但主力已提前获知，此时逢低吸纳，日后坐享其成。这类股票随着价值被发现，价格会有一个回归过程，市场把此作为题材来炒作，认同度较高，主力不需要费很多周折。

K 线图暴露主力轨迹

K 线图是股市无声的语言，投资者可以根据 K 线图中的价格走势及成交量变化，对主力的意图作出较准确的判断。在此，我们介绍怎样根据图形判断主力是否吸货。

1. 扇形走势。

扇形走势实际上是由两个圆底组成的，价位先形成一个圆底，然后上升，不久又回落再次形成圆底，不过这次的底比上次的高。两个圆底组成的图形就好像一把中国的扇子，所以形象地称为扇形走势。

例如海油工程（600583）2006 年 10 月份至 12 月份的 K 线走势图就是扇形走势，见图 7－7：

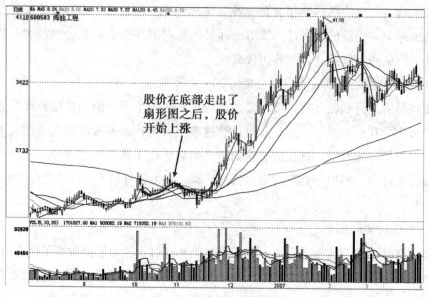

股价在底部走出了扇形图之后，股价开始上涨

图 7－7

扇形走势由两个圆底组成，其意义与圆底相同，只是主力收集力度更强劲罢了。在扇形走势中，第一个圆底表示行情已经形成正等待上升，但主力吸筹尚不够，他不想股价那么早便急升，所以将价位压低形成第二个圆底。当然，形成第二个圆底的另一个原因，就是好消息正在酝酿，但仍未证实。

2. 横盘走势。

横盘走势，即价格走势呈横线形状。横盘形成，最常见的原因就是主力正在收集或派发。如果是在低位形成横盘，大多是主力正在悄悄收集，他不想价位升上去，以免提高吸筹成本。所以，股价低时会进货，高时又会压价，价位暂时未能上升，形成一条横线形状。

对投资者来说，遇到横盘走势，应该注意：

（1）密切注视，不要走神，因为股价一旦突破横盘，涨幅是很惊人的。

（2）如果股价突破横盘，向上发力，则是一个强烈的买进信号，要趁机进货，越迟价位越高。相反，横盘之后价位突破向下，要趁早出货，越慢价位会越低。

（3）一般来说，横盘时间越久，向上或向下突破的威力越大，升跌幅越厉害；反之，升跌幅就越小。

（4）横盘打破之后，不管是升还是跌，如果此时的成交量出现明显放大，则说明推动升跌力量也很强大，狂升狂跌的可能性非常大。

例如太原刚玉（000795）从 2010 年 6 月 9 日至 2010 年 8 月 25 日的走势图，就是典型的横盘走势，见图 7－8：

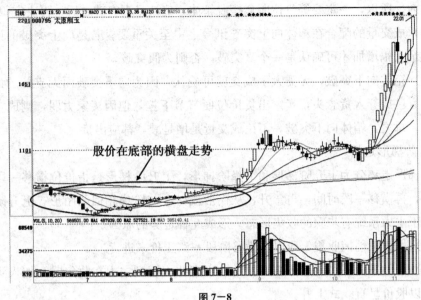

图 7－8

3. 箱体。

箱体走势是一种密集区域，只是相比之下，走势有次序，升跌都在一个长方形范围内。

就箱体形成原因来说，主力的压价入货或托价出货最易表现为箱体走势。比如，当主力事先得知利好消息后，会秘密收集筹码。为避免价位上升得太快，导致收集不到足够的筹码或提高收集成本，主力会在某个既定价位入货，在某个价位扮演卖家，使不知就里的投资者不但不敢跟进，还认为走势不佳，不耐烦地出货了事。

相反，当主力事先得知这只股票的坏消息后，会趁未公布之时，趁高出货，但当跌到某个价位时，又扮演买家，象征性买些，托住价位，只要有人买，主力就卖。托住价位来出货，价位当然不会大跌，但又不会升高，因为一升，主力就派发，所以就形成一个箱体走势图。

判断箱体走势图究竟是入货还是出货，有两个标准，一是看箱体图形是出现在底部还是在股价有一段上升之后，如果出现在底部，则主力吸货可能性大，否则，出货可能性大；二是看盘中走势，通过分时走势图判断哪是压价入货，哪是托价出货，因为，压价入货，多为急跌后缓慢爬升，托价出货则多为急升缓跌，跌时量并不缩小。

若遇到箱体走势图，投资者应该注意：

（1）当箱体形态突破时，向上突破是上升讯号，理应买入；向下突破，是出货讯号，理当卖出。

（2）箱体形态有时也会出现假突破，价位在向上或向下突破后，只三两天又回到箱体内。所以，一定要等价位明显摆脱箱体，确认是真突破之后，再决定跟入。

（3）成交量的配合在箱体向上突破讯号之中至关重要。若是向上突破的话，只有成交量大幅增加才可确认是一个真突破，否则为假突破。

（4）箱体向下突破，无需大手成交就可确认。因为向下突破而无支持的话，可能是买家已放弃入货念头，卖家出货价位便节节下挫，但因买家力弱，则成交量不增反减。总之，箱体向下突破，不论成交量是增是减，都应出货。

4. 阶梯形走势。

阶梯形走势分为上升阶梯形和下降阶梯形，上升阶梯形是指价位横移一段时间后急升，再横移一段时间，再急升，从而形成一个与阶梯相似的图形。上升阶梯形走势属于主力系统有步骤的收集形态。形成此种走势的原因是：

（1）主力正悄悄收集，所以在横移阶段一路压价来进货。

（2）这种进货不可能总不被人发觉，当有些人感到主力在收集时，加入买家行列，所以股价呈直线式上升。

（3）当价位急速上升之后，需暂时消化一段时间，但主力仍然不肯罢休，一路接下获利回吐盘，于是价位不跌落，出现横移走势。

（4）横移一段时间后，仍未吸够筹码，加上又有外部资金加入，于是价位再次以直线式上升，如此反复。

如永泰能源（600157）2008年11月至2009年4月的K线走势图，就是典型的阶梯形，见图7—9：

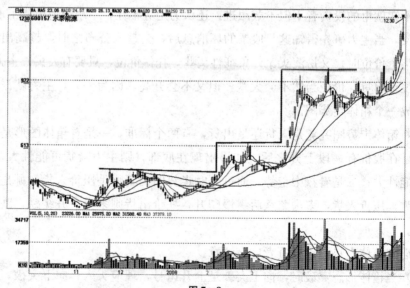

图7—9

上升阶梯形是主力系统收集形成的，而下跌阶梯形是主力有秩序派发形成的。主力一段段派发，在下跌横移时托住价位来出售，使价位在跌后横移，横移一段时间后，卖盘始终庞大，再次使价位直线下滑，主力又托住价位来出售，如此反复直至全部清仓。显然，对于上升阶梯形，散户一经发现，应早日跟进；相反，一旦发现下跌阶梯形，应早日脱身。

5. 圆底。

通常圆底是这样形成的：股价自高位回落一段时间后，开始上升，但它不是立即上升，而是在低位缓缓上升，在图形上形成一个圆形的底部。例如 2006 年 7 月至 11 月武钢股份（600005）的 K 线走势图，就是典型的圆底形，见图 7-10：

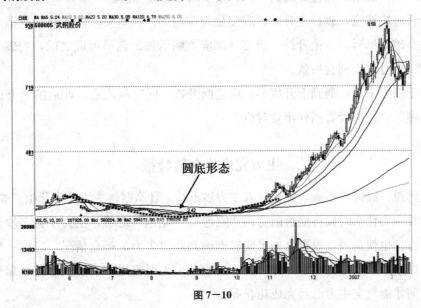

图 7-10

圆底形态形成原因：

（1）圆底或是从高位跌下来或是主力尚未吸够货，大市处于盘整期主力打压后形成。反正价格下跌一段后，抛盘减小，主力慢慢收集，不急于推高股价。

（2）成交量也通常与股价图形走势吻合：初跌时，恐慌，成交量大；然后，随着抛压减轻，成交量随之缩小；当主力还要多收集些时，不得不慢慢抬高价格，于是圆底右边成交量也随价格轻微上升而不断放大；突破圆底时，成交量应持续放大。

既然圆形底往往预示主力收集，那么，一旦收集完成，该股就会有巨大的升幅，因此，投资者在突破圆底并有成交量配合时，应该果断介入。

6. 旗形。

股价旗形走势，指股价突然急升，拉出一根旗杆，然后由这个价位作轻微的有次序的下跌，下跌时的高位与价位之间划上两条短暂的趋势线，就在图形上形成了旗形。

形成旗形走势的原因：

（1）受到某些利好消息刺激，股价急剧上升，形成旗杆。

（2）利好未落实，于是有人获利回吐。

（3）主力未吸够货，仍想在低价时多吸纳些，于是压价入货，但由于已引起少数精明散户注意，因而也跌不到哪里去。

（4）利好消息终于兑现，价位想压也压不下去，就以消耗性形式向上突破。

（5）上升之后，往往是最后一波，很快就会急速回落。

分析时应注意，旗杆上升时，成交量应该增加；在旗布阶段成交量应该大幅减少；在突破旗形后，不论升跌，成交量都应大幅增加。旗形形成之后，突破时间不应超过1个月，否则会失效。

对于散户来说，遇到上升旗形，应趁低进货，同时应注意，此后的上升或回落都是迅速的，持股者要抓住出货时机。

主力完成建仓的特征

股谚说，股价涨不涨，关键要看主力炒不炒。什么时候主力才会开始"炒"，关键是要看主力什么时候将廉价的筹码"吃饱"。"吃饱"之后，主力才会有炒作的激情和动力。也就是说，投资者如果能够准确判断出主力的持仓情况，盯牢一只建仓完毕的庄股，在其即将拉升时介入，必将收获一份财富增值裂变的惊喜。那么，投资者如何才能判定主力已经完成建仓呢。

一般来说，主力在建仓完毕时，具有以下特征：

1. 盘口信息。

盘口是分析主力控盘程度的重要窗口。主力建仓完成与否，都可以通过盘口信息来作出准确的判断。

（1）拉升时的大卖单。

一只股票在不涨不跌时，挂出大卖单比较正常。如果股价刚开始拉升，就出现较大的卖盘，有时甚至是先挂出卖盘，而后才出现上涨，就说明有异常。这时，如果卖盘不能被吃掉，就说明主力吸筹不足，或者不想发动行情；如果卖盘被逐渐吃掉，且上攻的速度不是很快，多半说明主力已经完成了建仓，对该股相对控盘了，他既想上攻，又不想再吃进更多的筹码，因此拉升股价的速度会慢一些，希望散户帮助吃掉一些筹码。

（2）下跌时的承接盘。

若主力建仓的筹码不足，其在洗盘时就不希望损失更多的筹码，因而下跌时，低位会有一定的承接盘，这是主力自己卖给自己。有时，主力甚至会先挂出承接盘再启动下跌动作。如果主力已经控制了较多的筹码，那么股价下跌时，卖盘基本上是真实的，低位不会主动挂出大的承接盘。如果主力不承接低价位的筹码，其目的就是为了减少仓位，以便为下一波拉升做准备。

2. K线图。

（1）日K线图走势独立于大盘。

一般情况下，在市场中，大盘可以看作是个股走势的风向标，大盘涨时，个股也涨；大盘下跌，个股也跌；大盘呈平衡震荡趋势，个股也随之表现为上下震荡。然而在市场中，如果某些个股"目"无大盘，走势我行我素、独来独往，走出独立的行情，那表明主力已经基本控制该股，并且已经完成了建仓工作。

（2）股价放小量且拉出大阳线。

主力进入目标股，在经过一定时间与空间的收集工作后，如果某日用较小的资金就能使股价涨停，那表明市场极大多数筹码已经流入了主力手中，其已具备了绝对的控盘能力，能够在市场中随心所欲地画走势图，这也说明主力筹码的收集工作，已经进入尾声，或者结束了。

（3）K线走势起伏且成交量萎缩。

主力在收集筹码的末期，为了洗掉市场中的获利盘，便会使用少量筹码来做走势图。从日K线上分析，股价起伏不定，在一个箱体内做震荡走势，上涨到箱顶止涨，下跌到箱底止跌。在分时走势图上，震荡幅度更大，走势似波浪式的翻腾，成交稀疏，只有在上涨或下跌时，才会有人有意挂出单子，明显给人以股价被控制的感觉。

3. 分时走势。

相比于主力介入程度不高的股票，主力相对控盘的股票，表现出的分时走势比较流畅自然，成交也比较活跃。而主力完全控盘的股票，股价的涨跌很不自然，平时买卖盘较小，成交稀疏，只有在上涨或下跌时，才会有人有意挂出单子，明显给人以股价被控制的感觉。

4. 消息面。

利空消息是测试主力强弱、建仓是否完毕的试金石。在市场中，突发性的利空，会使主力措手不及，因为此时主力手中的筹码极多，进退极不方便。从利空消息袭来当日的盘面中可以看到，开盘后抛盘很多而接盘更多，不久抛盘减少，股价企稳。这是由于主力害怕散户捡到廉价的筹码，只能在不利的市场环境中艰难护盘，维持股价不下跌。这也说明主力的建仓工作已经完成。

主力持仓成本的核算方法

主力坐庄就像是做生意一样，也有投资成本，其利润是用最后收入减去成本后的余额。投资者应该多关注庄股的获利空间，若庄股获利较少，甚至股价低于主力的坐庄成本，那么散户此时买入，获利前景较为可观；若现在的价位主力已有丰厚的利润，那么散户此时入场一般不会有太大的收益，因为此时主力不会再处心积虑地拉抬股价，而开始考虑出货了。所以计算主力的成本有助于投资者判断其下一步的行动方向。

然而，并非所有成本都能计算，诸如拉升、出货、资金拆借、公关交际、人员费用等成本是无法计算的，一般能够估算的只是主力的持仓成本。主力持仓成本的计算方法大概有以下几种。

1. 通用方法。

主力的持仓成本＝（最低价＋最高价＋最平常中间周的收市价）÷3

选择吸货期内的最低价、最高价及最平常中间周的收市价相加，然后除以 3，这是比较简单实用的一种方法。

一般吸货持仓时间越长，利息、人工、公关、机会成本等越多，这时总成本要略微上浮 15％左右；如果主力持仓时间达到两三年，则总成本在计算以上浮 20％～35％为宜。

2. 计算换手率

换手率＝成交量÷流通盘×100％

用换手率来计算主力的持仓成本是最直接、最有效的办法。对于老股，在出现明显的大底部区域放量时，可作为主力持仓的成本区，具体的计算方法是：计算每日的换手率，直到统计的换手率达到 100％为止，此时的市场平均价就是主力持仓的成本区。对于新股，很多主力选择在上市首日就大举介入，一般可将上市首日的均价或上市第一周的均价作为主力的成本区。

3. 测算平均价。

主力若通过长期震荡整理方式来收集筹码，则底部区间最高价和最低价的平均值就是其筹码的大致成本价格。此外，圆形底、潜伏底等也可以用此方法测算持仓成本。主力若是通过拉高来吸筹，成本价格会更高一些。

一般而言，中线庄家建仓时间大约为 40～60 个交易日，即 8～12 周，取其平均值为 10 周，从周 K 线图上，10 周的均价线可认为是主力的成本区，这种算法有一定的误差，但偏差不会超过 10％。作为主力，其操盘的个股升幅最少为 50％，多数为 100%。一般而言，一只股票从一波行情的最低点到最高点的升幅若为 100%，则主力的正常利润是 10%。我们把主力的成本算出以后即可知道主力的最低目标价位，不管道路是多么曲折，投资者迟早都会到达这个价位，因为主力若非迫不得已，绝不会亏损离场。

4. 测算最低价。

在最低价位之上成交密集区的平均价就是主力持仓的大致成本，通常其幅度高于最低价的 15%～30%。

5. 测算股价。

以最低价为基准，低价股在最低价以上 0.5～1.5 元左右，中价股在最低价以上 1.5～3.0 元左右，高价股在最低价以上 3.0～6.0 元左右为主力的大致成本范围。

6. 测算新股成本。

（1）新股上市后，股价的运行一直保持较为强势的特征，如果在连续几个交易日股价总体向上，换手频繁，并且一周之内换手达到了 100% 以上，那么，股票的平均价格就大致接近主力的成本。

（2）对于上市当日换手率就能超过 60% 的新股而言，定是有主力埋伏其中大肆吸货，且短期内便可接近目标仓位，因而大致可以判断出，主力的成本价就在上市首日开盘价与收盘价的平均值附近。一旦主力完成收集过程，日后的拉抬幅度往往是首日收盘价与开盘价之平均值的 2～3 倍，甚至 4～5 倍。投资者如果在此区域进货，持股 3 个月乃至半年以上，常有惊人的获利。

（3）上市首日换手率不足 50% 的新股，主力成本一般在 60 日均线与 120 日均线之间。大多数主力收集筹码不可能集中于一个交易日，上市首日若未能收集够筹码，主力则需要一定的时间吸货。对于大多数刚上市的新股，主力如果立即拉高吸货，往往成本较高，所以需要慢慢吸筹。大多数主力收集筹码一般需要 2～4 个月甚至更长时间，收集完毕之后，在大势适度活跃时择机拉抬，发动一波行情。因此，60 日均线与 120 日均线之间的价位往往是主力的成本区域，投资者在这个区域择机介入，取胜的把握较大。

7. 测算老股成本。

（1）冷门老股的主力成本在底部区域、箱形震荡最高价与最低价的均值处。

对于股价深跌、利空充分的个股，主力会采用反复拉抬、打压的手法，获取持股人手中的廉价筹码，等待时机拉升获利。投资者在主力设计的震荡箱体中位或箱底进货埋伏，将来主力筹码收集完毕必定发力上攻，涨幅会非常可观。

（2）慢牛股主力成本通常在 10 日均线与 30 日均线之间的黄金通道内。

有些朝阳行业潜力股，主力因看好该股基本面，在里面长期驻守，耐心运作，只要该股基本面不发生重大变化，主力就不会出局。其走势特点是：股价依托 10 日均线或 30 日均线震荡上行，缓慢攀升，主力手法不紧不慢，不温不火，股价偏离均线过远则回调，技术整理几天，当碰到 30 日支撑线时就上行，成交量既不放得过大，也不萎缩的太小，始终保持一个比较适中的水平。这种慢牛股的主力成本区域就在 10 日均线与 30 日均线之间。投资者在此区域适当进货，赚钱的概率极大。

主力持仓量的核算方法

了解计算主力持仓量的方法，可以帮助投资者很好地判断主力目前的坐庄阶段和坐庄实力。最简单的一个道理：一只庄股如果处于建仓阶段，投资者就应该适时跟进；如果是到了出货阶段，就应该敬而远之。主力的持仓量关系到其能否顺利操盘。一般控盘率达不到 20%，是不可能坐庄的；控盘量在 20%～40%，股票股性活跃，浮筹较多，上涨空间较小，拉升难度较大；控盘量在 40%～60%，就达到了相对控盘，这种股票的活跃程度会更好，拉升空间更大；控盘量超过 60%，则活跃程度较差，但空间巨大，也就是所谓的绝对控盘，出没无常的"黑马"股大多产生在这种控盘区。一般来讲控盘程度越高，主力介入的资金量越大，个股日后的获利空间也越大。投资者在跟庄过程中，若要保持优势，就要对主力的持仓总量进行准确判断。

通常，从主力介入的那天开始到大规模拉升之前总成交量的 30% 可粗略地判断为主力的持仓总量。这是一种简单易行的方法。

另外，在实践中，还可以用以下几种方法具体估算主力仓位的轻重。

1. 分析吸货期。

主力的持仓量＝吸货期×每天成交量（忽略散户的买入量）

对吸货期很明显的个股，主力持仓量的简单算法是将吸货期内每天的成交量乘以吸货期。

2. 计算换手率。

主力仓位轻重用换手率来计算是一种最直接、最有效的办法。低位成交活跃、换手率高，而股价涨幅不大的个股，通常是主力在吸货，此间换手率越大，主力吸筹就越充分．投资者可重点关注这类个股。

计算主力自建仓到开始拉升这段时间的换手率，参考周 K 线图的 K 线均线系统由空头转为多头排列，可证明有主力介入，周 MACD 指标金叉可以认为是主力开始建仓的标志，这是计算换手率的起点。

股价在上涨时，主力所占的成交量比率大约是 30%，而股价在下跌时，主力所

占的成交量比率大约是 20％。股价上涨时放量，下跌时缩量，假设放量：缩量＝3
：1，可以得出一个推论：假设前提为上涨时换手率为 300％，则下跌时的换手率应
是 100％，这段时间总换手率为 400％，依次可以得出主力在这段时间内的持仓量＝
300％×30％－100％×20％＝70％，即主力在换手率达到 400％时，持仓比例能达
到 70％，也就是每换手 100％时，持仓比例为 70％÷400％×100％＝17.5％。

当总换手率达到 200％时，主力就会加快吸筹，拉高建仓，因为此时筹码已不
多，这是短线介入的良机。而当总换手率达到 300％时，主力基本已吸足筹码，接
下来会急速拉升或强行洗盘，投资者应从盘口去把握主力的意图和动向，切忌盲目
冒进使得投资从短线变为中线。在平时的看盘中，投资者可跟踪分析那些在低位换
手率超过 300％的个股，然后综合其日 K 线、成交量及其他技术指标来把握介入的
最佳时机。

一般说来，随着股价上涨，成交量就会同步放大。而某些主力控盘的个股随着
股价上涨，成交量反而缩小，股价往往能一涨再涨，对这些个股投资者可重势不重
价。对于主力持有大量筹码的个股，在其上涨的过程中，只要不放量，就可以一路
持有。

第二节　跟庄获利在于拉升阶段

主力拉升有何特征

股市中，获利是投资者的首要目的，没有任何一个人会说自己的投资不是以获
利为目的。而任何的获利，都建立在高抛低吸的基础上，所以，拉升就成了主力获
利必不可少的步骤，换句话说，如果主力在坐庄的过程中，没有将股价拉升，那么，
他获利的可能性相对较低。

严格来讲，主力的拉升是有多种性质特点的，如整理拉升、中继拉升、价差拉
升、出货拉升等，有时候某种性质特点非常明显，有时候几种性质特点交织在一起
很难分辨，这就是股市的复杂性。主力拉升最根本的目的当然是为了获利，但在战
术方面也是有所考虑的。

1. 随着运作过程的延长，主力意图和某些商业秘密泄露的可能性也越来越大，
这样将造成许多不必要的麻烦和损失，股价的拉升，可以在很大程度上避免这些。

2. 股价的拉升，可以提升股票形象，凝聚市场人气，吸引散户投资者参与，为

日后的出货打下了较好的基础。

3. 由于在建仓、整理、洗筹等环节投入了大量的资金，如果不拉升股价完成出货任务，成本将会大大增加。

主力在拉升阶段有如下特征：

1. 拉升前的盘面特征。

（1）股价几乎不随大盘走势波动，形成自己的独立走势，在大盘震荡的时候尤其如此。

（2）买卖盘价位间隔很大，能明显看到某几个重要价位上有较大的买卖盘把守，其他价位上几乎没有挂盘。

（3）成交量分布极不规则，平时成交较少，偶尔放出巨量，而这些巨量均靠主力的对倒产生。

（4）在大盘急跌时抛盘较少，而且股价基本上不跌，突然一笔大抛单将价格打低很多个档位，之后仍然很少出现抛单。

（5）该股并不太受场外投资者的关注。

2. 拉升时的盘口特征。

（1）庄股在启动初期，经常会出现连续逼空的行情。随着行情的展开，成交量也会连续放大，这是股价拉升突破初期阻力的一个盘面现象。对主力来说，时间比资金更重要，因此他们采用了用空间换时间的手法快速拉升股价。同时，快速拉升股价容易产生暴利效应，能更好地起到诱惑投资者的作用。

（2）在个股分时走势图上，经常可以看到股价在开盘后不久，或者是在收盘前几分钟出现突然拉升的现象。如果股价在开盘后 30 分钟内即拉到涨停，则有利于主力以较少的资金达到拉升股价的目的。主力开盘拉涨停时，股价大多都离底部区域不远，一旦这时股价涨停，会引起场外短线资金介入，从而降低自己拉升的成本。尾市拉升，则属主力刻意所为，其目的是为了显示自己的实力，吸引投资者注意和跟风，或者是为了做出 K 线图以及好的技术形态。

（3）有主力入主的个股，行情一旦启动，走势将明显独立于大盘或者板块的其他个股，这种现象多发生在大势较好的时候，此时大盘表现较好，能够吸引场外资金的介入。有了一定的人气支撑，一旦这类个股走强于大盘，将会吸引更多的投资者跟风。

（4）为了配合主力对个股的大幅拉升，媒介或者机构会不断地传出有关这类个股的利好题材，以此来吸引不明真相的投资者跟风。同时，主力还会故意制造出较大的成交量，使得盘面呈现价增量升的走势，以吸引投资者进场。

（5）当股价上攻时，经常会在买卖盘前三的位置上挂出大单，成交量也会大幅增加。随着股价的不断上涨，主力挂出来的买卖价位也会不断上移，有些个股的股价在分时走势图上会沿着 45 度或大于 45 度的角度上涨。

（6）实力强大的主力，会挂出不同价位的大买单，封死股价下跌的空间，投资者要买进，就只能按卖一的价格成交，这样无形之中就帮助主力推升了股价。

（7）短线庄家拉升最关键的是借大盘向好的时候造势。主力快速和大幅拉升股价的现象，大多发生在尾盘，操作手法简单，主要是以狠、快为主，为的是在拉升阶段避免大量追风盘的介入，直到最后达到主力理想的价格目标时，才会亮起绿灯放行。

（8）中长线庄家拉升，由于其对目标个股的坐庄周期较长，对目标利润定得也比较高，往往目标个股达到高度控盘的程度。因此，其拉升股价时，分时盘面走势通常表现出独立于大盘的走势，拉升手法呈现出碎步推升的态势，一轮拉升需要的时间往往都比较长。当主力操作到后期，涨幅也会越来越大，K 线走势图上呈现出来的上升角度越来越陡峭，成交量也越来越大。这类股票要么在高位慢慢横盘出货，要么就是等待除权，在股价相对便宜时再出货。

主力拉升选何良机

主力拉升的目的是为了获利，这就要求主力必须谨慎选择拉升的时机，也就是股市中所谓的"天时、地利、人和"。通常，如果选错了拉升时机，那么主力之前所做的各种努力都将前功尽弃，而如果选择了良好的拉升时机，就会事半功倍，甚至获取超出自己预料的利润。举个例子来说，1999 年"5·19"行情中，早已潜伏在网络科技股中的主力纷纷拉高股价，短短一个多月，许多个股都拉升了 100% 以上，为以后出货留出了充分的空间；又如 2000 年的长牛行情中，主力在网络股、低价题材股、ST 股、次新股中轮番炒作，肆意拉抬股价，最后个个都大胜而归。具体来说，主力最喜欢选择以下几种时机拉升股价：

1. 有重大利好消息出台。

凭借重大利好消息出台的绝佳时机拉升股价，是主力惯用的一种手法，这也是政策市场和消息市场的重要特征。利好消息包括个股业绩、分红时间、收购兼并、经营方针、国内外大事及国家有关政策等，又分为市场面和公司基本面两方面的利好。主力在拉升股价时，一般会借发布利好消息来刺激股价攀升，同时也促使散户积极买进，以便和主力一起把股价拉起来，对于收购题材的炒作，几乎全靠消息配合。所以，利好消息发布的时候，就是主力疯狂拉升的最佳也是最后时机，哪怕大势在狂泻，也会不惜一切地拉升。为此主力就会想方设法把消息分成几个部分，分几次发布，把一个题材反复地进行炒作，从而控制股价多次上下震荡，这也就是说，主力要刻意创造多次拉升的机会。

2. 热点板块形成时。

如果主力要隐蔽地对目标股价进行拉升，一般就会选择大盘处于强势时，此时正是热门股板块表现的黄金时刻。我国的股票市场，一直以来都有板块联动的规律。如果主力操盘的个股是跟市场热点相关的股票，那么就能顺利的实现隐蔽地拉升股价这一目的。而且这还将吸引更多资金流入这个板块中，市场人气旺盛，便于主力把股价拉高，降低拉升成本。

3. 股市大势向好时。

主力在大势向好时拉升股价，就是"顺势而为"。在大势向好的情况下，市场人气旺盛，场外资金进场比较积极。主力在这个时候采取拉升股价的动作，就会引起场外资金的高度关注，把它们吸引进来，帮主力把股价推高。对于实力雄厚的主力来说，由于他锁定个股流通筹码50％以上，所以拉升容易，难的是如何派发这么多的筹码。因此主力一般喜欢选择大势即将飙升之前拉升。

大盘加速上升的时候，市场人气高昂，场外资金会不断介入，这时主力的拉升不但操作轻松，而且可以达到事半功倍的效果，主力可以用较低的成本达到成功拉升股价的目的。

4. 市场低迷期。

在低迷市、微跌市或牛皮市时，人气散淡、成交萎缩，多数人持币观望。若哪只个股中的主力敢脱颖而出，使股价拔地而起，甚至逆势放量上扬，市场往往称之为"黑马股"或"强庄股"，跟风资金很容易冲动追涨。这种时机比较少见，投资者还是要审慎对待。

5. 借助高比例配送的题材。

股票分配方案本身就是主力的一个炒作题材。主力可以利用股票除权的缺口效应、低价效应让众多散户将股价的走高与填权补缺口联系起来。因为市场中有一股热衷于炒作除权股票之风，散户会认为除权的股票有潜在的填权要求。除权后的股票价格相对较低，尤其是经过大比例配送之后，这会让散户认为捡了廉价股票，主力再根据市场情况来决定下一步的操作计划，比如为了填权拉升，激活市场跟风盘加入。

这种方法主要是利用了投资者"贪便宜"心理，而这正是绝大多数人难以克服的普遍心理。

6. 构筑有利图形。

为了引起市场的关注，并诱导散户的积极参与，主力一般都会绘制出一幅漂亮的股价走势图形。有的时候，主力会把个股走势图形以及各项指标做得非常漂亮，于是市场上一大批"痴迷"技术分析的"股痴"就会适时给予利好点评。当主力把这些图形和技术指标构造完毕启动拉升程序时，往往会吸引技术派散户疯狂跟风，而这些跟风者更好地帮助庄家把股价推高。因此，在拉升股价之前构筑有利图形，对主力而言具有很好的市场效果。

主力拉升如何试盘

股市中，常常会出现一种假突破的形态，即主力吸足筹码后先大幅冲高再回落，短线跟进者立刻被套，但只要你一割肉该股却很快止跌回升，迅速展开主升段。这个假突破可称为主力总攻前的"实战演习"，也就是试盘。

通过试盘，主力可以确定今天是否适合拉升，这是主力确保自己拉升成功的一种必要的准备工作。在试盘时，主力的招式往往虚实不定，有时欲涨先跌，有时以退为进，走势扑朔迷离，让散户难辨真伪。比如说，某只股票经过长期盘整，突然收一根放量长阳，技术上呈突破走势，按经典理论此时是最好的介入时机。但是在技术派人士纷纷抢买之际，该股却很快冲高回落，重返平台盘整，让"馋嘴"的技术派买个最高价。此种走势通常为主力大规模进攻前的一次演习，以此判断跟风盘的多少、市场抛压的大小。

一般来说，主力在吸货过程中试盘主要有三个目的：①看盘中是否已有主力，以免对做；②决定究竟采取哪种吸货方式——是拉高吸货还是打压吸货；③看看筹码安定性好坏，是否到了拉抬时机。

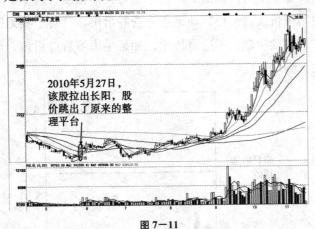

图 7—11

比如说五矿发展（600058），它在 2010 年 5 月 27 日拉出一根长阳线，跳出了原先的整理平台，这让很多技术爱好者纷纷买进，但股价在经过了大约一个月很小的上涨后，在 6 月 23 日连续拉出了五根阴线，随后又跌落到原先的整理平台上。由此可以看出，主力此前拉出的那根大阳线实属试盘行为。该股从 6 月 23 日后又开始了一段整理行情，在 9 月 8 日又拉出了一根长阳线之后，才开始了一波真正的上涨行情。如图 7-11 所示：

一般来说，主力在开市时会通过主动下买单或卖单压低或拉高股价再观测市场反应，测试盘中卖压程度及追价意愿，以决定是该拉抬、洗盘、护盘或出货。

我们来看试盘的几种情况及主力采取的对策。

1. 如图 7-12，主力开高之后，散户追涨意愿不强，盘中表现为价涨量缩。主力此时硬拉很费劲，而且可能出现资金方面的问题。因此，主力若不看好后市，可能反手做空；而刚吸完计划筹码的主力，则可能会只守不攻，或联络上市公司和传媒放出利好消息，或等待大市升温时搭顺风车，总之，会等待合适时机。

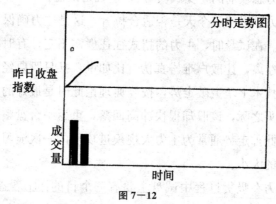

图 7-12

2. 如图 7-13，当日，主力为了测试该日的卖压，利用开盘时抛出一笔筹码，将股价压了下来。如果随后出现的下跌超过主力预期幅度且成交量放大，则说明当日卖压重，散户不因价跌而惜售。如果主力看好后市，已吸了些筹码，则当日或继续收集或洗盘，或被动护盘，不适合拉抬；如果主力不看好后市，可能先拉高，然后出脱手中持股，到尾盘反手做空。

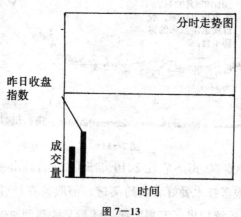

图 7-13

3. 如图7-14，主力为了测试散户追高意愿强弱，往往会做出强势开盘价。如果散户看好后市，踊跃购买，表现为价涨量增那么主力往往会拉抬股价，再往上做一波行情。

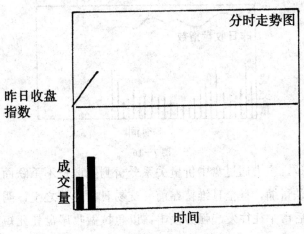

图 7-14

4. 如图7-15，为测试散户持股意愿，主力在开盘时先低价抛出一笔筹码，随后股价缓慢下滑，回档幅度也不深，且下跌量缩。这说明散户惜售，不愿追杀。如果主力看淡后市，当日可拉高后再出货；如果看好后市，可以顺势拉抬，不会再往下洗盘，因为此时浮码已较少，自己抛出去的筹码都不一定能以原价买回来。

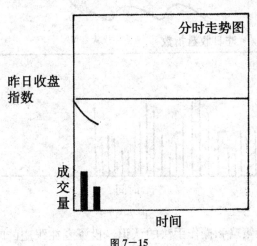

图 7-15

5. 如图7-16，主力根据盘中价量关系变化了解到散户急于出脱持股，追高意愿弱，盘面表现为价涨量缩、价跌量增的背离走势，且价位始终在前一交易日收市价以下波动，盘势极弱无疑。若是已有相当涨幅，而后市不看好，主力或是制造利好掩护出货，或是先跑为快。若筹码未吸够，后市看好，主力会打压进货。若后市看好，主力已吸够筹码，也只能采取守势，等待时机。

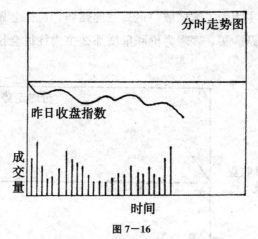

图 7—16

6. 如图 7—17，主力通过盘中价量关系分析测知散户不杀跌而追涨的心理，盘中价涨量增，价跌量缩，且全日维持在前一交易日收盘价之上，明显属强势盘。有鉴于此，主力在后市中往往发起强力攻击，以急拉做收尾盘轧死短空，以刺激明日买气。

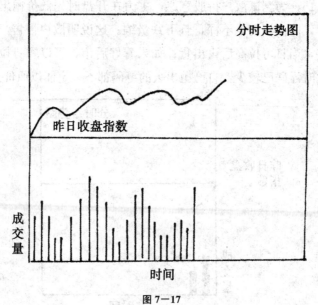

图 7—17

通过对主力试盘策略和操作手法的认识，投资者在跟庄的时候就不会轻易被主力欺骗，也就不容易犯错了。

主力拉升的几种方式

股市中多数人的本性是追涨，如果大盘稳步上扬，市场人气聚集，增量资金纷纷进场，主力拉升就能够吸引大量的追风买盘，从而用少量的资金达到"四两拨千斥"的功效，成功地拉升股价。一般来说，主力在拉升过程中都会根据自身的实力、市场及股票的具体情况采用不同的拉升方式，但总的来说主要有以下三种。

1. 阶梯式拉升。

阶梯式拉升是一种步步为营、稳扎稳打的操作手法。主力先期逐步收集筹码，利用利好消息或市场良好的气氛，拉升一个台阶，而后横盘整理一段时间，迫使那些没有耐心的持股者出局，然后再把股价推高。采用这种阶梯式拉高股价的庄股，其 K 线走势图上的日 K 线呈现出阶梯状。

主力运用这种阶梯式的拉升，对不同的散户会产生不同作用。大多数看不懂主力意图的短线散户，在股价连续盘升的过程中，突然看到股价停顿不前，就会担心它回落，持股信心也会动摇；有些散户在小有获利的情况下，甚至会选择卖出手中的筹码，落袋为安；长期看好该股的散户会选择这个时候进场逐利。这些效果对主力来说都是希望看到的，前者属于浮筹，后者对主力后期的拉升会起到很好的帮助作用，节省了主力的拉升成本。

在拉升过程中，成交量会逐步温和放大，而当股价停顿休整时，成交量会明显的缩小。在股价拉升阶段，会伴随着成交量的放大，同时 K 线图上也会时不时的出现中阳线或是大阳线，并且每次拉升的高点，都要高于前一次拉升的高点，每次回落形成的低点，都要高于前一次回落形成阶梯时的低点。这表明股价的重心整体上是不断向上移动的，每次拉高时的上升角度，一般都会维持在 30°以上。

主力采用阶梯方式拉升股价，由于在拉升中会有一个形成阶梯的过程，这就给投资者带来了进场操作的机会。具体的操作策略有以下两种：

（1）投资者手中已经持有该股票时，如果其判断能力比较强，技术功底比较扎实，那么在这个过程中，可以进行短线波段操作，赚取其中的差价。需要注意的是：一般在每次拉高的后期，都会出现放量冲高回落的现象，或者是收盘时收出一根放量的阴线，这时股价很可能就会进入回落阶段，或者是横盘震荡构筑台阶。

（2）投资者持币关注此类股票，并寻找机会进场时，只要把握回落时出现的止跌信号，如十字星等，就可以果断地进场操作了。

2. 震荡式拉升。

震荡式拉升主要采取高抛低吸的方法，以波段操作博取利润差价为目的，以时间换取空间为手段进行运作。其主要特征是股价拉升一段距离后，就会调整一段时间，有非常明显的边拉升边洗盘的特点。采用这种方式拉升股价，主力可以不断地降低持仓成本，调整筹码结构，同时也缩小了散户的盈利空间，提高了其持仓成本。

震荡式拉升一般有以下几个特征：

（1）每次震荡产生的低点，都不会低于前一次震荡时下探的低点，并且在拉升前期，股价的重心是逐步往上移动的。

（2）成交量的特征是股价向上震荡时放量，股价向下回落时缩量。

（3）在箱体震荡的区域中，股价每次向上冲到前一次高点或高点附近时，就会有一股抛压盘出现，把股价往下打压，同样股价每次下探到前一次下探的低点或低点附近时，也同样会有一股很大的买盘力量把股价拉起来。

主力通过震荡式的拉升，可以获得散户的廉价筹码，使筹码集中到自己手里，并且可以在震荡过程中消化前期的套牢筹码，同时促使后期的跟风盘获利回吐，让流通筹码在某个区域充分换手，以不断提高市场持有者的总体成本。因为，每个市场的参与者都是抱着盈利的目的进来的，有些甚至抱的是不赚钱不走人的态度，所以让筹码充分换手，有利于后期进一步拉抬股价。

由于震荡式拉升的股票都会有一定的震荡幅度，这就给投资者带来了高抛低吸的短线投资机会。对于中长线投资者来说，如果把握好了机会，也可以在每次震荡的下限逐步吸纳相对廉价的筹码。

3. 旱地拔葱式拉升。

当主力洗盘完毕，采用连续拉大阳或涨停板的方法迅速推高股价时，就会在K线组合上形成"拔大葱"的形态。这样做，既可以节省资金，缩短拉升时间，又可以打开上升空间。特别是当个股有重大题材即将公布之时，主力往往会迫不及待地用此法拉高股价。采用这种拉升方法的主力一般具有较强的实力，此类K线图上经常会跳空高开形成突破缺口，且短期内一般不会回补，这类股票都有可能成为市场中的黑马。

这种方式多出现在中小盘股，通常具备投资价值或有诱人的利好题材作为支持，市场基础良好。这些个股对主力来讲比较容易控制筹码。旱地拔葱式拉升在日K线图上经常会呈现出连续跳空高开的现象，股价有时也会形成多个向上突破的跳空缺口，并且这些缺口在短期内一般不会被回补。采用旱地拔葱方式拉升的股票，一旦进入拉升阶段，其股价涨幅都是非常大的，并且拉升的速度也非常快，一般来说，采用旱地拔葱式拉升的股票，短期内的上涨幅度都在50％以上。

如图7—18，2010年9月30日，盘整了3个月的兖州煤业（600188）在向上跳空拉出一根长阳线后，开始放量上攻。股价最高拉升到33.65元，与拉升前一天的收盘价18.35元相比涨幅达83％。

如果散户在主力拉升股价时没来得及跟进，并且接下来几天股价一开盘就出现涨停的现象，根本无法进场买入，也不用着急。采用旱地拔葱式拉升的股票，一开始进入拉升阶段时，上涨的速度都是非常快的，但经过一段快速拉高后，主力都会

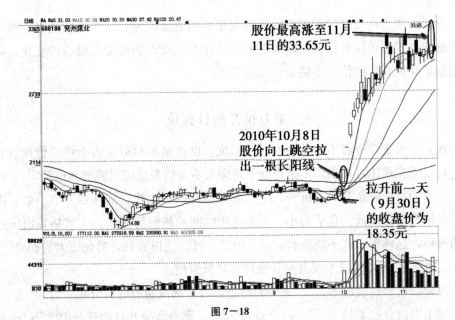

图 7—18

让股价有一个回落的动作，或是让股价停滞不前，进行短暂的休整和洗盘。如果股价选择回落方式洗盘的话，回落的幅度最多是在 5 日和 10 日均线之间，散户可以在这个价格区间进场操作。如果股价是横盘休整的话，投资者可在股价再次放量上攻时进场操作。

4. 推土机式拉升。

采用推土机方式拉升股价时，日 K 线走势上会呈现出直线上升的形态。有的时候，分时走势上可以看见下方有大量的买单出现，这是实力强大的主力为了封住股价的回落空间而挂出的，随后主力就会逐步把股价往上拉升；主力拉升一段时间后，还常常故意打压一下股价，让它稍稍回落，以吸引买盘逢低吸纳，然后再将股价拉上去。采用这种方式的主力，实力一般比较强大，在出货的时候，他还会利用上市公司题材的配合来做掩护。

投资者在跟庄时，操作上需要注意选择好进场的时机，进场后也要保持良好的心态。在股价开始稳步攀升的时候，散户就可以跟进，当股价开始出现放量上冲时，就是最佳的买入时机。采用推土机式拉升股票，在刚开始进入拉升阶段时，股价的上涨速度都是比较慢的，成交在短时间内也得不到有效的放大，所以此时进场的投资者一定要有耐心。

股价在上涨的过程中，有时会有小幅的震荡，只要股价回落时不放量，拉升就没有进入尾声，投资者可以继续持有。如果股价出现放量回落，而以阴线报收，就应该引起注意，一旦第二天没有被拉起来，并且是继续放量下跌，就应该果断出局，获利了结。

总之，主力在拉升过程中总的原则就是利用资金实力，配合个股题材，利用各种手法或急或缓地拉升股价，以吸引散户的注意，让市场接受其股价的变化，最终说服散户在拉高后的价位上接走自己的筹码。

主力拉升的目标位

通常，由于投资者不清楚主力的目标位，也就是不知道主力会将股价拉升到多高，以至于在跟庄过程中，不是提前下轿赚头不大就是反应迟钝被高位套牢。

主力的目标位是其最高机密，一旦泄露前期的工作将会前功尽弃。一般，投资者可以根据市价高低、盘子大小、主力坐庄时间的长短等因素，大致估算出庄股可能的升幅，这样做也许不能获利完全，但至少可以止损套利，避免更大的损失。

1. 根据主力持股成本及其持仓量计算目标点位。

目标点位＝持股成本×（1＋主力持仓量占全部流通股的百分比×2）。

如主力持仓成本是 10 元，持仓量是 30％，那最低拉升目标就是 10×（1＋30％×2）＝16 元。

如主力持仓成本是 10 元，持仓量是 50％，那最低拉升目标就是 10×（1＋50％×2）＝20 元。

一旦把握了主力的目标价位，就要耐心忍受股价涨跌的煎熬，与庄同行。需要注意的是，主力坐庄是一个复杂的过程，需要天时、地利、人和的有机配合，当外部环境或内部情况发生变化时，主力也可能调整目标位，甚至提前撤庄，对此投资者须综合其他指标进行判断，切忌机械刻板。

2. 小盘股上升空间广阔。

流通盘越大上升需要的能量越多，升幅自然受到限制，而真正升幅能翻几番的庄股，其流通盘大都在 2000 万股～3000 万股之间。

3. 坐庄时间越长升幅越可观。

庄家有短线、中线、长线庄家之分。短线庄家控制的筹码不多，有 10％的升幅即可达到坐庄目标，行情极难把握；中线庄股在升幅达到 100％左右时会遇到较大的阻力，属于高风险区；一些长线庄股，如湘火炬、合金股份、南通机床等累计升幅高达 10 倍。投资者可从走势图上观察主力坐庄的长短，若某股主力介入很早且一直没有出货迹象，可推算此主力的目标较远大。

第三节　玩转主力洗盘的游戏

主力洗盘意图

通常，主力在进入拉升阶段之前或者在拉升过程中都会进行震仓洗盘，因为只有经过充分的震仓洗盘，浮动筹码才基本上得以清洗，主力在拉升的过程中才能得心应手。

对于投资者来说，每个人都想骑黑马，但通常的情况是爬上了黑马却坐不稳。很多投资者都有这样的经历：本来持有一只可以赚大钱的股票，却因走势太可怕而斩仓离场，然而刚刚斩仓，股价却飞一样涨起来，似乎就差我们手中这一股，你不抛它就不涨。其实这种现象并不是偶然的，因为就算主力吸饱了筹码也不可能一味地盲目拉高股价，让短线客无惊无险地大赚主力的钱，这在逻辑上是不可能成立的，也是投下了巨资的主力无法容忍的，因此主力洗盘是在所难免的。

归纳起来主力洗盘主要有以下几个目的：

1. 清洗底部的获利盘。

如果主力在吸筹之后一味拉高，必然会遭受沉重的获利抛压，增加拉高派发的难度，因此主力必须经过洗盘，将盘中一些不坚定分子的底部筹码震出来，以减轻上行压力。

2. 使主力有差价可做。

通过高抛低吸获取一笔可观的差价收益，从而降低持仓成本，也增加了新的套牢一族，使浮筹在跟风者手中具有相对稳定性，一举两得。这样，既增添了其后主力拉升股价的信心和勇气，拉大获利空间，又让市场弄不清主力的持仓成本，辨不清今后主力的出货位置。

3. 摆脱跟风的短线客。

在主力吸筹阶段，一些精明的散户可能对主力的动向有所察觉而及时跟进，这是主力所不能容忍的，主力只能让这些跟风短线客有小利可图，而不允许他们在自己费力的拉升中坐享其成。因此必须通过洗盘，把短线客的筹码洗出来。

4. "教育"跟庄者以后不要轻易抛售该股票。

主力通过洗盘使跟庄者"吃一堑，长一智"，以后不轻易抛出，而情愿被套，主力则可以从容地"胜利大逃亡"，使散户即使上当受骗，也始终蒙在鼓里，"心甘情愿"地帮主力"站岗放哨"。这是洗盘的重要任务。

5. 吸引新的投资者入市跟风。

洗盘，其实也是一种股票的换手。主力需要不断地有新的投资者入市跟风接盘，从而提高市场的平均持股成本，以增强新入市者筹码的稳定性，减轻股价继续上行的压力。

成交量——判断主力意图的重要依据

在众多的技术分析指标中，最基本的是价格与成交量。量价关系的基本原理是"量是因，价是果；量在先，价在后"，也就是说，成交量是股价变动的内在动力，由此股民们推导出了多种量价关系的规则，用于指导具体的投资。

但在具体应用的过程中，投资者会发现，有时根据量价关系来买卖股票，会出现失误，尤其是在根据成交量变化判断主力是在出货还是在洗盘方面失误率更高。很多投资者不是错把洗盘当成出货，过早卖出，从而痛失获利良机，就是误将出货当成洗盘，该出手时不出手，痛失出货良机。那么，如何根据成交量的变化正确地判断出主力的进出方向，或者说，如何根据成交量的变化，准确地判断出主力是在出货还是在洗盘呢？

通常来说，当主力尚未准备拉抬时，股价的表现往往非常沉闷，成交量的变化也非常小，此时不能断定主力的意图。但一旦主力放量拉升，其行踪就会暴露，研究成交量的变化也就具有非常重要的实际意义。此时如果能够准确地捕捉到主力洗盘的迹象并果断介入，往往能在较短的时间内获取非常理想的收益。实践证明，根据成交量变化的以下特征，可以对强庄股的主力是不是在洗盘作出较为准确的判断：

由于主力的积极介入，原本沉闷的股价在成交量明显放大的推动下变得活跃起来，出现了价升量增的态势。然后，主力为了给以后的大幅拉升扫平障碍，不得不将短线获利筹码强行洗去，这一行为在 K 线图上表现为阴阳相间的横盘震荡。

洗盘时股价快速走低，但成交量无法持续放大，在重要支撑位会缩量盘稳，表明从下方获得支撑；由于盘面浮码越来越少，股价回升不一定需要成交量的配合，但关前止步后不再放量下挫，而是对前期高点跃跃欲试。

在主力洗盘时，作为研判成交量变化的主要指标能量潮（OBV）、均量线也会出现一些明显的特征，主要表现为，出现巨量大阴时，股价的 5 日、10 日均量线始终保持向上运行，说明主力一直在增仓，股票交投活跃，后市看好。另外，成交量的量化指标 OBV 在股价高位震荡期间，始终保持向上，即使瞬间回落，也会迅速拉起，并能创出近期新高，说明单从量能的角度看，股价已具备大幅上涨的条件。

判断是否洗盘，还要关注基本面的因素和股价的潜质。如果公司基本面良好，股票价格有一定的支撑，大幅下跌的可能性很小，基本可以判断这是主力在进行洗盘。

主力洗盘手法

股价突破后主力常常有震仓洗盘的行为，因为他不希望那些短线的不坚定分子在未来的走势中搅局。股价涨到一定程度时会有获利回吐，主力也会为减轻将来拉升中的抛压顺势打压，这就是震仓洗盘。主力震仓洗盘的手法总结起来主要有以下几种：

1. 边拉边洗式洗盘。

这是市场主力经常采用的一种洗盘方法，即非打压，也非横盘，而是将洗盘融于拉高之中，这往往会产生轰动效应。其手法是，主力每日放量拉升股价，然后主动将部分获利回吐，使市场的获利盘跟风涌出，造成股价回落，在日 K 线图上留下较长的上影线。这样主力在拉高股价的同时又达到了洗盘的目的，并在高位锁定了相当的筹码，第二个交易日再如法炮制。这种手法好处较多，可以使市场人气凝聚不散，吸引短线客驻留其中，积极参与高抛低吸的操作，同时也使市场持仓成本逐级增高，为日后出货创造条件。

2. 上下震荡式洗盘。

这种手法较为常见，即维系一个波动区间，并让投资者摸不清主力的炒作节奏。这种方法兼有打压式洗盘和横盘整理式洗盘的优点，一方面考验散户的胆量，另一方面考验散户的耐心。在这种双重考验下，散户往往会乖乖地交出手中的筹码。

这种洗盘手法的特征为：

（1）价格波幅比横盘整理大，比打压式洗盘小。

（2）一日之内价格震幅比较大。

（3）经常出现阴阳 K 线相间的情形，而且隔日收盘价反差比较大。

3. 打压式洗盘。

打压式洗盘手法适用于流通盘较小的绩差类个股。由于购买小盘绩差类个股的散户投资者，绝大多数都抱有投机心理，所以这类个股的稳定性较差。这些散户投资者常常一脚门里，一脚门外，时刻准备逃跑。而看好该股的新多头由于其基本面较差，大多都不愿意追高买入，而静待逢低吸纳的良机。鉴于持筹者不稳定的心态和新多头的意愿，控盘主力，往往会利用散户对个股运作方向的不确定性，打压股价，促使股价快速下跌，充分营造市场环境背景转换所形成的空头氛围，强化散户投资者的悲观情绪，促进其持有筹码的不稳定性，同时也激发持筹者在实际操作过程中的卖出冲动，扰乱他们正常的投资心理，使他们的悲观情绪达到白热化状态。主力通过控盘快速打压，采用心理诱导的战术，促进市场筹码快速转化，达到洗盘的目的。

4. 横盘整理式洗盘。

这种洗盘表现为：主力在拉升过程中突然停止做多，让股价进行盘横整理，使缺乏耐心者出局，这种洗盘方法一般持续时间相对较长。由于这种股票背后隐藏着很大利好，主力惜售，不愿损失筹码洗盘，只有用时间来化解低位获利盘，完成洗盘。

在横向震荡中主力不让自己的筹码流出，还在平稳的控盘中获得洗出的筹码。在K线图中表现为：小阴小阳在K线箱体中震荡，股价盈利与亏损之间徘徊，成交量规则性萎缩，主力有计划的控盘。

以上所列洗盘方式各异，但都有一个共同点，就是在行情发动之前让跟风者出局，或使散户在拉升过程中低抛高迫，并不时利用各种传闻加以配合，投资者要谨慎识别。

总的来说，洗盘阶段就是主力折磨散户持股者的阶段，也是散户最难忍受的阶段。许多人就是在这一阶段中落入主力的陷阱，抛出了本来可以赚大钱的股票，而悔恨不已。当你理解并看穿了主力的洗盘手法，掌握了主力洗盘阶段线图的特征，又有顽强的心理承受力时，主力洗盘对你来说就只不过是个小把戏了，你大可以抱着股票睡觉去了。

主力刻意打压如何判断

在大多数情况下，股票的价格都会在某一多空相对平衡的区间内徘徊，随着股市整体趋势的演变而相应地提高或降低其多空平衡区的空间。但当增量资金对个股施加作用时，股价就会偏离其多空平衡区，从而产生质变。当主力完成建仓，就会推高股价，便于将来高位派发出货；而当主力还没有充分建仓时，一般会采用刻意打压的方法，逢低进货。

如果一只股票已经到了跌无可跌的境地，仍然在遭到肆意的打压，那这时做空的动力来自何方，空方的动机何在，就值得投资者反思了。有时主力的刻意打压行为往往能从反面揭示个股的投资价值，从而给散户提供最佳的建仓时机。主力是否刻意打压，主要从以下几方面判断：

1. 根据走势的独立性来判断。

如果大盘处于较为平稳的阶段或者跌幅有限的正常调整阶段，股价却异乎寻常地破位大幅下跌，又没发现任何引发下跌的实质性原因，则说明主力正在有所图谋地刻意打压。

2. 根据成交量来判断。

当股价下跌到一定阶段时，投资者由于亏损幅度过大会逐渐停止交易，成交量会逐渐缩小，直至出现地量水平。这时如果有巨量砸盘或者大手笔的委卖盘压在上方，股价却没有受到较大影响，则表明这是主力在恐吓性打压。

3. 根据移动成本分布的情况判断。

主要是通过对移动筹码的平均成本和三角形分布进行分析，如果发现该股票的获利盘长时间处于较低水平，甚至短时间内没有什么获利盘，股价仍然遭到空方的肆意打压，则可以断定这是主力的刻意打压行为。

4. 根据均线系统与乖离率判断。

股价偏离均线系统过远、乖离率的负值过大时，往往会向 0 值回归，这时如果有资金仍不顾一切地继续打压，则可视为刻意打压行为。

主力洗盘时的盘口变化

主力在其操盘过程中一定会制造出盘面疲弱的假象，甚至凶狠的跳水打压，又会在关键技术位上护盘，目的就是为了吓走信心不足的散户，同时还要让另外一批看好后市的人进来，以达到垫高平均持股成本的目的。具体地说，主力洗盘的时候有以下几种盘口现象：

1. 洗盘之初涨幅不大，洗盘中跌幅也不深，而且会常常出现带上下影线的十字星，股价一般维持在主力持股成本的区域之上。

2. 股价下跌时成交量无法持续放大，在重要的支撑位会缩量企稳，上升途中成交量缓慢放大。

3. 当盘面浮筹越来越少，最终向上突破放出大量，表明洗盘完成，新的升势开始。

4. 大幅震荡，阴线阳线夹杂出现，市势飘忽不定；成交量较无规则，但有逐渐缩小的趋势。

5. 股价一般维持在 10 日平均线之上，常常在眼看就要破位的时候获得支撑。

6. 有控盘要求的主力，多有复合洗盘动作，或者诱空充分吃货，洗盘的盘口现象也不同，如果时间充足，可能在日 K 线上产生不同的形态，如果时间紧迫，可能在分时走势图上产生不同的形态。

7. 股价下跌时主力多会与大势或技术配合，比如空头陷阱，跌破重要的支撑位，但破位后跌势并不延续。

8. 洗盘之初都做出一种顶部的假象。

9. 洗盘末期都有缩量和主力惜售动作。

10. 在整个洗盘的过程中不会出现利好消息，散户持股心态不稳。

主力洗盘结束如何判断

通过前面的分析我们已经知道主力在坐庄的过程中，必须要经过洗盘的环节，能够识别主力意图的投资者完全可在主力洗盘时趋利避害，也就是说，在股价出现一定涨幅之后，先行退出，等主力的洗盘动作完成之后，再介入跟庄。经过洗盘，短线风险已经释放，买价亦较便宜，且洗盘的结束往往意味着新一轮拉升的开始，此时买入可以达到买入即涨的效果。那么，投资者如何才能判断出主力的洗盘马上就要结束了呢？

1. 缩量之后再放量。

部分主力洗盘时将股价控制在相对狭窄的区域内反复震荡整理，主力放任股价随波逐流，成交量跟前期相比明显萎缩，某天成交量突然重新放大，表明沉睡的主力已开始苏醒，此时即可跟进。

2. 在股价下跌的后期成交量大幅萎缩。

这是洗盘即将结束的明显信号。出现这种情况表明抛盘枯竭，获利盘、套牢盘、斩仓盘、场外买盘全部出局，浮动筹码基本清除干净，留下的都是意志坚定的持股者。他们不会为各种震荡致亏的可能所吓倒，也不会为获取到手的绳头小利所诱惑。无奈，主力只有奖励他们，让他们在今后的行情中赚到盆满钵满，而信心动摇的投资者是赚不到大钱的。

3. 回落后构筑小平台，均线由持续下行转向平走、再慢慢转身向上。

洗盘都表现为股价向下调整，导致技术形态转坏，均线系统发出卖出信号，但股价跌至一定位置后明显受到支撑，每天收盘都在相近的位置，洗盘接近结束时均线均有抬头迹象。

4. 下降通道扭转。

有些主力洗盘时采用小幅盘跌的方式，让在大盘创新高的过程中该股却不断收阴，构筑一条平缓的下降通道。股价在通道内慢慢下滑，某天出现一根阳线，股价下滑的势头被扭转，慢慢站稳脚跟，表明洗盘已近尾声。

第四节　止步在主力出货之前

主力出货为获利

炒股的盈利是最终握在手中的现金而非手中持有了多少股票，因此无论你的账面显示盈利多么丰厚，如果没有把它变成现金，那么，都将只是一个美丽的泡影。对于主力来说也一样，不管持有多少股票，最终都必须要将手中的股票变成现金。因此，主力会通过拉涨、打压等手段的结合使用，将手中的筹码顺利派发出去，形成出货套现的事实。

通常，主力出货的成功建立在散户投资者的失败之上。如果散户投资者不失败，主力自己就会失败。主力最后的成功具有极大的煽动性、欺骗性和偶然性。即使主力拼命地努力，也不是必然能圆满成功。主力要坐庄成功，就必须完成资金转换为筹码、再由筹码变换为资金的循环演变。之前主力的建仓、拉高、洗盘等一系列操作，无论做得多好，都不是最后的投资成功。最后巨大的兑现动作，才是主力重中之重，也是投资成功的最后目的。主力介入一只股票，从吸筹建仓到拉升、洗盘，都是只要自己不懈努力，就能基本掌握的控盘动作，而只有出货动作不是这样，如果跟风者不买，主力就无法卖出。尤其是在出货时期，主力出多进少，要想有十分的把握更是具有极高的难度。在中国股市中失败的主力大概有半数，问题都出在派发出货环节上。如果大量的筹码不能兑现，主力只能自拉自唱、自作自受，而且持续的时间越长，风险越大。所以，主力最后能做的就是想尽办法使跟风者在主力出货期间上当买进。

一般来说，主力只有把股价拉到30％的高度，才基本脱离成本区，有获利空间。主力在坐庄时，不论是大盘，还是个股，一旦出现不利会马上应变展开出逃的动作。在大局不好，山雨欲来风满楼的关键时刻，主力便会采用狠毒、快捷、打压、不计成本、横扫一切的方法仓惶弃庄逃命离场。这对不明真相的跟风者杀伤力非常大。这也是散户投资者跟庄最应该注意的地方。

例如，上海机场（600009）2010年1月份顶部的走势图。股价在高位形成顶部后，出现了小幅度的下跌，随后，在高位开始了将近三个月的横盘调整。这个横盘就是主力用来出货的。主力维持股价不跌让散户以为股价还会上涨，然后在散户的期待中，达到出货的目的而溜之大吉，随后股价大幅下跌，见图7—19：

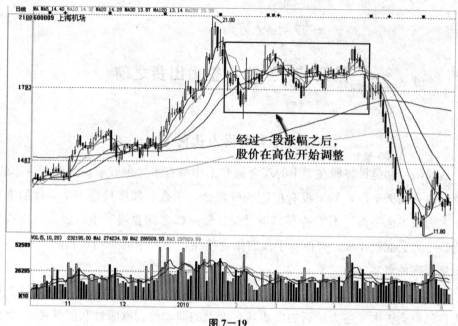

图 7—19

主力出货择良机

　　主力出货的目的就是为了实现巨大的兑现动作，但他在出货的时候也会讲究时机，因为派发出货是主力坐庄的重中之重，是能否成功的关键，所以，主力在出货前都会非常谨慎，选择最好的时机完成出货。但不排除有一些特殊情况迫使主力快速出货，这时候，主力一般没有多少选择的余地，只能就近寻找机会派发出货。由此，我们可以得出，主力出货的情况一般可以分为两种：主动出货和被动出货。主动出货是指主力在人气最旺的时候顺势出货；被动出货是指情况发生变化，主力不得不被迫出货。

　　1. 人气最旺的时候派发出货，即主动出货。它有以下几种情况：

　　（1）难得利好消息出现，引来大量的买盘。

　　（2）上市公司基本面达到历史最好水平，是主力全身而退的好机会。

　　（3）大盘的人气已上升到极点，买盘汹涌，是大规模套现的最好时机。

　　（4）股价已经达到主力的目标价位。

　　2. 情况发生变化，主力被迫出货套现，即被动出货。它有以下几种情况：

　　（1）主力团队发生内讧，有人提前出逃，而其他人也被迫卖出。

　　（2）大盘转势，无法拉抬，必须暂时套现，等待更佳时机。

　　（3）丑闻曝光，引来无数抛盘，股价发生崩盘，主力自己也不得不卖出。

　　（4）主力资金出现问题，必须不计成本地卖出套现。

（5）资金到期必须套现归还。

（6）上市公司基本面恶化，出现大问题，必须套现。

（7）行业利空政策突然出台，不得不改变初期设想，紧急出货。

主力出货有征兆

跟上一支强庄股可以说是一件非常可喜的事情，它会令你户头上的资金不断增长。然而，跟上庄只是买进了未来有升值潜力的股票，尽管你的账面上盈利喜人，但如果没有及时将账面利润变为现实利润，一旦大盘或主力"变脸"，账面利润就会化为乌有，甚至会被套牢。所以，及时套现是跟庄操作至关重要的一环，否则将是空欢喜一场。

为了能够保证自己既得的利益，投资者就要敏锐地察觉主力出货的前兆。这虽然不是一件很容易的事情，但通过以下五个方面，投资者还是可以对主力出货的征兆有一个基本的了解。

1. 股价该涨不涨。

在形态、技术、基本面都向好的情况下股价不涨，就是主力要出货的前兆。如图7—20所示：湖南投资（000548）在2007年8月7日做出了一个极具诱惑性的突破冲高动作，股价创下新高21.59元，此时的成交量也明显放大。从理论上来说，第二个交易日股价应该继续上涨的，结果不仅没涨，还从高位降下来，这就是主力出货前的征兆，随后股价果然连续暴跌。这就是形态上要求上涨，结果不涨。

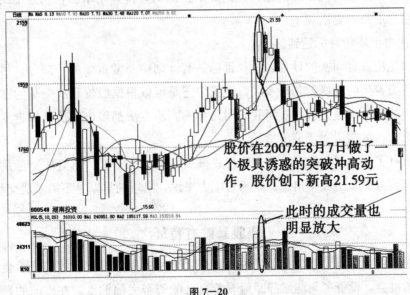

图7—20

公布了利好消息，基本面要求上涨，结果不涨，也是主力出货的前兆。

2. 放量不涨。

不管在什么情况下，只要是放量不涨，就基本可确认是主力准备出货。比如说，合众思壮（002383）在 2010 年 9 月 6 日出现了放量，但股价不涨反跌。这基本上就可以确定是主力在出货，随后，股价果然开始下跌。如图 7－21 所示：

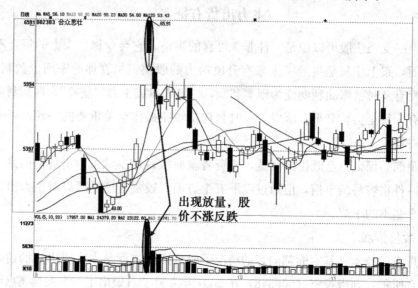

图 7－21

3. 正面消息增多。

当报刊、电视、广播电台里的利好消息增多时，散户就要非常小心。上涨过程中，媒体上一般见不到多少消息，但是如果正面的宣传开始增加，利好不断，说明主力已萌生退意，要出货了。

4. 主力坐庄的目标达到。

主力坐庄都有周密的计划，盈利目标是其计划中非常重要的一部分。尽管我们不知道主力希望的最终盈利是多少，但我们还是可以根据股价和成交量的变化大致分析主力的成本和理论收益。当我们用几种不同的方法都得出股价已接近主力目标位的结论时，可能主力就该出货了。

如果有了这些征兆，一旦出现股价跌破关键价位的情况，不管成交量是不是放大，都应该考虑卖出股票出逃。因为对主力来说，出货的早期是不需要成交量的。

庄股暴跌有特征

庄股暴跌对投资者来说是最可怕的噩梦，这种凶狠的出货方式甚至不会给投资者出逃的机会，投资者只能眼睁睁地看着自己的资金大幅缩水。在以前的暴跌庄股中，银广夏、世纪中天、正虹科技等都是著名的例子，栽在这些股票上的投资者数不胜数。因此，我们有必要对庄股暴跌的特征进行分析，以帮助投资者及时规避风险。一般来说，庄股暴跌主要有以下几点特征：

1. 技术特征明显。

这种股票破位下跌后连续几天成交量放大却是收阴线。后面的 K 线图都是严重受压于均线系统。这种股票经过暴炒后，在高位出现"避雷针"图形。

2. 持股高度集中。

暴跌庄股中主力往往持有大量的流通股份，持股集中度远远高于其他个股。根据 2003 年一季度的季报显示，庄股暴跌前，股东人数较少，人均持股市值较高。

例如，百科药业截至 2003 年 3 月 31 日，股东总人数为 6134 户（其中还包括国家股东和法人股东数，因数量极少，可忽略不计），流通股数是 17111 万股，人均持股约 2.79 万股，人均持股市值约 31.19 万元。根据深圳交易所公布的持股集中度数据显示，该公司持股超过 1 万股的投资者持有的股数占总股数的比例达到了 95.70%。

3. 前期涨幅巨大。

大部分个股经过大幅炒作后，股价已经在高位。主力和跟风者同时想要获利了结，兑现"纸上富贵"，空方力量开始占上风。比如宏源证券（000562）从 2010 年 10 月 8 日的 16.40 元开始上涨，到 10 月 26 日股价下跌前的 23.20 元，股价在短短 13 个交易日内涨幅已达 41%，如图 7—22 所示。

巨大的涨幅意味着巨大的利润，这使得股价的运行具有相当的不确定性，主力随时都有可能在任何价位兑现利润。因为即使是跳水价都远远高出成本价的现实，为庄股的跳水提供了必要的空间。

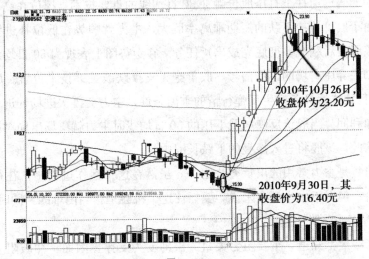

图 7—22

4. 没有业绩支持。

暴跌是对于个股价值的回归，业绩越差价格越高的个股越有暴跌的理由。市盈率（市价/每股收益）、市净率（市价/净资产）是判断个股业绩的一个重要依据。

主力出货方式多

股谚说，"会买是徒弟，会卖是师傅"。对于主力来说，这条谚语同样适用。当股价达到预期价位后，能够顺利出货的，才算坐庄成功，而要想顺利出货，天时、地利、人和三个条件缺一不可。天时，就是大盘的走势，只有在大盘行情火爆、成交活跃的时候，才能顺利出货；地利，就是上市公司的消息配合，包括业绩、送股、重组，和其他一切利好；人和，就是操盘手的做盘水平，这是出货最关键的一环，但却不是惟一的。主力出货时会千方百计地吸引买盘。吸引买盘首先是要吸引注意力，在最后出货之前必须有大的涨幅，出货过程中必须有大的振幅，争取天天都出现在活跃股排行榜上；其次是盘中快速震荡，和震仓时差不多，争取经常上5分钟排行榜；第三是做大成交量，成交量大本身就吸引注意，大量的成交可以掩盖主力的出货操作，也可以吸引炒短线的大资金进入。但是，现在的散户也不是那么好骗的，如果没有基本面的支持，他们是不会轻易跟风买入的。所以主力会制造题材、提供想象空间，让人觉得买了之后还有数倍的利润可赚，最终诱导散户购买。主力在吸引买盘，完成出货的过程中，主要会采用以下四种方式：

1. 利用反弹出货。

主力在完成一段中级出货动作后，巨大的坐庄利润已经兑现。这时主力会利用手中最后的筹码迅速往下打压股价砸穿30日均线的重要技术支撑位在高位套牢跟风盘。同时由于股价快速下跌的短期乖离率巨大，主力就顺势在低位补进筹码做反弹行情获取该股最后利润，彻底完成出货任务。在走势图上表现为30日均线弯头向下发出主力彻底弃庄离场的逃命信号，股价毫无支撑跌破关键技术位置。股价大幅向下远离30日均线后具备产生反弹行情的乖离条件，主力会再次进场补进筹码打扫战场赚取反弹利润。当股价反弹触及下压的30日均线时主力就离场出局对该股作最后的告别。从此，该股将进入漫漫的下跌长河中。

反弹出货是主力常用的出货方法之一。虽然在这个运作过程中，往往股价还有不小的差价，但对于中小散户来说，要抓住这个机会是相当困难的，同时风险巨大。

2. 设置多头陷阱出货。

投资者一般都知道，重要阻力关口一破即变为支撑，因而，冲破阻力位就成为相信技术分析的广大投资者的操盘准则，于是主力就会制造这种假突破，诱使投资者进场，自己乘机派发出货。

例如，宝钢股份（600019）2010年9月6日，拉出一根长阳线一举突破箱形整理，这让爱好技术面分析的投资者认为是买进的好时机，但随后9月8日股价开始下跌，见图7—23：

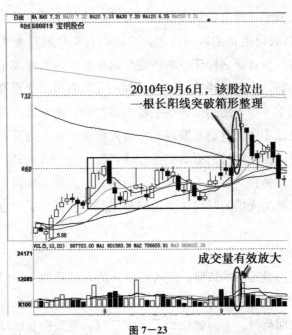

图7—23

主力利用这种方式出货的时候，还会充分利用涨停的机会。他们会通过对股价的快速拉升，使场外观望的投机者禁受不住股价快速上涨的诱惑而入场，让已获利的股民也因利润的快速增值而产生惜售心理。主力通常在这个时候以巨量的买单将股价封至涨停，从而使多头买入激情达到高潮，使更多的跟风投机资金纷纷涌入。

由于国内采取时间优先和价格优先的原则成交，因而即使在涨停价格的挂单是一致的，无法比出高低，时间上也仍有先后之分。首先时间上处在前列的是主力的巨量买单，排在后面的是中小散户的跟风盘。然后，主力采用明修栈道、暗渡陈仓的方法悄悄撤下挂在前面的买单，再将这些买单后继续跟风盘的后面。如此一来，涨停板上的巨量买单数量并无变化，甚至还有增多，主力却可以以小批量的卖单，逐步将手中的筹码过渡给排列在第一时间段内的散户投资者。这种涨停出货的手段既能卖上一个好的价格，又不会引起一般投资者的警觉，可谓一箭双雕，因而也是市场中最常见的出货方式之一。

3.利用除权出货。

主力控盘的庄股，经过长期炒作，大部分筹码已被高度锁定，成交量十分稀少，很难吸引散户跟风，正所谓高处不胜寒，此时要完成出货绝非易事。而股价一旦经过除权之后，就会回到相对低位。事实上，经过除权之后，股价仍处于高位，只是许多人不明真相，以为是刚从底部启动，盲目跟风，结果成为主力拉高出货的牺牲品。

4. 快速打压出货。

主力将股价拉升到足够高的位置以后，为了尽快清空手中的筹码，会通过横向的K线上影线拉高股价准备随时出货，只要盘口有买盘就对准买盘进行果断的打压，出脱筹码。打压出货更适用于基本面较差的个股，因为此类个股的参与者绝大多数都抱着投机心态，在股价快速上涨的过程中，又奢望卖个更高的价钱，极少有人会主动出手。如果主力采用高位震荡手段出货的话，由于散户资金较小，比较灵活，反而会造成自己手中的股票派发困难。因此相对来说主力采用快人一步，趁投机散户好梦未醒时，抢先抛售的策略更为合适，具体操作方法是：首先套住高位介入的跟风盘，再一路抛售，将敢于抢反弹者一网打尽。此手法讲究的是迅猛，利用大盘或者个股人气极为火爆的时候，使用回马枪的手法，反手做空，令众多散户猝不及防！

5. 不断震荡出货。

主力通过反复洗盘拉抬的造势，使所有抛出的人都后悔，而回调进场和持股不动的散户都赚钱。这样，当所有人对此都深信不疑，持股者不愿抛，拿钱者纷纷进场，把出货当洗盘回调时，主力就找到了出货良机。主力持仓比较高，不可能在短时间内全部抛出手中筹码，此时就要采用震荡出货法。采用这种出货方法，主力需要有大盘和人气的配合。主力完成收集等程序，将股价推至一定高度后完成派发较为困难，于是他便高抛低吸，或利用利好消息制造震荡行情，并在大市走好之际，推高股价并大举派发。这种出货方式所需时间较长，常用于大盘股或重要指标股的出货操作。

主力的高明之处在于将对大众情绪的调控与自己的炒作手段巧妙地结合起来。在吸货阶段，为让散户看空，就利用传媒唱空，以便吸到廉价筹码。在拉抬和洗盘的初期，为让散户对升势半信半疑，就在每次洗盘结束后都向上突破。到中后期，散户多头心态越来越明确和强烈，升不愿抛，跌当成吸纳的好时机，此时养多（培养散户的死多头心态）成功，主力出货已没有人与他争跑道，同时，他抛出的股票尽数为多头承接，套现成功。

震荡出货的K线图通常体现为较有规则的图形，如大三角形、双重顶、三重顶与头肩顶等。如果同期大盘的走势亦呈此类规则图形震荡，则主力派发相对容易，否则就需要利多消息来配合主力的行动。

这种出货方式的优势是隐蔽性强，市场气氛乐观以及没有大的利空消息。这使主力有充裕的时间在高位派发，从而获利丰厚。对散户来说，优点是考虑时间可以比较长，不至于稍纵即逝，错过战机；缺点是具有迷惑性，出的早，很久不见跌，会怀疑原先判断的正确性，如果错误判断是洗盘，重新入市，就会落入多头陷阱。

主力采用震荡出货方式的个股，股价虽然总体不涨，但由于震荡剧烈，短线机会比较多。没有经验的散户，看到股价暴跌之后又很快止跌，而且出现有利的上涨，迅速回到前期高位乃至突破前期高位，会感到买进的风险不大，希望股价还能再创新高。前期被轧空的散户，这是还对股价拉升抱有希望，希望自己在这轮行情中赚到钱，因此看到如此快速的拉升，以为机会来了，于是疯狂买入。主力因此暂时得以维持住人气，稳住了买盘，顺利实现出货。

洗盘出货有不同

前面我们已经分析过洗盘，也分析过出货，但在实际操作中，许多散户却极易把主力的洗盘当出货，把出货当洗盘，结果卖出的股票一路狂升，死捂的股票却一跌再跌，深度被套，以至于在经济上造成损失外，心态也会受挫。

洗盘只是想甩掉不坚定的短线跟风盘，并不是要吓跑所有的人。主力洗盘是股价在上升中途所进行的技术性整理，其目是通过整理换手，清洗掉市场内的获利筹码，使市场内的持股成本趋于一致。洗盘的结果是大量的筹码被主力战略性地锁定，从而导致市场内的浮动筹码大量减少。洗盘会使筹码进一步集中。洗盘现象在技术上的具体表现是随着整理股价波动的幅度逐渐减小，成交量快速萎缩，股价在中长期均线附近被控盘，盘面浮动筹码稀少，成交低迷。

主力出货的目的是尽量吸引买盘，通过各种手段稳定其他持股者的信心，而自己却在尽量高的价位上派发手中尽量多的股票。出货的结果与洗盘恰恰相反，出货会导致市场筹码由原来的"集中锁定状态"逐渐变为"分散状态"。随着筹码的逐渐分散，盘面"浮动筹码"的数量必然增加，其具体表现是成交量在较长的时间内始终无法萎缩，并且始终保持较为活跃的状态，盘面浮动筹码很多，而且消息面会有很多朦胧的题材或利好消息配合。

弄清主力洗盘和出货的区别是十分关键的，其直接关系到散户在此只个股上的获利率。那么，主力洗盘和出货到底有什么不同，散户如何区别呢？

1. 从 K 线形态方面区别。

在日 K 线形态上主力是出货还是洗盘表现的最为明显。一般洗盘时的走势常常以长线实体的大阴线出现，而出货的时候往往会在股价正式破位之前，出现一连串的小阳线，使得投资者对后市抱有期望。

前面说过主力洗盘的目的仅想甩掉不坚定的跟风盘，并不是要吓跑所有的人，否则他就要去买更多的筹码了。他必须让一部分坚定者仍然看好此股，仍然跟随他，帮他锁定筹码，所以在洗盘时，某些关键价是不会跌穿的，这些价位往往是上次洗盘的起始位置，这是由于上次已洗过盘的价位不需再洗，也就是不让上次被洗出去的散户有空头回补的价差。这就使K线形态有十分明显的分层现象。

而主力出货则以卖出手中大量的股票为第一目的，不会守护关键位，这导致K线价位失控，毫无层次可言，一味下跌。

2. 区别洗盘和出货还可以从成交密集区来区别。洗盘还是出货往往与成交密集区有一定的关系，当股价从底部区域启动不久，处于离低位成交密集区不远的位置时，出现洗盘的概率较大；如果股价逼近上档套牢筹码的成交密集区时遇到阻力，那么，出现出货的概率比较大。

3. 从持续时间上区别。

上涨途中的洗盘持续时间不长，一般5至12个交易日就结束，因为时间过长的话，往往会被散户识破，从而乘机大量建仓。而出货的时候，股价即使超出这个时间段以后，仍然会表现出不温不火的震荡整理走势或缓慢阴跌走势。

4. 从重心移动来区别。

重心是否下移是判别洗盘与出货的显著标志。主力洗盘是把图形做难看，不想让其他人买到便宜货，所以日K线无论收乌云线、大阴线、长上影、十字星，或连续四五根阴线甚至更多，但重心始终不下移，即价位始终保持。

5. 从盘口方面来区别。

主力出货时在卖盘上是不挂大卖单的，下方买单却很大，显示委比较大。造成买盘多的假象，或下方也无大买单，但上方某价位却有"吃"不完的货，或成交明细中常有大卖单卖出而买单却很弱，导致价位下沉无法上行。

主力洗盘时在卖盘上挂有大卖单，造成卖盘多的假象。在主力对敲下挫时是分不清是洗盘还是出货的。但如在关键价位，卖盘很大而买盘虽不多却买入（成交）速度很快，笔数很多，股价却不再下挫，多为洗盘。

在盘口方面，散户还可以具体从价格、成交量、尾盘异动等方面来分析区别。

（1）从成交量的变化来区别。

洗盘的成交量特征是缩量，随着股价的破位下行，成交量持续不断地萎缩，常常能创出阶段性地量或极小量。主力出货时成交量的特征则完全不同，在股价出现滞涨现象时成交量较大，而且，在股价转入下跌走势后，成交量依然不见明显缩小。

（2）从尾盘异动的情况来区别。

洗盘时一般在尾盘常常会出现异动，例如：股价本来全天走势非常正常，但临近尾盘时，却会突然遭遇巨大卖盘打压。而主力出货时尾盘出现异动的现象相对要少得多。

（3）从价格变动的情况来区别。

洗盘的目的是为了恐吓市场中的浮动筹码，所以其走势特征往往符合这一标准，即股价的跌势较凶狠，用快速、连续性的下跌和跌破重要支撑线等方法来达到洗盘的目的。而出货的目的是为了清仓套现，所以，其走势特征较温和，通常以一种缓慢的下跌速率来麻痹散户的警惕性，使散户在类似"温水煮青蛙"的跌市中，不知不觉地陷入深套。

区别主力震仓与出货就是在与主力斗智斗勇。主力经常做出经典技术中认为应做空的 K 线、K 线组合、形态来达到洗盘的目的；又做出经典技术中认为应做多的 K 线、K 线组合、形态来达到出货的目的。但万变不离其宗，只要深刻了解 K 线及其市场含义，而不是仅有其形而无其神，就能把握主力的意图。当然，主力的洗盘与出货方法仍在不断地推陈出新，手法也越来越凶悍，只有在具备扎实基本功的前提下，及时地去研究思考、适应，方能在操作上获得成功。

第五节　拆穿主力做盘的把戏

急拉涨停——风口浪尖休高兴

一般来说，如果股价因为上市公司公布重大利好或主力纷纷买入，而大幅向上攀升，就会形成涨停。当某只股票涨停后以涨停价格买入的买单数量高达数百万时，要打开较困难，散户要想买入该股只有以涨停价格排队等待买入，通常难以买到。涨停对主力和机构较为有利，他们先用大笔买单把价格推高到涨停再用大笔买单封住涨停，就能够在行情看好的情况下，优先买入股票；当封住涨停的买单高达几百万股甚至上千万股时，常常形成第二个，甚至第三个涨停板。

大家都觉得涨停板的出现，代表着此股强势特征明显，后市很看好。其实涨停板，恰恰也是最危险的，主力常利用这种方法进行出货，因为这样既可以卖到好价钱，又可以不吓跑接货者。只有资金链断裂，急着出货的主力，才会用杀跌的方法出货。当一只股票，在相对高位出现涨停，而且成交量很大，换手率很高时，要查看分时图，如果一天中涨停被打开很多次，每次打开都有很多量放出，这种涨停板绝对不能跟。因为在没有重大利好的情况下，市场资金不可能将股价推向涨停板。

大家要记住，涨停板一定是主力打上去的。如果主力想将股价封上涨停，散户是不可能有能力打开的，而且一般散户在涨停板也不会抛出，那么此时打开涨停板的只能是主力自己。可是已封上涨停，主力为什么又要打开呢？如果大家以这种思路想下去，再配合成交量和股价所在位置，主力出货意图就一目了然了。

那么，对于散户投资者来说，面对突然涨停的股票该怎样操作呢？投资者明白主力在涨停下玩的把戏后，一旦有大笔卖单涌出，主力出货迹象明显，就应抢在主力卖出前，以低于主力卖出价格0.1元或0.2元争先卖出。若自己不幸以涨停价格买入被套其中，第二天也以主动认赔离局为好。主力面对你这样精明的对手，只能自叹弗如了。

1. 涨停股的卖出时机。

（1）追进后的股票如果三日不涨，则应予以抛出，以免延误战机或深度套牢。

（2）会看均线者，当5日均线走平或转弯时可立即抛出股票；MACD指标中红柱缩短或走平时应立即抛出。

（3）一段行情低迷时期无涨停股，一旦强烈反弹或反转要追第一个涨停的，因为后市该股极可能就是领头羊，即使反弹也较其他个股力度大很多。

（4）不看技术指标，如果第二天30分钟左右又涨停的则大胆持有；如果不涨停，则上升一段时间后，股价平台调整数日时应立即抛出，也可第二天冲高抛出。

2. 买入涨停后第二天的操作手法。

（1）开盘就继续涨停，可不急于抛出，但要死盯着买一上的买盘数量。一旦买盘数量迅速减少，则有打开的可能，此时应立即抛售，获利了结。如果一直涨停至收盘，则可以继续持股至第三天再考虑。

（2）平开后迅速一跌，应乘反弹逢高择机出货。

（3）低开高走，应紧盯盘面，一旦出现涨势疲软（指股价回调下跌1％），则立即填单抛售。

（4）低开低走，应乘反弹逢高择机出货。

（5）平开高走，应紧盯盘面，一旦出现涨势疲软（指股价回调下跌1％），则立即填单抛售。

（6）高开高走，应紧盯盘面，一旦出现涨势疲软（指股价回调下跌1％），则立即填单抛售。

（7）高开低走（涨幅在3％以上），应立即抛售，并以低于买三的价格报单。因为按照价格优先的原则，可以迅速成交，且成交价也一般会高于自己的报价。

3. 涨停板出局技巧。

（1）参照分时系统、15分或30分钟MACD一旦出现小红柱，应立即出局。

（2）止跌涨停、龙头涨停或尾市跳水涨停等后市利润较大的涨停，参照 30 分钟的 30 日均线，当其走平或高位震荡，应立即出局。

（3）第二天 5 分钟内见前一日收盘价，无论盈亏，应立即出局。

突然跌停——悬崖绝谷莫着急

投资者在跟庄的过程中，有可能会遇到忽然跌停的股票，这时候投资者是买还是卖呢？要决定是买还是卖，投资者一定要首先判断主力此时的意图，根据主力的操作意向决定自己的行动。主力在操作中的手法虽然千变万化，但仍有一定的规律可循，掌握其规律可使散户减少失误，增加盈利的机会。主力把股票打到跌停的目的不外乎两种：派发出货或者洗盘吸筹。

1. 主力利用跌停派发出货。

散户跟庄时，最大风险就是主力采取"自杀式"突然跌停出货，跟风者若不迅速以跌停价排队抛出，将被主力狠狠套在高价区。

主力能顺利完成跌停出货，主要是利用散户抢反弹的心理。抢反弹是许多散户短线炒作的一个惯用手法。当某只股票突然大幅度地下挫甚至跌停时，按大跌后一般会有大涨的规律，许多散户就会冲进去买入，准备以后反弹时抛出，以获取短线利润。这种想法不能说没有道理，也确实有许多短线高手因此赚了大钱，但是，这是火中取栗、空中接刀的游戏，其风险相当大，许多散户也因此被套牢。尤其是当主力在狂炒某只股票后，由于获利丰厚，往往采取跌停板出货手法，在连续三日跌停之后打开跌停，诱使散户认为反弹来临，大举跟进，结果把散户套在半山腰。

2. 主力利用跌停洗盘吸筹。

在强势市场里，主力会选择有利空袭击的个股，破坏技术和走势形态，引起止损盘抛售；或采取炸弹的形式，促使日 K 线上阴线越跌越快，越跌越大，加大持股者的心理压力，引起投资者不抛售下跌空间将会无限的恐惧感。白炽化状态时主力以大单封住跌停，这时散户的抛盘竞相而至，待散户抛盘达到一定程度时，主力釜底抽薪，采取撤单形式撤走自己的卖单，然后以实质性的买单大肆吸收上档的抛盘，达到快速建仓的目的。

对于散户来说，一直处于跌停的股票，如果先跌停后打开或低开后上升，且放量打开跌停，即为买入机会。由于股价一路杀跌，量缩，现在又跌停再打开表示杀跌的人少，多方已开始反攻，当放量打开跌停后且稳步上升，表示主力已回头杀入。

对于大多数投资者来说，在跌停的时候买入是有一定风险的，必须先判断主力是什么意图。如果确定要介入，一定要非常谨慎，可采用分批增量的操作方法。比如，一次跌停时先买 1000 股，再跌停时再买 2000 股，跌停打开时买入 3000 股，这样跌停反弹后很快就可能获利。

开盘诡计——真假难分勿妄动

开盘价往往决定着股票一天的走势，也是投资者关注的重点。一般来说，主力都会在开盘价上做文章，以对投资者做出有利自己的引导。开盘主要有三种情况，低开、平开和高开。通常情况下，这三种方式代表了主力想要打压、进行整理、和拉升的主基调，当然这三种可能完全可以出现相反的走势，这还需要对 K 线形态进行整体分析。在这里，我们主要讨论主力做盘的特殊手法：大幅低开和大幅高开。

1. 股票大幅低开。

某股票的当日开盘价低于前一交易日收盘价的情况称为低开。这是主力做盘的特殊手法之一。他往往会在盘前半分钟突然挂出一笔大卖单，把股价砸至很低位。主力这样做的目的一般有以下几种：

（1）主力在出货。

（2）新一轮的下跌行情即将开始。

（3）主力在诱空，达到洗盘的目的。

（4）可能是股票的最后一跌，底部马上将出现。

一般来讲，反转发生时或发生后的向下跳空为突破跳空，代表着一个旧趋势的结束和一个新趋势的开始。如果跳空发生在顶部，就是趋势将反转向下的重要信号。但是，如果某只个股跳空低开，然后再低走，就会收出十分明显的跳空阴线，一般投资者都很容易看得出这是出货信号，不会上当。所以，主力就发明了一种掩人耳目的新方法去诱导散户，其具体做法是以跌停板的价格低开，然后再稍微拉高一点，这样 K 线图上就显示为阳线，但股价其实是下跌的，这便是我们所要说的留下跳空缺口的向下破位阳线。这其实也是主力的出货手法之一，主要意图是使不明真相的散户误以为该类股票已经见底，于是纷纷入场抢便宜货，但是，他们却白抢了，因为该股日后继续下跌。

那么散户该如应对主力的这种大幅低开呢？

（1）如果是主力在进行出货，则不要抢反弹，逢高及时卖出筹码。

（2）如果是主力在进行洗盘，则在底部及时介入。

（3）如果是一轮下跌行情的开始，应尽快卖出手中的筹码。

2. 股票大幅高开。

高开有两种可能：第一，有准备的高开。这种现象在股价强势拉升过程中较常见，因个股所处的不同运行阶段有差异，这种有准备的高开具有鲜明的目的性。第二，没有准备的高开。市场出现较强烈的求大于供的现象，导致股价以市场行为自然的高开，这种现象经常出现在突发性利好的时候。例如，2001 年 11 月 16 日降低印花税的公布，对整个市场来说，是系统性利好，市场有较强的短暂的买进需要，因此当日大多数股价明显高开，属于一种突然性利好导致的高开。

对于有准备的高开，主力主要想达到如下目的：

（1）完成强势洗盘。

这是在强势市场里比较多见的快速洗盘方法，主力利用刻意的高开后回落整理，在日 K 线图上形成显而易见的大阴线，从而让一些信心不足的散户及早离场。

（2）为出货做准备。

前期已持续好转，但没有足够的升幅，在大势短线上涨趋势较强时，在确实买盘的推动下，股价出现高开高走。例如 2002 年 1 月 31 日的中视传媒（600088），内蒙宏峰（000594）（现为国恒铁路）等，主力运用高开的手法，营造上涨的气氛，目的是引起市场的注意，使更多的投资者参与，免得自己唱独角戏。这种高开也是主力为出货做准备。

（3）这是主力的一种较为普遍的试盘现象，目的是试探一下获利盘的反应，以便作出决策，为日后的上攻行情铺路。例如平高电气（600312）2001 年 4 月 10 日早市突然高开，然后回落至正常区域做整理，至收盘时只是微涨，但却收出了一根巨幅高开的实体中阴线。第二个交易日及其后的一个交易日，该股不涨不跌，只是上下震荡，收出两个十字星。在连收两个十字星后，该股连拉两阳，创出历史新高。

那么对于散户来说该怎样应对这种大幅的高开呢？

（1）如果主力是在利用高开回落的手法震仓洗盘，散户要有耐心，逢低吸纳筹码。

（2）如果确认是主力在竭力营造上涨的氛围，避免自己唱独角戏，为出货做准备，持有该股的散户就应该赶快减仓，或者暂时持有，但随时保持高度的警惕，一有风吹草动就抛掉筹码。

（3）如果确认是主力在试盘，散户就可以持股待涨或者快速跟进买入。

尾盘陷阱——善恶莫测宜远观

在分时走势图上接近于尾市收盘时，如果股价突然有所异动，出现较大幅度的涨跌或震荡，就会使全天的日 K 线形态发生较大改变，从而对短期 K 线组合产生较大影响，进而改变短线技术分析的结论。出现这些情况的时候，投资者就可以判断是主力在收盘时做了手脚。

一般来说，主力收盘时特殊手法表达的含义为：当日接近收盘时股价突然快速下跌，而第二个交易日放量低开高走，是短线上涨的信号；反过来说，当日接近收盘时股价突然快速上涨收于高位，第二个交易日高开低走，是短线下跌的信号。

1. 收盘前瞬间下砸——在全日收盘前半分钟（14：59）突然出现一笔大卖单，减低很大价位抛出，把股价砸至很低位。

主力这样做的目的：由于大部分技术指标都以收盘价计算，改变收盘价就可以直接改变这些技术指标的数值，但同时又不对全天其它时间的交易产生较大影响。所以主力会选择在收盘时进行打压。具体来说，其目的为：

（1）使股价第二日能够高开并大涨而跻身涨幅榜，吸引投资者的注意。

（2）操盘手把股票低价位卖给自己或关联人。

（3）使日K形成光脚大阴线、十字星等较"难看"的图形，使持股者恐惧而达到震仓洗盘的目的。

2. 收盘前瞬间拉高——在全日收盘前半分钟（14：59）突然出现一笔大买单加几角甚至1元、几元把股价拉至很高位。

主力这样做的目的：由于主力资金实力有限，这样做能用较少资金而使股价收盘在较高位或突破具有强阻力的关键价位，尾市"突然袭击"，瞬间拉高。假设某股12元，主力欲使其收在13元，若上午就拉升至13元，为把价位维持在13元高位至收盘，就要在13元接下大量卖盘，需要的资金量必然非常大，而尾市偷袭由于大多数人未反应过来，反应过来也收市了，无法卖出，主力因此达到目的。

那么，对于散户来说，该如何应对主力的这种收盘手法呢？

1. 主力在收市前几分钟用几笔大单放量拉升，刻意做出收市价，在周五时最为常见。主力这样做的目的是，吸引股评免费推荐，诱导投资者以为主力拉升在即，周一开市，大胆跟进。这时，散户不宜贸然介入。

2. 临收盘时放量打压，造成当日K线为长阴线，但第二天即轻松涨回。这是典型的震仓洗盘行为，如果此时30日均线为明显的上行趋势，股价涨幅并不是很大，就可认定是主力在打压，目的是震仓洗盘，以收集更多的廉价筹码。这时，散户可以大胆跟进。

对于主力收盘特殊手法的技术分析，往往比较复杂，因为它出现的原因是多种多样的，有一种简化的办法就是将这根K线从日K线图中去掉，然后看日K线走势图，这样得出的结论往往会客观一点。

瞬间放量——一定有鬼须注意

通常，看到忽然放量，投资者都会意识到这有可能是跟进的大好机会，但也要注意，这也可能是主力的陷阱。究竟忽然放量出现的原因是什么，这还要看主力的真正意图，通常来说，忽然放量主力有两种意图：出货或者拉升。

许多技术派分析师认为，成交量是不会骗人的。成交量的大小与股价的升跌成正比关系，比如说量增才能价涨、量缩价不会大跌、长期盘整的股票带量突破盘局常意味着主力要拉高、股价高位放巨量后一定还会创新高等。不可否认，这些观点有一定的道理，但在某些情况下，成交量不仅会骗人，而且会成为主力将计就计设置的陷阱。

例如久盘突然放量是典型的"出货陷阱"之一。这里讲的久盘有的是指股价在炒高了相当大幅度后的高位盘整，有的是炒高后再送配股票除权后的盘整，还有的是中报或年报公告前不久的盘整。

通常的情况是，主力在久盘以后知道强行上攻难以见效，为了赶快脱身，便采取对敲的方式，造成成交量放大的假象，然后在推高的过程中，让许多追涨的人接下的大量卖单。这样那些在追涨时没有买到股票就将买单挂在那里的人，便加强了买盘的力量，并为主力出货提供了机会。主力就这样利用量增价升这一普遍被人认可的原则，制造假象，达到出货目的。

主力对敲的手法通常有两种，最常用的是使用两条交易跑道，同时对某一只股票发出买卖指令，价位与数量大致相同，这时主力不预先挂单，因此有时大家在盯盘中会发现，委托盘中的买单、卖单的量都很小，成交盘中却突然冒出大笔的成交。另一种手法就是主力事先在委托盘中挂出一笔大单，然后一路打下去或买上来，迅速吃掉预埋的委托单，从而造成虚假的成交量。

由于许多散户经常孤立地、静止地看待成交量，即只注重当日的成交量与价位，主力就投其所好，大量地利用对敲制造骗量和骗线。又由于对敲与普通的大手成交具有相同的形式，比较容易隐蔽，难于判别，因此常常给投资者造成麻烦。我们认为，研判主力对敲主要应该从成交量的放大情况以及价量配合的情况入手，主力对敲最直接的表现就是成交量的增加，但是由于掺杂了人为操纵的因素在里面，这种放量会很不自然，前后缺乏连贯性。在价量配合上也容易脱节。具体实践中，散户可以用以下几种方法甄别：

1. 从每笔成交上看，单笔成交手数较大，经常为整数，例如 100 手、500 手等等，买盘和卖盘的手数都较接近，出现这样的情况，通常买卖方都是同一人，亦即是对敲行为。

2. 在邻近的买卖价位上并没有大笔的挂单，但盘中突然出现大手笔成交，此一般为主力的对敲盘。

3. 股票刚启动上攻行情不久，涨幅不大，当天突然以大笔的成交放量低开，且跌幅较大。这是主力通过对敲强行洗盘的行为。

4. 在实际操作中，投资者要特别注重均价、均量的作用。当不同区间的均量、均价相距很远时，很有可能是主力对敲所致，风险增加，投资者一定要加倍谨慎小心。

5. 股价无故大幅波动，但随即又恢复正常，如股价被一笔大买单推高几毛钱，但马上又被打回原形，K线图上留下较长的上影线，这种情况多为主力的对敲行为。

6. 上一交易日成交并不活跃的股票，当天突然以大笔的成交放量高开，这是典型的主力对敲行为，目的是为了控制开盘价格。

7. 当股价出现急跌，大笔成交连续出现，有排山倒海之势，往往是主力为洗盘故意制造恐怖气氛。这种大手成交的放量下跌是主力的对敲行为。

8. 当各档卖挂单较小，随后有大笔的买单将它们全部扫清，但买单的量过大，有杀鸡用牛刀之感，且股价并未出现较大的升幅，这种上涨状态的大手成交是主力的对敲行为。

9. 整日盘中呈弱势震荡走势，买卖盘各档挂单都较小，尾盘时突然连续大手成交拉升。这是主力在控制收市价格，为明天做盘准备，也是典型的主力对敲行为。

10. 股价突然放量上攻，其间几乎没有回档，股价线一路攀升，拉出一条斜线，明显有人为控制的痕迹，往往是主力对敲推高股价，伺机出货。这种走势一般还会持续，尾盘往往以跳水告终，人称"小猫钓鱼"，上钩就被套。

11. 从成交量上看，短期成交量成倍放大而股价涨幅有限的个股，通常为主力对敲所致。另外，有些个股短期升势较快，但成交夸张地放出巨量，这些量中的水分较大。

12. 实时盘中成交量一直不活跃，突然出现大手成交，这种成交可能只有一笔或连续的几笔，但随后成交量又回到不活跃的状态。这种突发性的孤零零的大手成交是主力的对敲行为。

分析对敲盘需要耐心的长时间连续观察，结合大盘情况和个股的价位以及消息面等情况综合分析。一旦学会观察和把握对敲盘，就好像是掌握了主力的脉搏，但前提是你要有足够的耐心。

突然放量的应对策略：

1. 如果在高位突然放量，是主力在逐步造顶，应随时准备出货。

2. 放量的同时，如果股价也跟着飙升，则可以适当买入，但要防止主力出逃；如果股价跟着大跌，则要及时逃离。

3. 如果发现主力在通过对敲的手法制造成交量，就要保持足够的谨慎。

4. 如果是在底部突然放量，则是行情开始的征兆，要大举建仓。

突然缩量——未必真实要看清

突然缩量是一种很值得投资者重视的技术指标变化情况。它对处于不同阶段个股的发展趋势有重要的预示指导意义。下面我们分几种情况进行分析：

1. 突然缩量上涨。

市场上有这样一种认识，认为股价的上涨必须要有量能的配合，如果是价涨量增，则表示上涨动能充足，预示股价将继续上涨；反之，如果缩量上涨，则视为无量空涨，量价配合不理想，预示股价不会有较大的上升空间或难以持续上行。

实际情况其实不然，具体情况要具体分析。典型的现象是上涨初期需要价量配合，上涨一段后则不同了。主力控盘个股的股价往往越是上涨成交量反而越萎缩，当再次放量上涨或高位放量滞涨时反而预示着要出货了。

股价的上涨根本没有抛盘，因为大部分筹码已被主力锁定了，在没有抛压的情况下，股价的上涨并不需要成交量，许多大牛股涨幅的很大一部分都在缩量空涨这一阶段。典型的如 * ST 康达（000048），曾在牛市中，多次出现无量空涨状态。当然这种缩量空涨之前，必然有一个放量震荡逐渐形成明朗上升趋势的过程。因此，这种缩量空涨并不是坏事，只要无量，其主力资金的结构就明显没有改变，一般而言行情会持续向好，直到成交量改变，使行情性质发生改变为止。

2. 突然缩量下跌。

投资者一般认为，放量下跌是一个危险信号，缩量下跌却显示空方能量不足，危险不大，其实，缩量下跌往往更加不妙。对个股而言，高位持续震荡放巨量，突然再放巨量暴跌，必然有强劲的反弹，之后即突然缩量下跌，如果你以为该股有主力在托盘，成交量萎缩，主力难以出局或许还要托盘，行情还可看好，那就错了。一方面没有理由保证主力资金就绝对不会被套牢，另一方面在成交量萎缩之前的高位震荡放量过程中，主力资金到底玩了什么花招还很难断定，因而许多强势庄股在缩量阴跌之后，后期往往跌势漫漫，更重要的是它往往看起来下跌幅度不大，给人一种下有支撑的错觉，投资者心理上也很能够承受这种小幅下跌，不料这是钝刀子割肉，初看起来没什么危险，过一段时间回头一望，已经滑下崇山峻岭。因此，对大震荡之后缩量阴跌的股票要保持高度的警觉。这些股票往往会跌到叫持有者绝望、叫欲买者失望、最终被人遗忘的程度。

通常而言，股价在下跌过程中缩量是正常现象，一是没有接盘因此抛不出去，二是惜售情结较高没有人肯割肉。实战中往往出现缩量阴跌天天跌的现象，只有在出现恐慌性抛盘之后，再次放量才会有所企稳。其实放量下跌说明抛盘大的同时接盘也大，反而是好事，尤其是在下跌的末期，显示出有人开始抢反弹。

总之，不管是缩量空涨或者缩量阴跌，往往都代表一种趋势，只要成交量萎缩的特征不改变，行情的性质往往也会延伸，但是成交量突然之间发生了巨变，则以前所有判断行情的基础条件，比如基本面、技术面、主力资金、市场热点结构等等都得重新审视，绝对不能因惰性而沿用前期的判断定势。比如无量空涨之后，再放巨量飙升或者突然震荡放巨量下跌；比如缩量阴跌之后，突然低位放巨量震荡，行情必须以此为起点重新判断，很可能行情的性质正在发生改变，很可能行情已经涨过头或者跌过头。通常来说，行情在漫长的缩量阴跌之后，第一次放量往往还很难扭转颓势，并且这种成交量往往也仅是在成交量图上显示出一根长长的红柱，只是相对前期成交量放大若干倍，绝对成交量巨变并未出现，行情还有反复；但如果反复震荡，不断放量，行情在低位持续较长时间，则要将成交量累积起来看。不管上行突破，还是下行突破，这样的行情都需要引起注意。成交量趋势不变，行情趋势延伸；成交量改变，行情需要重新判断。这不仅是研究缩量个股趋势的重要依据，也是研究放量个股趋势的重要前提。

第六节　享受主力为你抬轿

跟短线庄

一般来说，跟短庄的好处在于能够较快地获利，资金的周转速度也比较快，但是收益大的同时，投资者也必须承担较长线庄大的风险，所以，这就要求投资者必须有高超的技巧。

1. 要正确判断出股价的走势，尤其是短期内的走势，对近阶段股价的总体趋势要有一个准确的认识。通常，如果在近段时间内没有出现重大的利好或者利空，大盘的方向是不会改变的。因此，短期走势不可能摆脱总体趋势的方向。

2. 看市场是否有热点。

一般来说，大盘的大幅波动都受市场热点影响，在没有市场热点的情况下，大盘基本处于盘局。在市场热点转换较快的情况下，大盘呈现震荡行情。

3. 看技术指标。

大盘如果处在箱体震荡或是盘局时，技术指标能帮你较直接地作出判断，而且各项指标较为一致。但在剧烈行情中，技术指标不起作用。

4. 看成交量是否发生较大变化。

如大盘在下跌途中，成交量增大，表明将加速下探；如急剧萎缩，则表明有望趋稳。如果大盘是在上升途中亦同此理，呈正比反应；如果成交量不大，大盘则按原来趋势缓慢延伸。

因此，散户在跟短线庄操作时应注意以下策略：

1. 资金投入要集中。

股票最多不能超过两种，资金应集中投入，一般在90%～100%，这样才有利于跟踪观察，才可能取得较高回报。

2. 低位突然放量时应立即跟进。

散户操作应突出一个"快"字，没有必要作基本面分析，只要有量就行，既然主力要做，就一定会有题材。

3. 要设立止损点。

再精明的投资者也难免看走眼，出现判断失误的时候，所以设立止损点是一个防止长线被套的措施，尤其是对散户而言，止损点一般定在10%较为合理。

4. 要注重热点转移。

强势市场有一个热点轮转的特征，短线炒家必须紧扣市场脉搏，注意观察下一板块的启动迹象，以免延误时机。

5. 上涨20%时就卖出。

一般来说，如果没有发生特大变故，主力炒作的最低目标价位应在20%～50%。作为散户不能贪高，应及时获利出货，将利润落袋为安。

跟中线庄

跟中线庄家就要采取中长期投资策略，具体来说可从以下几方面进行：

1. 研判中期走势。

一般来说，决定股市中线走势的关键在于政策面的指导，因为一切经济活动都必须服从政治的需要。所以，领会政策导向是把握中线行情的主要脉络。当政府鼓励大家投资的时候，股市绝对不会坏；当市场投机气氛较浓，大力强调提高风险意识时，股市也基本到顶。散户要绝对相信宏观经济政策的调控能力。

2. 要看市场投资者的信心。

市场的波动是靠人的买卖行为发生的，而买卖行为则是由投资者对股市的认识来决定的。这种对股市的认识往往有一个渐进的过程，不会一下子逆转过来。所以，一段中级行情也是由信心的逐步丧失或逐步树立来推动的，投资者对此要具备敏锐的观察力。

3. 研判供求关系情况的变化。

在一般情况下，影响股市的供求关系，当一定的时间内供大于求时，股价就会下跌；而当求大于供时，股价就会上涨。因此把握好资金面增减情况与新股扩容的矛盾所产生的变化，是估计中期走势的一大要素。

根据对中期走势的研判，投资者应采取以下策略：

1. 中线炒作应在有量盘整时介入。

如不注意几角钱的差价，很可能就是在买套时抄底成功。

2. 跟庄要注重所选股票的业绩和成长性。

中报行情应注重绩优股，因为绩优股始终是报表行情的热点，主力也会借题发挥；而年报行情应注重次新股，尤其是资本公积金高、股本较小、业绩又不错的股票，因为这类股题材丰富，易受市场追捧。

3. 买股要集中在一只股票上，资金最好为80％，留20％资金作配股之需。

4. 做足波段，不轻易退出。

只要该股的基本面情况没有变化，不管它的短线涨跌，坚决持股不放，待大盘见顶时再卖出。

5. 一年之中只做一两波行情，即年报行情和中报行情。如中间另有特别利好消息刺激股市时，也不要放弃，应积极跟进。

跟长线庄

投资者跟长线庄就必须测估长线的发展趋势，具体来说，主要从以下几方面考虑：

1. 看政治环境是否稳定，经济是否发展，对一个时期的政治局面和经济预期要有一个大概的认识。

2. 看经济处在什么阶段。

经济发展有其自身的发展周期性，同时又受外部条件的影响。因此，测估股势的长期趋向，应考虑到目前所处时期是经济复苏期还是衰退期，以及国民经济增长与衰退状况，如处于复苏期，则可大胆介入，否则应谨慎处之。

3. 看世界经济形势的情况。

每个国家的经济发展都不是完全独立的，它与世界经济和地区性经济有密不可分的联系，很难想象在全世界经济处于衰退时有哪一个国家经济还在快速增长，这是不现实的。所以，进行长线投资还必须对世界经济格局有一个大体的认识。

4. 还要考虑股市周期性的影响。

股市周期与经济周期虽相差不大，但有一个滞后性。所以，做长线投资者在介入这个市场以前，应对目前股市处在牛市的末期还是熊市的末期作一番了解，前者不能跟进，后者则可介入。

从事股市长线投资跟长线庄，必须采取以下策略：

1. 平时可以不理会股价的波动，但中报及年报时应注意上市公司送配方案，以免错过配股时间。

2. 在基本面条件没有发生根本变化的情况下，无论主力如何炒作，都不轻易抛售股票，下决心捂股，中间也坚决不做差价，直到自己设定的价位方才出货。

3. 入市时间应选择市场较为清淡时，因为这样可以避免高位套牢。

4. 选择股票应以公用事业板块中的能源股为最佳，因为这类股票不存在行业风险，只是业绩好与差的差别，亏损的可能性极小。

投资者跟庄，最主要的还是要选择长线庄家，因为这类主力实力强大，一般不会受挫。同时还由于跟上了一波大行情至少是中级行情，投资者的收益将是很可观的。此外，主力炒大市所借助的手段往往是炒作大盘股板块、新板块或龙头股板块，投资者较易于鉴别，加上主力进出货量大，时间长，投资者可以从容应对。

底部放量后马上进场

"成交量无法骗人"这句话有一定道理。主力在建仓、拉升、出货等阶段，可以用多种技术指标的变化来蒙骗投资者，但无论怎么变化，成交量总是会透漏出他们的意图。因为一只股价要涨，必须有主动性的买盘积极介入，也就是说，买的人多了，股价自然上升；反之，大家都争先恐后地不惜成本卖，股价就下跌。这种变化能够通过成交量的变化清晰地表现出来。所以，股价上升，必定有成交量配合，说明主力在大量购入股票，投资者此时应紧紧跟上。这里投资者要掌握一个基本原则：一只股票在底部长期横盘三个月或半年左右，某天成交量突变放大，是进场的良机，因为主力很可能开始行动了。投资者在此方面一定注意：股价在底部放量甚至震荡都要敢于进货，耐心持股；而股价一旦大幅拉升，成交量放大受阻，甚至股价破位，则必须走人，千万不能久留。

如：中海发展（600026）在 2010 年 8 月 16 日，成交量忽然由前一天的 768.12 万股增至 3928.51 万股。此后成交量每天都逐级放大，股价开始上升，此时投资者就应积极建仓，见图 7—24：

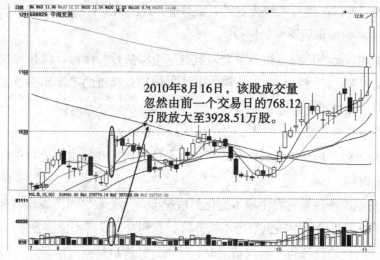

图 7—24

还有航天机电（600151），该股在 2006 年 4 月 7 日突然放量，当日最高价为 7.28 元，最低价为 6.02 元。此后几天，6.02 元的最低点虽未被击穿，但股价一直未突破 7.28 元的高点。直至 4 月 21 日，该股一开盘便发力上冲，很快突破高点，此时如果断介入，上午 11 时即封于涨停，随后仅用 8 个交易日就翻了一倍。此后该股最高飙升至 22 元，涨幅惊人，见图 7—25：

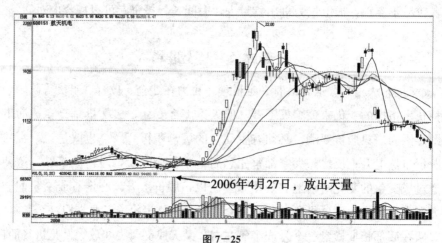

图 7—25

因此根据这种原则，投资者如果在某只股票长期横盘的时候发现该股出现了放量，则可考虑跟上，与庄共舞。

可以说，股市中最安全的买股方法就是买进那些在底部放量的股票，因为这往往是主力拉升的前奏。即使这种底部放量的股票在短期内谈不上是什么强势股，但当其从底部向上上升到一定高度时自然也就成为市场所关注的强势股了。而此时，早在底部放量时即已买进股票的投资者已赚了一大截利润了。在股票底部放量后进场，对投资者来说起码具有如下三点好处：

1. 最大限度地赚取股市的利润，达到与庄共舞的目的。

因为是底部介入的，所以投资者不必担心股价上升过程中的回档，可以大胆地持仓将股票持有到主力在最后的快速拉升时派发。当然，如果你能波段操作的话，还可以在这一上升的过程中采取高抛低吸的手法来回避回调的风险，从而进一步提高自己的收益。

2. 免受套牢之苦。

底部放量往往是股价将要向上启动的一种标志，纵然放量后股价再度回调，那空间也是十分有限的，投资者不必为套牢担忧，纵然是真的不幸被套住了，那被套牢的时间与空间也是有限的。

3. 免受长时间的股价盘整之苦。

一些股票进入底部区域后，往往还有一个漫长的缩量盘整过程。这一过程股价起伏不大，投资者置身其中犹如置身牢笼一般，寂寞难受。而如果是底部放量的股票，它所体现出来的是主力难耐寂寞了，是底部形成或将要筑成的一种信号。如果此时介入其中，纵然股价再度调整，那盘整的时间也将是相对有限的。

发现主力破绽快出手

俗话说，是人就有弱点，主力也是人，只要他进行操盘，就一定会有蛛丝马迹露出来，投资者只要能够抓住主力的破绽，就能成为跟庄的赢家。

其实，投资者学习跟庄技术的目的就是为了锻炼寻找主力破绽的技能，并且训练找到破绽之后快速准确作出决策的能力。主力破绽只在瞬间，因此并不容易找，况且投资者在找主力破绽的时候，主力也在找散户投资者的破绽并且付之于操盘行为，使之形成绝杀。因此分析技术运用在实战中并非想像中的那么简单，它对使用者各方面提出了极高的要求。散户投资者只有尽量减少自己的破绽，而多去细心观察，捕捉主力的破绽，才能在股市取得长远的胜利。

前面我们已经说过，主力只要操作就一定会有蛛丝马迹漏出来，这些都是操盘手不经意间留下的，这些破绽主要有：

1. 由于主力想吸引买盘，于是对敲放量吸引投资者，但是由于并非真实买入，仅是自买自卖不增加仓位，因此重心不明显上行。

2. 由于主力想建仓，但是害怕别人跟风，盘口经常做阴线，但重心却一直上行。

3. 由于主力在底部大量收集筹码，盘口变得很轻，因此创了新高也能不放量。

4. 由于主力想出货，但是害怕别人跟着出，所以经常做阳线，但是重心却一直下行。

5. 股价急速大跌很快又回复前期高位，由于这样做会增加主力成本（低抛高吸），如果出现了，主力花了成本就要有更大的收获，所以还会再做。

6. 由于主力想吸引卖盘，于是对敲放量，并且收出很多恐怖的K线，例如十字星、倒T字、乌云线等，但是由于并非真正出货，因此重心不明显下跌。

7. 由于是洗盘，主力并不想低位丢失过多筹码，因此洗盘要么重心下行不多，要么下行很多，但只是瞬间打压，随即股价得到大力拉升。

破绽是偶然出现的、瞬间的，是主力被逼无奈或者不小心留下的。因此这些出现破绽的时间点就是散户投资者作买卖决定的时刻。散户一定要注意，抉择的时机是一个"点"，而不是连续的。因此，发现破绽要果断出手。

主力出货时勿抢反弹

对于散户投资者来说，主力出货时的反弹千万不要抢，因为这是主力为了全部出货而故意制造的市场跟买风。特别是控盘庄股，更不宜抢反弹。这类庄股无论是否经历了深幅回调，都不适宜抢反弹，因为，控盘庄股经过长期的运作，主力成本极为低廉，即使经过大幅度地跳水，仍然有暴利可图。对这类个股，投资者最好敬而远之，不要为了贪图可望不可及的暴利，而冒火中取栗的风险。

靠抢反弹赚钱来弥补以前的割肉损失是一种非常危险的心态。散户一定要牢牢记住：决不轻易抢反弹，水平高的朋友，可用少量资金快进快出抢反弹。如果不幸套牢也必须在第一时间斩仓止损出局，这是炒股铁律。绝对不能对该股票抱有上涨的幻想，继续持有或逢低买进。同时经常抢反弹也会养成不注重操盘质量的盲目随意操作的恶习。这将使你永远不能晋升为炒股高手。

面对主力出货时的反弹，投资者可采取如下策略：

1. 头天抢进去，过两三天没实质性反弹动静，则必须割肉出来，否则将越套越深。

2. 尽量不参与抢反弹。

3. 如果抢进去，第二天即使只有微利，也必须及时了结，赌一把侥幸就走，绝不可太贪心。

4. 如果实在忍不住诱惑，抱着赌一把的心态去参与，就要做好亏损的准备。

到了目标位及时下轿

一个窃贼的儿子看到父亲年事已高，心想，如果父亲不能再干这一行，除了我之外，还有谁能负担这个家的生计？我必须学会这套本领。

他把这个想法告诉了父亲，父亲同意他的看法。有一天夜里，这位父亲带着儿子到一个大宅子去，凿穿围墙，进入屋内，打开了一个大箱子之后，叫儿子爬进去捡些值钱的东西出来。

儿子刚一爬进箱子，盖子就被父亲盖上了，并且牢牢地上了锁。接着这位父亲走到天井中去大声敲门，吵醒了宅内一家大小之后，便从墙上的洞口溜走了。

住户在惊慌中点亮了蜡烛，却发现窃贼已经逃走了。窃贼的儿子一直待在牢牢锁住的箱里，想着他狠心的父亲，心中觉得非常气愤。

突然他脑中灵光一闪，便发出一阵像老鼠咬东西的声音，这家人于是赶紧叫女仆拿蜡烛前来查看箱子。等盖子上的锁一被打开，困在箱子里的他一跃而出，吹熄了烛火，推开女仆，便向外奔逃。这家人在他后头追赶。他注意到路旁有一口井，随手搬起一块大石头丢进井里。于是追赶他的人都围在井边，试图寻找掉进井里的窃贼。

就在这个时候，他安全地回到了家里。他不停地埋怨父亲害他险些脱不了身。他父亲说："别生气，儿子，先告诉我你是怎么逃出来的。"当儿子说了自己逃脱的全部经过后，父亲说："这就对了，你已经学会了做贼的本领了。"

寓言里贼父亲有他的道理，不会逃就不能成贼。跟庄炒股也一样，不会逃顶就赚不到钱，甚至会血本无归。在股市，即使你的股票赚了钱，只要这一分钟没卖掉，下一分钟就有亏钱的可能。所以，会卖，会跑，会逃才是本事，才是优秀散户起码的标准。那么，对于散户来说，如何判断逃顶的最佳时点呢？

1. 从均线系统上确认。

一只股处于上升后期时，就要时刻注意 5 日线的变化，随时警惕变盘的可能。其实，5 日线下穿 10 日线，就是一个最好的卖点；倘 5 日线又下穿了 20 日线，说明上升趋势已经破坏，是第二个卖点；当 5 日线下穿了 30 日线，前面的形态几乎就可以说是头部了，此时，应该反弹逃命，此时不逃，恐怕以后的机会就很少了。

2. 从辅助技术指标上确认。

股市上有许多技术指标都能确认头部，像常用的 RSI 强弱指标，以及 MACD 平滑移动平均线等。当然，确认头部的技术指标还有很多，单一的认定一种技术指标有时并不准确，只有全面地、综合地分析，才能得出正确的判断。

3. 从上升趋势线上确认。

股市上的每一次行情，虽然其上升斜率不同，却都有一条上升趋势线在支撑着股价向上运行。然而，即使再牛的股，总有物极必反的时候，一旦这条上升趋势线跌破，且在跌破之前伴有大的成交量涌出，说明这极有可能是个头部。

4. 从换手率上确认。

一只股票从吸货到拉升再到出货，进出都会伴有大的换手率。当股价拉升到一定高度，市场会利好频传，然而，当一只股票日换手率达到其流通股的 20％时，就要引起警惕，当日换手率连续三天超过 10％，股价又在一个区间滞涨，那么，就应毫不犹豫地卖出股票。

有些庄股应极力回避

对散户投资者来说，跟庄可以赚大钱，但并非所有的庄都能跟。有些主力要极力回避，特别是跳水的庄股。因为在庄股跳水的若干次连续跌停中，几乎是无量暴跌，身陷其中的投资者几乎没有出逃的机会，只能眼睁睁地看着资金市值急速缩水。凡是不幸持有跳水股的投资者，均遭受了毁灭性的打击。因此，散户投资者有必要根据这些跳水庄股的共性特征，运用合理的投资策略，规避市场风险。

1. 运作时间太长的老庄股要回避。

主力经过长期运作，却不能把握机会抽身退出的，说明这些主力的坐庄手法比较落后和不合时宜。而且，长时间坐庄必然消耗大量的时间成本，无论主力怎样勉强支撑，一旦遭遇财税检查或资金链中某一环节脱落，那么，跳水将是必然的结果。

2. 资金链断裂的庄股一定要回避。

跳水庄股大多存在资金链断裂的现象，有相当比例的庄股跳水是出于这种原因。股市行情的日益低迷，扩容的加速和宏观调控方面的因素，造成市场中的存量资金趋于紧张，导致部分庄股资金链断裂。

3. 没有业绩支撑的庄股一定要回避。

虽然好多庄股跳水和资金链有关，但是投资者也要注意上市公司的业绩因素，对于既没有成长性又没有业绩支撑的庄股，其股价向价值回归是顺理成章的，散户要注意回避。

4. 涨幅巨大的庄股一定要回避。

有些庄股累计涨幅甚至超过 200％、300％，巨大的利润意味着股价的运行具有相当的不确定性，主力随时都有可能在任何价位兑现利润，散户应注意回避此类庄股，特别是其中涨幅过大时公布种种利好题材消息的，更要坚决回避。

强庄大树底下好乘凉

跟庄要跟强庄，这是股市格言。主力有炒大市的主力、炒板块的主力、炒个股的主力、有券商庄家、上市公司庄家等等。在众多的主力中，跟什么庄才能赚到最多的钱，承担最小的风险呢？我们说，跟庄就应跟大庄、强庄。

主力大庄由于资金量大，上百点空间仅够转身，所以它一露面，大市起码有一个中级行情，我们跟大主力进出，起码能吃到一段中线行情，利润较有保障；而跟其它的主力，就很难预计了，可能出现的仅是一个小行情，为证券公司白打工；甚至主力看错市，落得与主力一起被套的局面，偷鸡不成蚀把米。由于强庄实力雄厚、眼光独到、操作策略高，所以根本不会出现这类问题。具体来说，跟强庄的优势体现在下面几点：

1. 强庄进出场明显，利于投资者操作。

股海有主力强庄在翻云覆雨，与没有主力在场有较明显的区别，你会感觉大盘像被一只无形的手控制着。例如有人利用中石化、马钢股份等的变化，在分时图上画出一个 W 底和 M 顶，成交量明显增加；有人在拉尾市或打尾市；大市沿着一个上升通道有规律地上升，而这一切都发生在市场气氛非常悲观的时候。这都是大资金介入股市的特征。

大资金进场需要一定的时间，大部队的运动与小部队、游击队截然不同，它是很难掩人耳目的。这是主力强庄的弱点。只要你留意多观察几天，不为悲观气氛迷惑，是不难看到主力大鳄入"股海"时掀起的波浪的。

大资金的离场一定也会留下它的行动轨迹，翻开图表看这几年中级和大行情的结束，都有明显的头部，或者是头肩顶，或者是双顶，又或者是三樽头等等。

2. 跟强庄风险较小。

投资者跟强庄相对来说风险较小，这主要体现在两个方面：

（1）强庄有足够的时间看准才做。中级行情，一般都有 20 天左右，大行情更要持续近两个月。在低位，强庄大资金进场吸筹码需要的时间较长，散户就有充足的时间了解情况，看准了再跟进也不迟。同样，在顶部，强庄大资金撤退也要一段时间，所以你可以多看几天，看准了再逃走，此时仍会在一个相对高位，仍可以有利润。

（2）由于中级行情有三成左右的升幅，只要你没有跑进跑出，没有白交手续费，没有利润断层，即使迟入货，晚出货，仍有利可图。万一操作出错，仍有机会保本逃出。相当的升幅，提高了操作允许出错的范围，比起小行情风险要小很多。

3. 强庄对时机把握得很准确。

主力是进行深入细致研究后，确认坐庄获利有机可乘时，才"下海"的。我们跟它入场，无需花大量时间和精力去研究这一系列令人头痛的问题，而只需回答一个简单的问题：主力大鳄进场没有？跟着主力入场，既轻松又准确，不会有错。主力的撤退肯定事先做好了安排，会把握适当的时机。

该弃庄时坚决弃庄

有跟庄，就会有弃庄，没有人会一直跟着庄。主力出货的时候，跟庄的散户也要跟着出货，不能死守在顶部。还有，跟庄的过程往往会有许多意外，充满许多变数。当这些意外、变数出现的时候，散户就要作出判断和选择。如果情况确实恶化，就要坚决地弃庄，不要抱有幻想，犹豫不决。

一般来说，当下面这些情况已经发生或者即将发生时，就是要弃庄的时候。

1. 利好出尽之时，就是弃庄之日。

在股市中，由于信息的不对称性，主力有时利用掌握的信息在低位开始悄悄进货，并一路推高。等到消息证实时，反而是主力逢高派发的好时机，这种情况被市场称为"见光死"。

因此，当股价已连续上涨非常大的幅度后，出利好消息反而容易形成头部。这时是散户弃庄的好机会。

2. 国家政策突然发生逆转，不利于主力再拉抬股价。

中国股市是一个新兴的市场，政策调控将直接影响股市，在历史的走势中，可以看到许多头部是由政策调控造成的。例如 1995 年停止国债、期货交易，造成 5.18 行情的大幅上涨；数日后公布新股上市额度，股指形成头部，大幅下跌。还有，2007 年的"5.30"暴跌，也是由于国家提高印花税而引起。

因此，散户要想跟庄成功，就必须把握住政策导向，广泛搜集政策信息，并精心分析这些政策信息，通过政策面的微小变化，及时发现管理层的调控意图，领先一步。

3. 股票技术形态严重恶化时，要及时弃庄。

（1）当 K 线图在高位出现 M 头、头肩顶、圆弧顶和倒 V 字等明显的顶部形态时，要及时弃庄出逃。

（2）周 KDJ 指标在 80 以上，形成死亡交叉，是弃庄离场的重要信号。

（3）当股价已经过数浪上升，涨幅已大时，如 5 日移动平均线从上向下穿 10 日移动平均线，形成死亡交叉，要及时弃庄。

（4）MACD 指标在高位形成死亡交叉或 M 头，红色柱状不能继续放大，并逐渐缩短时，要马上弃庄离场。

（5）在 K 线图上，当在高位日 K 线出现穿头破脚、乌云盖顶、高位垂死十字等股价见顶的信号时，就是弃庄的时候。

（6）当长期上升趋势线被股价向下突破时，必须弃庄出局。

散户在弃庄时要坚决果断，一旦发现信号，要坚决卖出，决不能手软和抱有幻想。即使是卖错了，也没有关系。因为，股价通常运行在头部的时间非常短，因此买入的机会非常多，而卖出的机会往往只有一次大大少于在底部的时间，一旦弃庄不坚决，很可能被长期套牢。

4. 股市进入疯狂状态时，也就是弃庄的时候。

当散户大厅人山人海，进出极不方便的时候；

当你周围的人都争相谈论已经挣了大钱的时候；

当散户大厅全都是新面孔的时候；

当证券交易所门口自行车极多，没有地方停放的时候；

当想买证券类报纸、杂志而买不着的时候；

当一个股市新手都敢给你推荐股票，并说这是庄股，目标位要拉到多高多高的时候；

当卖冰棍的老太太都来买股票的时候；

当大型股评报告会人满为患的时候；

当证券交易所工作人员服务态度极端不好的时候；

当开户资金大幅提高了再提高的时候。

以上现象出现时，往往是主力大肆出货的时候，也是市场顶部形成的时候，投资者要急流勇退，赶快弃庄。

5. 当媒体大肆吹捧某只庄股时，就是该弃庄的时候。

散户在跟庄时，除了要关注上述列举的情况外，还应关注媒体的宣传报道。一般来讲，在市场低迷时，个别媒体对机构介入业绩和成长性良好的个股的报道往往不被投资者所重视，而当该股股价有一定的涨幅，特别是涨幅较大时，媒体的报道甚至鼓噪越来越多，此时你要当心，股价处于高位时的大肆宣传，往往是主力出货前的引诱或烟幕弹，也许大肆宣传之后紧接就是大幅的下跌。这时候就要坚决弃庄。

6. 题材炒作完毕之前就要弃庄。

主力拉升股票最主要是利用题材。通常，这种题材股是不会维持太长时间的，主力在有限的时间内拉升股价，诱使散户跟风，使买者抱有侥幸心理。

你必须意识到，要在题材即将兑现的时候立即出局，而不宜等到题材兑现再出局。

很多散户往往这时舍不得出局，总想再挣点。事实证明，不提前出局，非常危险。

不要和主力比套

在跟庄的过程中，我们常常会听到一些散户投资者将"主力也还没出局呢"这句话挂在嘴边，在他们眼里，只要主力还没有出局，那么这只股票即使被套也是相对安全的，因为主力依靠其雄厚的资金实力和丰富的操作经验，总能把自己解套并最终实现盈利，跟风套牢庄盈利不在话下。

其实，跟了"被套庄"，风险也不小。即使投资者有幸确认了看好的这只股票存在"被套庄"，但要坐轿仍然颇为辛苦。机构坐庄受到资金成本、信息等方面的压力，总是希望能够尽快实现盈利。因此，被套若不是其刻意洗盘所为，就是在运作过程中出现了一些棘手的问题，比如资金短缺、无法托盘、上市公司的题材出现了变化、炒作受到了证监会的审查等。因此，对于被套庄来说，套住自己的原因是多方面的，有些消息可能会导致机构坐庄计划的全面变更或者中止。散户投资者如果仍然坚持已见，套牢的更有可能是自己。

进入股市中的投资者都希望能"与庄共舞"，但"与庄比套"则不应成为散户追求的目标。其实，就像"与庄共舞"一样，散户投资者也是很难"与庄共套"的，因此，"与庄比套"也只是散户们一厢情愿的事情。其原因如下：

1. 虽然有一些动作迟缓的主力确实被套，但他们远比散户主动得多。他们还有大量的资金可以用来进行自救，比如通过向下砸盘，然后在更低的价位上捡取筹码，从而摊低成本或者将股价控制在某个区间来回做差价，从而达到解套的目的。

2. 在一些散户套牢的股票上面，主力未必是套牢的。主力的成本对于众多的散户来说始终都是一个未知数，特别是在经过了多次的高抛低吸后，主力的成本其实已经很低很低，有的甚至接近于零成本。因此尽管散户们已经套牢了，但主力却还是满仓的获利盘，主力之所以还未出局，只不过是希望能够寻找到一个更好的出货机会，获得更高的利润而已。

3. 也有一些主力出于战略性的考虑，往往不会将自己手中的筹码出光，而是留有一定的筹码，以便为将来的行情做准备。因此，这样的主力纵然还在盘中，也不会在盘中做出积极的努力，相反有时他们还会利用手中的筹码进行砸盘。这种情况下的主力已经不能称为真正意义上的主力。

4. 在一些看似主力被套的股票上面其实主力早已逃之夭夭。俗话说：道高一尺，魔高一丈。散户与主力的关系，其实就和这"道"与"魔"的关系一样。虽然，散户对技术指标的钻研越来越透彻，对主力常用的出货手法也有着进一步的了解；

但是，主力也在不断地改变着自己的出货手法，而反技术指标操作更是他们在操作中常用的。比如，拉阳线出货、高位平台出货、杀跌停板出货等。因此，当散户们认为主力还在盘中的时候，可能主力早已安全撤离了。

因此，对于散户投资者来说，一旦发现行情逆转，不管主力是否还在盘中，都及时清仓出局，才是最正确的做法。如果你指望主力来救自己，还不如自己救自己，保住本金，指望下一轮行情早点到来。

本章习题：跟庄操练的测试与练习

综合练习

一、判断题。

1. 主力在选择炒股对象的时候，首要考虑的不是该股是否有投资价值，而是该股是否有炒作价值。（ ）

2. 通常，如果在短期内某只个股的换手率很高，筹码也由散户开始向主力集中，则表明长线庄家已经在开始快速建仓。（ ）

3. 如图 7－26 所示，图中圆圈内的图形是典型的横向 K 线形态，这种形态的出现意味着主力此时有可能正在收集筹码。（ ）

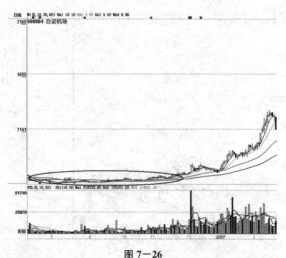

图 7－26

4. 以股价最低价作为基准，低价股上浮 0.50～1.50 元；中价股上浮 1.50～5.00 元；高价股上浮 5.00～7.00 元。这是一种非常简单地计算主力成本的方法。（ ）

5. 如图 7－27 所示，如果 K 线图上出现这种跳空高开形成上攻的缺口，且短线

不予回补，则说明主力此时正在拉升股价。（　）

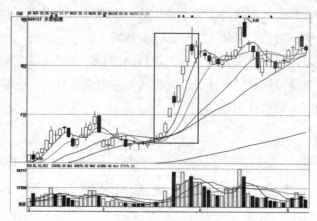

图 7—27

6. 如果此时出现了难得的利好消息，而且上市公司的基本面也很好，那么投资者最好是握紧手中的股票，等待一个好时机再卖出。（　）

7. 一般来说，越是时间长的庄股盈利的机会就越大，所以在选股的时候，一定要选择时间比较长的庄股。（　）

8. 通常，不管是缩量空涨或者缩量阴跌，往往都代表一种趋势，只要成交量萎缩的特征不改变，行情的性质往往也会延伸，不会有太大的改变。（　）

9. 如图 7—28 所示，图中的 K 线走势一连数天拉出了长阳线，投资者一定要把握住机会，及时跟进。（　）

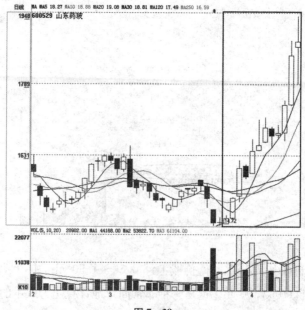

图 7—28

10. 通常，当主力完成了一段中级出货动作后，巨大的坐庄利润已经兑现。这时主力会利用手中最后的筹码迅速往下打压股价砸穿 30 日均线的重要技术支撑位，在高位套牢跟风盘。（　　）

二、填空题。

1. 对于有炒作价值的股票，通常在启动之前，其股价最好不要超过（　　）元。

2. （　　）建仓是主力最常用到的一种建仓手段，它能够最大限度地降低主力的建仓成本。

3. 如果 K 线图上很长一段时间内都是阴阳相间的图形，并且多次出现了（　　），则表明主力正在横盘建仓。

4. 如果某只股票成交量突然温和而有规律地递增，同时股价也小幅走高，这种迹象表明主力正在（　　）。

5. 如果股票在高位盘整或者是送配股票除权后的盘整时成交量有所放大，投资者应该（　　）。

6. 通常，当股价下跌到一定阶段时，成交量会逐渐缩小，直至出现地量水平，这时如果有巨量或者大手笔的委卖盘压在上方，股价却没有受到较大的影响，则表明（　　）。

7. 通常，如果一只股票在底部长期横盘三个月或半年左右，某天成交量（　　），则是进场的良机，因为主力很可能开始行动了。

8. 主力在建仓时，连续大手笔地吃进某股票，平均每笔成交会不断呈现较大值，一般在（　　）之间。

9. 一般来说，投资者每次进场操作的时候，最好选择在（　　）进入，以减少风险。

10. 通常，相对于放量下跌来说，（　　）是一个更危险的信号。

三、简答题。

1. 请你简要回答哪些股票将会成为主力优选的炒作对象？

2. 请简要回答，根据什么来判定主力已经完成了建仓的动作？

3. 请简要回答如何来计算主力拉升的目标位？

4. 请问，投资者如何区分主力究竟是在洗盘还是在出货？

5. 请问，有哪几种庄股是投资者在跟庄过程中一定要回避的？

6. 请简要回答跟短线庄、中线庄和长线庄的技巧。

7. 通常，只要主力操盘就一定会有破绽，请指出，主力所出现的破绽主要有哪几种？

8. 在跟庄的过程中每个人都有被套的可能，当然"套牢"程度有轻有重，"解套"之方法也应有所不同。请说出几种我们常用到的解套策略。

9. 请简要回答，散户投资者应该如何应付主力的洗盘动作？

参考答案

一、判断题。

1. 正确。

2. 错误。这种迹象表明短线庄家开始快速建仓。

3. 正确。

4. 错误。以股价最低价作为基准，低价股上浮 0.50～1.50 元；中价股上浮 1.50～3.00 元；高价股上浮 3.00～6.00 元。这是一种非常简单地计算主力成本的方法。

5. 正确。

6. 错误。一旦出现了难得的利好消息，而且此时上市公司的基本面也很好，那意味着主力要全身而退，所以，此时投资者最佳的操作方略就是找到最佳点及时卖出。

7. 错误。通常，如果主力经过长期运作，却不能把握机会抽身退出的，这说明这些主力的坐庄手法比较落后和不合时宜。而且，长时间坐庄必然消耗大量的时间成本，无论主力怎样勉强支撑，一旦遭遇财税检查或资金链中某一环节脱落，那么，跳水将是必然的结果。

8. 正确。

9. 错误。虽然巨大的涨幅意味着巨大的利润，但这也使得股价具有相当的不确定性，主力随时都有可能在任何价位兑现利润。所以在遇到这种情况的时候，投资者最好以观望为主。

10. 正确。

二、填空题。

1. 10 元。

2. 打压式建仓。

3. 十字星。

4. 主力在迫不及待地进货，股价大幅攀升的日子已经很近了。

5. 及时出货，因为这是主力利用成交量做出来的典型的出货陷阱。

6. 表明主力在恐吓性打压。

7. 忽然放大。

8. 700 至 1500。

9. 波谷底部。

10. 缩量下跌。

三、简答题。

1.

通常，主力在选择炒股对象的时候，首要考虑的是该股是否有炒作价值，而不是该股是否有投资价值。最有可能成为主力选择坐庄的股票有以下几种：

（1）价值低估股。

在任何市况之下，市场上总有一些股票的价值被低估，有时低估程度还非常严重。价值低估必然导致价值回归，所以那些价值被低估的股票经常会成为主力吸纳的首选目标。

（2）冷门问题股。

有些股票由于存在这样或那样的问题而备受市场冷落，有些主力便人予我取，在较低价位吸纳大量筹码，成为坐庄对象。

（3）题材股。

股票有无炒作题材，是主力选股的一个重要标准。股票只有题材丰富，才会产生主力登高一呼，市场万众响应的局面，主力才能在高位顺利出货。

2.

一般来说，具备了下述特征之一就可初步判断主力已锁定筹码，建仓进入尾声：

（1）K 线走势起伏不定，而分时走势图剧烈震荡，成交量极度萎缩。

（2）放很小的量就能拉出长阳或封死涨停。

（3）突遇利空，股价能快速企稳。

（4）K 线走势我行我素，不理会大盘而走出独立行情。

3.

投资者可以根据市价高低、盘子大小、主力坐庄时间的长短等因素，估算出庄股可能的升幅。

（1）主力成本越大越需向上拓展空间。

投资者观察目前价位主力是否有获利空间，若主力获利菲薄，自然可放心持股。

具体来说，散户可根据下面的公式大概估算主力的拉升目标位：

目标点位＝持股成本×（1＋主力持仓量占全部流通股的百分比×2）。

（2）小盘股上升空间广阔。

流通盘越大上升需要的能量越多，升幅自然受到限制，而真正升幅能翻几番的庄股，其流通盘大都在 2000 万股～3000 万股之间。

（3）坐庄时间越长升幅越可观。

庄家有短线、中线、长线之分。短线庄家控制的筹码不多，有10%的升幅即可达到坐庄目标，行情极难把握；中线庄股在升幅达到100%左右时会遇到较大的阻力，属于高风险区；一些长线庄股累计升幅高达10倍。投资者可从走势图上观察主力坐庄的长短，若某股主力介入很早且一直没有出货迹象，可推算此主力的目标较远大。

4.

洗盘只是想甩掉不坚定的短线跟风盘，其结果会使筹码进一步集中。

而主力出货的目的是尽量吸引买盘，通过各种手段稳定其他持股者的信心，而自己却在尽量高的价位上派发手中尽量多的股票。出货的结果与洗盘恰恰相反，出货会导致市场筹码由原来的"集中锁定状态"逐渐变为"分散状态"。

（1）从K线形态方面区别。

在日K线形态上主力是出货还是洗盘表现的最为明显。一般洗盘时的走势常常以长线实体的大阴线出现，而出货的时候往往会在股价正式破位之前，出现一连串的小阳线，使得投资者对后市抱有期望。

（2）从成交密集区来区别。洗盘还是出货往往与成交密集区有一定的关系，当股价从底部区域启动不久，处于离低位成交密集区不远的位置时，出现洗盘的概率较大；如果股价逼近上档套牢筹码的成交密集区时遇到阻力，那么，出现出货的概率比较大。

（3）从持续时间上区别。

上涨途中的洗盘持续时间不长，一般5至12个交易日就结束，因为时间过长的话，往往会被散户识破，从而乘机大量建仓。而出货的时候，股价即使超出这个时间段以后，仍然会表现出不温不火的震荡整理走势或缓慢阴跌走势。

（4）从重心移动来区别。

重心是否下移是判别洗盘与出货的显著标志。主力洗盘是把图形做难看，不想让其他人买到便宜货，所以日K线无论收乌云线、大阴线、长上影、十字星，或连续四五根阴线甚至更多，但重心始终不下移，即价位始终保持。

（5）从盘口方面来区别。

主力出货时在卖盘上是不挂大卖单的，下方买单却很大，显示委比较大。造成买盘多的假象，或下方也无大买单，但上方某价位却有"吃"不完的货，或成交明细中常有大卖单卖出而买单却很弱，导致价位下沉无法上行。

主力洗盘时在卖盘上挂有大卖单，造成卖盘多的假象。在主力对敲下挫时是分不清是洗盘还是出货的。但如在关键价位，卖盘很大而买盘虽不多却买入（成交）速度很快，笔数很多，股价却不再下挫，多为洗盘。

5.

（1）运作时间太长的老庄股要回避。

主力经过长期运作，却不能把握机会抽身退出的，说明这些主力的坐庄手法比较落后和不合时宜。而且，长时间坐庄必然消耗大量的时间成本，无论主力怎样勉强支撑，一旦遭遇财税检查或资金链中某一环节脱落，那么，跳水将是必然的结果。

（2）资金链断裂的庄股一定要回避。

跳水庄股大多存在资金链断裂的现象，有相当比例的庄股跳水是出于这种原因。股市行情的日益低迷，扩容的加速和宏观调控方面的因素，造成市场中的存量资金趋于紧张，导致部分庄股资金链断裂。

（3）没有业绩支撑的庄股一定要回避。

虽然好多庄股跳水和资金链有关，但是投资者也要注意上市公司的业绩因素，对于既没有成长性又没有业绩支撑的庄股，其股价向价值回归是顺理成章的，散户要注意回避。

（4）涨幅巨大的庄股一定要回避。

有些庄股累计涨幅甚至超过 200％、300％，巨大的利润意味着股价的运行具有相当的不确定性，主力随时都有可能在任何价位兑现利润，散户应注意回避此类庄股，特别是其中涨幅过大时公布种种利好题材消息的，更要坚决回避。

6.

跟短线庄的技巧：

（1）资金投入要集中。

股票最多不能超过两种，资金应集中投入，一般在 90％～100％，这样才有利于跟踪观察，才可能取得较高回报。

（2）低位突然放量时应立即跟进。

散户操作应突出一个"快"字，没有必要作基本面分析，只要有量就行，既然主力要做，就一定会有题材。

（3）要设立止损点。

再精明的投资者也难免看走眼，出现判断失误的时候，所以设立止损点是一个防止长线被套的措施，尤其是对散户而言，止损点一般定在 10％较为合理。

（4）要注重热点转移。

强势市场有一个热点轮转的特征，短线炒家必须紧扣市场脉搏，注意观察下一板块的启动迹象，以免延误时机。

（5）上涨 20％时就卖出。

一般来说，如果没有发生特大变故，主力炒作的最低目标价位应在 20％～

50％。作为散户不能贪高，应及时获利出货，取得切实成果。

跟中线庄的技巧：

（1）中线炒作应在有量盘整时介入。

如不注意几角钱的差价，很可能就是在买套时抄底成功。

（2）跟庄要注重所选股票的业绩和成长性。

中报行情应注重绩优股，因为绩优股始终是报表行情的热点，主力也会借题发挥；而年报行情应注重次新股，尤其是资本公积金高、股本较小、业绩又不错的股票，因为这类股题材丰富，易受市场追捧。

（3）买股要集中在一只股票上，资金最好为80％，留20％资金作配股之需。

（4）做足波段，不轻易退出。

只要该股的基本面情况没有变化，不管它的短线涨跌，坚决持股不放，待大盘见顶时再卖出。

（5）一年之中只做一两波行情，即年报行情和中报行情。如中间另有特别利好消息刺激股市时，也不要放弃，应积极跟进。

跟长线庄的技巧：

（1）平时可以不理会股价的波动，但中报及年报时应注意上市公司送配方案，以免错过配股时间。

（2）在基本面条件没有发生根本变化的情况下，无论主力如何炒作，都不轻易抛售股票，下决心捂股，中间也坚决不做差价，直到自己设定的价位方才出货。

（3）入市时间应选择市场较为清淡时，因为这样可以避免高位套牢。

（4）选择股票应以公用事业板块中的能源股为最佳，因为这类股票不存在行业风险，只是业绩好与差的差别，亏损的可能性极小。

7.

主力所漏出的破绽主要有：

（1）由于主力想吸引买盘，于是对敲放量吸引投资者，但是由于并非真实买入，仅是自买自卖不增加仓位，因此重心不明显上行。

（2）由于主力想建仓，但是害怕别人跟风，盘口经常做阴线，但重心却一直上行。

（3）由于主力在底部大量收集筹码，盘口变得很轻，因此创了新高也能不放量。

（4）由于主力想出货，但是害怕别人跟着出，所以经常做阳线，但是重心却一直下行。

（5）股价急速大跌很快又回复前期高位，由于这样做会增加主力成本（低抛高吸），如果出现了，主力花了成本就要有更大的收获，所以还会再做。

（6）由于主力想吸引卖盘，于是对敲放量，并且收出很多恐怖的 K 线，例如十字星、倒 T 字、乌云线等，但是由于并非真正出货，因此重心不明显下跌。

（7）由于是洗盘，而并不想低位丢失很多筹码，因此洗盘要么重心下行不多，要么下行很多，但只是瞬间打压，随即股价得到大力拉升。

8.

（1）"分批解套"策略。

将"套牢"个股分批卖出，但于卖出同时，另行补进其他强势股。

（2）"咬紧牙关，壮士断腕"策略。

咬紧牙关，及时斩仓，以求尽量减少损失。"套牢"影响情绪，寝食难安，斩仓更要决绝。

（3）"向下摊平"策略。

随股价下挫幅度扩大反而加码买进，以待股价回升。

（4）"汰弱择强，换庄操作"策略。

忍痛将弱势股脱手，换进市场中有强庄进驻的"强势股"，以期弥补损失。

（5）"守株待兔"策略。

前提条件是该股本质不差，而且还要能输得起时间，如果资金不是借贷的，没有太大的机会成本，就完全可以采用这种通过时间消化股市风险的方法。

9.

（1）必须要熟悉股价的运行规律，在哪个环节，股价将如何行动，要有起码的常识，心中有数，就不会无原则地急躁。

（2）要尊重趋势，只要股票的趋势向好，没有迹象表明行情异常，就坚定信心，一直持有下去。

（3）要随时准备纠正错误。

散户对于主力的洗盘，应该耐得住"寂寞"。即使判断失误，过早的卖，也要马上返身再买。

（4）要有良好的心态。

散户要应对主力的洗盘，就必须开发出自己的"反洗盘术"。而反洗盘的首要任务，就是要调整心态，赚钱要以月计、以季计，甚至是以年计，而绝非以日计、以周计。天天都梦想着赚钱，往往总是亏损。

第八章
买卖点操练

股市投资，最主要的利润来源就是赚取股票的差价，也就是大家所谓的"低买高卖"。在股市中生存，最大的风险来自于不知道何时买进，何时卖出。因此，能否掌握股票的买卖机会，直接影响到股市投资的成败。本章将通过各种分析技术全方位地讲解，指导投资者如何把握个股的买卖点。

第一节　K线买点

底部形态的买进时机

把握底部形态的买进时机，对于投资者至关重要，是投资者能否获利以及获利大小的关键。股市中，比较重要的底部形态主要有V底、W底、头肩底和圆弧底。

1. V底买进形态。

如图8—1所示，该股在出现V底形态之后，走出了一波上涨的行情。一般在该形态形成之后，股价都会有一个反抽回探的过程，如果此时的成交量出现萎缩，那么，当股价再次拉升的时候，就是买进的最佳时期，见图中标示的最佳买入点。

V形底，有时也称为"尖底"，通常是由于恐慌性抛售，股价跌到了偏离股票内在价值的低位，是报复性上涨的结果。这种形态的底部股价具有很大的爆发力，它往往是在重大利好消息来临时或是在严重的超卖情况下产生，形成短期内价格的剧烈运动。由于V形底的形成时间较短，走势发生反转具有一定的突然性和不可测性，把握起来很难，参与风险相对较大。但是这种形态的爆发力很强，如把握得好，

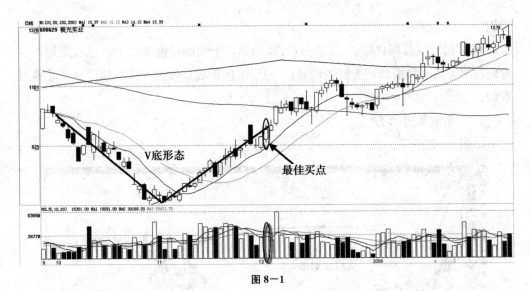

图 8-1

可以在短期内获取不菲利润。

　　V 形底主要出现在股价上涨了一定幅度之后，当然也不排除股价经过一轮下跌行情之后的底部，会出现这种形态。如果股价在上涨中途出现这种形态，最大的可能就是主力在故意打压股价震仓。

　　2. W 底买进形态。

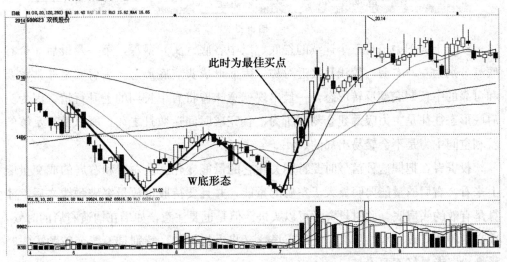

图 8-2

　　如图 8-2 所示，双钱股份（600623）在经历了一波下跌行情之后出现了双底形态的走势，此后便走出了一波上涨行情。当股价从第二个底部开始反转到前一次反弹的高点时就会放量上涨，此时就是买点，如图中箭头所标示的位置就是最佳买点。

　　W 底，也称双重底，是指股价在运行过程中，在 K 线走势图上形成了两次底部，连续两次下跌的低点大致相同。这种形态在股市中出现较为频繁，同时也易于辨识。

W 底的形成时间比较长，但一旦形成的话，上涨的可能非常大。也就是说，这种底部形态是一种股价将上涨的信号。一旦 W 底形成，股价上涨的幅度也是非常可观的。

3. 头肩底买进形态。

如图 8-3 所示：

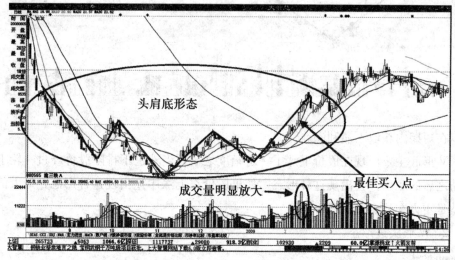

图 8-3

K 线走势图中出现三个连续的谷底，以中谷底（头）最深，第一及最后一个谷底（分别为左、右肩）较浅且接近对称，因而形成头肩底形态。头肩底是非常重要和可靠的中长期底部反转形态，一旦出现就意味着将有中长期的上升行情。因为头肩底形态往往是主力吸筹建仓刻意所为，且完成时间达数月之久，所以没有足够的获利空间主力是不会轻易出局的。

投资者在把握这种信号时要特别关注它的量能变化。从左肩和右肩的成交量能上来看，右肩的量能要明显大于左肩的量能，并且要待股价放量突破颈线之后，才算是有效的头肩底，此时投资者可以买进。但是也要注意，如果在构造右肩的时候，成交量不能有效放大，那么，它的市场意义将大打折扣，特别是不能突破颈线的时候，投资者最好不要参与。

4. 圆弧底买进形态。

如图 8-4 所示，该股在股价处于低位区域时出现了圆弧底形态的走势。

圆弧底形态属于一种盘整形态，多出现在价格底部区域，是极弱势行情的典型特征，其形态表现在 K 线图中宛如锅底状，与 K 线圆弧底形态相对应，成交量也会形成相应的盆状形态。

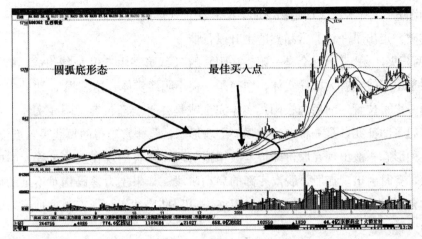

图8－4

圆弧底的形成是股价在经过一段时间的快速下跌之后，空方力量减弱，股价下跌速度明显减缓，成交量递减，使股价难以深跌，随后逢低卖盘逐步增加，成交量也温和放大，股价缓慢爬升，最后股价向上突破出现急升，成交量也快速放大。

圆弧底是重要的反转信号，形成的时间一般较长，容易辨认。一旦出现了圆弧底形态的特征，通常便是市场的底部。圆弧底形态通常是大型投资机构吸货区域，由于其炒作周期长，故在完成圆弧底形态后，涨升的幅度也是惊人的。

一旦股价突破了圆弧底的颈线，投资者就可以放心大胆地买入，特别是放量突破颈线时，是稳健型投资者的最佳买入点。

特殊形态的买点

1．"两阳夹一阴"形态。

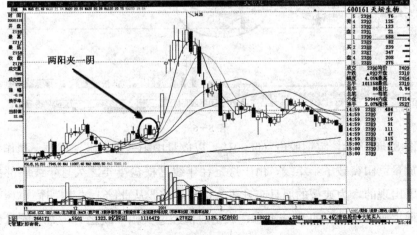

图8－5

如图 8-5 所示，天坛生物（600161）在正式形成两阳夹一阴的形态之后，正式往上突破，走出了一轮非常猛烈的主升段行情。

"两阳夹一阴"（有时会是三阳夹一阴）的 K 线形态由三根 K 线组成，第一根与第三根是中阳线或者大阳线实体，中间是一根小阴线实体，这三根 K 线的中心几乎处于同一水平位置，前后两根阳线实体完全或是几乎全部包容了阴线实体。它是个股即将起飞的征兆，是一种典型的强势上攻形态，是非常难得的短线买入点位。

这种形态一般出现在股价即将上破箱顶阶段，或者出现在上攻过程中的中途换档阶段，有时会出现在股价脱离底部的启动阶段。如果主力筹码相对不足的话，他们有时会把"两阳夹一阴"做成"三阳夹一阴"的 K 线组合形态，这种形态同样具上攻动力。

在实际操作中，一旦两阳夹一阴的 K 线组合形态明显构成，不管是空仓者还是刚被震出仓者，均可立即半仓介入，另外半仓可待该股的价格创出新高后再次介入。

投资者在遇到这种形态的个股时，也要注意，介入这类个股的前提是均线系统必须正好形成多头排列。

2. "旭日东升"形态。

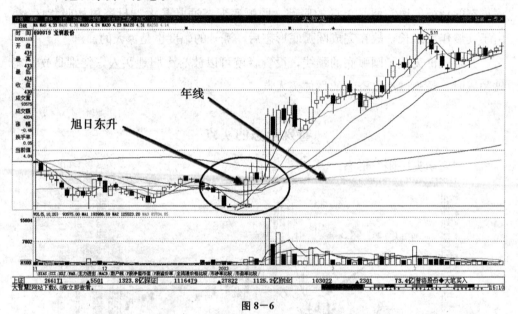

图 8-6

如图 8-6 所示，宝钢股份（600019）以放量中阳一举突破了年线，稍作休整之后，以放量巨阳突破了半年线，由于这是在年线已横盘半年之久且年线底部抬高的背景之下出现的，为典型的旭日东升买入信号，该股从此踏上"牛"途。

出现"旭日东升"的 K 线形态，表明股价经过大幅下跌之后，做空能量已经大量释放，股价无力再创新低，有触底回升的迹象。这是一种明显的底部买入信号。

"旭日东升"的市场意义为：如果股价始终在年线之下滑跌，则始终不会有向上攻击的爆发力；当股价放量突破年线时，有可能成为向上转势的信号；如果股价能在年线之上企稳，则转势向上的把握更大。

实战中有三种情况都可称之为"旭日东升"：

1. 有时股价分几次上冲年线，其中有一根阳线最终能冲稳在年线之上，这根阳线就称之为旭日东升。

2. 当股价长期在年线之下滑跌，有一天突然放量冲过年线并收盘收在年线之上，这一根阳线也称之为旭日东升。

3. 当股价长期在年线之下横向震荡，有一天突然放量冲过年线并收盘收在年线之上，这一根阳线也可之为旭日东升。

旭日东升的买入时机有二：

1. 在出现旭日东升之际逢低买入，最好在出现旭日东升的当天收盘前积极买入，比如图中放量中阳的旭日东升。

2. 在旭日东升出现后上攻途中出现回档时，可在10日或20日均线附近逢低吸纳，只要股价仍保持原始上升趋势，就不失为较好的介入时机。

投资者也要注意，旭日东升的买入时机只适用于那些上市超过一年的个股，特别是前期已经过长期、深幅调整的个股，对上市时间短的新股、次新股并不适用，对一些呈波段式走势的个股，此法的参考价值亦不大。同时旭日东升出现时个股普遍已有一定的涨幅，即使该形态并不能保证能买到最低点，但一般是长期升势的低位区，若及时介入，持股一段时间一般都会有所斩获。

3. "出水芙蓉"形态。

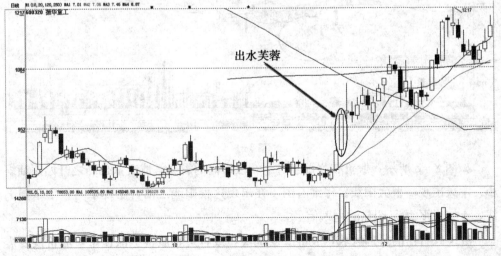

图 8—7

　　如图 8—7 所示，振华重工（600320）在底部收出一根大阳线，这根大阳线同时向上穿越 5 日、10 日及 20 日三条均线，第二个交易日股价再次拉出一根大阳线，并且是典型的向上跳空的大阳线，股价远远走出了原来的整理平台，强劲拉升，由此可见"出水芙蓉"的巨大威力！

　　"出水芙蓉"就像潜伏在水中的荷花一样，一晚之后突然高高地浮出水面。股价也一样，当某只个股已处于低迷的走势之中时，突然出现快速拉高，收出了漂亮的大阳线，这种形态就是"出水芙蓉"。出现这种走势，意味着股价将会迎来一波上涨行情。

　　"出水芙蓉"出现时，如果 5 日均线向上穿越 10 日均线，同时 20 日均线保持上倾，则说明股价后市上涨可能性极大。此时投资者可在股价回抽至 5 日均线附近时低吸，一旦 5 日均线向上穿越 20 日均线，且成交量配合理想，则股价有望进一步上攻，轻仓者还可考虑伺机加码跟进。

　　当然，在具体操作过程中也应该注意，如果"出水芙蓉"形态出现后，成交量没有有效放大，就要保持警惕。

　　4. 震荡型阳线。

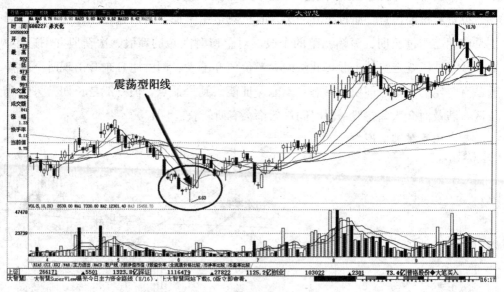

图 8—8

　　如图 8—8 所示，股价在之前经过了一段时间的震荡，成交量也随之开始逐渐缩小，不久出现一根大阳线。仔细看图，在出现这根阳线之前，出现了两根十字星 K 线，十字星 K 线是明显的止跌信号。

　　在下跌行情的底部区域，股价反复筑底，或者是在股价上涨途中，股价反复震荡整理，此后，突然拉出一根带有长长下影线的阳线，或者是一根光头光脚的大阳线，这种走势形态，即为震荡型阳线，是一种看涨的信号。出现这种形态时，投资者不宜做短线，而应以做波段的思路来进行操作。

经典买点信号

上涨插入线

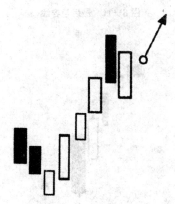

图 8－9　上涨插入线

如图 8－9 所示，在行情震荡走高之际，出现一条覆盖前一交易日阴线的下降阳线，这是短期的回调，行情看涨，是最佳介入时机。

超越覆盖线

图 8－10　超越覆盖线

如图 8－10 所示，行情上涨途中若是出现覆盖线，表示已达天价区，此后若是出现创新天价的阳线，代表行情有转为买方的迹象，将会继续上涨，为最佳买点。

最后包容线

如图 8－11 所示，在连续的下跌行情中出现小阳线，隔日即刻出现包容的大阴线，代表筑底完成，行情即将反弹。虽然图形呈弱势走向，但空方已经力尽，行情必定止跌回升，为最佳买点。

图 8—11　最后包容线

反弹线

图 8—12　反弹线

如图 8—12 所示，在底价圈内，行情走势图中出现了带有长长下影线的锤头线形态时，即为买进时机。为了安全起见，可等行情反弹回升之后再买进。若无重大利空出现，行情必定反弹。

反弹阳线

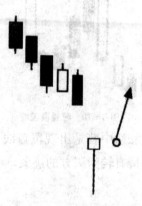

图 8—13　反弹阳线

如图 8—13 所示，确认行情已经跌得很深，某一天出现了带有长长下影线的阳线形态，即"反弹阳线"时，表示低档已有主力大量承接，行情将反弹而上，此为最佳买进信号。

下档五条阳线

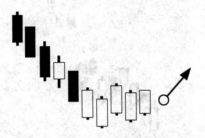

图8—14　下档五条阳线

如图8—14所示，在底价圈内出现五条阳线，暗示逢低接手力道不弱，底部形成，即将出现反弹，此处为最佳买点。

阴线孕育阴线

图8—15　阴线孕育阴线

如图8—15所示，在下跌行情中，出现大阴线的第二个交易日，出现一条完全包容在大阴线内的小阴线，显示卖盘出尽，下跌势头趋缓，即将触底反弹，为最佳买点。

舍子线

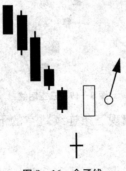

图8—16　舍子线

如图8—16所示，在大跌行情中，跳空出现十字星形态，这暗示着筑底已经完成，股价即将迎来反弹，此时为最佳买点。

向上跳空阴线

图8-17　向上跳空阴线

如图8-17所示，此图形虽不代表大行情出现，但有约可持续七天左右的涨势，为买进时机。

三条大阴线

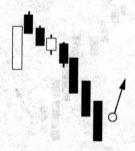

图8-18　三条大阴线

如图8-18所示，在下跌行情中出现三条连续大阴线，是行情陷入谷底的征兆，行情将有所转变，价格上扬，则可以买入。

三空阴线

图8-19　三空阴线

如图8-19所示，当行情出现三条连续跳空的下降阴线时，预示着行情即将触底反弹，是强烈的买进信号。

五条阴线后一条大阴线

如图8-20所示，当阴阳交错拉出五条阴线后，出现一条长长的大阴线，可判断股价已到底部，若隔日高开，即可视为反弹的开始，可伺机买入。

图 8—20　五条阴线后一条大阴线

二条插入线

图 8—21　二条插入线

如图 8—21 所示，此图形暗示逢低接手力道强劲，行情因转盘而呈上升趋势，为买进时机。

连续下降三颗星

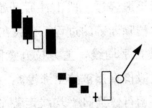

图 8—22　连续下降三颗星

如图 8—22 所示，股价一路下行至一低档位置盘整，接着跳空连续出现三条小阴线，这是探底的前兆。如果第四天出现十字线，第五天出现大阳线，则可确认筑底已经完成，价格将反弹向上，为买进时机。

第二节　分时买点

在股价与日均线中寻找买点

我们在分时走势图中可以很清晰地发现两条重要线索，一条是股价线，另一条是日均线。下面让我们由两者的走势关系入手，分别从股价在日均线以下运行且平均线平缓移动时、股价在日平均线以下运动且远离日平均线时以及股价在日平均线以上运行时这三种情况来寻找最佳买进时机。

股价在日均线以下运行且平均线平缓移动

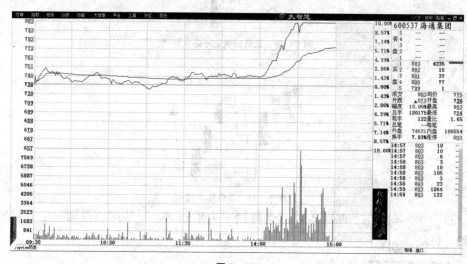

图 8—23

如图 8—23 所示，开盘后该股经过一段上冲后开始回落，随后股价回落到日平均线以下震荡运行，这是主力清除浮筹的过程。该股在 14 点左右再次下行至日平均线，并得到支撑开始放量突破日平均线，主力拉升意图明显，此时是最佳买入点。随后由于多头力量巨大，该股股价直接被拉至涨停。

如果股价在日平均线以下运行，当日平均线走势平稳，并且该股从平均线以下开始调头向上放量突破日平均线，说明多方在发起攻击，投资者应该抓住机会进场建仓。

股价在日平均线以下运行且远离日平均线

如图 8—24 所示，该股低开高走后，回落却无量的配合，说明恐慌性的抛盘并不多，这只是主力洗盘的一种手段而已。股价再次下穿日均线时放出巨量，则明显属于主力快速打压股价。随后股价远离日平均线一路下行，在 11 点位置附近横盘调整。下午开盘后，该股开始掉头向上，由于巨量支持，股价一路拉升，尾盘时回调盘整。

在上述走势中，股价在日平均线下面运行，且远离日平均线；一旦股价掉头向上，就是投资者的最佳买入点。

在实际操作中，投资者需要结合大盘情况进行理性分析。如果大盘处于低迷时

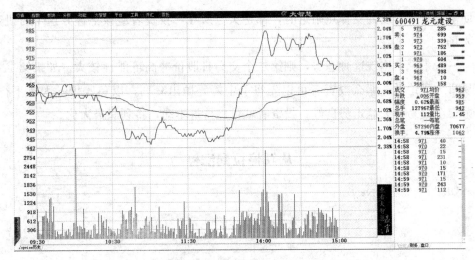

图 8—24

期，那么就要控制好仓位，最好只用一小部分资金参与这种走势的短线操作。还要注意个股的价格处于高位还是相对底部，若是前者，投资者最好不要进场操作；遇到后者，可以大胆进场。

股价在日平均线以上运行

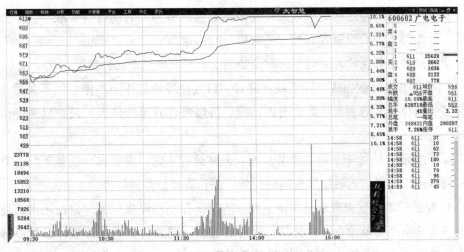

图 8—25

如图 8—25 所示，该股小幅高开后回落，一度跌破前一交易日的收盘价，随后上冲至日均线开始震荡。在 10 点左右股价回落至日均线并得到支撑，此时便是最佳买入时机。随后股价开始拉高，并一直处于日均线之上平稳移动。在下午开盘后该股出现了放量的拉升动作，直接拉至涨停。

当个股股价运行于日平均线以上，且日平均线是平稳向上运行时，此时每次股价回落到日平均线的支撑点附近时，都是买点所在，投资者应该把握好这个时机建仓入场。

一般来说，出现这种态势，则第二个交易日股价冲高可能性较大。如果第二个交易日大盘走低，那么投资者可以先将手中筹码抛出套利，以免股价随大盘下行；若第二个交易日大盘走势良好，投资者就可以持筹不动，将利润最大化。

从跌停拉到涨停

如图 8—26 所示：

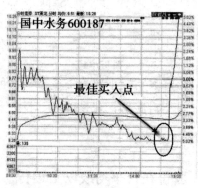

图 8—26

从跌停拉到涨停这种走势现象，大多都是强庄所为，后期行情看涨，且多数是大涨，让参与其中的投资者有种"坐电梯"的感觉。

出现这种走势现象，一般在分时走势图上会呈现出以下几种情况：

1. 股价开盘后就出现快速下跌，并且一口气把股价打压至跌停。但不久后，股价又被快速拉起至前一天收盘价附近，随后再慢慢盘升至涨停板，最终以涨停价格收盘。

2. 股价刚开始处于平稳的走势状态，但在运行中途，突然出现快速下跌，直至下探到跌停板位置，而后出现快速的反弹，并且逐步拉升到涨停。

3. 股价开盘后就出现逐级震荡下跌，直至下探到跌停板位置。但在尾市接近收盘前，突然出现大单拉盘，并且是一气呵成地快速把股价拉到涨停板，最终以涨停价格收盘。图 8—26 中的个股就是这种情况。

对于激进型的投资者来说，可以在股价从跌停板开始放量拉高时买进一部分筹码，但一定要注意，此时的拉升一定要有明显的大单拉抬股价，并且是连续的买单把股价从跌停板附近迅速拉起，而且此时委卖处的挂单在逐步地减少。而对于稳健型的投资者来说，可以在股价第二天开盘后出现走强时买进。有些凶悍的主力会在第二天继续打压股价，此时在分时走势图上就会呈现出快速回落的走势。

一旦股价在快速回落时受到强大的买盘支撑，就可以大胆地买进，这是一个很好的买进时机。

早盘冲高

如图 8—27 所示：

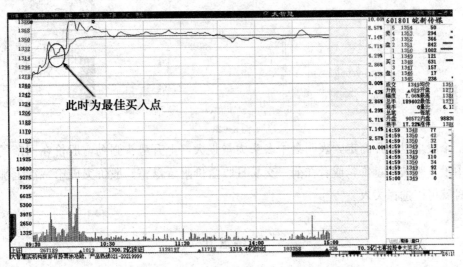

此时为最佳买入点

图 8—27

当市场突发利好消息时，股价会以高盘开出或者是平盘开出，买单不断涌出，把股价逐步推高，有的甚至还会出现大单向上调高几个价位把股价直线拉起，此形态即早盘冲高形态。这种情况出现时，投资者就要认真分析此利好消息的"含金量"，如果确实是能够支撑股价上涨的利好消息，那么股价还有上行的空间，如果不是，投资者就要谨慎对待了。

事实上，个股出现这种形态，绝大部分都是主力有预谋制造的，预示股价后期走势将会迎来一波上涨行情。

实际操作时，如果股价一开盘就出现大幅度拉升，远离了均线，投资者不要着急入场，因为在这种情况下，一般还会有一个回探的过程。投资者可以等待回探以后受到支撑并再次向上运行的时候买进。

高开高走

如图 8—28 所示，该股小幅高开高走，随后回落至前一交易日收盘价附近盘整。在 10 点 10 分左右，该股终于企稳上涨，很轻松地突破了第一高点，成交量放大，股价上涨坚决，数次冲上涨停。尾盘回调时受到日均线的支撑，再次走高。

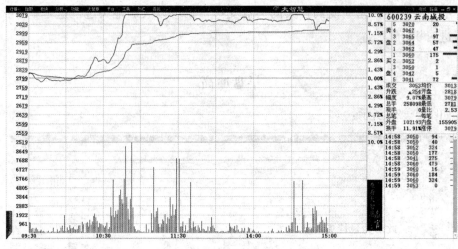

图 8—28

个股早盘高开高走，表明盘中多头力量强大，上升势头强劲，股价在回落的过程中没有跌破开盘价，或者在前一交易日收盘价附近盘整，股价突破第一次上涨高点时就可以选择买入。

震荡盘升

如图 8—29 所示：

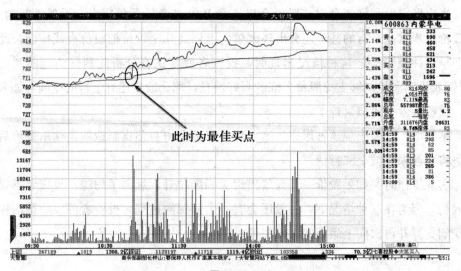

图 8—29

震荡盘升的走势一般出现在股价刚刚启动之后的上涨途中，或者是在上涨中途经过一段整理之后再次上涨时。出现这种走势，说明做多力量在逐步地向上攻击，空方的做空力量不断减弱。如果后市买盘表现很积极的话，那么股价将会迎来一波上涨行情。

在实际操作中，如果遇到一只个股处于震荡盘升阶段，成交明细中不断显示主动性的买单，吃单现象明显，那么，激进型的投资者可以入场分批买进筹码；稳健型的投资者可观察第二个交易日走势后再决定是否跟进，若第二个交易日开盘即走强，就应果断加仓。

这种震荡盘升的走势，在个股分时走势图上有以下几种形态：

1. 先围绕均线小幅度震荡，然后再以均线为依托逐步震荡向上盘升。

股价开盘后，先出现小幅度的震荡，盘中的买卖盘都比较稀少。维持一段时间的这种走势以后，股价就会慢慢活跃起来，买盘也有所增加。此时的股价就会慢慢呈现出震荡盘升的走势，股价运行的重心会明显向上移动，均线呈现出向上运行的趋势，并且始终托举着股价向上盘升。

2. 阶梯型的震荡向上。

阶梯型的震荡上行比小幅逐步盘升更加一目了然。其走势表现为一段小幅盘整之后，快速陡然直上，随后平台整理一段时间，等分时均线运行上来后，股价再次急速攀升。主力将这种手法反复运用几次后，则当日股价走势即呈现阶梯状。

低开高走

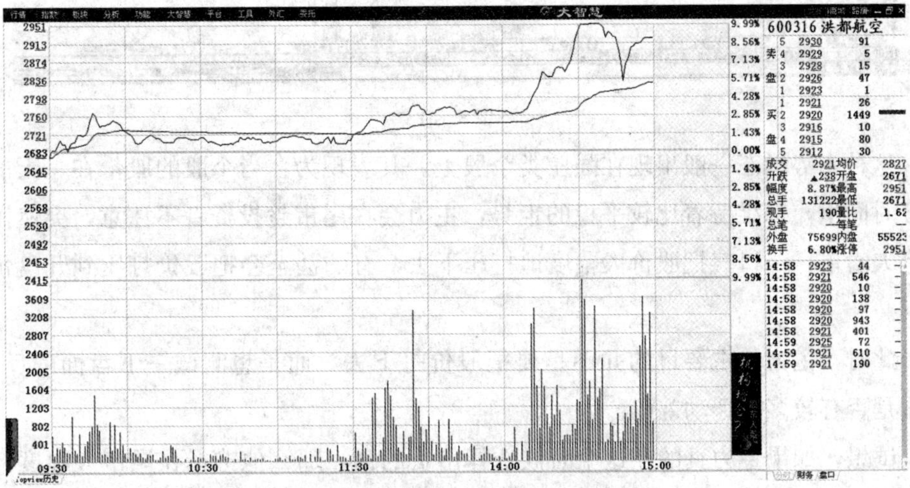

图 8—30

如图 8—30 所示，该股股价早盘低开高走，上涨突破前一交易日收盘价后，出现短暂回调但并未跌破前一交易日收盘价，而是在日均线附近反复震荡。此时，买点就潜藏在每一次震荡的下端。从图中可以看到，下午开盘后，股价向上突破日均线，特别是 14 点之后，该股呈现出放量快速上涨的态势。

出现这种低开高走的走势，一般都是主力洗盘的动作。大部分投资者看见股价低开，就会认为股价会继续下跌，从而被主力清洗出局。如果在行情已经上涨了很大幅度时出现这种走势情况，那么就要谨慎，不要轻易进场操作。因为这种情况很有可能是主力制造的假象，为了吸引跟风盘接盘以达到出货的目的。

尾市快速打压

如图 8—31 所示：

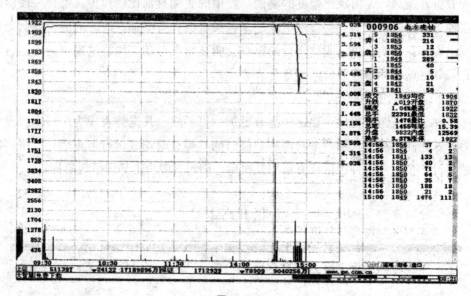

图 8—31

这种走势形态一般出现在强庄类个股上。其表现为：当个股的股价在一天的大部分时间里，都维持着比较平稳的走势，主力会在尾市趁投资者不注意，突然抛出几笔大卖单，一口气把股价大幅度地打压下去，有的甚至会把股价打压到开盘价格附近。

此时，主力的主要目的并不是要把股价打下去，而是想测试一下盘面的反应，看看是否有较多的浮动筹码。

试想，如果主力真的在这个时候选择出货的话，那么他选择在尾市大幅度打压股价就等于告诉散户自己要出货了。此时，散户已经明白主力的意图了，怎么可能为主力接货，没有散户为主力接货，主力的坐庄就是失败的。所以这种形态的出现决不是主力在出货，而是主力在试盘。

投资者在遇到这种走势的个股时一定要加以留意，以便寻找买入时机。一般来说，如果股价在第二天出现快速回落的话，那么只要股价在回落过程中受到了强大买盘的支撑，投资者就可以大胆买进。

尾市快速拉升

如图 8－32 所示：

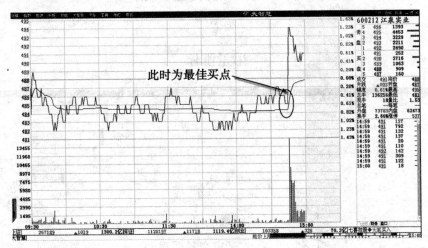

图 8－32

投资者在看盘的过程中，经常会看到一些个股在下午 2：30 之前的走势都比较平淡，有的甚至还表现出非常低迷的状态，即便大盘走势不错的时候，它的表现也让人非常失望。但是到了收盘前半小时，或者是几分钟的时候，它的股价却突然飙升，呈现出直线型上涨趋势，让投资者措手不及。

在实际操作中，处于长期盘整阶段的股价突然在尾市发力上攻，最大的可能就是主力在有意拉升股价。如果第二个交易日股价继续走强，便是最佳进场时机。有经验的投资者也可于股价尾市上扬当天买入，则获利更大。

主力在尾盘拉抬股价主要有两个原因：

1. 引起场外资金的注意。

尾市出现急拉，必然会引来众多投资者关注的目光，甚至会吸引一部分投资者跟风建仓。这是主力最愿意看到的，因为无论其目的在于拉升还是出货，都希望有场外资金进来，去推高股价，这样主力就可以节省很多拉盘的资金。

2. 主力利用有限的资金推高股价。

有些主力资金实力不是很强，采用尾市拉升股价的手法，就能有效防止获利盘的出逃，避免股价因此出现回落需去托盘。第二个交易日，主力只要稍微让股价高开，看到股价继续上涨的投资者，就会打消抛售的念头。

盘尾拉升是实战中经常遇到的问题，研究其意义及应对的办法，可以更好地把握买卖时机，提高收益，减少损失。

第三节　成交量买点

缩量涨停

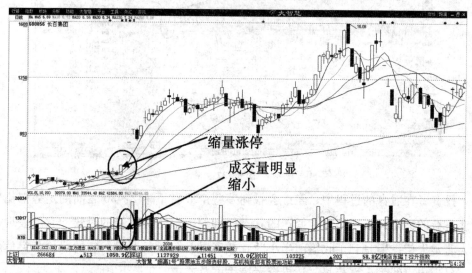

图 8－33

如图 8－33 所示，该股经过停顿整理之后拉出了一根上涨的大阳线，成交量却明显缩小，出现了这种缩量涨停的形态。

缩量涨停这种走势形态一般出现在股价上涨的中途，或者是股价经过洗盘后再次启动的时候。出现这种走势，特别是一开盘就涨停，标志着股价后期将会迎来一波大行情。这种情况尤其会在 ST 类个股中出现。

如果个股在股价不断盘升的中途，突然出现开盘就涨停并且成交缩量的走势，或者是开盘后股价一路走高，不久后就被封在涨停板上，在一天的交易中成交量都很稀少，那么无论这种走势是在股价不断盘升的过程中出现，还是在股价经过整理之后出现，都预示着股价即将迎来一波上涨行情。投资者在实际操作过程中遇到这种走势的个股时，一定要高度重视，把握好买入的机会。

当股价在洗盘之后出现一根放量上涨的大阳线，并且紧接着就出现这种缩量涨停的走势时，投资者当天就可以果断地在涨停板排队买进。

当股价在上涨中途突然出现一开盘就涨停的走势时，只要盘中的抛盘很稀少，也就是说股价涨停后很少有人卖出，那么，投资者就要大胆地买进。

主力送红包

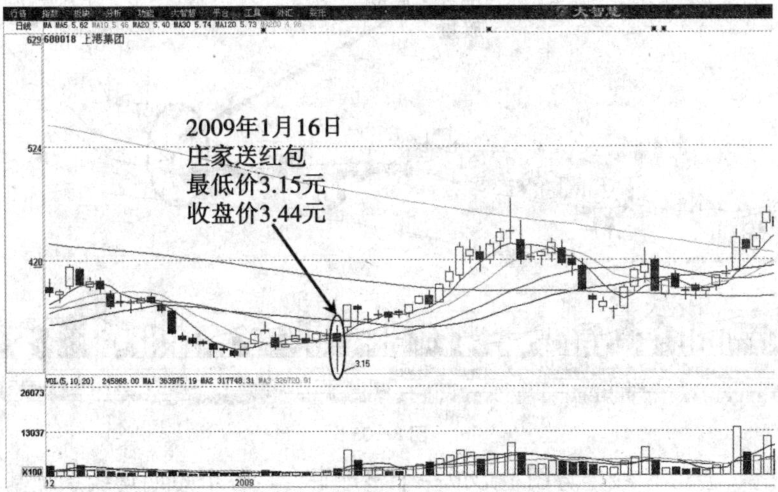
2009年1月16日
庄家送红包
最低价3.15元
收盘价3.44元
600018 上港集团
3.15

图 8—34

如图 8—34 所示，该股在收盘前突然异动，大笔的卖单一度将股价砸到跌停板处，但是收盘时却并未跌停。这说明有主力从中洗盘，意在吓走跟风的散户。实际操作中，如果发现这种情况，且股价不是在高位上，投资者便可以果断地进场建仓，这是快速套利的最佳买点。

当一只股票在相对低位或者上涨的过程中，突然成交放量，股价随之迅速下跌，甚至出现跌停，随即又出现大买单直线拉抬股价，这种 K 线形势就是主力在给你"送红包"，后市必有大行情。出现第一次大买单的时候，投资者就应该果断进场，跟庄获利。

洗盘之后的放量

如图 8—35 所示，该股在经过一波上涨行情之后，出现了整理洗盘的走势。经过一段时间的洗盘整理之后，股价拉出了一根放量上涨的大阳线，而后该股走出了一波上涨的行情。

主力在操纵一只个股的时候，洗盘是必不可少的过程，洗盘过程完成后，股价就会继续走出上涨行情。因此，投资者如果能够把握住洗盘结束后的拉升过程，将会获得不少的收益。

主力的洗盘手法很多，这里主力采用的是横盘手法，让股价长时间维持在一个平台上，利用幅度很小的震荡来清洗那些浮动筹码，耐心不足的投资者看到股价长时间没有什么大作为就会抛售，从而让看好后市的投资者进来，股价经过长时期的

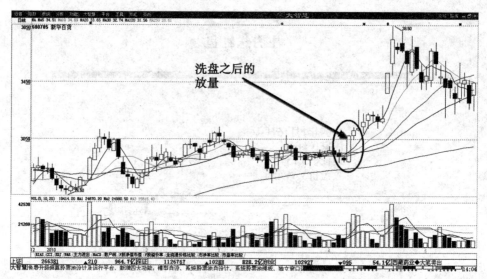

图 8—35

小幅度震荡，会在 K 线走势图上形成一个整理平台，各个短期均线系统基本上处于走平的状态。

当洗盘接近尾声之后，主力就会拉出一根放量向上突破的阳线，让股价脱离这个调整平台。这根放量阳线的出现，基本上宣告此次整理告一段落，股价将会迎来新一轮上涨行情。

对于投资者来说，可以在股价出现放量上涨的当天临近收盘前几分钟入场买进，也可以在出现放量上涨后分批买进，等待第二天股价出现走强后再补仓，后者是较为稳健的操作策略。

整理之后的底部放量

如图 8—36 所示，该股长时期处于横盘整理状态，成交量也萎缩，股价的波动范围不大。随着股价长时期的震荡，大部分的均线都趋于走平的状态，有些甚至还会粘合在一起。

整理之后底部出现放量这种走势形态，往往是股价启动的前兆。这种走势意味着主力经过长时间收集筹码的过程，已经达到了一定程度的控盘量。此时主力会突然打破股价原本低迷的状态，使股价出现放量上涨。

股价在底部区域整理一段时间之后，由于长时间没有行情，股价的波动范围也不大，很多投资者都会觉得无利可图，一般很少有人会去关注它。此时，主力突然开始拉抬股价，一般都是先发力拉出一根放量的大阳线，有的甚至还会进入涨幅排行榜的前列，从而引起市场对它的关注。

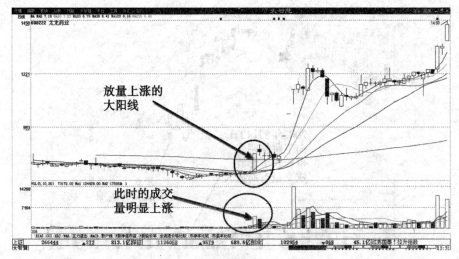

图 8－36

　　在实际操作中，如果遇到这种长期在底部区域震荡的个股，就要对它进行密切跟踪，看它何时放量向上突破。

　　如果股价在某一天出现放量上涨，投资者就要注意观察盘中的抛压情况。如果盘中的抛压很小，那么激进型的投资者可以适当地入场买进，稳健型的投资者可以在收盘前几分钟确认能收出一根大阳时买进。

　　收出大阳线走势的第二天，如果股价出现回落的话，只要在回落的过程中不放量就不用担心，一旦在回落之后受到支撑，并且盘中买单表现得很积极的话，就应该果断地入场，把握买入良机。

第四节　K 线卖点

向下跳空阴接阳

　　如图 8－37 所示，该股连续拉出 7 条阴线，股价大幅下跌，随后向下跳空收出一条带长长下影线的类似十字星的阴线实体，同时成交量有所放大。长下影线意味着多头力量开始显现，个股有反弹趋势。不过第二个交易日缩量，收出一条带较长上影线的阳线，这条阳线将前一交易日阴线全部覆盖。

　　这种走势形态大多出现在股价处于下跌通道的过程中。很多投资者会认为这是股价出现了反弹，从而盲目地入场去抢反弹，最后导致被套其中。在股价下跌的过程中出现这种形态，标志着股价将会继续下跌，当天股价出现上涨只是一种技术性

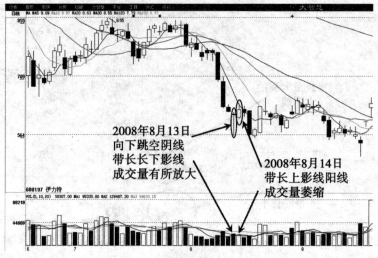

2008年8月13日
向下跳空阴线
带长长下影线
成交量有所放大

2008年8月14日
带长上影线阳线
成交量萎缩

图 8-37

的修复。

在实际操作中，当股价在明显的下跌趋势中出现这种走势形态时，持有该股的投资者应该趁反弹止损出局，不要对后市抱有什么幻想，因为之后股价往往会出现更大幅度的下跌。

特别是在出现阳线并伴有放量的情况下，投资者更应该果断地清仓出局，因为此时放出来的成交量，大部分来自于主力所抛售的筹码。

场外的投资者在遇到这种走势形态的个股时，千万不要仅仅看到这根阳线就盲目地入场操作，如果股价真正出现反弹或者是反转行情，那么股价的上涨不可能只是一两天的行情，投资者应该等待行情确认后再入场参与操作。

大阴盖阳

如图 8-38 所示，该股股价在较长时间上涨之后，在高位出现了一根大阴线，这根大阴线将前一日收出的阳线实体全部覆盖。

当股价运行在高位区域时，出现这种覆盖线走势形态，必须引起投资者的高度重视，因为股价处于此位置时，只要有一点风吹草动，盘中的获利筹码就会一拥而出，从而导致股价出现回落，甚至引发快速下跌。此时，投资者就应该先出局，从而回避股价可能大幅回落带来的投资风险。

股价出现大幅度高开之后，一旦盘中出现连续性的抛单，反应快的投资者可以果断卖出，这是一个比较好的卖出时机，因为此时股价回落的可能性相当大，其风险远大于收益。

一旦股价运行到重要技术位置时收出一根长长的大阴线，特别是在出现放量

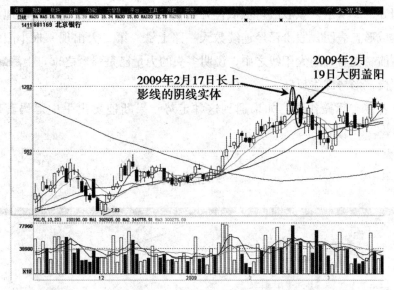

图 8—38

的情况下，投资者如果在盘中没有及时止盈出局的话，那么应该在收盘前先卖出了结。

如果是在股价经过大幅度上涨之后的高位区域出现这种走势，特别是在带量的情况下，那么此时无论是否盈利，都应该清仓出局，最迟也应该在收盘前果断斩仓出局。

大阳生小阳

图 8—39

如图8-39所示，该股股价从低位开始快速拉升，成交量也在不断地放大。图中圆形区域形态表明，股价已经连续数天一路上涨。第二天出现一根小阳线，并完全孕育在前一交易日的大阳线之中，说明多头的力量已是强弩之末，上涨缺乏动力，买盘不积极，形势即将反转。

投资者在实际操作中，如果遇到这种走势，果断地卖出手中筹码套现，实为上策。

夕阳溪水

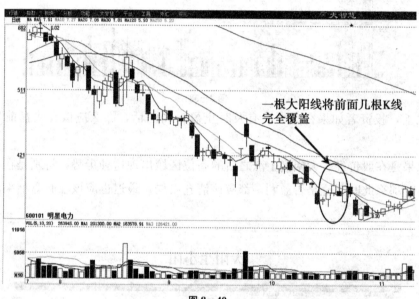

图 8-40

如图8-40所示，该股在连续下跌过程中出现短期盘整，在收出一根大阴线之后，连续拉出三根小阳线，随后又出现一根下跌的阴线实体。较长的上影线说明空方力量依旧强大，股价仍然处于弱势。下跌阴线之后紧跟着一根大阳线，基本上把前几天的K线完全覆盖，这就是"夕阳溪水"形态。

这种走势标志着股价即将出现下跌，特别是在高位区域时，很有可能会引发大幅度的下跌行情。因此，这根大阳线就是投资者绝好的逃命线，一旦后市上涨无力，股价出现向下掉头的走势，就要果断地卖出。

阳包阴后收低

如图8-41所示，该股一度连续五天反弹上涨，之后稍事回调，收出一根带下影线的阴线实体。接着又拉出一根长阳线，把前一交易日收出的阴线全部覆盖，且

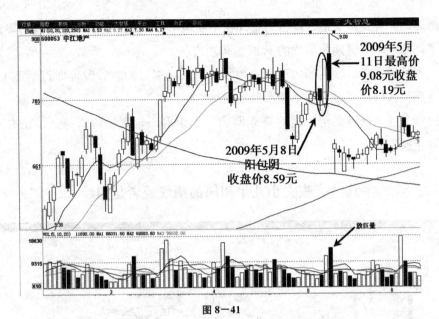

图 8—41

伴随着成交量的放大。长阳线之后，第二个交易日股价高开冲顶，尾盘收阴，说明此时卖盘涌出，获利盘回吐比较严重，股价即将迎来下跌行情。投资者遇到这种走势形态，便应该卖出手中持有的筹码，避险观望。

跳空下降两条阴线

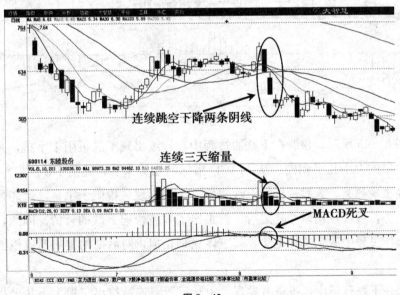

图 8—42

如图 8—42 所示，该股经过长时间的上涨之后，股价已被大幅度拉高，此时盘中积累了相当多的获利筹码，这些筹码随时都有可能一拥而出。随着股价不断地上涨，做多动能在逐步衰退，空方力量却在不断地增加。连涨之后该股进入下降通道，出现了连续跳空下降两条阴线的 K 线走势形态。

出现这种走势，说明场内看空的持股者越来越多，标志着股价即将结束上涨行情。在高位区域出现时，还将预示着暴跌行情的到来。

投资者遇到这种走势，就应该立即卖出手中筹码，离场观望。哪怕是有亏损，也应该止损出局。

连续三根大小几乎相同的阴线或者是阳线

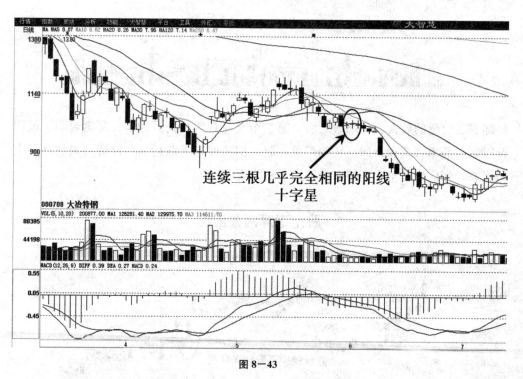

图 8—43

如图 8—43 所示，该股在下跌的过程中，连续出现了三根阳十字星，并且这三根阳十字星的大小几乎相同。从 MACD 指标的走势来看，此前 DIFF 指标与 DEA 指标已经出现死叉，为股价持续下跌预警。虽然出现三根阳十字星，但还是无法扭转行情走势，股价在稍做挣扎之后，就走出了一波快速下跌的行情。因此，投资者在实际操作过程中遇到这种走势，就应该立刻止损，对后期的走势不应该抱有什么幻想。

如果在下跌行情中，投资者发现手中某只股票连续拉出三根大小几乎相同的阴线或是阳线，不要犹豫，应立刻卖出手中的筹码，因为价格将会进一步探底，让你蒙受更大损失。

连续跳空后收阴线

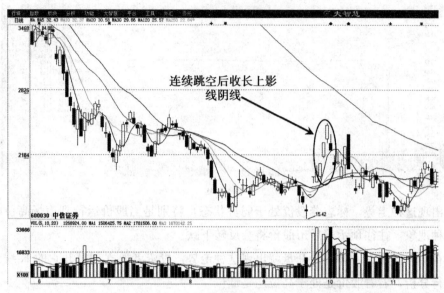

图 8-44

如图 8-44 所示，该股在一浪接一浪的跌潮后横盘调整，随后放量拉升，连续向上跳空。在连续三个交易日出现跳空后收出一条带长长上影线的阴实体。

在这个过程中，主力不断地采用对倒的手法将股价拉高，投资者在分时走势图上可以看到，股价时常会出现直线式的拉高，盘中也经常会出现大单吃进的现象。这种情况必然吸引大量的短线追风盘，造成股价连续向上跳空的走势。一旦后续跟风盘不足，股价就难以持续上涨。投资者此时应该果断卖出手中筹码，离场观望。

第五节　分时卖点

早盘反弹遇阻再次下跌

如图 8-45 所示，该股低开低走，并出现快速下滑，但随后不久出现回拉，在股价回升到分时均线附近时受到阻力而回落，并且是一触到分时均线就调头向下。出现这种走势，标志着盘中的做多动能不足，空方占据了主导权。股价连续几次反弹到分时均线附近都受到阻力而回落，每次反弹的力度都比前一次弱，随后股价一直在分时均线的压制下运行。这种走势，即是早盘反弹遇阻再次下跌。

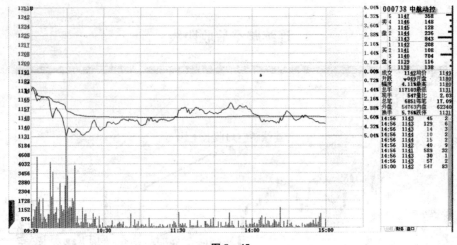

图 8—45

出现这种走势，标志着股价处于弱势状态，特别是当股价运行到市场高位时出现这种现象，往往预示着后市股价将会反转下跌。

在实际操作中，如果一开盘就出现这种走势，投资者要立刻打开它的 K 线走势图进行分析，看看股价是处于高位还是低位。

如果股价处于长期上涨的高位，那么一旦股价出现低开后反弹到分时均线附近受阻回落，就要果断地卖出，因为股价后市出现下跌的概率相当大。

如果在快速反弹阶段，特别是当股价反弹到重要技术关口附近，如 30 日、60 日均线或者是年线附近时，出现这种走势，那么就标志着股价反弹力度在减弱，盘中的解套盘在不断涌出。在受到阻力的情况下，股价很有可能会结束反弹而反转下跌，因此，在这种情况下，投资者就应该先卖出。

当股价运行到高位区域时，一旦出现这种走势形态，如果在高位区没来得及卖出，那么当股价在收盘时跌破 5 日均线的支撑后，就应该果断地卖出，因为此时的风险已经远远大于收益。

早盘冲高回落跌破均线

如图 8—46 所示，开盘后，该股股价快速上冲，在分时走势图上呈现出直线式的上涨，股价远离分时均线，上冲幅度一般在 1% 左右。从分时盘口来看，股价这种上冲动作一般都是由一两手大买单吃进所导致的。但股价冲高之后很快就出现回落，并且是快速回落，同时直接击穿分时均线的支撑，直至跌破前一天的开盘价。在这个过程中，分时均线也迅速调头向下。出现这种走势，一般被称为早盘冲高回落跌破均线。

这种走势，往往是主力的诱多之计，意在通过早盘的影响力来迷惑散户入场接

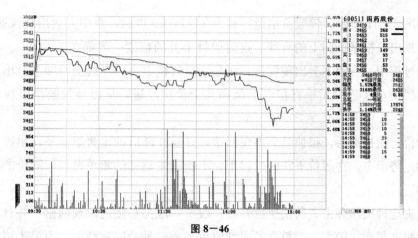

图 8—46

盘。因为很多投资者认为，股价开盘后能够冲高走强的话，就会有更大的上涨空间，因此迫不及待地追进，结果追进以后，股价开始回落，并且一直跌破分时均线，从而被套牢在里面。这种走势往往出现在股价上涨的高位区域，或者是出现在股价上涨到阶段性高点时。

在实际操作中，如果在股价运行的高位区域出现这种走势，只要股价冲高回落后跌破了分时均线，就应该立即卖出。

如果在股价冲高过程中，或者是在股价跌破分时均线时，没有来得及卖出的话，那么当股价反弹到前一天收盘价附近受到阻力无法继续上涨时，就应该果断卖出。

如果投资者在上午没有卖出，那么在收盘前确认股价即将跌破 5 日均线的支撑时，就要无条件地卖出，哪怕是有亏损也要清仓出局。

直线式快速冲高

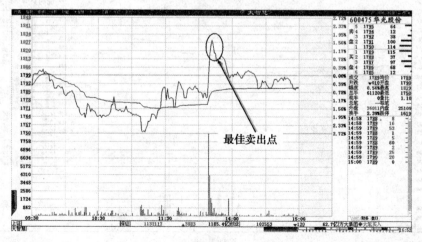

最佳卖出点

图 8—47

如图8—47所示，该股价格运行到上午11：00以后，盘中突然出现快速冲高，股价呈现出一根坚挺向上的直线，这时股价上升的幅度一般都在2％以上。在股价上升的过程中，一般不会出现震荡，而是一口气拉上去，在成交明细上会出现主动性的大买单，这些大买单直接向上跳高几个价位吃进，从而导致股价出现迅速的上升。

股价迅速拉高后，很快就会出现回落，并且在随后的走势里，呈现出逐步震荡下跌的走势形态。在股价下跌的过程中，不断有主动性的卖单抛售，股价的重心逐步下移。

出现这种突然袭击式的快速拉升后，股价一般都会随之出现回落，并且回落的速度和幅度都会比较大。当投资者遇到股价出现这种分时走势时，不要去追高，反而要考虑先卖出。

如果是做短线的话，那么无论此时股价处于什么位置，只要股价出现快速拉高远离分时均线后，调头向下，就要立即卖出。这里需要注意的是，所谓远离分时均线，一般是指股价快速上涨后，距离分时均线在1.5个百分点以上。

如果这种走势是出现在股价上涨的高位，那么无论做短线还是做中长线，一旦股价快速上冲远离分时均线后，调头向下，就要果断地卖出清仓，这是一个很好的卖点。

如果在股价上冲的过程中没有来得及卖出，那么在临近收盘前，一旦股价冲高回落的走势已成定局，就要果断地卖出，不要对后市抱有任何幻想。

午后放量冲高后震荡回落

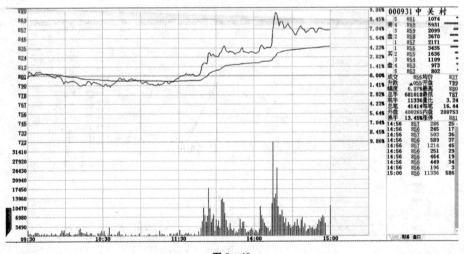

图8—48

如图 8-48 所示，该股开盘后运行比较平稳，上下波动的幅度一般不超过 2%，成交量也比较稀少。但在午后，开始出现向上拉升。在拉升的过程中，股价呈现出震荡向上的走势，有时也呈现出推土机式的拉升。在股价拉升的过程中，成交量出现快速放大。

但随着股价的不断盘升，主动性买盘却开始减弱，股价在冲高后出现回落，在回落的过程中买盘也不是很积极。虽然股价回落后出现了反弹，但每次的反弹力度都要比前一次弱，几乎每一次震荡回落的低点都要低于前一次的低点。股价在分时走势图上出现这种走势形态，标志着股价上涨乏力，第二天面临回落的风险。

这种走势，一般出现在股价上涨的高位。股价在买盘的推动下不断向上盘升，但是午后买盘不断地减弱，并且上档的压力在逐步地显现，从而导致股价上涨受阻，随后股价就出现震荡向下运行的走势。出现这种走势，标志着股价面临下跌的风险。

在实际操作中，当股价出现放量拉高的走势时，投资者要立刻打开该股的 K 线走势图进行分析，如果股价此时处于长期上涨的高位，就要做好随时卖出的打算。一旦股价放量冲高无力，调头向下，就要立刻卖出。

在股价调头向下时，如果没有来得及卖出的话，收盘前一定要找到机会卖出，因为股价在回落过程中重心会不断下移，每一次的反弹高度都低于前一次的反弹高度，不能对后市抱有什么幻想。另外，出现这种走势，至少标志着股价第二天会出现下跌，因此必须在收盘前卖出。

这种走势出现在股价反弹过程中，如果遇到重要技术压力线，那么一旦股价触及压力线并伴有大量抛单的出现，就应该立刻卖出，这是一个很好的卖点，没必要等到股价出现明显的回落后再卖出，因为在此位置出现这种走势，绝大部分股票都会继续出现回落，反弹行情会告一段落。

午后回落跌破均线

如图 8-49 所示，该股在开盘后呈现出逐步震荡向上盘升的走势，在这个过程中成交比较活跃，股价基本上在分时均线之上运行。投资者如果仔细观察盘面，就会发现在股价震荡向上的过程中，不断有主动性的卖单出现，虽然不是很明显，但总的来说主动性的卖盘要大于主动性的买盘。

当股价运行到午后，盘中的上涨动力开始逐步减弱，股价出现滞涨，盘中的抛盘也在不断地增加，随后股价就开始震荡向下运行。在这个过程中，买盘显得比较稀少，股价呈现出逐步下行的状态。当股价下探到分时均线附近时受到一定的支撑，但最终支撑线还是没能把股价托住，股价迅速击破了分时均线的支撑，股价呈现直

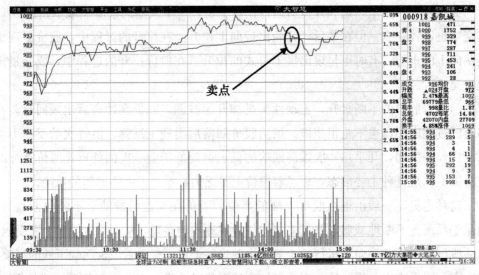

图 8—49

线式的下探，此时盘中出现恐慌性的抛盘。这种形态即为午后回落跌破均线。

出现这种现象，标志着股价经过上午的上涨后，盘中积累了不少获利筹码，这些获利者的持股信心出现动摇，午后纷纷抛售了结，从而导致股价出现回落，并且跌破了均线的支撑。这种走势预示着第二天股价将会走弱，甚至出现下跌的行情。

在实际操作中，投资者要结合个股的 K 线图，分析股价是否处于高位。如果是，就要果断卖出股票。如果股价在此时已经跌破了分时均线支撑，最好能够清仓出局；如果来不及卖出，在股价再次回拉到分时均线附近受到阻力，无法继续向上运行时，就要坚决卖出。

在股价上冲重要关口，如上面分析过的 60 日均线时出现这种走势，投资者应该先出局。如果股价早盘震荡向上而午后出现回落，股价一旦跌破分时均线，投资者就要果断卖出，中线投资者可以采取减仓措施，回避后市股价回探的风险。

在股价快速反弹的过程中，特别是在连拉大阳线后出现这种走势时，一旦股价跌破分时均线的支撑就要立刻卖出。此时出现的这种走势，标志着做多能量即将耗尽，后市股价将会出现快速回落。

尾盘冲涨停后回落

如图 8—50 所示，该股在下午 2：00 之前，股价一直都处于震荡之中，但震荡幅度不是很大，大部分时间是围绕分时走势图上的均线上下运行。在震荡过程中，成交量呈现出萎缩的现象，盘中买卖并不是很积极。当运行到下午 2：00 之后，突然盘中出现一股力量，将股价大幅度拉高，并且是快速拉起，投资者根本来不及作

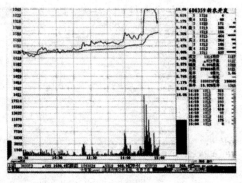

图 8—50

出反应，股价就被拉至涨停板上。在快速拉升的过程中，成交量也迅速放大，盘中连续出现大买单吃进的现象，这些大买单基本上都在千手以上。

股价被快速拉至涨停后，会在涨停板上停留一段时间。在这段时间里，盘中的卖单不断涌出，成交量同样呈现出放大的现象。随后不久，股价在大量卖盘的抛压下出现了快速回落。在股价回落的过程中，很少有主动性买盘出现，股价呈现出直线式下跌。截至收盘时，股价仍然未被拉回到涨停板上。这种走势就是盘尾冲涨停后的回落。

这种走势在股价冲高的过程中往往是快速拉起，给投资者一种股价相当强势的感觉，成交量也迅速放大，但股价拉高后又迅速回落。出现这种走势，一般都预示着第二天股价将会下跌。

在实际操作中，遇到这种走势的个股时，如果从短线操作的角度出发，那么无论此时股价处在什么位置，一旦股价在涨停后出现大量的抛单，只要涨停板被打开，就要迅速卖出，不要等待股价回落了再卖出。在股价运行到高位时，如果出现这种尾市拉涨停后快速回落的走势，那么应该立即卖出，只要股价出现放量掉头向下，就要果断地出局。如果在当天没有来得及卖出，那么股价第二天开盘后一旦出现走弱的话，就应该立即卖出。

尾市泻盘

如图 8—51 所示，该股在上午的运行中，一直处于震荡的走势，成交量时大时小，盘中偶尔会出现快速的冲高，但很快就出现回落。当股价运行到下午 2：00 左右，出现一波杀跌，同时伴随成交量的快速放大。股价跌破分时均线后，就一直处于弱势，截至收盘时股价依旧没有出现反弹，最终以大阴线报收。出现这种走势，就称为尾市泻盘。

一般，在股价上涨的高位区域或高位横盘时都可能会出现这种走势，它标志着

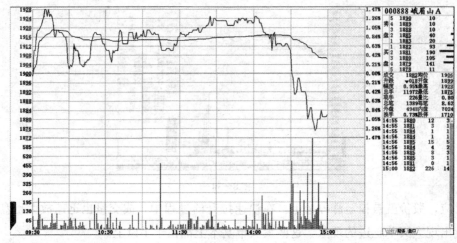

图 8—51

盘中出现了恐慌性抛盘，从而导致股价在尾市出现非理性的下跌。无论什么原因导致这种恐慌性的抛盘，都会影响股价后期的走势，至少会影响到第二天的股价走势，让它大幅度低开。因此，在遇到这种走势时，投资者一定要注意防范风险。

在实际操作中，如果这种走势是受到突然的利空消息刺激而形成的，那么就要认真分析这种消息的真伪，并且分析该消息是否会影响股价的长期走势。如果确定利空消息会给股价后市带来影响，那么无论股价是处于哪个阶段，都应该立即卖出。

如果尾市泻盘不是由于利空消息的突然刺激引发，那么就要结合该股的 K 线走势图进行分析。如果此时股价处于长期上涨的高位区域，就应该果断地清仓出局。

如果股价是在高位区域出现快速拉高之后回落，并且在下午的运行中股价重心逐步下移，那么只要股价在回落的过程中买盘表现不积极，稳健型的投资者就可以立即卖出，不必等到股价在尾市出现泻盘后再卖出。

一旦股价在运行到高位区域时出现这种走势，并且跌破 5 日均线的支撑，投资者就要无条件地卖出，哪怕是被套了也要斩仓出局，因为这是最后的逃命机会。

第六节　成交量卖点

下跌中的放量阴线

如图 8—52 所示，该股在经过一段时间的下跌之后，下跌速度放缓，甚至出现了横盘震荡的走势。但该股在经过横盘震荡之后，某一天突然放量下跌，并且最终

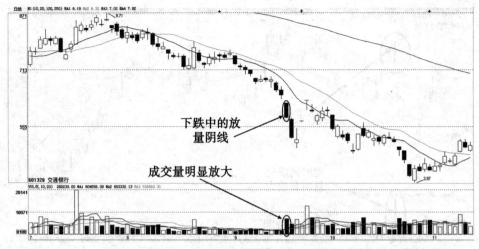

图 8−52

收出一根阴线。这种走势就称为下跌中的放量阴线，预示着盘中出现了恐慌性的杀跌。

这种走势有时也会出现在个股上涨之后的回落过程中。无论哪一种情况，都预示着股价将会继续下跌，甚至将会出现大幅度的下挫。

在实际操作中，如果股价在下跌通道中出现横盘整理的走势后，突然出现这种放量阴线，只要股价向下跳空并且跌破这个整理平台，那么一开盘就要卖出。

当股价出现这种走势时，开盘后呈现出逐步震荡向下的走势，并且买盘表现得很稀少，那么可以断定股价会继续下跌，因此必须立刻卖出。

出现这种放量下跌的走势后，有些个股会出现一个反弹的过程，但当股价反弹到分时均线时，就会遇到阻力回落，此时是一个逃命的机会，投资者应该果断清仓出局。

高位放量长阴

如图 8−53 所示，该股经过一波大幅度的上涨之后，运行到了市场的高位区域，这时场内持股者的信心开始动摇，场外资金也转为以观望为主，使得股价在高位出现滞涨现象。在该股的 K 线图上，可以看到很多小阳小阴的走势形态。某一天，该股突然大幅度高开，但开盘之后就出现了大量的抛售筹码，股价出现回落，并且在股价回落过程中抛盘不断增加，买盘却很稀少，截至收盘时收出一根长长的阴线，成交量也出现明显的放大，有时，甚至放出巨量。这种走势，就称为高位放量长阴。

这种走势表明，股价经过大幅度的上涨之后，盘中积累了大量的获利筹码，这

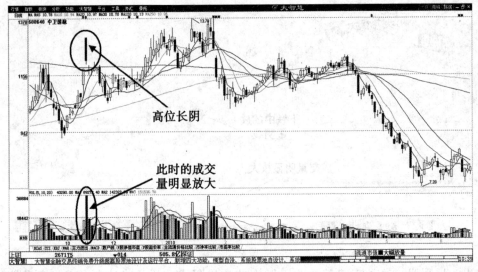

高位长阴

此时的成交
量明显放大

图 8—53

些获利筹码看到盘中出现滞涨现象之后，蜂拥而出，引发大量的抛盘。这就预示着
股价后期将会进入下降通道。

在实际操作中，投资者如果发现在某一阶段股价突然加速上涨，并且连续拉出
大阳线，就要时刻警惕。一旦股价在某一天出现大幅度高开低走，并且抛盘很严重，
就要立刻清仓出局，不要等到大阴线形成后再卖出。如果股价是在高位区域出现大
幅度高开低走，十有八九都会收出一根放量的大阴线，并且基本上可以断定这种走
势是主力在采用拉高的手法出货。

股价运行到市场高位时，如果收出一根放量的大阴线，将前面的一根甚至几根
K 线实体全部覆盖，就应该立刻卖出，不要对后市抱有任何幻想。

如果投资者在收出放量大阴线的当天没有来得及卖出，那么第二天股价开盘后
一旦走弱，就要果断卖出；如果第二天股价出现冲高走势，那么在冲高受阻后，要
立刻卖出，这是一个比较好的逃命机会，此时最好不要幻想股价后市还会上涨。

高位放量上吊线

如图 8—54 所示，股价经过大幅度的上涨之后，突然出现加速上涨，拉出长
阳线，有些个股甚至会连续拉出长阳线。股价加速上涨不久后，突然某一天股价
出现大幅度的高开，但股价开盘后就一路下跌，回补了当天向上跳空的缺口，收
盘前股价出现了回拉，最终收出一根带下影线的阴线，当天的开盘价格就是当天
的最高价格，同时成交量也出现明显的放大。这种走势形态，就称为高位放量上
吊线。

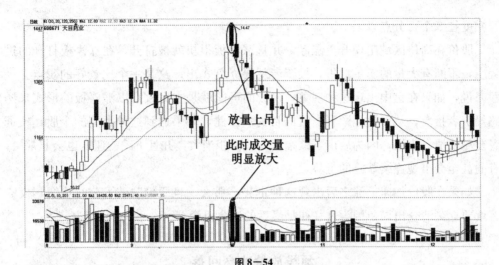

图 8—54

如图 8—55 所示，有些个股运行到高位区域后出现一波回落，在回落整理之后，股价突然向上大幅度跳空高开，有的甚至是以涨停的形式开盘，但在大幅度高开后，股价就开始出现回落，试图回补向上跳空的缺口。在股价回落的过程中，成交量也出现明显的放大，盘中不断有主动性的卖盘出现，相反很少看到有主动性的买盘出现。截至收盘时，收出一根带长长下影线的阳线。这种走势形态，也可以称之为高位放量上吊线。

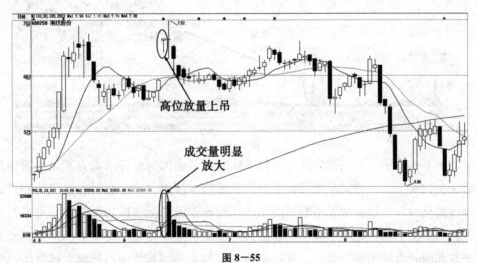

图 8—55

从上述两幅图中，我们可以看出，形成此上吊线的可以是阳线，也可以是阴线，无论是阳线还是阴线，都标志着股价上涨动力在减弱，盘中的抛盘在不断地涌出，预示着股价后市很可能会出现回落。

实际操作中，在股价上涨到高位区域遇到这种大幅度高开的个股时，一旦股价高开后出现走弱的迹象，就应该果断地卖出。这里所指的大幅度高开，一般是指高开幅度在 3 个百分点以上。

股价在高位区域出现开盘涨停，并且涨停板很快就被打开，在涨停板打开的过程中，不断有大量的卖单抛售，投资者就要立刻卖出，这是一个比较好的卖点。一般来说，如果在盘中出现这种现象，最大的可能就是主力故意以涨停板的形式来诱惑投资者接盘，从而达到顺利出货的目的。因此，如果遇到这种类型的个股，投资者要尽快清仓出局，因为后市下跌幅度一般都相当大，并且下跌的速度也会非常快，有的甚至会出现连续跌停的走势。

如果在股价加速上涨之后出现这种走势，那么一旦股价跌破了分时均线，投资者就要立刻清仓出局，因为这往往是最后的逃命机会。

颈线放量冲高回落

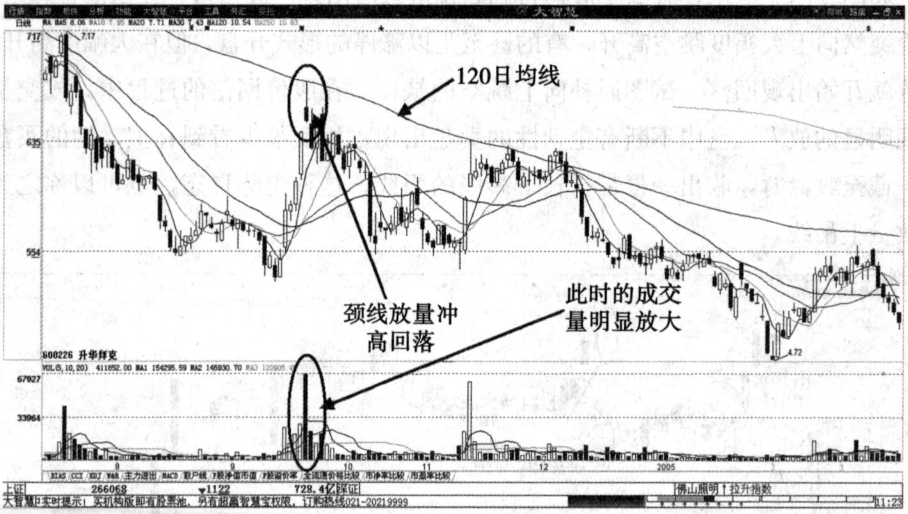

图 8—56

如图 8—56 所示，当股价经过一轮下跌之后，会因为反弹的动力不足从而导致股价无法持续上涨，特别是当股价反弹到重要技术压力位时。此时由于股价经过一定幅度的反弹后，做多动能不断被消耗，从而导致股价无法成功突破这个重要技术位置的压力而回落。此时，盘中出现的大量成交，并不是主动性买盘产生的，而是由于获利回吐盘的抛售导致的。这种走势，就称为颈线放量冲高回落。这里所说的颈线是指压力线，如 30 日均线、60 日均线、120 日均线等。

出现这种走势，股价的 K 线表现形式为收出放量的阴线，有时也会收出放量的阳线，但无论是收阳线还是收阴线，都会带有比较长的上影线，并且其预示的市场意义都是上档压力比较大，后市将会进入休整，甚至是下跌的走势。

在实际操作中，当股价运行到前期高点区域出现放量冲高就要时刻注意，一旦股价快速冲高后远离分时均线，随之出现上涨无力向下调头，投资者就要果断卖出，不必等到股价回落后再卖出。出现这种走势，当日绝大部分都会收出一根放量冲高回落的 K 线。因此，一旦股价冲高无力，就要抢先卖出，先知先觉才能卖个好价钱。

如果投资者在股价冲高的时候，没有来得及卖出，那么当股价临近收盘前确定会收出放量回落的 K 线时，就要果断地卖出。

特别是当股价快速上涨到前期套牢区域出现这种走势形态时，如果投资者在第一天没有来得及卖出，那么当股价跌破 5 日均线时，要无条件地清仓出局，哪怕是有亏损也要斩仓出局。

放量滞涨

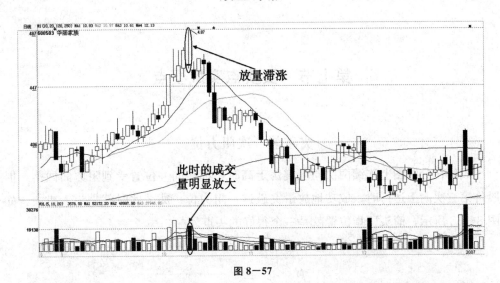

图 8—57

如图 8—57 所示，在股价上涨过程中，随着股价的不断上涨，获利盘也在不断地增加。突然有一天股价出现大幅度的低开后放量冲高，在冲高的过程中，股价上冲的最高价要高于前一天的最高价，但股价冲高后，很快就出现了回落，并以低于前一个交易日的收盘价格报收，K 线走势图上收出一根带长长上影线的阴线。这种走势，就称为放量滞涨。

这种走势会出现在股价经过大幅度上涨的高位区域，但无论出现在哪个位置，都标志着股价上涨遇阻，上档压力很大，股价面临着调整，甚至是进入下跌行情的可能。

在实际操作中，如果这种形态出现在股价运行的高位区域，投资者就要时刻做好卖出的准备，一旦股价在冲高过程中受到强大的阻力后调头向下，就要果断地卖出，这是一个绝佳的卖出机会。出现这种走势的个股，股价绝大部分都会有一个快速冲高的过程，或者是先震荡走高，然后突然出现快速拉高，此时成交量迅速放大。当大量的对倒盘将股价迅速拉高至远离分时均线时，一旦股价上冲无力调头向下，就是卖出的好时机。

出现这种走势的个股，一般在收盘时，股价都会收在 5 日均线附近，有的甚至会收在 5 日均线之下，此时 5 日均线呈现走平的态势。如果投资者在股价冲高的时候没有来得及卖出，那么此时就要立刻卖出，不要对后期的走势有什么幻想。

如果投资者在上述情况下没有卖出的话，那么一旦股价第二天出现低开，特别是出现向下跳空低开并且直接跌破 5 日均线的支撑时，就要无条件地卖出，这是最后的逃命机会。第二天出现这种走势，标志着股价开始进入下跌通道，如果此时不卖出，后市将会被套得更深。

第七节　买卖点实战要点

突破前一次阻力位

股价在分时图上连续两次向上震荡走高时，都在同一位置受到阻力而回落，但股价第三次向上运行时，成功地放量突破这一阻力位，那么此时就是买入机会。如图 8—58 所示，箭头所指位置就是一个很好的买点。

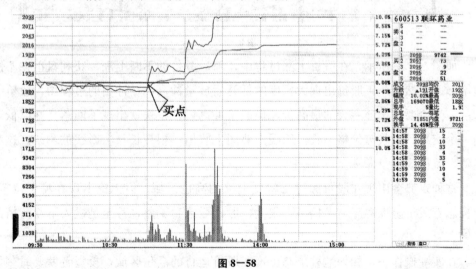

图 8—58

在此，投资者要注意以下几个方面：

1. 开盘后，股价应处于震荡向上运行的走势。

2. 此时 K 线图上的股价不能位于高位区。

当满足上述条件后，一旦股价放量突破前两次阻力位置时就是买点，投资者可以果断买进。

芝麻开花节节高

股价在分时走势图上呈现出阶梯式的上涨，每一个阶梯都高于前一个阶梯，并且在每一个阶梯中，股价都会出现震荡的走势，但震荡幅度都不大，成交量也呈现出萎缩的态势。出现这种走势，标志着股价后市将会向上运行。股价每次向上攀登一个台阶时，都是买入的机会。如图 8−59 所示：

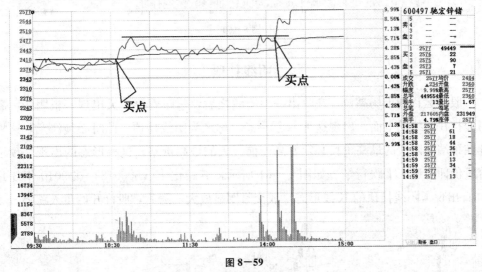

图 8−59

在此分时走势图中，股价每一次突破整理平台的时候，都是买入时机。需要注意的是，此时股价不应处于长期上涨的高位区，并且股价在分时走势图中出现震荡时必须是缩量的。

低点不断上移

股价在分时走势图上震荡向上运行，股价的重心不断地向上移动，与此同时，股价的低点也在不断地上移。这种走势只要不是出现在股价运行的市场高位，就代表盘中买盘积极，后市看涨。

出现这种走势时，股价的重心必须是不断上移的，并且股价不是处于高位区域。投资者如果在分时图上发现这种走势的个股，那么股价每次震荡回落后，向上反弹时的低点都是买点。如图 8−60 中箭头所示位置。

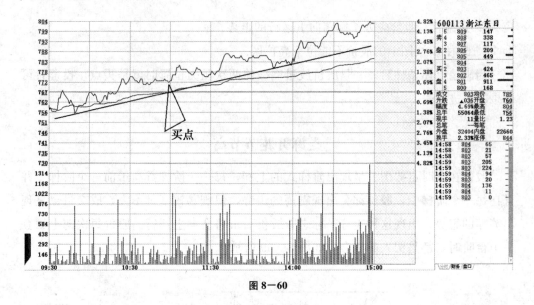

图 8—60

阴线挂顶

　　股价运行到市场高位，在收出一根阳线之后，紧跟着第二天出现一根阴线，高高地挂在阳线的上面，出现这种 K 线形态，称之为阴线挂顶。此时必须注意，这根挂在顶端的阴线的最高价格必须要高于前一天的最高价格。这种形态的出现，预示着股价即将迎来下跌行情。如图 8—61 所示，氯碱化工（600618）在 2010 年 3 月 10 日出现了阴线挂顶的 K 线形态，成交量明显放大，随后，股价开始步入跌势。

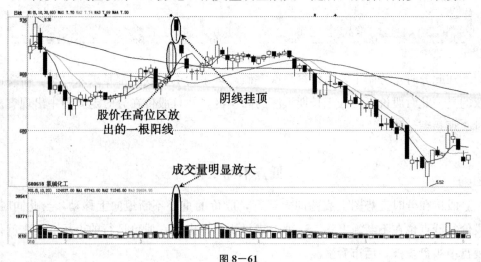

图 8—61

　　在运用阴线挂顶 K 线形态的时候，要注意以下几个方面：

　　1. 成交量。

　　出现这种态势，成交量必须同步放大，这说明盘中的获利抛盘很严重，投资者应该立即清仓出局，因为后市出现大幅度下跌的可能性会很大。

2. 股价。

在出现阴线挂顶的当天，股价可以高开，也可以低开，甚至是平盘开出。如果出现大幅度高开，并且收盘时的价格低于前一天的收盘价，那么后期出现大幅度下跌的信号就更加强烈。投资者应该立刻斩仓出局，果断一点的投资者可以在股价冲高受阻时清仓出局，犹豫不决的投资者可以在股价收盘前果断卖出，千万不能在收盘时还犹豫不决。

3. 均线。

要特别注意股价是否已经跌破 5 日均线，一旦股价跌破 5 日均线的支撑，没来得及卖出的投资者此时一定要坚决卖出，不要再有任何犹豫。

两根天线

在股价经过大幅度上涨的高位区域，连续出现两根带长长上影线的 K 线，并且这两根 K 线的上影线的最高点基本上相等，这种走势形态，就称之为"两根天线"。如图 8−62 所示，王府井（600859）的股价经过大幅上涨之后，在高位出现了两根天线的 K 线形态，随后股价开始走低。

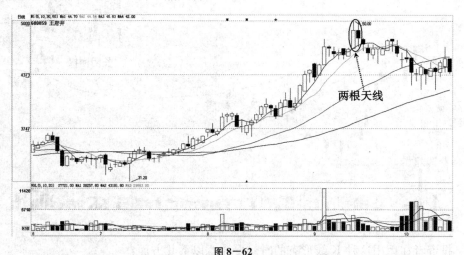

图 8−62

在使用这种 K 线形态的时候要注意以下几方面：

1. 在出现这种形态后的第二个交易日，也就是出现第二根带有上影线的 K 线之后的第二个交易日，如果股价收出了一根阴线，就标志着股价即将迎来下跌行情，此时投资者应该把握好卖出的机会。

2. 出现这种形态，K 线所带的上影线越长，中后市下跌的信号就越强烈。

3. 这种形态的出现必须是股价在经过大幅上涨之后的高位区，这样后市下跌的信号才更有效。

4. 如果投资者在股价走低的时候没来得及卖出，那么一旦股价跌破 5 日均线，最好清仓出局。

5. 如果出现这种走势的第二天收出一根大阳线，并且创出新高，那么投资者可以先持股观望，但要时刻注意风险。一旦股价出现上涨无力、冲高回落的走势，就应该先卖出以规避风险。

长阴回探

当股价反弹运行到重要技术压力线，如 30 日、60 日、120 日均线等附近时出现向上突破，并且股价突破之后站在这个技术压力线之上；但很快就出现一根大阴线将前面的一根甚至几根 K 线实体全部覆盖，并且股价跌回到这个重要的技术压力线之下，这种走势，就称之为长阴回探。如图 8－63 所示，＊ST 北人（600860）就是一个典型的长阴回探的例子。股价出现这种走势后，虽然不一定代表股价将出现大幅度的下跌行情，但至少预示着股价将会出现回落。因此，投资者遇到这种走势类型的个股时，一定要注意防范风险。

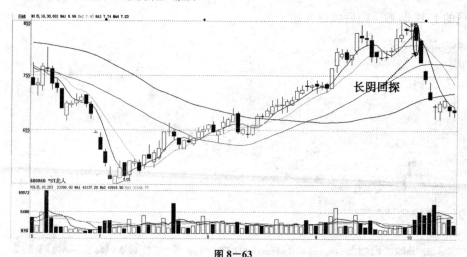

图 8－63

投资者在运用这种 K 线形态的时候要注意以下几方面：

1. 这根长阴线的收盘价格必须跌破重要的技术压力线，也就是说收盘价要在这个重要压力线之下。

2. 出现这种长阴回探的走势时，这根阴线必须至少覆盖掉前一天收出的 K 线实体，覆盖的 K 线实体越多，后市下跌的可能性以及幅度就越大。

3. 如果股价是在快速反弹中突破上面的压力线后出现这种长阴回探的 K 线形态，那么后市股价出现下跌回落的可能性就更大，并且下跌的幅度一般也会比较大。

4. 如果同时满足以上条件，那么投资者在收盘前就应该先清仓出局，特别是短线投资者。中长线投资者卖出后，可以等到股价回落之后受到支撑时再买回来。果断一点的投资者可以在股价回落的过程中，看到下档买盘很稀少时就果断卖出，没有必要等到股价跌破这个重要技术压力线才卖出。

大阳之后连拉三阴

股价处于长期上涨的高位区域，或者股价经过快速反弹处于阶段性高点时，出现了一根阳线，之后又连续收出了三根阴线，并且最后一根阴线的收盘价格收在前面大阳线的开盘价附近，甚至是收在这根阳线的开盘价之下，这种 K 线形态就称为大阳之后连拉三阴。这种形态标志着股价后期将会出现回落甚至是下跌行情，如果是在股价运行的高位区域出现这种形态，那么股价下跌的可能性更大。如图 8－64 所示，华域汽车（600741）就曾拉出这样的形态。

图 8－64

投资者在使用这种 K 线形态的时候要注意以下几方面：

1. 如果股价在上涨中途出现这种三连阴的走势后，第四天收出一根大阳线，将这三根阴线实体全部覆盖掉，并且创出新高，而且这三根阴线没有跌破 5 日均线的支撑，那么投资者可以继续持股，因为出现这种走势，股价后期还会有一定的上涨空间。

2. 如果三根阴线的最高价都没有超过前面那根阳线的最高点，就说明股价的上涨动力已经明显出现衰退，特别是三根阴线的高点逐次降低时，投资者在第三天收盘之前三根阴线形态基本确认时，就应该清仓出局。

上吊线之后的阴线

有些个股经过一轮缓慢上涨，会进入一段加速上涨的行情。股价经过这段加速上涨的行情后，突然在某一天收出一根上吊阳线，紧跟着的第二天又收出一根阴线，并且这根阴线的收盘价格低于前一天收出上吊阳线时的收盘价格，这种走势，就称为上吊之后的阴线。股价在加速上涨之后出现这种 K 线形态，标志着股价即将迎来一波下跌行情。出现阴线的当天量能越大，后市发生暴跌的可能性就越大。如图 8－65 所示，华银电力（600744）在收出上吊线之后的阴线形态之后，股价开始步入下跌行情中。

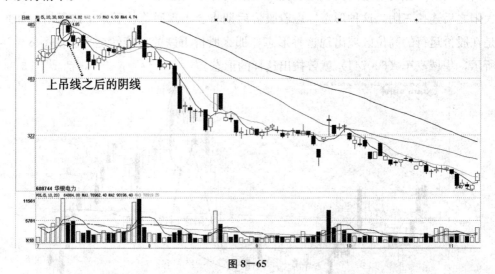

图 8－65

在此，投资者要注意：

1. 出现这种走势，该股的股价必须处于高位加速上涨的后期，并且 5 日均线和 10 日均线正在向上运行。

2. 出现这种走势的第二个交易日，如果股价出现一根阴线，就意味着上涨行情几乎已经结束，此时，投资者应该及时卖出。

3. 出现这种走势后，如果 5 日均线走平，那么无论是短线投资者还是中长线投资者，都要立刻卖出，不要对后市抱有任何幻想。

整理后的放量长阳

股价在底部区域经过充分的整理之后，或者股价在上涨的中途经过一段时间的整理之后，突然某一天收出一根放量上涨的长阳线将股价拉离整理平台，这种走势，就称为整理后的放量长阳。无论是在底部区域，还是在股价上涨中途的整理阶段，出现这种走势，都标志着股价即将进入上涨通道，投资者应该把握其中的买入机会。如图 8－66 所示：

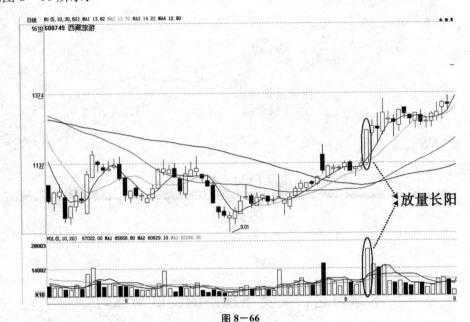

图 8－66

在出现这种 K 线形态之后，投资者还要注意以下几个方面：

1. 股价必须经过了一段时间的整理。

2. 出现这种形态之前必须出现明显的缩量。

3. 出现放量长阳线的当天，成交量至少是前一天成交量的一倍。

如果投资者在大盘中发现满足以上三个条件的放量长阳，就可以在收盘的时候果断买进。

快速反弹遇半年线受阻

股价经过一波大幅度的下跌之后，出现一波快速的反弹行情，并且反弹的幅度比较大，一般都在 20％以上。但当股价反弹到半年线附近时受到了阻力而回落，股价第二天继续上冲半年线，依然受到了阻力冲高回落，最终也没能站稳在半年线之上。出现这种走势，预示着股价在半年线附近遭遇到了强大的阻力，股价需要反复震荡才能消化此处的压力，因此很有可能会出现快速的回探行情，投资者要及时把握卖出的机会。如图 8－67 所示，湘潭电化（002125）在快速反弹遇半年线受阻后，走出了一波下跌行情。

稳健型的投资者在股价第一天上冲半年线受阻时就应该卖出，激进型的投资者可在股价第二天冲高回落时卖出，最晚在收盘前就应该卖出。

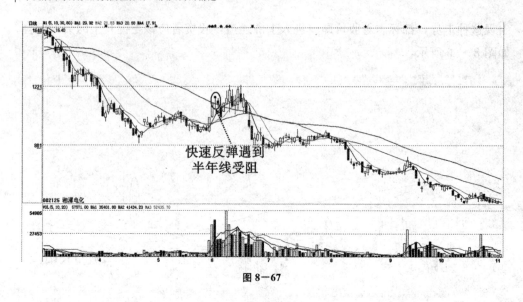

快速反弹遇到
半年线受阻

002125 湘潭电化

图 8—67

本章习题：买卖点操练的测试与练习

综合练习

一、判断题。

1. 不管是长线投资还是短线投资，如果能够把握住底部启动行情的话，投资收益都将是非常可观的。（　）

2. V 底也称尖底，这种形态在大盘中经常出现，它形成的时间比较长，因而具有很大的爆发力，一旦形成，其收益将是非常可观的。（　）

3. 通常，W 底的最佳买入点是股价从第二个底部开始反转到前一次反弹的高点时。（　）

4. 圆弧底形态也被称为价格"休眠期"，这是因为在短时间内买方难以汇集买气，价格无法上涨，加之此时多头元气大伤，只有停留在底部长期休整，以恢复元气，行情呈极弱势。持仓人不愿割肉，多头也不愿意介入。所以，此形态被称为价格"休眠期"。（　）

5. 如果股价在日平均线以下运行，当日平均线走势平稳，并且该股从平均线以下开始调头向上放量突破日平均线时，说明多方正在发起进攻，但多方的实力仍不敌空方，所以，投资者一定不要着急进场。（　）

6. 股价在日均线以下运行且远离日均线，遇到这种形态的分时走势图，投资者要结合当时大盘的情况进行理性分析。如果大盘处于低迷时期，那么就要控制好仓位，最好只用一小部分资金参与这种走势的短线操作。如果此时个股的价格处于高位区域，也就是说经过大幅度上涨之后出现这种走势，投资者最好不要进场操作。如果此时个股股价是处于底部，或者是股价刚刚启动的初期，那么就可以大胆进场。（　　）

7. 如图 8—68 所示，图中圆圈内的图形虽然经过了几个涨停板，但在涨停板之后拉出了一根大阴线，此时投资者不宜进场操作。（　　）

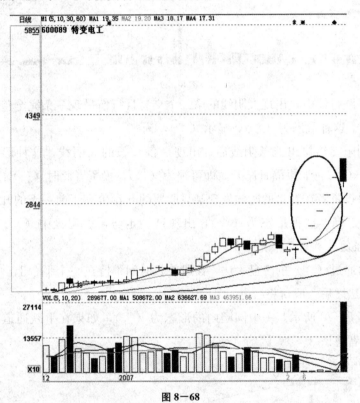

图 8—68

8. 投资者如果在走势图上发现了大阳盖阴的形态，要积极买进，因为这是一种典型的买进信号。（　　）

9. 在实际操作中，如果遇到午后回落跌破均线的走势图，要看其 K 线图，看股价是否处于高位，如果是，就要果断卖出股票。（　　）

10. 通常，出现阴线挂顶这种形态之后，如果成交量也明显放大，投资者一定要及时卖出股票，因为这是一种典型的股价见顶信号。（　　）

二、填空题。

1. 如图 8—69 所示，图中圆圈内的形态为（　　），这是一种典型的（　　），投资者见此图形应该（　　）。

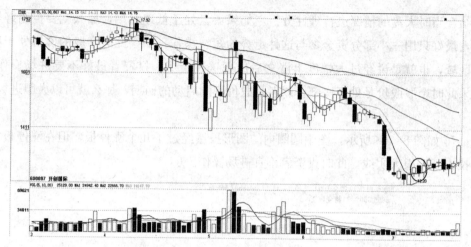

图 8-69

2. 在下跌行情中，出现大阴线的第二个交易日行情呈现一条完全包容在大阴线内的小阴线，这种形态为（　），显示（　），为（　）。

3. 当阴阳交错拉出五条阴线后，出现一条长长的大阴线，这种形态为（　），可判断此时（　），如果隔日高开，即可视为（　），投资者此时（　）。

4. 如果投资者在看盘的时候发现某只股票的开盘价高于前一天的开盘价，开盘后股价继续走高，这种形态为（　），出现这种走势，表明盘中（　）力量强大，（　）势头强劲。

5. 主力通过（　）的洗盘手法，让股价长时间维持在一个平台上。通常，经过这种洗盘手法之后，股价将会（　）。

6. 如图 8-70 所示，图中圆圈内的形态为（　），如果在下跌通道中出现这种形态，投资者应该（　），因为（　）。

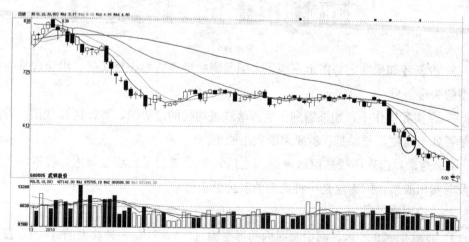

图 8-70

7. 通常，如果分时图上出现午后放量冲高后震荡回落的分时走势图，投资者应该在（　　）卖出。

8. 尾市泻盘一般出现在（　　）。

9. （　　）一般多出现在下跌通道中，或者出现在（　　），但不管是哪种情况，都预示着股价将会继续下跌，甚至会出现大幅度的下挫。

10. 如图 8-71 所示，图中圆圈内的形态为（　　），这种形态的出现预示着（　　），投资者此时应该（　　）。

图 8-71

三、简答题。

1. 看图 8-72，请说出图中圆圈内的形态是什么？该形态有什么特征？

图 8-72

2. 看图 8-73，图中的走势图有什么特征，遇到这种走势图投资者应该如何操作？

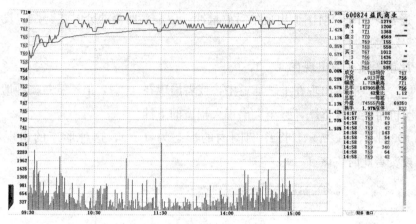

图 8—73

3. 看图 8—74，图中的均线形态是什么？投资者此时应该如何操作？另外，请在图中标出最佳买点（卖点）。

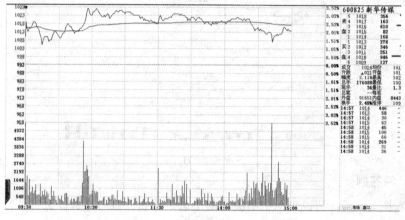

图 8—74

4. 看图 8—75，图中圆圈内的形态是什么？出现这种形态后，投资者应该如何操作？

图 8—75

5. 看图 8—76，图中圆圈内的形态是什么？遇到这种 K 线形态后，投资者应该怎样操作？

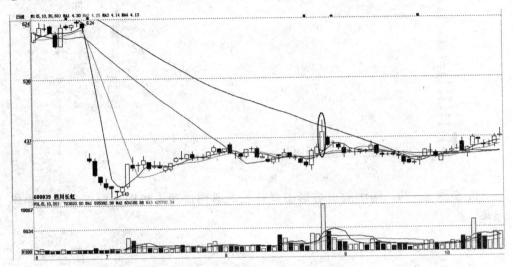

图 8—76

6. 请你简要回答，"主力送红包"的 K 线形态的特征，并说明投资者遇到这种形态之后应该如何操作？

7. 看图 8—77，图中的 K 线形态是什么？投资者此时应该如何操作？

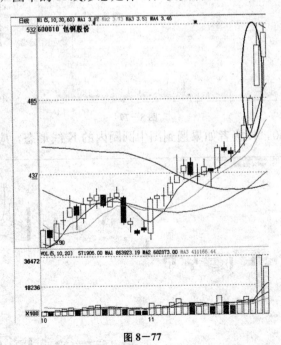

图 8—77

8. 看图 8—78，图中分时走势图的名称是什么，遇到这种走势图，投资者应该如何操作？

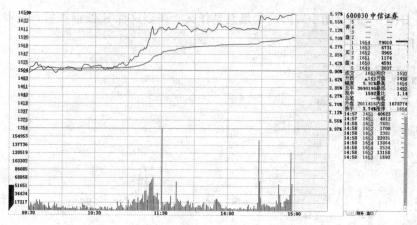

图 8－78

9. 看图 8－79，图中的走势形态是什么，遇到这种走势图，投资者应该如何操作？

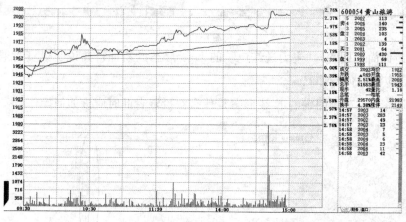

图 8－79

10. 看图 8－80，投资者如果遇到图中圆圈内的 K 线形态，应该如何操作？

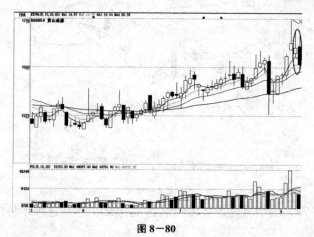

图 8－80

参考答案

一、判断题。

1. 正确。

2. 错误。这种形态形成的时间是比较短的，通常带有不可测性和突然性。

3. 正确。

4. 正确。

5. 错误。这种形态出现时，投资者应该抓住机会进场买进。

6. 正确。

7. 错误。圆圈内的形态为缩量涨停，是典型的买进信号，投资者应积极做多。附该股出现缩量涨停后的走势图：

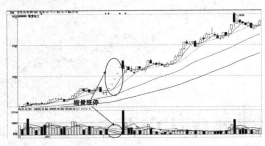

图 8—81

8. 错误。大阳盖阴是一种典型的卖出信号，这种形态出现意味着该股即将迎来下跌行情。

9. 正确。

10 正确。

二、填空题。

1. 图中圆圈内的形态为两阳夹一阴，这种是一种典型的买进信号，投资者见此图形应该积极做多。附该股出现此种形态之后的走势图（图 8—82）：

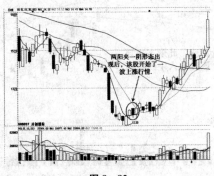

图 8—82

2. 阴线孕育阴线，显示卖盘出尽，有转盘的迹象，将反弹，为最佳买点。

3. 五条阴线后的一条大阴线，已到底部，如果隔日高开，即可视为反弹的开始，可以买入。

4. "高开高走"，出现这种走势，表明盘中多头力量强大，上升势头强劲。

5. 横盘。股价将会迎来一轮上涨行情。

6. 连续三根几乎相等的阴线，及时清空筹码，因为此时的股价会再往下探底。附出现这种形态之后该股的走势图（图8-83）：

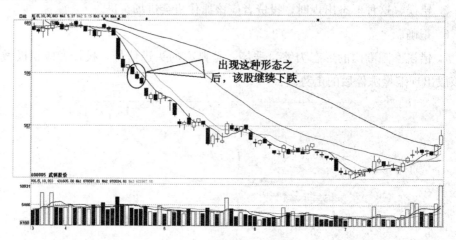

图8-83

7. 股价放量冲高无力调头向下时积极卖出。

8. 股价上涨的高位区域。

9. 下跌中的放量阴线，出现在股价经过上涨之后的回调过程中。

10. 放量滞涨。股价面临着调整或者进入下跌通道，此时投资者最好立即卖出股票，不要对后市抱有幻想。附该形态出现后该股走势图（图8-84）：

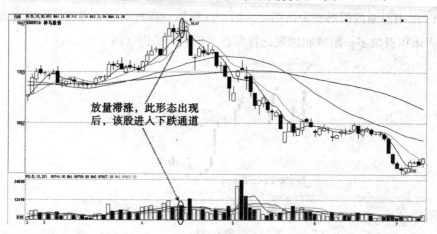

图8-84

三、简答题。

1.

该形态为"出水芙蓉"。它就像潜伏在水中的荷花一样，一夜之后突然高高地浮出水面。股价也一样，当某只个股已处于低迷的走势之中时，突然出现快速地拉高，收出了漂亮的大阳线，这种形态就是"出水芙蓉"。

"出水芙蓉"出现在股价经过一轮下跌行情，开始在底部进行充分的横盘蓄势之后。由于股价长时间处于横盘蓄势状态，所以会导致大部分的均线粘合在一起，但长期均线不会粘合在一起，股价就在这些短期均线上下来回震荡。某一天，股价突然发力收出一根大阳线，并且是向上跳空的大阳线，紧跟着股价在第二天再次拉出一个大阳线，并且是向上跳空的大阳线，使得股价远远脱离了原来的整体平台。出现这种走势，意味着股价将会迎来一波上涨行情。

"出水芙蓉"出现时，如果 5 日均线向上穿越 10 日均线，同时 20 日均线保持上倾，则说明股价后市上涨可能性极大。此时股民可在股价回抽至 5 日均线附近时低吸，一旦 5 日均线向上穿越 20 日均线，且成交量配合理想，则股价有望进一步上攻，轻仓者还可考虑伺机加码跟进。

2.

此走势图为股价在日均线以上运行。一般来说，如果在走势图中出现这种走势，第二天的股价大部分都会冲高。如果第二天大盘走低，那么投资者可以先将手中筹码抛出套利，以免股价随大盘下行；如果第二天大盘走势良好，那么投资者可以持筹不动，将利润最大化。此外，如果大盘运行平稳，那么每次股价回落到日平均线的支撑点附近时，都是买点所在，投资者应该把握好这个时机建仓入场。

3.

午后回落跌破均线。在股价处于上涨趋势时，某一天股价在分时走势图上呈现出逐步震荡向上盘升的走势，股价基本上在分时均线之上运行，在这个过程中，成交量也逐渐放大。细心的投资者此时可以发现，在股价震荡向上的过程中，不断有主动性的卖单出现，虽然不是很明显，但总的来说主动性卖盘要大于主动性买盘。

当股价运行到午后，盘中的上涨动力开始逐步减弱，股价出现滞涨，盘中的抛盘也在不断地增加，随后股价就开始震荡向下运行。在这个过程中，买盘显得比较稀少，股价呈现出逐步下行的状态。当股价下探到分时均线附近时受到一定的支撑，但最终支撑线还是没能把股价托住，股价迅速击破了分时均线的支撑，呈现直线式的下探，此时盘中出现了恐慌性的抛盘。这种形态即为午后回落跌破均线。

在分时走势图上出现午后回落跌破均线这种走势，标志着股价经过上午的上涨后，盘中积累了不少获利筹码，这些获利者的持股信心出现动摇，午后纷纷抛售了结，从而导致股价出现回落，并且跌破了均线的支撑。出现这种现象，预示着第二天股价将会走弱，甚至出现下跌的行情。

在实际操作中，如果遇到这种走势的个股时，要看此时的 K 线图，看股价是否处于高位，如果是，就要果断卖出股票。如果股价在此时已经跌破了分时均线支撑，最好能够清仓出局，如果来不及卖出，在股价再次回拉到分时均线附近受到阻力，无法继续向上运行时，就要坚决卖出。因为此时出现的这种走势，标志着做多能量即将耗尽，后市股价将会出现快速回落。附最佳卖点图（图 8-85）：

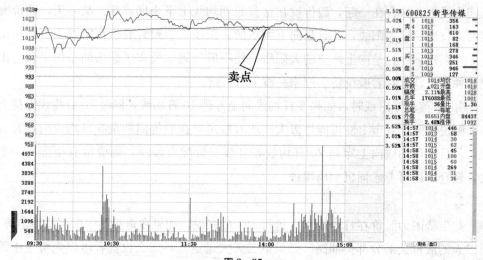

图 8-85

4.

图中的 K 线形态为高位放量上吊线。

股价经过大幅度的上涨之后，突然出现加速上涨，拉出长阳线，有些个股甚至会连续拉出长阳线。股价加速上涨不久后，突然某一天股价出现大幅度的高开，但股价开盘后就一路下跌，回补了当天向上跳空的缺口，收盘前股价出现了回拉，最终收出一根带下影线的阴线，当天的开盘价格就是当天的最高价格，同时成交量也出现明显的放大。这种走势形态，就称为高位放量上吊线。

形成此上吊线的可以是阳线，也可以是阴线，无论是阳线还是阴线，都具有同等的市场意义，预示着股价后市将会出现下跌走势。

在实际操作中，如果在股价上涨到高位区域遇到这种大幅度高开的个股时，一旦股价高开后出现走弱的迹象，就应该果断卖出。

如果股价在高位区域时出现开盘涨停，并且涨停板很快就被打开，在涨停板打开的过程中，不断有大量的卖单抛售，投资者就要立刻卖出，这是一个比较好的卖点。一般来说，如果在盘中出现这种现象，最大的可能就是主力故意以涨停板的形式来诱惑散户接盘，从而达到主力顺利出货的目的。因此，如果遇到这种类型的个股，最好是尽快清仓出局，因为后市下跌幅度一般都相当大，并且下跌的速度也会非常快，有的甚至会出现连续跌停的走势。

如果在股价加速上涨之后出现这种走势，那么一旦股价跌破了分时均线，投资者就要立刻清仓出局，因为这往往是最后的逃命机会。附该股出现高位放量上吊线后的走势图（图8—86）：

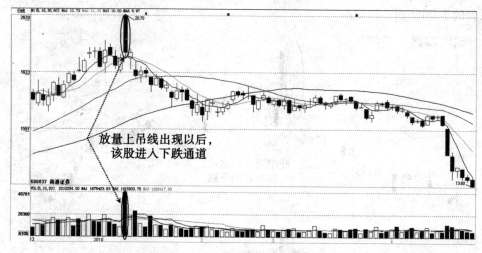

图8—86

5.

图中的K线形态为整理之后的底部放量，出现这种走势形态，往往意味着股价将会上涨。这种走势说明主力经过长时间收集筹码的过程后，已经达到了一定的控盘量。此时主力会突然打破股价原本低迷的状态，使股价出现放量上涨。

在实际操作中，如果遇到这种长期在底部区域震荡的个股时，就要对它进行密切的跟踪，看它何时放量向上突破。

如果股价在某一天出现放量上涨，投资者就要注意观察盘中的抛压情况。如果盘中的抛压很小，那么激进型的投资者可以适当地入场买进，稳健型的投资者可以在收盘前几分钟确认能收出一根大阳时买进。

收出大阳线走势的第二天，如果股价出现回落的话，只要在回落的过程中不放量就不用担心，一旦在回落之后受到支撑，并且盘中买单表现得很积极的话，就应该果断地入场，这是一个买入的好时机。

6.

当一只股票在相对低位或者上涨的过程中，突然有大成交量出现，而且在成交之后，股价迅速下跌，但随后又有大买单将股价直线拉起，这种走势在日K线图上会留下长长的下影线。如果投资者在股市里遇见这种情况的 K 线走势，那么恭喜你，这是主力在给你"送红包"。主力将股价压低洗盘吸筹，然后快速拉升出货，而对于投资者来说，在股价快速下跌后，出现大买单时，便是最好的买点。

7.

向上跳空高开。这种形态出现说明多方力量开始衰竭，股价上升空间减少，而空方开始发力放量，投资者此时应该卖出手中筹码，离场观望。附该股出现这种形态后的走势图（图 8－87）：

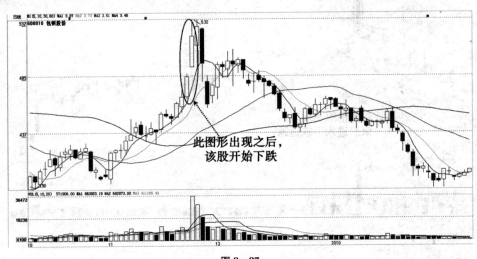

图 8－87

8.

"芝麻开花节节高"。

股价在分时走势图上呈现出阶梯式的上涨，每一个阶梯都高于前一个阶梯，并且在每一个阶梯中，股价都会出现震荡的走势，但震荡幅度都不大，成交量也呈现出萎缩的态势。出现这种走势，标志着股价后市将会向上运行。股价每次向上攀登一个台阶时，都是买入的机会。

9.

低点不断上移。

股价在分时走势图上震荡向上运行，股价的重心不断地向上移动，与此同时，股价的低点也在不断地上移。这种走势只要不是出现在股价运行的市场高位，就代表盘中买盘积极，后市看涨。

出现这种走势时，股价的重心必须是不断上移的，并且股价不是处于高位区域。投资者如果在分时图上发现这种走势的个股，那么股价每次震荡回落后，向上反弹时的低点都是买点。

10.

图中圆圈内的 K 线形态为"两根天线"。

在股价经过大幅度上涨的高位区域，连续出现两根带长长上影线的 K 线，并且这两根 K 线的上影线的最高点基本上相等，这种走势形态，就称之为"两根天线"。

如果投资者在股价走低的时候没来得及卖出，那么一旦股价跌破 5 日均线，最好清仓出局。如果出现这种走势的第二天收出一根大阳线，并且创出新高，那么投资者可以先持股观望，但要时刻注意风险。一旦股价出现上涨无力、冲高回落的走势，就应该先卖出以规避风险。

第九章

股市操作疑难问题解答

股市中的问题很复杂，特别是股市操作中一些似是而非的疑难问题更是使人伤透脑筋。本章就将一些投资者在操作过程中经常会遇到的疑难问题整理出来，从细节上给这些问题一个答案。希望能减少投资者在炒股过程中的犯错几率。

第一节　K 线运用技巧疑难问题解答

股市操作难题之 1——关于强势 K 线的问题

在炒股实践中，很多投资者尽管对 K 线比较熟悉，但如果是多空双方斗争比较激烈的时候，就会频频出错。其实，造成这种困境的主要原因可能是投资者对强势 K 线缺乏了解。

强势 K 线，简单点说，就是转市信号比较强烈的 K 线形态，它会对整个大盘或者个股的走势产生重要的影响。强势 K 线既可以是强烈的看多 K 线形态，比如说"蛟龙出海"；也可以是强烈的看空 K 线形态，比如说"断头铡刀"。强势 K 线可以反映出市场主力的意图，进一步向投资者暗示后市的走向。

所以，很多炒股高手在关注 K 线形态的同时，会更关注强势 K 线的动态，这也是他们能够正确把握股市趋势的一个重要原因。

股市操作难题之 2——关于大阴线和大阳线的问题

K 线的形态，少说也得有几十种，很多人被这几十种 K 线弄得晕头转向，何况在这些 K 线形态中，还有长相非常相似的，更是把投资者弄得云里来雾里去的。那么，有没有一种简单的 K 线形态可以帮助投资者规避风险，掌握买进时机呢？

当然有，答案就是大阴线和大阳线。

一般来说，阴线和阳线的力度与其长短是成正比的，也就是说，阴线或者阳线的实体越长，其所表现出来的力度也就越大，反之，则越小。在本书的第三章，我们已经具体介绍过大阳线和大阴线的具体应用。在这里我们主要提醒投资者的是大阴线和大阳线的运用时机。

在弱势行情中如果出现大阳线，很多投资者都会认为这是转市信号，但买进之后却常常被套牢。这主要是因为在弱势行情中，主力常常会利用大阳线来为自己做掩护，达到出货的目的。很多不明就里的投资者因此上当。

与之相反的是，在强势行情中如果出现了大阴线，投资者往往不顾一切看空，其实，在此处出现的大阴线完全是投资者做多的良机，千万不要盲目看空。关于这一点，投资者还可以参照第三章第二节中的对大阴线的介绍来具体操作。

在强势市场中，如果遇到大阳线，就要敢于追涨，如果不追涨就等于放弃了大好的投资机会。

股市操作难题之 3——关于 K 线长下影线的问题

在走势图上，我们常常会发现带有长长下影线的 K 线，它们有什么意义呢？

1. 在下跌过程中，遇到重要的支撑线，并出现带长下影线的 K 线，后市就有一定的升幅。

2. 在上升通道中，出现带长下影线的 K 线，一般后市仍能盘升。

3. 从一个相对高位，股价开始往下跌，虽然 30 日均线仍然呈现多头排列，但只要带长下影线的 K 线是阴线，且在 5 日、10 日均线之下，后市仍以盘跌为主。

4. 在底部横盘较长时间后，出现带长下影线的阳线，通常后市有 5% 左右的升幅。

5. 高位除权后整理时间不够的，出现带长下影线的 K 线，后市仍以盘整为主。

6. 在下降通道中或者在股价刚从一个相对高位开始下跌时，出现带长下影线的 K 线，且收盘价在 5 日、10 日均线之下，后市仍以做空为主。若出现带长下影线的阴线，那就更要看空、做空。

7. 如果股价正在盘跌，尾市却被大手笔买盘拉起而出现带长下影线的 K 线，那么第二天一般仍会下跌。

8. 高位横盘后出现带长下影线的 K 线，则少碰为妙。如果紧接着拉升，并伴随成交量的放大则应坚决出局。

股市操作难题之 4——关于见顶 K 线的问题

在实际操作中常常会发现这样的问题，那些一直被认为是见顶信号的 K 线形态却在我们卖出股票后，无声无息地涨了上去。这让很多投资者一头雾水，明明出现了见顶信号，为什么会再次上涨呢？这就要求投资者学会分辨这些K线形态是否是真正的见顶信号。

1. 看股价在接下来三天内的走势。

通常，如果在某个阶段出现了见顶的K线形态，投资者先不要着急卖出，可以观察接下来三天股价的走势。如果三天内股价的走势是向上的，说明多方已经处于优势地位，上涨将有可能继续；如果股价的走势转弱，说明空方占了优势，股价在接下来的走势中会转弱，投资者应该看空。

2. 看成交量。

一般来说，如果出现了K线见顶信号，将会出现成交量的放大，有的时候甚至还会是天量，这种情形说明见顶的可能将会在75%以上。

3. 看均线和趋势线。

如果出现见顶信号后，股价触及了年线和下降趋势线，那么，见顶信号极为强烈，应该卖出。

4. 看大盘和同类板块的走势。

如果个股出现见顶的K线形态，大盘此时也已见顶，个股下跌的可能性将会非常大。

当某只股票出现见顶K线时，与之同类的板块中有很多个股已出现下跌，那么，该股见顶的可能性将为80%，投资者应该考虑及时卖出。

股市难题操作之5——关于相似的K线形态的问题

在操作中，相似的K线是我们经常遇见的。有时候，看着这个K线形态，我们认为它是A形态，便按照A形态进行了操作，结果最后的事实证明它属于B形态，应该按照B形态来操作才正确。

这种情况很常见，因为K线形态在具体实际情况中发生了变化。我们介绍的都是些K线形态的基本图形，但在实际情况中，并不是所有的图形都会是非常标准的形态。

要想区分这种情况，投资者就要准确掌握这些形态的主要特征。例如，走势图上出现了"⊥"这样的K线图形。有投资者说这种形态是"射击之星"，也有投资者认为这种形态是"螺旋桨"。那么，究竟该形态是什么呢？这就需要从其主要特征入手辨别："射击之星"的主要特征是拥有长长的上影线，但没有下影线；而"螺旋桨"的主要特征是拥有长长的上下影线。而该图形，下影线几乎没有，所以，此形态不能认定为"螺旋桨"。由此我们可以说，该形态属于"射击之星"。

总之，如果在走势图上区分图形的话，首先要结合其标准形态来看，其次要根据其主要特征来判断。这样就能减少在辨别过程中的失误了。

第二节　均线、趋势线运用技巧疑难问题解答

股市操作难题之1——关于多头排列的问题

在第五章中，我们讲述了关于多头排列的问题。在讲解中，我们曾经提到过，只要均线呈现出多头排列，投资者就可积极看多，因为这是股价即将大幅上涨的信号。这样的讲解给投资者造成了一定的误会，认为只要均线出现多头排列，就可积极看多。

事实上，均线出现多头排列，投资者是否要积极看多，还要看均线出现的时机。

如果此均线形态出现在大盘企稳或者走势良好的情况下，投资者就可以采取长期看多的操作策略。

而如果此形态出现在大盘走弱的行情中，买进信号就不是特别准确，在这种情况下，投资者的操作策略一定要服从大盘的长期走势，可采取短期看多，长期看空的策略。

股市操作难题之2——关于趋势线画法的问题

在实际操作中，我们发现投资者在画趋势线的时候，有的以最高价和最低价作为基点；有的以收盘价或者开盘价来作为基点，究竟哪种画法才正确呢？

这个问题在很多参考书上都没有一个明确的说法。

其实，关于趋势线的画法，有一个原则，投资者一定要遵守，那就是你所画的趋势线必须能覆盖它所涉及范围内的全部价格体系。如果能够完全覆盖，那么趋势线就画对了；如果不能完全覆盖，那么趋势线就是错的。

因此，投资者在画趋势线的时候，要灵活一些。我们以画一条下降趋势线为例，其画法是，先以某一时间内的最高价为基点画一条下降趋势线，然后以此阶段的收盘价为基点再画一条趋势线。

投资者认真观察这两条趋势线，如果此时以最高价画出的趋势线能够覆盖它所涉及到范围内的全部价格体系，则说明这条趋势线是市场正常交易产生的；如果此时以收盘价为基点画出的趋势线能够覆盖全部价格体系，就说明，这条趋势线是市场认可的，那条以最高价画出的趋势线有可能是主力刻意做盘做出来的。

同理，在画上升趋势线的时候也应采取这种方法。也许这种方法比较麻烦，但不得不说，这是到目前为止最准确的一种，投资者可以多使用几次，习惯了之后就会发觉，其实这种方法并不麻烦，反倒能给自己带来意想不到的收获。

股市操作难题之3——关于判断趋势线真假突破的问题

趋势线的有效突破，我们在第七章中已经作了解答，现在就趋势线的真假突破问题再给投资者作一些补充。

趋势线的突破对买入、卖出时机的选择具有重要的分析意义。因此，搞清趋势线的突破，是有效突破还是无效突破，对投资者而言至关重要。如果看错了损失是很大的。那么，如何才能避免判断失误呢？

为了避免判断失误，投资者可以观察每天的收盘价，当收盘价突破了趋势线的时候，我们才说这种突破为有效突破。

比如说，某天的股价曾经向上冲破下降趋势线，但收盘价却仍然处于下降趋势线的压制下。这说明多方曾经努力向上突破，但空方实力太强，多方始终没有战胜空方，致使股价回落，没有冲破下降趋势线。这种突破，就属于无效突破，此时，下降趋势线的压制作用仍然有效，股价还将继续下跌。

但是，如果某一天，个股的收盘价向上冲破下降趋势线，我们就可以认为这种突破为有效突破，投资者从股价突破的那一刻起，就可以保持积极看多的心态了。一旦股价在其后三天的走势中一路上涨，就可积极看多。假如此时的成交量也出现了放大，说明此时市场对股价的运动方向有信心，投资者就可以跟进。

第三节　其他技术指标运用技巧疑难问题解答

股市操作难题之1——关于地量的操作策略问题

在股市中，如果弱市时大盘连续出现地量，投资者应该如何操作呢？

要回答这个问题，投资者须从两方面来考虑：一个是技术面，另一个是基本面。

从技术上说，在弱市中，如果出现了地量，将会有极大的可能引起反弹。但此时投资者要注意基本面的变化。技术面如果没有基本面的支持，最终将是昙花一现，不会带来长久的利润，只是引诱投资者的陷阱。

一般来说，如果股价受到基本面重大利好政策或重大利好题材的支持，而且技术面出现了严重的超跌或者地量地价，那么此时的反弹将是最有力度的。

根据以往的经验，投资者看到大盘连续地量时可以按以下方式操作：

1. 基本面利好有时处于隐性状态，一时很难看出，当技术性反弹超寻常地不断走强时，就要注意后面是否有重大利好政策或者利好题材的支持，如果有，投资者就可适时调整自己的操作策略，将持股的时间延长，并根据盘面实际走势决定进退的时机。

2. 一般来说，在大盘走弱的情况下，如果缺乏基本面支持，技术性反弹一般不会持续太长时间，这种反弹中途夭折的可能性非常大。所以，投资者如果遇到这种反弹，一般不要抱有太大的希望，在操作上要及时止盈，逢高减仓，形势如果发生变化，就要及时止损离场。

股市操作难题之 2——关于"破位"的问题

日常股市投资操作中，我们常会遇到有关"破位"的问题，也就是股指、股价跌破重要技术位，比如：技术形态的破位、高位盘整区的破位、技术指标的破位、重要点位的破位、中长期均线的破位，等等。

破位既有可能是中长期转势，此时破位需要止损；也有可能是中短期调整，破位之后股价急跌，反而有利于快速见底，也就是常说的"不破不立"。因此，针对不同情况的破位，应对方法也会不同。

1. 技术形态的破位。

技术形态的破位主要包括：技术形态的颈线位（主要是三重顶、双顶、头肩顶等等的颈线位）；底边线（主要是箱体、三角形的底边线）；上升趋势线（某个上升趋势中的低点连线）。

上述技术形态一旦破位，往往意味着原来上升趋势的终结，后市将以反复回调为主，此时以止损为宜。

关于止损的时机，投资者可选在破位之后出现反抽时。至于破位之后回调的时间与深度，主要取决于技术形态的大小，形态越大、持续时间越长，破位之后调整的空间也会越大。

2. 高位盘整区的破位。

这主要是针对一些在高位长期盘整的庄股而言，一般来说，这些个股一旦以大阴线、向下跳空缺口、跌停板等方式跌破盘整区，就是"跳水运动"的开始，杀伤力极大。因此，投资者在出现破位的第一时间就应斩仓出逃，虽然此时已有了一些损失，但马上止损离场可以避免日后遭受更大的损失。

3. 技术指标的破位。

技术指标众多，破位之后的意义也各不同，例如 MACD 指标属于中线指标，一旦在高位死叉意味着股价将出现一轮中级调整；再如布林线指标的下轨破位。一般说，研判是否会跌破布林线下轨，需要综合研判技术指标、板块运动、缺口、供求关系、政策面等众多要素。如果这些要素均对空方有利，则破位之前逢高减磅就成了必然的选择。但是，下轨被跌破，往往意味着短线抄底的时机出现。只是波段性调整中的下轨破位，同熊市急跌中的布林线下轨破位有区分而已。

4. 重要点位的破位。

大盘在历史上出现的重要底部，具有强烈的技术意义和心理意义。在未跌破之前，给人的感觉是调整不到位，还未到抄底的时机，一旦破位，通常会引发大量抄底资金的涌入，股指反而容易见底。此时的破位，有可能是市场出现转机的信号。投资者在破位前需防风险，一旦破位后则要考虑如何把握机遇，而不再是一味杀跌了。

5. 中长期均线的破位。

中长期均线的破位，一般意味着转势，日后调整的空间将会比较大。例如中期均线（30 日、60 日均线）一旦被跌破，表明已出现波段性高点，此时中线宜出局；长期均线（120 日、250 日均线）一旦被跌破，表明该股已展开熊市循环，此时长线宜离场。当然，实战中也会经常出现假破位的情况，由于突发性利空或是主力机构刻意打压，股价短暂跌破重要均线支撑又很快收复，这属于诱空，一般牛市中波段性调整出现此类情况较多，原先出局的投资者不妨再杀个回马枪。

股市操作难题之 3——关于支撑位与阻力位的问题

支撑位是指在股价下跌时可能遇到支撑，从而止跌回稳的价位。阻力位则是指在股价上升时可能遇到压力，从而反转下跌的价位。

实战中有两种支撑位和阻力位，一种是市场实际的密集成交区形成的，另一种是心理价位。对于前一种，如果市场的密集成交区在当前价位之上，那么该区域就会在股价（或指数）上涨时形成阻力，这就是所谓的"套牢盘"。反之，如果市场当前的价位在历史密集区之上，那么该密集区就会在股价（或指数）下跌时形成支撑。至于心理价位，则通常是对指数而言的。比如对上证指数的一些整数关口，如 1900 点会形成心理上的阻力或支撑位。

在股价运行时，阻力与支撑是可以相互转换的。具体地说，如果重大的阻力位被有效突破，那么该阻力位会变成未来重要的支撑位；反之，如果重要的支撑位被有效击穿，则该价位会变成今后股价上涨的阻力位。

对某只个股而言，如果股价轻松越过了前期密集成交区，则往往是主力控盘程度较高的标志。同时由于股价在突破阻力位后，上方已无套牢盘，上升空间被打开，这种股票是短线介入的极好品种。而股票跌破密集成交区后，密集成交区就产生大量套牢盘，股价一旦止跌回升，这些投资者就会产生解套卖出的意愿，大量的卖出对股价上升形成一定的阻力，叫阻力位。

股市操作难题之 4——关于使用技术图形的问题

在炒股实践中，我们常常发现这样一个问题，很多人对技术图形非常熟悉，讲起来头头是道，但在实际应用中却屡战屡败，为什么会出现这样的问题呢？

据我们分析，问题可能出在以下两个方面：

1. 注意技术图形形成的时间。

一般来说，技术图形反应的时间越长，可靠性就越高。比如说，我们平时很常见的"双底"形态，在第四章我们介绍它的时候曾经说过，"双底"形态形成的时间越长，其转势的可能性就越大。一个形成时间很短的双底，顷刻之间就可能变成"双头"，你还没反应过来就已经被深套其中。

所以，投资者在使用技术图形的时候，一定要注意技术图形形成的时间，时间越长，就越可靠，对投资者就越有利。

2. 注意技术图形是否有效突破。

在运用技术图形进行分析的时候，一定要注意看此形态是否完成了有效突破。通常，我们建议投资者，如果在走势图中发现了某种有利的技术图形，一定不要着急买进，要耐心等待，看这种图形最后是否能够有效突破，如果没有，就不能按照这种形态的意义盲目操作。

怎样才算完成有效突破呢？我们以"双底"为例，假如某天股价突破了"双底"的颈线，且三天内股价出现了连续的上升，就是有效突破。

如果股价没有有效突破，投资者按此图形来操作，就很容易发生错误。

第四节 趋势投资运用技巧疑难问题解答

股市操作难题之 1——关于逆向思维的问题

炒股，我们经常说要顺势而为，但又常常提到逆向思维。这令很多投资者不解，到底是应该顺势还是逆向，这两者难道不是相互矛盾吗？要顺势如何逆向，要逆向如何顺势？

其实，顺势和逆向并不矛盾。之所以会觉得矛盾，是因为有些投资者没有深刻领会两者的真正含义。

顺势，简单的理解，就是要顺应大趋势，也就是股市的运行方向。比如说现在大盘或个股正处于上升阶段，就要以看多为主；如果大盘或个股处于下降趋势中，就要以看空为主。

顺势，还要求投资者顺应市场的热点，比如，现在的市场热点在大盘股上，你就可以对大盘股进行看多；如果此时的热点在小盘股上，你就可以对小盘股进行看多。

这就是我们所谓的顺势操作。那么，逆向思维呢？

中国有句老话叫做"物极必反"，意思是说，事物发展到了极端，就要朝着相反的方向前进。股市也不例外，当大盘的上涨达到了一定的程度，必然会下跌；当下跌到了一定的程度，就必定会上涨。

此时，如果抱有这种逆向思维，你将能根据现在的行情判断出大盘以后的走势，进而调整自己的操作策略。

从某一方面来说，逆向思维是包含在顺势里面的。运用逆向思维预测出大盘的走势，当大盘疯涨的时候，采取看空操作。每一次的事实都证明，大涨之后必有大跌，此时如果大盘急转直下，那么，你就赢得了先机。

顺势操作和逆向思维都是股市操作的重要原则，但一定要辩证地看。当市场的情绪还没有达到高度一致的时候，做股票就得顺势操作；只有当市场情绪极度亢奋或者极度悲观的时候，逆向思维才有用武之地。

所以说，顺势操作与逆向思维是不矛盾的。关于这个问题，投资者可以在实际操作中慢慢领会。

股市操作难题之 2——关于"重大盘，轻个股"的问题

股市中，我们常常会听到"重大盘，轻个股"和"轻大盘，重个股"两种不同的观点。有投资者认为这两种说法是矛盾的，在实际操作中，只能选择其中之一。

其实，这种说法是错误的，因为"重大盘，轻个股"和"轻大盘，重个股"并不矛盾。为什么这样说呢？因为"重大盘，轻个股"和"轻大盘，重个股"是分别使用在不同阶段的。

"重大盘，轻个股"的意思是指个股涨跌要看大盘的走势。大盘向好，个股上涨；大盘走弱，个股遭殃。俗话："覆巢之下，岂有完卵。"这句话用在股市中，意

思是如果大盘连续下跌，那么将会有 80％以上的个股中也处于下跌趋势中。当大盘连续上涨的时候，个股也将有 80％是上涨的。说得简单点，就是在大盘整体向好的情况下，投资者的操作策略可以是"重大盘，轻个股"。

当然，投资者也要注意，我们说"轻个股"并不是要你不加任何分析就盲目买进个股。这样也是非常不科学的。因为即使大盘整体向好，仍然会有 20％的个股是下跌的，如果你不加分析、选择，没准就摊上了那 20％，结果大盘上涨，个股亏损。

"轻大盘，重个股"与之相反，它的意思是指投资者在选股的时候，可以不依照大盘的走势来选择。这里包含两种情况：

1. 你是价值投资者。

我们都知道价值投资关注的是上市公司的基本面，通过对上市公司各方面的分析得出该股是不是有投资的价值。这时候，你的关注点应是上市公司，也就是个股，就可以忽略大盘的走势了。

2. 此时的大盘处于熊市中。

当大盘处于熊市的时候，最好的做法是不炒股。当然，对于那些非常想在熊市中捞金的投资者来说，不让他们炒股似乎有些不太现实。前面我们已经说过，即使大盘整体下跌，也会有 20％左右的个股是逆市而上的。这就需要投资者采取"轻大盘，重个股"的操作策略了。

因为此时大盘处于熊市，投资者就要积极研究个股的基本面、技术面以及宏观经济政策是否对该股有利，或者说有没有政策性利好消息的刺激。这样通过对个股仔细深入的分析，没准也能买到一只熊市中的牛股。

所以说，上述两种说法都是正确的。要提醒投资者的是，如果你是一个新股民，最好采取"重大盘，轻个股"的操作策略，同时，心理承受能力不太好的投资者最好也选择这种方式进行操作。

股市操作难题之 3——关于底部买进时机的问题

炒股者几乎都知道如果能在底部买进，那盈利将会是非常可观的。但现实的情况是，很多人明明是从底部买进了，却常常被套牢。是哪个环节出了问题呢？

这主要是因为投资者选择的并不是真正的底部。从价值层面看，股市创新低，市盈率降低，股价与净资产之间的差价缩小，股市风险自然也就减少了，这或许是投资的机会到了。

但问题是，究竟降到什么程度才是最低的呢？举个例子来说，2003 年，大盘经过一波下跌行情，降到了低点 1307.40 点，随后股价上涨，最高涨至 2004 年 4 月 7

日的 1783.01 点。随后股价又开始了一波下跌行情，2004 年 9 月 14 日，股价降到了历史性的低点 1300.36 点，此时很多投资者认为可以买进了，因为股价已经创出了历史新低，但事实却是，买进后，股价进一步下跌，一直跌到了 2005 年 6 月 6 日的 998.23 点。此时，很多投资者已经对大盘失去了信心，认为股价还会继续下跌，于是纷纷出局。但结果是，自此股价开始一路上涨，涨至了 2007 年 10 月 16 日6124.04 点的历史新高。

从上面的例子，我们可以看出，只有当股市首次创历史新低的时候，才是买进的最佳时机，如果股价创出了新低，但还在下跌，再次创新低，就不能做多，只能做空，卖出股票是比较好的选择。

可见，投资者如果仅仅依据所谓的"股市创新低"盲目买进，往往会带来很大的风险。

所以，投资者要研究的不是"股价创新低"，而是股价是否创出了历史新低。

股市操作难题之 4——关于阶段性底部的问题

投资者都希望能够准确地判断出个股的阶段性底部，以便选择到一个比较好的参与机会。但在实际操作中又存在着较大的困难，往往由于判断失误导致被套。在此，我们简单介绍阶段性底部的普遍特点或规律，以供投资者参考。

1. 对市场走势进行判断。

对市场走势的判断，也就是对该股现在是处于上涨过程中的阶段性底部还是下跌过程中的短期底部进行判断。处于上涨过程中的底部一般在跌稳之后将再度发力向上走高，往往会有更大的涨幅；而下跌过程中的底部则是一个积蓄新的做空能量的过程，之后将再度向下走低。

由于后期的走势不同，投资者的参与时机也是不同的。前者即使选择时机不好，但以持股为主后期盈利仍然可期，而后者参与时点的选择非常重要，一旦发现判断错误，就要马上离场，以避免遭受更大的损失。

2. 对个股趋势的判断。

一般来说，呈上升趋势的个股都是那种股价持续创出历史新高的品种，也就是长期走牛的品种。一般而言，这类个股股价跌破其最高价位的 50% 以上出现反弹，就属于上涨过程中的阶段性底部。

这类个股股价的下跌是为了消化获利筹码，减轻今后上涨过程中的压力，同时积蓄更多的向上能量。

如果是那种跌幅在 20% 附近就企稳的品种，则是短期的调整底部，但如果大幅急跌，其调整时间和空间都将是较长和较大的，一般情况下都会有半年以上的调整。

呈下降趋势的个股就是那种股价不断创出新低的品种，也就是不断探底的品种。这类个股的短期止跌仅仅是由于空方能量释放充分后下跌动能不足导致的，有的会出现一定的反弹后再进行新的下跌，有的则是横盘一段时间后再度下跌。

如果前期跌幅过大，一般会出现一定的反弹，但如果前期的跌幅较小，往往其阶段性的底部仅仅是横盘走势，之后又再度走低。

所以股价长期呈下降趋势的个股，没有一定经验的投资者最好不要参与反弹，因为风险太大。

股市操作难题之5——关于炒短线的问题

炒短线一定要快进快出，尤其是在熊市中，投资者卖出一定要果断，否则，下场只有一个，那就是认赔出场。

俗话说，知易行难，很多投资者在获利之后，唯一的想法不是快出，而是再涨一点，再涨一点，结果可想而知。这就是为什么很多投资者炒短线，炒过来炒过去，把自己炒得一败涂地的原因。

炒短线首先要有精湛的炒股技巧，能够从技术图形上发现看多信号和看空信号。另外，还需要做到雷厉风行，眼疾手快，敢舍，这才是最主要的。

但我们常常看到有些短线客，只进不出，上涨获利舍不得卖出，想赚得更多，结果是涨上去又跌下来，乘了一次"电梯"，甚至由赚变亏，由短线投资被迫变成长线投资，最后是股票越做越多，成了收藏家。还有的投资者买进后就出现了亏损，于是希望以后能够反弹解套，甚至不断加仓，结果越补越套，越套越多，最后不得不深陷其中。

所以，短线投资的原则之一是见好就收，忌贪、忌拖。这就需要投资者克服患得患失的心态，见好就收，将自己的性格锻炼成适合做短线的性格。

第五节　选股疑难问题解答

股市操作难题之1——关于价值投资的问题

投资市场上不同的投资理论五花八门，但经得起考验的理论并不多，其中巴菲特推崇的"价值投资法"至今仍被股民们所津津乐道。

在格兰姆的《有价证券分析》中，虽然有对价值投资的详细阐述，但对于中小投资者来说，最重要的是掌握其核心：内在价值和实质价值。

内在价值指的是一家企业在其余下寿命中可以产生的现金的折现值。实质价值就是股票的价格。价值投资的概念是在一家公司的市场价格相对于它的内在价值大打折扣时买入其股份。

虽然内在价值的理论定义非常简单也非常明确，都知道按照这种方法买入股票，肯定会非常赚钱，但让普通投资者失望的是它的评估到目前为止，还没有一种明确的计算方法，连把价值投资运用到极致的巴菲特都没有具体方法，所以说它是个模糊的概念，而且股票价格总是变化莫测的，股票的内在价值也是变化莫测的。

虽然内在价值的评估始终是一个模糊的问题，但以巴菲特为代表的前辈大师们还是提供了一些"定性"的评估指标：

1. 没有公式能计算公司的真正价值，唯一的方法是彻底了解这家公司。

2. 去偏爱那些不需一再投入大量现金却能持续产生稳定现金流的投资产品。

3. 目标就是以一个合理的价格买进一家容易了解且其未来 5 年、10 年乃至 20 年的获利都很稳定的公司。

价值投资很深奥，现在价值投资慢慢为国人所接受，很多人依然跟着大师走。但是，有很多投资者并没有因为价值投资而获得收益。这是因为，在运用价值投资法的过程中，投资者对其产生了如下误解，从而降低了这一方法的运用效果。

1. 价值投资都是长期投资。

尽管价值投资经常是长期投资，但"经常"和"都是"二者的区别犹如白天与黑夜。如果股价在很短的时间内就反映甚至高估其价值，此时卖出就是短期投资，时间的长短不是衡量价值投资的唯一标准。当然，价值投资者所从事的短期投资与根据股价波动进出的短线投机或所谓的波段操作有本质的区别，前者有安全的边际保护，后者就没有，错了就赔钱。

2. 价值投资就是买便宜股票。

早期的价值投资的确就是买便宜股票：低价格、低市盈率、低市净率，甚至股价大幅低于公司净流动资产，而对公司的品质要求不高。巴菲特称之为"雪茄烟蒂投资法"。然而价值投资也在"与时俱进"，在核心思想保持不变的情况下，逐渐分化发展为不同的风格。在价值低估或价格合理的时候投资于具有扩张价值的企业，成为价值投资目前最具有代表性的方法。

3. 价值与成长完全被分割。

把价值和成长对立起来，区分所谓"价值投资"和"成长投资"、"价值股"和"成长股"、"价值型基金"和"成长型基金"，也是最常见的误会和最流行的谬误之一。

任何投资的价值都是未来现金流量折成现值的结果，因为价值与成长之间没有理论上的差异，他们在结合点上并不能完全被切割开。也就是说，价值与成长之间"情意绵绵"，有些投资者不问青红皂白"挥刀斩情丝"的做法，无异于是"棒打鸳鸯"。

总之，价值投资法的要点就是把握其内在价值，努力寻找物超所值的股票。价值投资法是一种有效的股票投资方法。它除了是一个投资方法之外，更是一种投资哲学，投资者一定要深刻领会其内涵，这样才能赢得更多的财富。

股市操作难题之 2——关于对上市公司管理层判断的问题

一般来说，我们在评判一个上市公司的价值时，常常会重点研究该公司的经营状况、产品结构、行业发展前景、财务状况、市场竞争等因素。但很多投资者却常常忽略一个非常重要的因素——对企业管理团队进行了解和分析。

为什么说对企业管理团队的分析和了解最重要呢？俗话说："人是决定一切的因素，世界上因为有了人，才变得精彩。"每个人由于成长环境、社会阅历的不同，都有自己的脾气、秉性和处事原则。一个积极向上、团结和谐、敬业守信的经营团队是企业成功的首要前提。如果这个团队变化不定、表里不一，甚至尔虞我诈、相互倾轧，那么，这样的企业是很难保持平稳发展的。

曾经有一个股市高手，在提到自己如何选股时说："在选股之前，我都会打电话到我即将购买股票的上市公司，如果接电话的人非常有礼貌，对于我的问题也不厌其烦，那么，即使他们的股票在这段时间内的表现不是特别令人满意，我也会选择他们。因为一个待客有礼，不会拒绝回答问题的公司，其管理一定是非常严格的，一个管理严格、人际和谐的企业其发展才能更好。"

因此，投资者在对上市公司进行研究的时候，千万不要忘了这个很重要的因素。

股市操作难题之 3——关于"只选第一，不选第二"的问题

"只选第一，不选第二"是很多投资者的选股原则，但也有很多投资者对之一窍不通。现在我们就具体分析一下如何根据"只选第一，不选第二"来选股。

用这种方式选股，投资者就要将具体关注点放在上市公司所处的行业中，要选择在整个行业中排名第一的公司，不选排名第二的。

根据价值投资的理念，行业第一往往是含金量最高，最有投资价值的公司。而且股市的经验也告诉我们，很多龙头股往往是行业的第一名。比如说，贵州茅台（600519）。它在整个酿酒行业中可以说是第一名，受 2007 年金融危机的影响，其股价从最高价 230.55 元降至 2008 年 11 月 7 日的 84.20 元。随后，经过一段整理行情，该

股出现了一波上涨行情，其股价从 84.20 元涨至 2010 年 11 月 5 日的 163.98 元。

所以，"一心一意锁定行业的龙头股，只选第一，不选第二"，已经成为股市大赢家价值投资选股的一个重要法则。

要提醒投资者的是，我们所说的行业第一并不一定是规模最大、也不一定是知名度最高的企业，而是具有如下特点的企业：

1. 每股年度收益增长最快。

2. 股权回报利润最多。

3. 销售增长率以及产品销售价格表现最好。

通常，拥有上述这些特点的公司一般都拥有超强的产品与服务，能够从竞争对手那里夺取更多的市场份额。

另外，投资者在寻找行业排名第一的股票时，要注意回避景气度衰弱的行业，不选周期性见顶的行业。投资者只有找到行业兴旺，同时在行业中排名第一，价值又被市场低估的股票，才能把握好盈利的机会。

股市操作难题之 4——关于选"黑马"的问题

大盘涨跌是股市发展的必经阶段，而无论哪个阶段的股市都存在许多有发展潜力和投资价值的黑马。在牛市中快速套利是投资者都拥有的美好梦想，那么怎样才能从涨势中找到让你心仪的黑马呢？下面我们就分为六点来具体研究一下。

1. 题材股。

涨势中对利好消息敏感，一些并不确切的消息也会刺激投资者蜂拥追随。这时你如果抱着原来的财务报表，认为只有老牌绩优股才是心中唯一的对象，那么就会错失很多快速套利的机会。在好消息朦胧入耳时就建仓进场，待正式消息公布后减仓出货，是驾驭黑马的惯用手法。

2. 新股。

在大幅上涨的趋势中，股市的人气很旺，证监会通常会较为频繁地批准一些新股上市，用以降低市场上投机的程度。但是这时新股已不再起打压股价的作用，反而成为大盘涨升的推动者。在新股上市的初期，即第一蜜月期，往往是投资者入市的好时机，随后通过一段时间的盘整、消化，在第二蜜月期由于抛压较轻仍然属于只要买了就能赚钱的阶段。敢于申购新股并且运气不错申购成功的投资者在牛市中肯定赚得盆满钵溢。

3. 突破天价的股。

所谓天价说的是该股上市发行以来的历史最高价位。涨势中如果该股能挑战天价，并屡破天价，那么无疑会扶摇直上，是股民理想中的黑马。如果它能领跑于大势和其它个股，说明它的股价还有很大的上升空间。

4. 小盘股。

俗话说，龙伏蛇动，在股市上升趋势中，大盘股虽说肯定也会有一些涨幅，但终究不是投资者快速套利的炒作对象，只能成为长线投资的压盘筹码。而小盘股股价低，流通盘小，一旦有主力进驻，价格非常容易飙升。根据亚洲股市的经验，黑马股常常是小盘股，中国人也喜欢投机小盘股。举个例子来说，2009 年上半年，大盘在 6 个月里上涨 60％。而其中最为人所熟知的黑马小盘股 ＊ST 九发（600180，流通盘 7987 万股），风光无限地连续拉出 30 个涨停，大涨 310.23％，在当时全部 A 股中涨幅排名第十，属于不折不扣的黑马。

5. 有大手成交的个股。

要寻找"黑马"，必须学会看盘。如果某只个股出现成交大单，抛出筹码被大户一扫而光，成交量不断放大，股价稍有回档，便有人追进，那么这种股票很可能成为"黑马"。

6. 利空出现后不跌的个股。

玩过股票的人都知道，消息对投资者有很大的心理暗示作用，利空消息往往会导致股价急泻。然而有些股票与坏消息遭遇后，股价却坚挺不跌，有的甚至还能逆势上扬。这时就必须分析：

（1）消息是否确实。

（2）是不是实质性利空。

（3）股价可能已在此前提前反应。

如有以上几种情况，股价未下跌甚至逆势上扬，那么"黑马"就和你近在咫尺了。

以上六点也许并不能得到所有投资者的认同。确实，在股票市场上我们只须认同一条原则——市场永远是对的。在上涨行情中，投资者只有随着市场走，方能找到真正的"黑马"。

第六节　大盘异动的疑难问题解答

股市操作难题之 1——关于如何看盘才能快速获利的问题

投资者往往可以在买卖股票时发现，有某段时间做多或者做空都比较有机会，而且比较容易实现快速套利的目标。个中奥妙就在于两个字：趋势，说白了就是大盘的走向。那么投资者在看盘时有什么需要注意的呢？

1. 集合竞价后的股价和成交额。

必须注意集合竞价后的股价和成交额，看股价高开还是低开。集合竞价的高低，决定于市场的意愿和投资者的信心，比如期待今天的股价是上涨还是下跌。成交量则表示参与买卖的人数，集合竞价时的成交量，往往对一天之内成交的活跃程度有很大的影响。

2. 开盘半小时之后股价的变动方向。

一般来说，如果股价开得太高，在半小时内就可能会有回落；反之，如果股价开得太低，在半小时内就可能会回升。这时成交量的大小就成为了重要的指标，如果高开后却不回落，同时伴随着成交量的放大，就预示着这只股票具备上涨的可能。看股价时，股票现在的价格固然重要，但也绝不能忽视了前一天的收盘价、当日开盘价、当前最高价和最低价、涨跌幅度等，这样才能看出现在的股价处在一个什么位置，股价是在上升还是在下降，是否有买入的价值。从一般意义上说，投资者不可贪便宜去买价格下跌的股票，而应该等它止跌以后再买。如果要买股价上涨的股票，千万要谨慎，不要追高，以免被套。

如图 9-1 所示，中国国航（601111）在股价高开之后，10 点之前并没有回落到开盘价的位置，而是继续震荡走高，这说明股价走势处于强势当中。从图 9-2 的日 K 线走势上，我们可以看出此时的股价处于一个持续上升的阶段，上升动力强劲，同时出现这种走势的，投资者可以在 10 点之后进场买进。

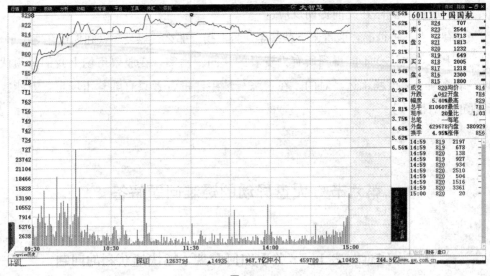

图 9-1

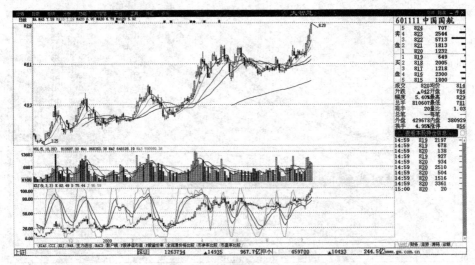

图 9—2

如图 9—3 所示，上实发展（600748）股价在低开之后，一路下行，一直没有回升到开盘价的位置，这就说明股价走势相当疲软，投资者信心缺乏，出现这种走势时不应该进场操作。而从图 9—4 的日 K 线走势图上也可以看到，此时股价已经处于顶部，有下降的趋势，加上走势疲软，因此我们可以判断这只股票还会沿着原来的趋势继续下跌。

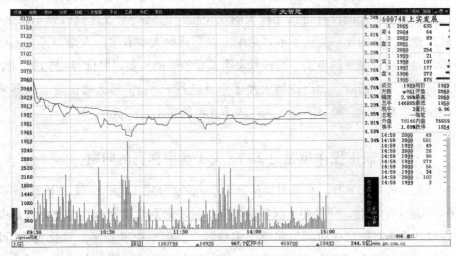

图 9—3

由于股价变动比较频繁，往往一个交易日之内就有几次升降波动，因此投资者应该学会观察目标股是否和大盘的走向一致，如果走向一致，那么盯住大盘就是盯住这只股票的最好选择了，可以在大盘上升到高点时卖出股票，在大盘下降到相对低点时买入股票。这样做虽然不能保证买卖的利润最大化，但至少可以保证卖出的是相对高价，买入的是相对低价，而非卖在相对低价，买在相对高价。

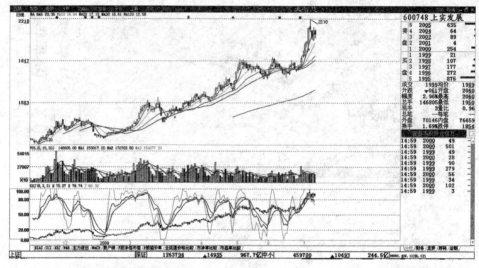

图 9—4

股价的变化主要是由买卖双方的力量对比所决定的，那么如何判断买方力量和卖方力量孰大孰小呢？这就要用到一个方法：对比买卖手数。如果卖方现手数多，就是说卖方力量大于买方，这时最好不要轻易介入。现手的意思是刚刚完成的一次成交的大小，现手累计数就是总手数，总手数也叫作成交量，有时它是比股价更为重要的指标。如果连续有大成交量出现，那就说明该股票有很多人关注，股票成交活跃。同样，如果长期没有见到比较大的成交量，那就暗示着这只股票不怎么样。总手数与流通股数的比称为换手率，是用来说明持股人中有多少人是当天买入的一个指标。如果一只股票的换手率高，就说明买卖该股的人多，股价容易上涨。但是，如果不是刚上市的新股，却出现特大换手率（超过 55%），那么股价第二天通常会下跌，出现这种情况，最好不要介入，因为这可能是主力洗盘。

股市操作难题之 2——关于盘中套利的问题

我国股市每个交易日的交易时间从早上 9 点 30 分到 11 点 30 分，下午 13 点到 15 点一共是 4 个小时，开盘和尾盘各是半个小时，剩下的 3 个小时都被称为盘中时间。在这 3 个小时的盘中时间里包括了多空搏斗、多空决胜和多空强化三个阶段，这三个阶段对投资者来说是相当重要的，其中蕴含着很多快速套利的机会，让我们分而论之。

1. 多空搏斗。

在股市里，有人将开盘的半个小时比作是拉开一日股价走势的序幕，那么盘中的 3 个小时就可以看作是多空双方正式交手的开始。如果指数、股价波动的频率高、幅度大，则表明多空双方的搏斗很激烈。如果指数、股价长时间波动很微妙，大盘几乎走平，那就表明买卖双方都非常谨慎，多头空头力量相当而且无心恋战。多空双方的胜败，除依赖自身的实力如资金、信心、技巧外，还必须将消息和人气两个因素纳入到考虑的范围之内。在这个阶段，由于大盘走势未见分晓，股市前途未卜，所以最好持币观望，不要轻易入场，以免被套。

2. 多空决胜。

这个阶段是指多空双方经过一轮激烈搏斗之后，已经把僵局打破，大盘走势出现了明显的倾斜。这个阶段一般分为两种情况：如果多方力量强于空方，指数和股价就会被步步推高；反之，如果空方赢得了胜利，那么指数和股价就会不断下行。占据优势的一方肯定会乘胜追击，将自己的战果不断扩大。而另一方见大势已去，为了保存力量便会放弃抵抗。这个时候就是进出的最佳时机。如果太过心急过早进行操作，就容易判断失误；而如果没有及时把握操作时机，就会眼睁睁看着快速套利的机会从手中溜走而后悔不已。

多空决胜的组成要素一般有以下三个：

（1）大盘指标股的表现。

如果大盘指标股涨势强劲，那么大盘就没有理由下跌；如果大盘指标股萎靡不振，那么大盘就必然会下跌。多头指标股若沦为空头指标股，则大盘就会加速下跌。所以大盘指标股是多空双方争夺的重点。

（2）涨跌家数。

大盘普跌的时候某些个股飙涨，是不祥之兆，对大盘走势有害无益。由于个股与大盘表现形成极大的反差，资金过于集中于个股，就会使大盘严重失血，并且会造成恶性循环。上涨家数多于下跌家数，并且分布平均，说明多方占据优势，空方无隙可乘，收盘指数上涨的可能性大；反之，空方占据优势时，大盘就会处于跌势。观察股市涨跌家数，辨别多空力量强弱的最佳时间一般为收盘前的一个小时，即多空决胜后期。此时多空搏斗基本已经分出胜负，投资者可以通过判断大盘走势进行股票操作，而之前的多空决胜前期由于搏斗激烈，涨跌转换频繁，故对于投资者而言参考价值不大。

（3）波动次数。

股指波动震幅大，并且来回波动的次数多，如果发生在下跌的趋势中，说明接下来的走势将趋于上涨；如果发生在上涨趋势中，说明接下来的走势将会趋于下跌。一般情况下，一个交易日中，有7次以上的较大波动，就预示着有快速套利的机会。

3. 多空强化。

将14点30分即尾盘前盘中出现的最高点和最低点描出，取其中间值为标准。如果此时指数在中间值和最高点中间，则涨势会进一步得到强化，尾市有望收高。

如果此时指数在中间值和最低点之间，则往往会导致"杀尾盘"的情况出现。

多空强化是盘中多空双方交手的最后一幕，此时的盘中形势已经一目了然。到尾盘时一般会出现强者更强、弱者更弱的局面。

股市操作难题之3——关于大盘分时走势图的问题

投资者在股市进行股票交易时，阅读行情通常是通过看大盘即时走势图实现的，因为从这些基本图形中可以判断大盘走势，并确定买卖人气。所以了解主要图形及指标含义对投资者显得非常重要，同时也是投资者掌握看盘技巧与进行技术分析的基础知识。

大盘指数即时分时走势图包括以下几个指标：

1. 黄色曲线和白色曲线。

黄色曲线：大盘不含加权的指标，即不考虑股票盘子的大小，而将所有股票对指数影响看作相同而计算出来的大盘指数。

白色曲线：表示大盘加权指数，即证交所每日公布媒体常说的大盘实际指数。

参考黄白二曲线的相互位置可知：

（1）当大盘指数上涨时，黄线在白线之上，表示流通盘较小的股票涨幅较大；反之，黄线在白线之下，说明盘小的股票涨幅落后大盘股。

（2）当大盘指数下跌时，黄线在白线之上，表示流通盘较小的股票跌幅小于盘大的股票；反之，盘小的股票跌幅大于盘大的股票。

2. 黄色柱线和红绿柱线。

黄色柱线在红白曲线图下方，用来表示每一分钟的成交量，单位是手（每手等于100股）。在红白两条曲线附近有红绿柱状线，是反映大盘即时所有股票的买盘与卖盘在数量上的比率。红柱线的增长缩短表示上涨买盘力量的增减；绿柱线的增长缩短表示下跌卖盘力度的强弱。

收盘指数为中轴与黄、白线附近有红色和绿色的柱线，这反映了大盘指数上涨或下跌强弱程度。红柱线渐渐增长，表示指数上涨力量增强；缩短，上涨力量减弱。绿柱线增长，表示指数下跌力量增强；缩短，下跌力量减弱。在大盘即时走势图的最下边，有红绿色矩形框，红色框愈长，表示买气愈旺；绿色框愈长，卖压愈大。

3. 委买委卖手数。

这个数值代表即时所有股票买入委托下三档和卖出上三档手数相加的总和。

4. 委比数值。

它是委买委卖手数之差与之和的比值。当委比数值为正值大的时候，表示买方力量较强，股指上涨的几率大；当委比数值为负值的时候，表示卖方的力量较强，股指下跌的几率大。

大盘即时走势图是对大盘的直接反映，只要投资者时刻关注这个指标变动，并掌握其含义，就能做到顺势而为。

股市操作难题之4——关于指数运行规律的问题

既然大盘的运行有一定的规律，那么指数也就不可避免地存在着同样的运行循环规律。如果投资者能够清醒地认识该规律，就能从盲目无助中挣脱出来，避免犯一些系统错误。

从表面上看，中国股市的运行轨迹变幻莫测，其实仔细研究分析其从诞生到现在的全部轨迹，就会发现计划性特征非常明显，且有较为简单的规律。具体说来，沪深股市的周期运行规律始终是：地量、放量或者暴跌、突破、盘升、飞涨、暴跌、震荡、轮跌、地量。

从这一规律，我们可以看出，它和股市的周期循环是一致的，只是所用的指标，也就是风向标不同罢了。所以，这里又特意作为一个小节单提出来，为投资者寻找股市的规律做进一步的参考。

那么，投资者在参照这一指标时，具体要注意哪些呢？

1. 在盘升阶段注意处于上升通道的股票。

2. 放量或者暴跌的时候应注意最新股和低位筹码集中股。

3. 在震荡和可能出现的反弹中坚决出货，这点是最重要也一定要做的。如果你因为任何原因下不了手，就找一个信任的朋友代替自己执行，这一刀你必须砍下去，否则后面将很有可能会要你的命。

4. 在突破阶段应注意低位价涨量增的股票与热门题材股。

5. 地量的时候指标股与低价超跌股有小机会，前期强势股风险很大。

6. 在暴跌时应少量抢前期涨幅不大的绩优滞涨股的反弹。

7. 轮跌阶段应该彻底地休息，不见连续的成交量放出和股灾出现，不要手痒。在这个阶段，技术再高也没用，通杀，一个也跑不掉；然后是融资开始发生困难的地量，要等到血流成河，你认为已经很低了又大跌的时候再说。只有当你已经绝望，快跳水的时候，利好才会认为可以了，该涨了。

8. 在飞涨的阶段注意两梯队短线操作强势冷门股与新题材庄股。

无论是股市运行规律还是指数循环规律，都是抓住大势的关键，只要了解股市当前所处的生命周期，就可以对大盘走势作出准确的判断。

本章习题：股市操作疑难问题的测试与练习

综合练习

一、判断题。

1. 很多时候，投资者对 K 线判断失误，是因为对强势 K 线缺乏了解。（ ）

2. 通常，如果在走势图中发现了长阳线，最好能够及时跟进，因为长阳线的出现意味着股价即将上涨。（ ）

3. 通常 K 线的实体部分越长，其所表示的信号就越强烈。（ ）

4. 在下跌过程中，遇到重要的支撑位，并出现带长下影线的 K 线，后市仍以下跌为主。（ ）

5. 通常，当出现了见顶或者见底的形态后，投资者要静等三天再进行操作比较稳妥。（ ）

6. 一般来说，投资者如果在走势图中发现了多头排列，就要积极看多。（ ）

7. 通常，画趋势线就要以收盘价或者开盘价作为基点。（ ）

8. 我们所指的有效突破是说股价某天冲破了趋势线的压制，这种突破才是有效突破。（ ）

9. 一般来说，对上市公司进行分析研究的时候，管理层是投资者不能忽略的重要因素。（ ）

10. 炒短线需要技巧，更重要的是投资者的心态，投资者一定要是个雷厉风行，不会患得患失的人。（ ）

二、填空题。

1. 在下降通道中或者在股价刚从一个相对高位开始下跌时，出现带长下影线的 K 线，且收盘价在（ ）日、（ ）日均线之下，后市仍以做空为主。若出现带长下影线的阴线，那就更要看空、做空。

2. 价值投资的核心是（ ）和（ ）。

3. （ ）的高低，决定于市场的意愿和投资者的信心。

4. 一般来说，如果股价（ ），同时伴随着成交量放大的情况，这就预示着这只股票具备上涨的可能。

5. 黄色曲线指的是（ ）。

6. 白色曲线指的是（ ）。

7. （ ）是委买委卖手数之差与之和的比值。

8. 对于新股民来说，在选择操作策略的时候最好选择（　　）。

9. 一般来说，我们所说的顺势指的是（　　）。

10. 委买委卖手数代表（　　）。

三、简答题。

1. 在盘中时间里包括了多空搏斗、多空决胜和多空强化三个阶段，这三个阶段对投资者来说是相当重要的，其中蕴含着哪些快速套利的机会？

2. 投资者在看盘的时候需要注意哪些问题？

3. 请简要回答怎样才能从涨势中找到黑马股？

4. 价值投资有哪些误区？

5. 如何判断阶段性底部？

6. "重大盘，轻个股"和"轻大盘，重个股"分别在什么阶段使用？

7. 在使用技术图形的时候应该注意哪两方面的问题，以减少技术图形判断上的失误？

8. 一般来说，不同的情况的破位，应对方法也不同。请举例说明。

9. 请简要回答，投资者如何区别 K 线形态是否见顶？

10. 请阐述关于下影线的意义。

参考答案

一、判断题。

1. 正确。

2. 错误。

3. 正确。

4. 错误。后市将会有一定的升幅。

5. 正确。

6. 错误。如果大盘在走弱的情况下出现多头排列，投资者就一定要谨慎。

7. 错误。也可以以最高价或者最低价来作为基点，要视情况来定。

8. 正确。

9. 正确。

10. 正确。

二、填空题。

1. 5 日和 10 日。

2. 内在价值和实质价值。

3. 集合竞价。

4. 高开后却不回落。

5. 黄色曲线表示大盘不含加权的指标，即不考虑股票盘子的大小，而将所有股票对指数影响看作相同而计算出来的大盘指数。

6. 白色曲线表示大盘加权指数，即证交所每日公布、媒体常说的大盘实际指数。

7. 委比数值。

8. 重大盘，轻个股。

9. 顺应大盘的趋势。

10. 即时所有股票买入委托下三档和卖出上三档手数相加的总和。

三、简答题。

1.

（1）多空搏斗。

在这个阶段里由于大盘走势未见分晓，股市前途未卜，所以最好持币观望，不要轻易入场，以免被套。

（2）多空决胜。

这个时候就是进出的最佳时机。如果太过心急过早进行操作，就容易判断失误；而如果没有及时把握操作时机，就会眼睁睁看着快速套利的机会从手中溜走而后悔不已。

（3）多空强化。

多空强化是盘中多空双方交手的最后一幕，此时的盘中形势已经一目了然。到尾盘时一般会出现强者更强、弱者更弱的局面。

2.

（1）集合竞价后的股价和成交额。

必须注意集合竞价后的股价和成交额，看股价高开还是低开。集合竞价的高低，决定于市场的意愿和投资者的信心，比如期待今天的股价是上涨还是下跌。成交量则表示参与买卖的人数，集合竞价时的成交量，往往对一天之内成交的活跃程度有很大的影响。

（2）开盘半小时之后股价的变动方向。

一般来说，如果股价开得太高，在半小时内就可能会有回落；反之，如果股价开得太低，在半小时内就可能会回升。这时成交量的大小就成为了重要的指标，如果高开后却不回落，同时伴随着成交量的放大，就预示着这只股票具备上涨的可能。

3.

（1）题材股。

涨势中对利好消息敏感，一些并不确切的消息也会刺激投资者蜂拥追随。在好消息朦胧入耳时就建仓进场，待正式消息公布后减仓出货，是驾驭黑马的惯用手法。

（2）新股。

在新股上市的初期，即第一蜜月期，往往是投资者入市的好时机，随后通过一段时间的盘整、消化，在第二蜜月期由于抛压较轻仍然属于只要买了就能赚钱的阶段。敢于申购新股并且运气不错申购成功的投资者在牛市中肯定赚得盆满钵溢。

（3）突破天价的股。

所谓天价说的是该股上市发行以来的历史最高价位。涨势中如果该股能挑战天价，并屡破天价，那么无疑会扶摇直上，是投资者理想中的黑马。如果它能领跑于大势和其他股，说明它的股价还有很大的上升空间。

（4）小盘股。

小盘股股价低，流通盘小，一旦有主力进驻，价格非常容易飙升。根据亚洲股市的经验，黑马股常常是小盘股，中国人也喜欢投资小盘股。

（5）有大手成交的个股。

要寻找"黑马"，必须学会看盘。如果某只个股出现成交大单，抛出筹码被大户一扫而光，成交量不断放大，股价稍有回档，便有人追进，那么这种股票很可能成为"黑马"。

（6）利空出现后不跌的个股。

4.

（1）价值投资都是长期投资。

时间的长短并不是衡量价值投资的唯一标准。

（2）价值投资就是买便宜股票。

在价值低估或价格合理的时候投资于具有扩张价值的企业，成为价值投资目前最具有代表性的方法。

（3）价值与成长完全被分割。

任何投资的价值都是未来现金流量折成现值的结果，因为价值与成长之间没有理论上的差异，他们在结合点上并不能完全被切割开。

5.

（1）对市场走势进行判断。

处于上涨过程中的底部一般在跌稳之后将再度发力向上走高，往往会有更大的涨幅；而下跌过程中的底部则是一个积蓄新的做空能量的过程，之后将再度向下走低。

（2）对个股趋势的判断。

一般来说，呈上升趋势的个股都是那种股价持续创出历史新高的品种，也就是长期走牛的品种。一般而言，这类个股股价跌破其最高价位的 50% 以上出现反弹，就属于上涨过程中的阶段性底部。

6.

"重大盘，轻个股"的意思是指个股涨跌要看大盘的走势，就是在大盘整体向好的情况下，投资者的操作策略可以是"重大盘，轻个股"。当然，投资者也要注意，"轻个股"并不是要你不加任何分析就盲目买进个股。

"轻大盘，重个股"则与之相反，它的意思是指投资者在选股的时候，可以不依照大盘的走势来选择。这里包含两种情况：

（1）你是价值投资者。

我们都知道价值投资关注的是上市公司的基本面，通过对上市公司各方面的分析得出该股是不是有投资的价值。这时候，你的关注点应是上市公司，也就是个股，就可以忽略大盘的走势了。

（2）此时的大盘处于熊市中。

即使大盘整体下跌，也会有 20% 左右的个股是逆市而上的。这就需要投资者积极研究个股的基本面，技术面以及宏观经济政策是否对该股有利，或者说有没有政策性利好消息的刺激，也就是要采取"轻大盘，重个股"的操作策略。

7.

（1）注意技术图形形成的时间。

一般来说，技术图形反映的时间越长，可靠性就越高。

所以，投资者在使用技术图形的时候，一定要注意技术图形形成的时间，时间越长，就越可靠，同时对投资者就越有利。

（2）注意技术图形是否有效突破。

在运用技术图形进行分析的时候，一定要注意看此形态是否完成了有效突破。通常，我们建议投资者，如果在走势图中发现了某种有利的技术图形，一定不要着急买进，要耐心等待，看这种图形最后是否能够有效突破，如果没有，就不能按照这种形态的意义盲目操作。

8.

（1）技术形态的破位。

技术形态一旦破位，往往意味着原来上升趋势的终结，后市将以反复回调为主，此时以止损为宜。

（2）高位盘整区的破位。

高位盘整区出现破位，投资者在第一时间就应斩仓出逃，虽然此时已有了一些损失，但马上止损离场可以避免日后遭受更大的损失。

（3）技术指标的破位。

技术指标众多，破位之后的意义也各不同，这就需要投资者根据不同技术指标的含义来具体分析，因为技术指标的含义不同，其破位后所发出的信号也是不同的。

（4）重要点位的破位。

此时的破位，有可能是市场出现转势的信号。投资者在破位前需防风险，一旦破位后则要考虑如何把握机遇，而不再是一味杀跌了。

（5）中长期均线的破位。

中长期均线的破位，一般意味着转势，日后调整的空间将会比较大。

9.

（1）看股价在接下来三天内的走势。

通常，如果在某个阶段出现了见顶的K线形态，投资者先不要着急卖出，可以观察接下来三天股价的走势。如果三天内股价的走势是向上的，说明多方已经处于优势地位，上涨将有可能继续；如果股价的走势转弱，说明空方占了优势，股价在接下来的走势中会转弱，投资者应该看空。

（2）看成交量。

一般来说，如果出现了K线见顶信号，将会出现成交量的放大，有的时候甚至还会是天量，这种情形说明见顶的可能将会在75%以上。

（3）看均线和趋势线。

如果出现见顶信号后，股价触及了年线和下降趋势线，那么见顶信号极为强烈，应该卖出。

（4）看大盘和同类板块的走势。

如果个股出现见顶的K线形态，大盘此时也已见顶，个股下跌的可能性将会非常大。

当某只股票出现见顶K线时，与之同类的板块中有很多个股已出现下跌，那么，该股见顶的可能性将为80%，投资者应该考虑及时卖出。

10.

（1）在下跌过程中，遇到重要的支撑线，并出现带长下影线的K线，后市会有一定的升幅。

（2）在上升通道中，出现带长下影线的K线，一般后市仍能盘升。

（3）从一个相对高位，股价开始往下跌，虽然30日均线仍然呈现多头排列，但只要带长下影线的K线是阴线，且在5日、10日均线之下，后市仍以盘跌为主。

（4）在底部横盘较长时间后，出现带长下影线的阳线，通常后市有5%左右的升幅。

（5）高位除权后整理时间不够的，出现带长下影线的K线，后市仍以盘整为主。

（6）在下降通道中或者在股价刚从一个相对高位开始下跌时，出现带长下影线的K线，且收盘价在5日、10日均线之下，后市仍以做空为主。若出现带长下影线的阴线，那就更要看空、做空。

（7）如果股价正在盘跌，尾市却被大手笔买盘拉起而出现带长下影线的K线，那么第二天一般仍会下跌。

（8）高位横盘后出现带长下影线的K线，则少碰为妙。如果紧接着拉升，并伴随成交量的放大则应坚决出局。